# LA VOIE PARFAITE

LA
# VOIE PARFAITE

OU

## LE CHRIST ÉSOTÉRIQUE

PAR

Anna KINGSFORD

(Docteur en médecine de la Faculté de Paris)

ET

Édouard MAITLAND

(B.-A, CANTAL)

*Ouvrage traduit de l'Anglais*

Avec une Préface d'Edouard SCHURÉ

---

ALENÇON
IMPRIMERIE TYPOGRAPHIQUE F. GUY.
1891

—

Droits réservés

# PRÉFACE
## DE LA TRADUCTION FRANÇAISE

En recommandant ce livre au public français qui s'intéresse au grand problème philosophique et religieux de notre époque, je n'entends pas en contresigner dans le détail toutes les opinions. Si les idées principales m'en paraissent lumineusement exposées et victorieusement déduites, il renferme aussi des affirmations et des hypothèses qui diffèrent de mes vues personnelles.

Toutefois, ayant tenté moi-même, dans un ouvrage d'un caractère différent (1) de montrer, par l'histoire vivante, l'antiquité, la continuité et l'unité fondamentale de la doctrine ésotérique, centre générateur et synthèse finale de toutes les religions, je crois de mon devoir de signaler un livre, où cette même doctrine est présentée avec une précision et une rigueur conformes au besoin scientifique de notre temps.

C'est aujourd'hui un fait reconnu par les théologiens intelligents et sincères de toutes les églises que le dogme chrétien tel qu'il s'enseigne depuis dix-huit cents ans ne répond plus aux besoins de notre époque. La contradiction entre la science et la religion traditionnelle est devenue si manifeste en ce siècle, que les défenseurs à outrance de l'orthodoxie officielle ont appelé quelquefois la science une invention du diable, et que par contre beaucoup de savants et de philosophes matérialistes ou positivistes ont conclu non-seulement à l'extinction de la religion comme institution sociale, mais encore des doctrines spiritualistes qui lui servent d'appui. Mais les penseurs qui connaissent les lois historiques, ceux qui se rendent compte des invincibles besoins religieux de l'homme, lors même qu'ils ne se doutent pas des capacités transcendantes

---

(1) *Les Grands Initiés*, esquisse de l'histoire secrète des religions. 1889. Perrin, librairie académique.

de son âme, entrevoient pour le christianisme une de ces grandes évolutions sans lesquelles les religions sont fatalement condamnées à périr, évolution qui, en lui conservant sa beauté morale, renouvellerait sa force spirituelle et la mettrait en harmonie avec la science moderne.

Le livre de M<sup>me</sup> Kingsford et de M. Maitland répond dans une large mesure à ce besoin impérieux de notre temps. C'est à la fois une synthèse du passé et une reconstruction en vue de l'avenir. Son originalité consiste en ce qu'il expose des idées habituellement enveloppées d'étranges symboles ou de formules obscures dans le langage clair de la philosophie moderne. Un mérite non moins grand est de les appuyer sur des données empruntées aux sciences, notamment à la physiologie et à l'embryogénie. On y trouve donc un essai de synthèse ésotérique, au point de vue de la science contemporaine et en vue de notre civilisation. Pour les auteurs de ce livre, la révélation a cessé d'être un privilège sacerdotal et est destinée à devenir de plus en plus individuelle et universelle, mais graduée selon les capacités. Ce n'est pas le Christ historique qu'ils ont voulu nous montrer, mais le Christ-Principe, le Verbe humain et divin, le Fils de l'Homme devenant par sa régénération le Fils de Dieu, dont chaque homme porte en lui-même le germe latent.

La méthode employée par les auteurs diffère à la fois de celle des purs mystiques, livrés aux hasards du rêve, et des purs rationalistes parqués dans leurs idées abstraites. Cette méthode est celle de tous les penseurs voyants et croyants, qui ont pris pour base de leur spéculation et pour réalité suprême *la vie de l'âme*.

*C'est la triple méthode intuitive, expérimentale et rationnelle.*

1) Elle est *intuitive*, parce que l'Ame humaine avec sa constitution, ses lois, ses facultés externes et internes y est considérée comme la base de toute réalité, seule substance réelle, seule clef du monde, cause de son origine, mode de son évolution, explication de sa fin. *Intuition* vient de *intueri* et signifie : *regarder au-dedans de soi*. Seulement, dans son état ter-

restre et corporel, l'âme humaine a toutes les peines du monde à regarder au-dedans de soi. Ses facultés intimes sont obstruées par l'épaisseur de la matière. Elle ignore son double et son triple fond. Pour le percevoir, il lui faut un certain degré de puissance native provenant de l'effort d'une existence précédente, une discipline spéciale, un long entraînement. C'est la raison de l'initiation.

2) Cette méthode est *expérimentale*. Car les phénomènes psychiques qui sont de leur nature multiples et complexes se modifient et se compliquent encore des conditions physiologiques de chaque individu et de l'atmosphère magnétique de la planète. Ils ont donc besoin d'être étudiés et distingués par l'observation la plus sévère et classés à la lumière des principes intellectuels.

3) Enfin, cette méthode est *rationnelle et constructive*. Car les phénomènes psychiques ou intérieurs, une fois compris et classés doivent être mis en rapport avec les phénomènes dits naturels du monde visible ou extérieur. L'intelligence du monde et de la vie ne peut résulter que de cette comparaison.

Rentrer jusqu'au fond de soi-même, c'est toute la Religion. Mettre son moi intérieur et supérieur en harmonie avec le Moi universel, c'est toute la Sagesse.

On verra par ce livre que cette méthode conduit à constater, sur toute l'échelle de l'Être et en partant des phénomènes psychiques, la grande loi des correspondances universelles appliquée avec plus ou moins d'habileté dans les temples antiques. Les livres égyptiens d'Hermès l'ont formulée de la manière suivante : « Le dehors est comme le dedans des choses ; le petit est comme le grand ; il n'y a qu'une seule Loi, et Celui qui travaille est Un. Rien n'est petit, rien n'est grand dans l'économie divine. » La science moderne confirme cette loi de mille manières. A la philosophie d'en tirer toutes les conséquences.

Le plan de *la Voie parfaite* est exécuté avec autant de clarté que de solidité. Une noble inspiration et une intuition profonde, jointes à une grande force de raisonnement ; l'esprit scientifique et la connaissance des sciences naturelles ; une étude sérieuse de la Bible et des Pères de l'Eglise ; hardiesse et discernement dans l'interprétation des symboles ; profonde expérience des phénomènes occultes avec le sang-froid et le jugement nécessaires pour en distinguer la valeur relative, pour faire la part de la vérité et de l'illusion ; voilà l'ensemble des qualités rares qui font le mérite hors ligne de cet ouvrage. Elles ont permis aux auteurs de donner un des plus beaux exposés scientifiques de la doctrine occulte que nous connaissions et une théorie de l'initiation d'une logique et d'une lucidité admirables.

Cet ouvrage est dû à la collaboration d'un homme et d'une femme. Le *Perfect Way* fut publié sans nom d'auteur en 1881-82. M^me Kingsford, qui avait suivi les cours de la faculté de médecine de Paris et y avait acquis le grade de docteur, mourut en 1888. Son collaborateur, M. Maitland, a tenu à surveiller la traduction de ce livre avec un soin minutieux. Comme il s'agit d'une œuvre plus scientifique que littéraire, on s'est appliqué principalement dans la traduction à suivre le texte de près. L'élégance et la stricte correction ont parfois dû être sacrifiées au sens littéral.

L'idée première de cette œuvre vient d'une femme. C'est une femme aussi qui a publié ce livre en Angleterre et qui le donne aujourd'hui à la France.

Madame la duchesse de Pomar s'est fait connaître par de nombreux ouvrages sur la Théosophie comparée, par sa vaste érudition, par l'élévation de son esprit et par son activité infatigable dans les études ésotériques. Le volume qui paraît aujourd'hui a été publié comme supplément dans sa revue L'AURORE, ORGANE DU CHRISTIANISME ÉSOTÉRIQUE (1). La traductrice, Madame Emilie de Morsier, se trouvait spécialement qualifiée pour s'associer à une œuvre qui met dans son plein jour le rôle spirituel de la femme dans l'évolution humaine, car c'est elle qui disait au « Congrès international des œuvres et institutions féminines », en 1889, « la triple mission de la femme dans le monde est de défendre la liberté, la justice

---

(1) Librairie de l'Art Indépendant 11, Chaussée d'Antin, Paris.

sociale et l'idéal divin ». On verra dans la « Voie parfaite », avec quelle puissance d'analyse et de synthèse, avec quelle intelligence profonde de l'être humain et de la vraie vie de l'humanité, M^me Kingsford et son savant collaborateur ont défini le rôle de la femme et du principe féminin dans l'humanité organique. Ce rôle est celui de l'Ame sensible et plastique dont l'Intellect masculin est la compréhension et la mise en œuvre. Sa fonction capitale est l'Intuition révélatrice, soumise au contrôle de la Raison masculine.

*La Voie Parfaite* affirme scientifiquement et philosophiquement la religion universelle à travers le christianisme ésotérique. Puisse la traduction de ce livre dans le verbe français contribuer pour sa part à la restauration de l'Idée de l'Ame et de l'Idée de Dieu. Car sans ces deux colonnes toute humanité dégénère et toute société s'écroule. Elles seules pourront rendre aux sciences leur unité organique, aux arts leur idéal compromis, à l'humanité dissociée son équilibre, à l'âme humaine sa patrie perdue, à la vie terrestre son aspiration et sa foi divines.

Edouard Schuré.

# PRÉFACE A LA NOUVELLE ÉDITION

En qualité de rédacteurs, — plutôt que d'auteurs de ce livre, et afin d'en faciliter la lecture et de répondre à plusieurs des questions qu'il peut soulever, — nous prenons occasion de cette nouvelle édition pour donner un court résumé de la nature de cet ouvrage et de son but.

La *Voie Parfaite* n'est ni une invention ni une compilation, mais une découverte et une restauration. Cet ouvrage représente une découverte parce qu'il est le résultat d'une tentative heureuse — l'issue l'a prouvé, — pour s'assurer de première main de la nature et de la méthode de l'existence. Et il représente une restauration parce que le système qui y est exposé s'est trouvé être celui qui constituait la doctrine fondamentale et secrète de toutes les grandes religions de l'antiquité, y compris le Christianisme, — la doctrine généralement appelée la *Gnose*, et présentée sous les titres de Hermétique et Kabbalistique.

Dans un autre sens encore la *Voie Parfaite* représente une restauration, et pour nous aussi, — une découverte, par le fait que ces idées sont indépendantes de toute connaissance antérieure en ce qui concerne les auteurs. Nous faisons allusion ici à une faculté. Car bien qu'elles aient été vérifiées par des recherches subséquentes faites selon la manière habituelle, ces connaissances ont été obtenues uniquement par le moyen d'une faculté de perception et de mémoire qui rentre dans l'espèce appelée intuitive et psychique, et, par conséquent, au moyen de la méthode qui, à toutes les époques, a été reconnue comme donnant accès à des connaissances transcendantes et divines. Cette faculté a été longuement décrite dans ce livre (Leçon I, paragraphes 4-18 ; App. III, 1, etc.) ; aussi nous ne la définirons pas davantage ici. Il est cependant nécessaire d'affirmer une chose à ce propos : si grande que soit l'importance de la restauration de cette connaissance, étant donné l'intérêt du sujet, elle s'augmente infiniment par la manière dont cette restauration a été faite. Car, quelque avantage qu'il puisse y avoir à connaître les conclusions de l'ancienne Sagesse sur les sujets les plus immenses, et à se rendre compte de leur excellence logique, c'est une chose plus importante encore de reconnaître leur vérité en voyant qu'elles comprennent en elles la nature et la destinée de l'homme dans tous les temps. Cette question suprême trouve une solution satisfaisante dans le cas présent. Si la restauration avait eu lieu à la façon ordinaire, c'est-à-dire par l'examen des Écritures oubliées ou la découverte de celles qui étaient perdues, — méthode qui, bien que souvent heureuse, aurait été cependant insuffisante pour donner les résultats actuellement acquis, — aucun pas n'aurait été fait dans le sens de la vérification des doctrines en question. Mais, au contraire, pour nous-mêmes, comme pour tous ceux qui ont eu connaissance de la genèse de ce livre, et dont la conscience spirituelle est suffisamment avancée pour qu'ils puissent accepter les faits, — en d'autres mots pour tous ceux qui en *savent* assez pour *croire*, — ce livre constitue par lui-même une confirmation absolue de ses propres enseignements et conséquemment de la gnose retrouvée. Car, étant le résultat d'une mémoire et d'une perception intuitives, — facultés exercées indépendamment de l'organisme physique, — il démontre la nature essentiellement spirituelle de l'existence ; la réalité de l'âme comme le véritable MOI ; les nombreuses renaissances de ce moi dans des conditions matérielles ; sa persistance à travers tous les changements de forme et d'état ; et sa capacité, lors même qu'il est encore enfermé dans le corps, de retrouver et de communiquer les connaissances qu'il a acquises au sujet de Dieu, de l'univers et de lui-même pendant les longs siècles de son passé, comme entité individuelle. Par rapport à tout cela, les expériences dont ce livre est le résultat, — bien qu'il y soit rarement fait allusion, — ont été de telle nature que si nous les considérions, et le monde auquel elles se rapportent, comme illusoires, nous

nous priverions par là de toute raison plausible de croire à la réalité de n'importe quelles autres expériences ou de n'importe quel monde.

L'appel fait en faveur de ce livre ne repose cependant pas sur un témoignage uniquement personnel ou extérieur, mais sur un témoignage intrinsèque, et que tous ceux qui ont une connaissance suffisante des sujets en question pourront apprécier.

Cet ouvrage se propose spécialement de répondre à la situation religieuse de notre époque, — si bien décrite par M. Mathew Arnold lorsqu'il dit que « à l'heure actuelle il y a, par rapport à la religion chrétienne, deux choses qui doivent paraître évidentes à toute personne perspicace : la première c'est que les hommes ne peuvent pas s'en passer, la seconde que, telle qu'elle est, elle ne peut pas leur suffire. »

A une époque qui, comme la nôtre, se distingue par des recherches étendues, par une analyse profonde et une critique impitoyable, aucun système religieux ne pourra durer s'il ne fait pas appel au côté intellectuel aussi bien qu'au côté sentimental de la nature de l'homme.

Aujourd'hui la foi de la chrétienté est languissante par suite d'un défaut radical dans la méthode de son exposition, qui la met en perpétuel conflit avec la science, en sorte qu'à ses partisans incombe la tâche fatigante et peu digne de faire d'incessants efforts pour se mettre au pas des découvertes modernes ou des fluctuations de la spéculation scientifique. La méthode par laquelle on a tenté ici d'obvier au doute et à l'insécurité engendrés par ce fait, consiste à démontrer les trois propositions suivantes :

1° Que les dogmes et les symboles du christianisme sont, en substance, identiques à ceux des autres et des plus anciens systèmes religieux.

2° Que la véritable sphère de la croyance religieuse n'est pas là où l'Eglise l'a placée jusqu'à présent, — dans le sépulcre de la tradition historique, mais dans le cœur et dans l'intellect de l'homme, c'est-à-dire qu'elle n'est pas objective et physique, mais subjective et spirituelle ; et qu'elle fait appel non pas aux sens mais à l'âme.

3° Que, ainsi considérée et bien interprétée, la doctrine chrétienne représente, avec une exactitude scientifique, les faits de l'histoire spirituelle de l'homme.

Il est vrai que plusieurs hommes renommés pour leur piété et leur savoir — et appelés des piliers de la foi — ont dénoncé comme impie au plus haut degré la pratique qui consiste, selon eux, à « fausser le sens évident de l'Ecriture ». Mais leur accusation d'impiété ne s'applique pas seulement à ces « moindres lumières », les Pères chrétiens et les commentateurs juifs, mais aussi à ces deux « grandes lumières » Jésus et Paul, puisque tous les deux ont affirmé que l'Ecriture a un sens mystique ; qu'il faut subordonner la Lettre à l'Esprit et chercher derrière le voile pour trouver la véritable signification. En employant le terme « évident » le littéraliste suppose les questions qui sont en cause, savoir :

1° Pour quelle faculté le sens des Ecritures est-il évident, — pour la faculté extérieure ou pour la faculté intérieure ?

2° Auquel de ces deux ordres de perception la compréhension des choses spirituelles appartient-elle de droit ? Rien, assurément n'est plus évident que « l'impiété » qui consiste à mettre de côté l'explication que la Sainte-Parole donne d'elle-même, et à l'accuser de mensonge, de folie, ou d'immoralité sur l'autorité d'une apparence extérieure telle que celle de la lettre.

Pour les auteurs de ce volume il est absolument évident que le sens littéral n'est pas celui qui était entendu ; et que ceux qui insistent sur ce sens encourent le reproche fait par Paul lorsque, faisant allusion au voile que Moïse met sur son visage, il dit : « Mais leurs esprits ont été endurcis jusqu'à présent, parce que ce voile demeure lorsqu'on lit le Vieux Testament. Et ce voile demeure même jusqu'à aujourd'hui, sur leur cœur, lorsqu'on leur lit Moïse. »

Nous essayerons d'exposer brièvement les principes de cette conclusion. La première vérité que nous enseigne la philosophie est que l'esprit ne peut saisir et s'assimiler que ce qui se présente à lui mentalement. En d'autres mots l'objectif doit être traduit en subjectif avant de pouvoir devenir un aliment pour la partie spirituelle de l'homme. La vérité n'est jamais phénoménale, mais toujours métaphysique. Les sens saisissent le phénomène, et ont à s'occuper du phénomène. Mais les sens ne représentent que la partie physique de l'homme, et non pas ce moi que le philosophe a en vue lorsqu'il parle de l'Homme. Celui-ci, le véritable Ego, ne peut pas se mettre en relation avec, ni prendre connaissance d'événements et de personnes qui ne se présentent que phénoménalement et objectivement. Ainsi ces événements et ces personnes ne sont que des véhicules et des symboles par lesquels des vérités, des principes et des processus sont transmis à la conscience subjective, — les hiéroglyphes, pour ainsi dire, sous lesquels ils sont peints. Les personnes et les événements relevant du temps et de la matière sont — sous leur aspect phénoménal — en rapport seulement avec l'homme extérieur et périssable; tandis que les principes et les vérités relevant du nouménal et de l'éternel ne peuvent être connus que de ce qui, dans l'homme, étant aussi nouménal et éternel, est de la même nature, savoir sa partie subjective et spirituelle. Car celui qui saisit et ce qui est saisi doivent appartenir à la même catégorie. Et comme le premier est, nécessairement, le principe purement rationnel dans l'homme, le second doit être aussi purement rationnel. Pour cette raison, donc, afin de maintenir la spiritualité qui lui est propre, la religion doit toujours — comme Schelling le montre — se présenter ésotériquement, dans l'universel et dans les mystères. Autrement, son existence, dépendant de la continuité d'un milieu seulement physique et sensible, elle devient aussi fugitive que lui. D'où il résulte que : aussi longtemps que nous regardons la vérité religieuse comme étant essentiellement constituée, et dépendant de causes et d'effets qui appartiennent au plan physique, nous n'avons pas encore saisi sa nature réelle, et, spirituellement, nous sommes inconscients et non illuminés. Ce qui est vrai dans la religion n'est que pour l'esprit seul.

La subjectivité nécessaire de la vérité a été aussi affirmée par Kant, qui regardait l'élément historique dans les Ecritures comme indifférent, et déclarait que la transition de la croyance en une foi purement spirituelle serait la venue du royaume de Dieu. De même le mystique Weigelius (A. D. 1650) dit que, afin d'être efficace pour le salut, ce qui est écrit divinement du Christ sur le plan objectif doit être transféré sur le plan subjectif, et substantialisé dans l'individu, ou accompli intérieurement par lui.

Et le pieux et savant traducteur des livres hermétiques, le docteur Everard, écrit : « Je dis qu'il n'y a pas un seul mot (des Ecritures) qui soit vrai selon la lettre. Cependant j'affirme que chaque mot, chaque syllabe, chaque lettre sont vrais. Mais ils sont vrais comme Celui qui les a prononcés les entendait, ils sont vrais comme Dieu les entendait, non pas comme les hommes veulent qu'ils soient. » (Gospel Treasury Opened, A. D., 1659).

La raison de ceci est que la matière avec ses attributs ne constitue que le terme moyen dans une série dont l'Alpha et l'Oméga sont esprit. Le monde des conséquences finales, comme celui des causes primaires, est spirituel ; et aucune finalité ne peut appartenir au plan de leur terme moyen qui n'est qu'un plan de transition.

L'absolu est, d'abord, pure pensée abstraite. En second lieu il est une *extériorisation* (aliénation) (1), de cette pensée, par sa rupture, dans l'atomisme du temps et de l'espace, ou sa projection dans la nature, processus par lequel de non moléculaire qu'il était, il devient moléculaire. En troisième lieu il revient de cette condition d'extériorisation et d'aliénation du Moi en lui-même, résolvant dans son sein la substance de la nature, et devenant de nouveau subjectif. C'est le chemin unique par lequel l'Être peut arriver à la conscience de son moi. Ainsi que Hegel l'a formulé, tel est — dans la manifestation — le processus des universaux ; et tel est, nécessairement, le processus des êtres particuliers produits par les universaux.

Par conséquent, l'homme, en tant que microcosme, doit imiter le macrocosme et s'identifier avec lui. Il doit *subjectiver* ou spiritualiser ses expériences avant de pouvoir les relier à ce principe interne, à cette essence de lui-même qui constitue l'*Ego* ou le *Moi*.

---

(1) Hegel emploie le terme *hétérisation*.

Il est cependant évident que cette façon de considérer la religion n'est compréhensible que pour des esprits éduqués et développés ; ses termes et ses idées dépassent la capacité des masses. Ce livre, et l'œuvre qu'il inaugure, s'adresse donc à la première catégorie : aux personnes cultivées qui pensent, qui, reconnaissant les défauts de la croyance populaire, ont renoncé à la tentative vaine de la systématiser et de la mettre en rapport avec leurs besoins mentaux. Il ne pourra jamais y avoir une façon de présenter la religion qui convienne également à toutes les classes et à toutes les castes d'hommes ; en faisant cette tentative impossible, l'Eglise s'est forcément aliéné ceux qui ne peuvent pas accepter la nourriture grossière offerte à la multitude.

Se donnant le rôle d'un Procuste par rapport aux choses spirituelles, l'Eglise a essayé de mettre à la même mesure les intelligences de toutes sortes et de toutes dimensions au mépris de cette sentence apostolique : « Nous prêchons la sagesse entre les parfaits » (1)... Je n'ai pas à vous parler comme à des hommes spirituels, mais je vous ai parlé comme à des hommes charnels, comme à des enfants en Christ. Je vous ai donné du lait à boire et je ne vous ai point donné de la viande, car vous n'étiez pas en état de la supporter. »

Pour ceux-là, — ceux qui ne sont ni instruits ni développés, — l'Eglise doit continuer à parler avec son visage voilé sous forme de parabole et de symbole. Notre appel s'adresse donc aux personnes qui, ayant atteint leur majorité intellectuelle et spirituelle, ont mis de côté les choses enfantines ; qui, par conséquent, — au lieu de se contenter de la cosse de la lettre, de mutiler, ou d'étouffer l'esprit sous la forme, — sont poussées, par la loi même de leur nature, à chercher derrière le voile et à lire l'esprit à travers la forme, afin que, « contemplant la gloire du Seigneur à visage découvert, nous soyons transformés en la même image ».

Ceux qui sont arrivés à ce point de développement apprendront dans ces pages quelle est la Réalité que le mental seul peut saisir, et ils comprendront qu'elle n'appartient pas au

(1) Littéralement ceux qui sont mûrs.

plan objectif et phénoménal de l'histoire mondaine, mais au plan subjectif et nouménal de leurs âmes, dans lesquelles, s'ils cherchent, ils trouveront en action le processus de la Chute, de l'Exil, de l'Incarnation, de la Rédemption, de la Résurrection, de l'Ascension, de l'avènement du Saint-Esprit, et — comme conséquence — la possession du Nirvâna, de la « paix qui surpasse toute compréhension ».

Pour ceux qui sont ainsi initiés, l'esprit n'a plus rien à faire avec l'histoire ; le phénoménal est reconnu pour être l'illusoire, — une ombre projetée par le Réel, n'ayant aucune substance en elle-même, et simplement un accident du Réel. Une seule chose, est et demeure, — l'Ame dans l'Homme, — Mère de Dieu, immaculée, qui descend — comme Ève — dans la matière et la génération, puis est enlevée — comme Marie — au delà de la Matière, dans la vie éternelle. Un état suprême et parfait, qui couronne et résout tous les autres ; — l'état du Christ, promis à l'aurore de l'évolution ; manifesté pendant son cours ; glorifié à sa consommation. Réaliser l'assomption de Marie, arriver à la stature de son Fils, tels sont les objets et les aspirations qui constituent le désir de l'illuminé. Et c'est afin de les indiquer de nouveau, ainsi que la méthode intelligente à employer pour les atteindre, que ce livre a été écrit.

Il nous semble que nous ne pouvons pas mieux conclure cette préface qu'en donnant un témoignage de l'estime en laquelle la *Voie Parfaite* est tenue par des personnes spécialement qualifiées pour juger un tel ouvrage. Les extraits suivants ont été choisis parmi les nombreuses communications que nous avons reçues, venant non seulement de toutes les parties du monde, mais de personnes appartenant à des nationalités, des races et des croyances diverses, et qui prouvent que notre livre est déjà en train d'accomplir en pays proches et lointains sa mission pacificatrice.

Le plus estimé des étudiants en « science divine » qu'il suffira de désigner comme l'ami, le disciple et l'héritier littéraire du célèbre occultiste feu l'abbé Constant (Éliphas Lévi), nous écrit ce qui suit :

« Comme pour les Écritures correspondantes du passé les preuves en faveur de votre livre sont réellement des miracles ;

mais avec la différence que dans votre cas il s'agit de miracles intellectuels, qui ne peuvent être simulés, étant des miracles d'interprétation. Et en outre ils diffèrent des premiers en ce qu'ils ne violentent en rien le sens commun en empiétant sur les possibilités de la nature ; tandis que, d'autre part, ils sont en complet accord avec les traditions mystiques et spécialement avec la mère de toutes, — la Kabbale. Que des miracles comme ceux que je décris, aussi extraordinaires par leur genre que par leur nombre se trouvent dans la *Voie parfaite* c'est ce qu'affirmeraient avec empressement ceux qui sont les mieux qualifiés pour juger de la chose.

« Et ici, à propos de ces célèbres Ecritures, permettez-moi de vous faire quelques remarques sur la Kabbale telle que nous la possédons. Mon opinion est que :

« 1º Cette tradition est loin d'être pure, et telle qu'elle était lorsqu'elle sortit pour la première fois des sanctuaires.

« 2º Lorsque Guillaume Postel — d'excellente mémoire — et ses frères Hermétistes de la fin du moyen âge — l'Abbé Trithème et d'autres — prédirent que ces livres sacrés des Hébreux seraient connus et compris à la fin de l'Ère, et qu'ils spécifièrent le temps actuel pour cet événement, ils n'entendaient pas dire que cette connaissance serait limitée uniquement à la divulgation de ces Ecritures spéciales, mais qu'elle aurait pour base une nouvelle illumination qui en éliminerait tout ce qui avait été introduit par ignorance ou mauvaise foi, et qu'elle ramènerait cette grande tradition à sa source en la restaurant dans toute sa pureté.

« 3º Cette illumination s'est produite aujourd'hui et a été manifestée dans la *Voie parfaite*. Car nous trouvons, dans ce livre, tout ce qu'il y a de vérité dans la Kabbale, augmenté de nouvelles intuitions, de nature à présenter un corps de doctrine à la fois complet, homogène, logique et irréfutable.

« Puisque toute la tradition est ainsi retrouvée, ou ramenée à sa pureté originelle, les prophéties de Postel sont accomplies ; et je considère que depuis ce jour l'étude de la Kabbale ne sera plus qu'un objet de curiosité et d'érudition comme celle des antiquités Hébraïques.

« Toujours et partout, l'humanité s'est posée ces trois questions suprêmes : D'où venons-nous ? Que sommes-nous ? Où allons-nous ? Or ces questions ont trouvé, tout au long, une réponse complète, satisfaisante et consolante dans la *Voie parfaite* (1). »

A. K., E. M.

Noël 1886

---

(1) Ce jugement ne tient pas compte du mode de présentation dont tous les défauts incombent à notre propre responsabilité.

# AU LECTEUR

La première édition de ce livre a paru dans l'hiver de 1881 à 1882. Elle consiste en une série de leçons qui ont été faites à Londres dans l'été de 1831, suivies d'un appendice qui se compose de communications verbales, venant de sources transcendentales, qui ont été données expressément pour servir de préparation à ces leçons. Le travail dont la *Voie Parfaite* est le résultat, a été commencé avec l'intention de faire pour le Mysticisme de l'Occident ce que la Société théosophique a entrepris en faveur du Mysticisme de l'Orient. Il s'agit d'une interprétation de ce Mysticisme en harmonie avec son but originel, à l'effet d'arracher les Ecritures et la religion, à l'obscurcissement, à la perversion et à la falsification qu'elles ont subies sous un contrôle exclusivement sacerdotal.

En conséquence il est nécessaire de constater que le travail représenté par ce livre a été commencé avant l'existence de la Société ci-dessus nommée, et accompli tout à fait indépendamment d'elle.

Paris, 1891.

# CHRISTIANISME ÉSOTÉRIQUE

# LA VOIE PARFAITE

PAR

Anna KINGSFORD, docteur en médecine de la Faculté de Paris,
et Edouard MAITLAND.

## PREMIÈRE LEÇON

### INTRODUCTION

I

Le but que nous nous proposons dans les leçons qui vont suivre est d'exposer un système de Doctrine et de Vie à la fois scientifique, philosophique et religieux qui puisse s'adapter à tous les besoins et à toutes les aspirations de l'humanité. Ce système aurait pour but de remplacer, d'une part, le conventionalisme traditionnel et dogmatique qui, n'ayant pu résister à l'épreuve de la science, ni répondre aux instincts moraux de l'humanité, est aujourd'hui presque entièrement repoussé par les penseurs ; et, d'autre part, de se substituer à ce matérialisme agnostique qui s'étend rapidement sur le monde, au risque de détruire tout ce qu'il y a de bon dans la nature de l'homme.

2. Mais bien que le système proposé prétende remplacer une tradition condamnée par l'expérience et une théorie trop récente pour avoir été complètement acceptée, il n'est pas nouveau en lui-même. L'exposé qui va en être fait n'est point une Invention au sens ordinaire de ce mot mais une Restauration. Car, ainsi que cela sera démontré d'une façon irréfutable, dès les premiers âges du monde a existé un système qui remplit toutes les conditions nécessaires pour être durable ; un système qui,

fondé sur la nature même de l'existence, est éternel dans sa vérité et son application et ne demande qu'à être bien compris et scrupuleusement observé pour permettre à l'homme d'atteindre le plus haut degré de perfection et de bonheur qu'il puisse imaginer ou désirer.

3. Notre but est donc de rétablir et de réhabiliter la Vérité en la dépouillant des entraves, des déviations, des perversions et des travestissements qu'elle a subis à travers les siècles ; et cela nous le ferons en expliquant le sens réel des formules et des symboles qui jusqu'à présent ont plutôt servi à cacher cette vérité qu'à la révéler. En conséquence, ce que nous allons proposer ici ne sera ni une nouvelle doctrine ni une nouvelle pratique ; mais seulement quelque chose qui est assez ancien pour avoir été oublié, ou assez profond pour avoir échappé au regard superficiel des yeux modernes.

4. Pour avoir le droit d'être entendu sur un sujet aussi important et aussi abstrait, l'auteur doit nécessairement faire preuve d'une qualification spéciale, soit qu'il possède une source d'information exceptionnelle, ou qu'il soit doué d'une faculté particulière. Il est donc indispensable, dans ces remarques préliminaires, d'indiquer quelle est cette qualification sur laquelle se fondent les auteurs de cet ouvrage.

5. Ce qui est réclamé ici comme base d'autorité est à la fois une faculté et une source d'information qui, tout en étant un cas fort rare de nos jours, n'est cependant pas nouveau. Il s'agit de cet état de l'esprit qui, après s'être exercé dans une direction extérieure comme intellect, de façon à obtenir la connaissance des phénomènes, revient à son centre comme intuition, et, après s'être assuré de l'idée essentielle contenue dans ce fait saisi par les sens, complète le procédé de sa pensée. De même que c'est uniquement par l'opération égale et combinée des forces centripète et centrifuge que le système solaire se soutient ; ainsi l'homme ne peut compléter le système de sa pensée et arriver à une certitude par rapport à la vérité que par l'équilibre des modes intellectuel et intuitif de l'esprit. Et il n'est pas plus possible d'arriver à la connaissance au moyen d'un seul mode de l'esprit, que de réussir à construire le système solaire

au moyen d'une force s'exerçant dans une seule direction, le système humain au moyen d'un seul sexe, ou le système nerveux au moyen des nerfs moteurs. Pourtant c'est exactement de cette façon que procède le matérialisme et, par le fait de cette erreur, il a perdu tout droit à se poser comme un système.

6. L'intuition est donc cette opération de l'esprit par laquelle il nous est possible de pénétrer dans la région intérieure et permanente de notre nature et de nous emparer du savoir que l'âme a recueilli à la suite de ses existences passées, car ce qui en nous perçoit et se souvient, c'est l'âme ! Lorsque l'âme, pour arriver à son plein développement, est restée quelques milliers d'années en relation plus ou moins intime avec la matière, et que, perfectionnée par l'expérience, elle a appris toutes les leçons que le corps peut lui donner, elle passe à des conditions plus élevées. Il en résulte que rien de ce que la race a acquis dans le passé ne peut être considéré comme totalement perdu pour le présent.

7. Mais la mémoire de l'âme n'est pas le seul facteur de l'évolution spirituelle. La faculté que nous avons appelée l'intuition est complétée et couronnée par l'opération de l'illumination divine. Cette illumination, si on la considère au point de vue théologique est une sorte de descente du Saint-Esprit ou l'effusion de l'Efflux céleste qui éclate en une flamme comme les rayons du soleil lorsqu'ils passent à travers une lentille. Par là, aux fruits de l'expérience de l'âme dans le passé s'ajoute « la grâce » ou l'illumination de l'esprit ; — le baptême de feu qui, en descendant d'en haut, sanctifie et consume les résultats du baptême de l'eau qui vient de la terre. Être illuminé de cette lumière intérieure ; être uni à cette divinité éternelle a été de tout temps le désir ardent de celui qui cherche Dieu, qu'il soit Epopt Egyptien, Yogi Hindou, Néoplatonicien Grec, Sufi Arabe, ou Gnostique Chrétien. C'est ce que ces derniers appelaient le Paraclète, le Révélateur, par lequel l'homme est conduit vers toute vérité ; pour les Hindous, c'était Atman, celui qui voit tout, qui n'est pas sujet aux renaissances comme l'âme, mais qui a racheté des vicissitudes de la destinée. C'est par l'opération combinée de cette lumière avec

l'élévation qu'elle produit dans l'Intuition de l'âme qui la rend capable de transformer sa connaissance en sagesse, que la race humaine a été de siècle en siècle transportée sur des niveaux supérieurs d'évolution, et qu'elle arrivera, par la suite, à transformer son acquis en substance, à *être* tout ce que, dans le passé, elle a connu et aspiré à posséder de la perfection.

8. Ces leçons représentent donc le résultat de la mémoire intuitive, aidée, croyons-nous, dans une certaine mesure de l'influx spirituel, et développée par le seul mode de vie compatible avec des aspirations philosophiques rationnelles. La base de la doctrine que nous prétendons remettre en honneur est la préexistence et la perfectibilité de l'âme. La préexistence vient en premier lieu ; sans elle la genèse progressive, ou le devenir graduel serait impossible. Car le développement dépend de la mémoire, et il résulte de l'application intelligente que la connaissance acquise par l'expérience fait au profit des besoins de l'individu ; le sens du besoin étant ainsi complété par le sens de la puissance.

La perfectibilité s'en suit, car en tant que partie de l'Être divin — qui est Dieu — étant constituée de la substance divine et illuminée par l'esprit divin, l'âme est nécessairement capable de tout ce que sa nature suppose ; et capable de réaliser, pour l'individualité qu'elle anime, l'injonction du grand maître en science mystique : « Soyez parfaits comme votre père qui est au ciel est parfait. »

9. En vue de l'élucidation de notre système, il est nécessaire de parler de la constitution de l'homme. Sur ce point, notre doctrine est la même que celle qui a prévalu depuis les temps les plus anciens et dans toutes les religions philosophiques. Selon cette doctrine, l'homme possède une nature quaternaire, particularité qui le différencie de toutes les autres créatures. Si l'on compte de l'extérieur à l'intérieur, les quatre éléments qui le constituent sont : le corps matériel, le périsprit fluidique ou corps astral, l'âme ou l'individu, et l'esprit ou le Père divin, la vie divine de son système. C'est ce dernier principe dont le royaume est décrit comme le levain qui a été pris par la femme — la divine Sophia ou Sagesse — et qui a été caché

dans trois mesures de farine, l'âme, le pe  sprit et le corps, jusqu'à ce que le tout ait levé ; c'est-à-dire jusqu'à ce que l'homme entier soit si bien pénétré et éclairé par ce principe qu'il soit finalement transmuté en esprit et qu'il devienne « un avec Dieu ».

10. Cette doctrine de la nature quaternaire de l'homme est aussi exprimée dans les Écritures hébraïques sous le symbole des quatre rivières de l'Eden — ou la nature humaine sortant d'une source unique qui est Dieu — ainsi que par les quatre créations vivantes élémentaires d'Ezéchiel avec leurs quatre roues, ou cercles, dont chacune indique une région et une principauté ou puissance. Cette même correspondance apparait aussi dans les quatre interprétations de tous les livres mystiques — l'interprétation naturaliste, intellectuelle, morale et spirituelle ; ainsi que dans l'unité base de toute existence physique, la cellule physiologique. Car cette cellule, comme tous les étudiants en histologie le savent, est composée, en partant de l'extérieur pour aller vers l'intérieur : premièrement de la membrane cellulaire, ou capsule, qui n'est pas une enveloppe distincte, mais une sorte de coagulation qui protège sa partie fluidique ; secondement de l'intermédiaire protoplasmique ; troisièmement du noyau, qui est lui-même un mode de la substance protoplasmique ; et enfin d'un élément qui n'est pas présent dans toutes les cellules et qui, lorsqu'il s'y trouve, est très difficile à distinguer, le *nucleolus* ou le noyau central qui est parfaitement transparent. C'est ainsi que l'homme, microcosme du macrocosme, reproduit dans tous les détails de son système la doctrine de la célèbre philosophie hermétique par laquelle le texte de toute véritable Bible est confirmé, savoir la doctrine des Correspondances. « *L'extérieur est comme l'intérieur ; le petit est comme le grand ; il n'y a qu'une seule loi ; et Celui qui travaille est Un. Rien n'est petit, rien n'est grand dans l'économie divine.*

11. Ces mots expriment à la fois le principe de l'univers et le secret de l'intuition. C'est Elle, la femme divine du système mental de l'homme, qui lui ouvre « la voie parfaite, la voie qui conduit au Seigneur » le « sentier du juste qui, comme la

lumière du matin, va croissant jusqu'à ce que le jour soit parvenu à sa perfection. » Et sa restauration complète, son couronnement et son exaltation sont la condition essentielle pour la réalisation de la perfection idéale de la nature de l'homme, exprimée sous une forme mystique par ces mots : « trouver le Christ. »

12. L'intuition opère par deux modes, qui sont la perception et la mémoire. Au moyen du premier, l'homme comprend et interprète ; au moyen du second, il retient et utilise. En percevant, en se souvenant et en appliquant, l'esprit met en œuvre par lui-même un procédé analogue à celui qui agit dans l'organisme physique. Car son opération correspond aux trois procédés physiologiques de la nutrition (l'ingestion, la digestion et l'absorbtion).

13. Lorsque les non-initiés ou les matérialistes nient d'une façon absolue, comme ils le font avec une étrange inconséquence, la possibilité d'arriver à posséder une connaissance positive, et déclarent que « tout ce que nous savons c'est que l'on ne peut rien savoir, » ils disent vrai *en ce qui les concerne*. « L'homme animal » comme dit l'Apôtre, « ne comprend point les choses qui sont de l'esprit ; car elles lui apparaissent une folie, et il ne les peut entendre parce que c'est spirituellement qu'on en juge. Mais l'homme spirituel juge de toutes choses, et personne ne peut juger de lui. » Les deux ordres indiqués ici font allusion non seulement à l'intérieur et à l'extérieur, à l'âme et au corps de chaque individu, mais aussi aux deux grandes catégories de l'humanité, ceux qui jusqu'à présent ne reconnaissent que le corps, et ceux qui ont assez développé leur nature intérieure pour reconnaître aussi l'âme. L'initié aux mystères sacrés appartient à cette dernière catégorie. Celui-ci en suivant son intuition dirige la force de son esprit au dedans de lui même, et, pourvu que sa volonté soit subordonnée à la volonté divine et ne fasse qu'un avec elle, il passe derrière le voile et connaît comme il est connu. « Car, comme dit encore l'apôtre : qui est-ce qui connaît ce qui est en l'homme, si ce n'est l'esprit de l'homme qui *est* en lui ? De même aussi personne ne connaît ce qui est en Dieu, si ce n'est l'esprit de

Dieu. Et l'esprit connaît toutes choses et les révèle à l'homme. » Si, au moyen du divin qui est en nous, nous saisissons le divin, celui qui ne réfléchit pas à un certain degré l'image divine, ne saurait s'en emparer. « Mais si ton œil est mauvais tout ton corps sera ténébreux. Si donc la lumière qui est en toi n'est que ténèbres, combien seront grandes ces ténèbres ! »

14. La matière est l'antithèse extrême de l'esprit ; par conséquent l'ennemi de la vision spirituelle sera toujours le matérialisme. C'est donc par la dématérialisation de lui-même que l'homme acquiert l'œil qui voit et l'oreille qui entend par rapport aux choses divines. La dématérialisation ne consiste pas dans la séparation de l'âme du corps, mais dans la purification de l'âme et du corps qui se dégagent des attractions des sens. Là encore nous avons un exemple de la doctrine des correspondances. Il en est de la vision des choses spirituelles comme de celle des choses physiques. La pureté de l'instrument et du médium est indispensable pour la perception.

15. Telle est donc la nature et la fonction de l'intuition. En vivant assez purement en intention et en action pour empêcher qu'une barrière quelconque ne se mette entre son extérieur et son intérieur, entre son moi phénoménal et son moi substantiel; et en cultivant avec persévérance les relations harmonieuses entre les deux moi, tout en subordonnant son système tout entier à la volonté centrale et divine qui a son siège dans l'âme, l'homme obtient accès auprès de ces sources de savoir cachées dans son âme, et arrive à la connaissance simultanée de Dieu et de l'univers. Alors pour lui, comme cela a été dit : « Il n'y a rien de caché qui ne sera révélé. »

16. Une fois doué de cette façon, ce n'est pas seulement dans sa mémoire qu'il peut lire. La Planète, dont il est un produit, est, comme lui-même, une personne et possède un médium pour se souvenir. Celui à qui l'âme prête ses oreilles et ses yeux peut connaître non seulement son histoire passée, mais l'histoire passée de la Planète telle qu'elle est contenue dans les images imprimées sur la lumière magnétique qui est la mémoire de la planète; car il existe réellement des fantômes des

événements, des mânes des circonstances passées; des ombres sur le miroir protoplasmique qui peuvent être évoquées.

17. Mais au delà et au dessus du pouvoir de lire dans sa propre mémoire ou dans celle de la planète, il existe le pouvoir de pénétrer dans cette sphère la plus intime où l'âme obtient et garde avec soin sa connaissance de Dieu : c'est la faculté au moyen de laquelle se produit la véritable révélation. Et la révélation, même dans le sens le plus élevé, n'est pas moins que la raison une prérogative de l'homme qui lui appartient de droit, lorsqu'il est arrivé au degré le plus élevé et le plus complet de son développement.

18. Car l'âme, placée comme elle l'est, entre l'extérieur et l'intérieur, médiatrice entre le matériel et le spirituel, regarde au dehors comme au dedans, elle apprend, par son expérience, à connaître la nature et la méthode de Dieu ; et, selon le degré de son élévation, de sa pureté et de ses désirs, elle voit, réfléchit et transmet Dieu. C'est en vertu de cette position que l'âme, placée entre les mondes de la substance et des phénomènes, et en vertu de la possibilité qui en résulte pour elle de rapporter les *choses* à leurs *idées* essentielles, constitue, elle seule, l'instrument de connaissance compétent pour arriver à la vérité la plus élevée qu'elle seule peut contempler face à face. La parole qui dit : « Celui qui a le cœur pur voit Dieu » n'est pas une hyperbole. Il est vrai que *l'homme* ne peut pas voir Dieu; mais le Divin dans l'homme voit Dieu. Et ceci arrive lorsque, par le moyen de l'union de son âme avec Dieu, l'homme devient « un avec le Père », et contemple Dieu *avec les yeux de Dieu.*

19. La connaissance qui ne comprend pas n'est pas une connaissance réelle ; et le savoir acquis par l'homme au moyen de son âme suppose qu'il comprend toutes les choses qu'il a apprises. Or, comprendre une chose c'est en avoir fait le tour et l'avoir pénétrée intellectuellement, en connaître la raison, et percevoir clairement que cela seul, dans les circonstances présentes est, et peut être vrai. En dehors de cette façon de savoir et de comprendre la croyance ne peut pas exister. Car une croyance qui ne procède pas de la connaissance n'est pas

digne de ce nom ; et il n'y a pas de foi qui sauve hormis la foi conjointe à la compréhension. Le roc sur lequel est bâtie la véritable Église c'est l'Entendement.

20. Tel est le véritable sens des paroles de Jésus dans l'occasion mémorable de la confession de Pierre. Ce n'est pas à l'homme Simon que s'adressait cette apostrophe : « Tu es Pierre, le roc, et sur ce roc je bâtirai mon Église ; » mais à l'esprit éternel et immuable de l'Entendement au moyen duquel le disciple avait « trouvé le Christ. » Ainsi la parole de Jésus se rapportait non pas à l'homme, mais à l'esprit qui instruisait l'homme et que le maitre discernait avec son œil spirituel.

21. Nous avons dit que l'âme avec les yeux de l'Entendement regarde de deux côtés, au dedans et au dehors. Il est intéressant de se souvenir que cette caractéristique de l'âme a été représentée sous l'image de la Divinité à double face, Janus Bifrons, ou, comme l'appelle Plutarque, Jannos. Or Janus est la même chose que Jonas. Voilà pourquoi il est dit que celui qui exposerait la vraie doctrine était fils de Jonas c'est-à-dire de l'Entendement. Janos est aussi le gardien de la porte comme l'est Pierre dans la tradition catholique. C'est la raison aussi pour laquelle la porte est appelée *janna* et le premier mois au commencement de l'année, janvier. On arriva donc à regarder Janus — ainsi que Pierre — comme l'ancêtre, celui qui renouvelle le temps, le gardien du cercle le plus extérieur du système solaire et par conséquent faisant un avec Saturne. Et comme le premier s'appelait Pater Janus, le second fut appelé Pierre Jonas, le Roc de l'Entendement. De même que Pierre il est représenté debout dans un vaisseau, tenant d'une main un bâton et de l'autre une clef. Cela veut dire que c'est à l'Entendement, né des expériences du Temps, qu'appartient la baguette du magicien — ou la puissance de la volonté — ainsi que les clefs du royaume des cieux. Par conséquent, le chef réel des apôtres dans la véritable Église, lequel par sa connaissance des mystères de l'existence peut seul ouvrir les portes de la vie éternelle, est l'Entendement.

22. Le Sacerdoce qui, selon son habitude, matérialise les choses divines, a voulu appliquer la parole de Jésus à l'homme Simon

et à ses successeurs dans sa fonction, ce qui a produit les plus désastreuses conséquences. Car en ignorant l'entendement et en séparant ce que Dieu avait joint — la Foi et la Raison — ils ont pris pour critérium de la vérité autre chose que l'esprit.

Ce divorce entre l'élément masculin et l'élément féminin du système intellectuel de l'homme est la cause de l'incrédulité générale ; car par ce fait, la religion transformée en superstition est devenue ridicule, et au lieu d'être présentée comme la raison suprême, Dieu a été dépeint comme la suprême Dé-Raison. L'humanité a bien fait de s'insurger contre une religion ainsi défigurée ; y rester soumise aurait été un suicide intellectuel. Ainsi la dernière personne qui ait le droit de reprocher au monde son manque de foi, c'est le prêtre, car c'est lui qui, en dénaturant le caractère de Dieu, a poussé le monde à l'incrédulité. En supprimant « la femme » qui est l'intuition pour se mettre à sa place, les prêtres ont aussi supprimé l'homme qui est l'intellect ; et ainsi l'humanité entière se trouve annihilée. Au cours de cet ouvrage, nous montrerons pourquoi le sacerdotalisme est tombé en discrédit.

23. Dans les leçons présentes, la manière de faire que nous blâmons sera remplacée par la méthode primitive de toutes les véritables églises ; et nous ferons appel à ce *consensus* des facultés : sensible, intellectuelle, morale et spirituelle qui existent dans la constitution de l'homme et forment le Sens commun. Nous ne nous appuyons point, pour soutenir notre opinion et pour réclamer l'attention publique, sur l'autorité d'un livre ou d'une personne, d'une tradition ou d'une classe ; et si nous renvoyons parfois le lecteur à des sources sacrées ou profanes, c'est seulement à titre d'exemple, d'interprétation ou de confirmation. Car, confiants dans l'idée que toutes choses procèdent de l'Esprit et que l'Esprit est capable de saisir toutes choses, sachant aussi qu'Il est éternellement UN et le même, nous sommes persuadés que les perceptions de cet Esprit sont les mêmes aujourd'hui que dans le passé le plus lointain. Mais qu'on ne l'oublie pas, en toute occasion nous en appellerons à la perception, et jamais au préjugé ou à la convention. Toutes choses procédant de Dieu dé-

coulent par ce fait même de la Raison pure, et c'est seulement en faisant appel à cette Raison, non viciée par les préjugés ni obscurcie par la matière, que nous pourrons expliquer quoi que ce soit.

24. Voilà pourquoi cette disposition d'esprit qui a toujours besoin de la confirmation d'un livre, choisi peut-être arbitrairement parmi d'autres, et qui n'accepte une vérité que sur l'autorité du miracle, conduit à la superstition, laquelle oppose à la connaissance une barrière aussi insurmontable que le matérialisme — non moins superstitieux — qui, en construisant une hypothèse indépendamment des faits, rejette toutes les preuves qui sont en contradiction avec son hypothèse. C'est précisément un matérialisme comme celui-là qui, en repoussant une superstition d'une espèce, a plongé le monde dans une superstition d'une autre espèce. Car le culte du jour — celui de la matière — est le plus colossal exemple de fétichisme que le monde ait jamais donné. Nous aurons à revenir sur ce sujet plus tard. Pour le moment, il suffira de rappeler à ceux qui adorent un livre, que les choses ne sont pas vraies parce qu'elles sont dans une Bible ; mais qu'elles sont dans une Bible parce qu'elles ont été précédemment reconnues pour vraies. Et les miracles — qui sont des effets naturels de causes exceptionnelles — peuvent bien être des preuves de puissance occulte, mais ne démontrent en rien la vérité d'une doctrine.

25. L'histoire suivante, tirée du Talmud, jettera de la lumière sur cette leçon et montrera quelle position nous prenons par rapport à cette question.

« Un jour, Rabbi Eliézer ben Orcanaz répondit aux questions qui lui étaient posées au sujet de son enseignement, mais ses arguments paraissant trop faibles pour soutenir ses prétentions, les docteurs présents refusèrent d'admettre ses conclusions. Alors Rabbi Eliézer dit : « Ma doctrine est vraie, « et ce caroubier qui est là va démontrer l'infaillibilité de mon « enseignement. » Instantanément le caroubier, obéissant à la voix d'Eliézer, sortit du sol et alla se planter à quelques centaines de coudées plus loin. Mais les Rabbis, secouant la tête, dirent : « Le caroubier ne prouve rien. » — « Comment, s'écria

« Eliézer, vous résistez à un tel miracle? Alors, que ce ruis-
« seau remonte son cours et atteste la vérité de ma doctrine. »
Immédiatement le ruisseau, obéissant à l'ordre d'Eliézer, se
mit à couler en sens inverse et remonta à sa source. Mais de
nouveau les Rabbis secouèrent la tête et dirent : « Le ruisseau
« ne prouve rien. Il faut que nous comprenions avant de pou-
« voir croire. » — « Me croiriez-vous, reprit le Rabbi Eliézer,
« si les murs de cette maison où nous sommes tombaient ? »
Et les murs, obéissant à son ordre, commencèrent à tomber.
Alors le Rabbi Josué s'écria : « De quel droit les murs inter-
viennent-ils dans notre débat? » Alors les murs s'arrêtèrent
de tomber par respect pour Rabbi Josué, mais restèrent pen-
chés par respect pour Rabbi Eliézer, et jusqu'à ce jour ils sont
restés ainsi. Alors Eliézer, fou de colère, s'écria : « Eh bien !
afin de vous confondre, et puisque vous m'y forcez, qu'une
voix du ciel se fasse entendre! Et immédiatement le Bath-
Kol, ou la voix du ciel, fut entendue, à une grande hauteur,
dans l'espace et dit : « Que sont les opinions de tous les Rabbis comparées à celle du Rabbi Eliézer? Lorsqu'il a parlé,
son opinion devrait faire loi. » Sur quoi le Rabbi Josué se leva
et dit : Il est écrit : « La loi n'est pas dans le ciel ; elle est dans
votre bouche et dans vos cœurs. » Elle est dans votre raison ;
car, il est encore écrit : « Je vous ai laissés libres de choisir
entre la vie et la mort, entre le bien et le mal. » Et elle est
dans votre conscience, car : « Si vous aimez le Seigneur, et si
vous obéissez à sa voix qui est au dedans de vous, vous trouverez le bonheur et la vérité. » Pourquoi donc le Rabbi Eliézer
fait-il intervenir un caroubier, un ruisseau, un mur et une
voix pour résoudre une question de doctrine? Et quelle est la
seule conclusion que l'on puisse tirer de pareils miracles, sinon que ceux qui ont parlé des lois de la nature ne les ont pas
encore bien comprises, et que nous devons admettre que,
dans certains cas, un arbre peut se déraciner, un ruisseau
remonter son cours, des murs obéir à des ordres, et des voix
se faire entendre dans l'air? Mais quel rapport y a-t-il entre
ces faits observés et l'enseignement du Rabbi Eliézer? Sans
doute ces miracles sont très extraordinaires, et nous ont rempli

d'étonnement, mais s'étonner n'est pas discuter et ce sont des arguments et non pas des phénomènes dont nous avons besoin. Par conséquent lorsque le Rabbi Eliézer nous aura prouvé que les caroubiers, les ruisseaux, les murs et les voix inconnues nous procurent, par des manifestations exceptionnelles, des arguments, égaux en valeur et en poids à cette raison que Dieu a placée au dedans de nous pour guider notre jugement, alors seulement nous accepterons les témoignages et nous les estimerons comme Eliézer le désire ! »

Le célèbre commentateur Maimonides conclut de la même manière lorsqu'il dit : « Lorsque tes sens affirment ce que ta raison repousse, rejette le témoignage de tes sens et écoute seulement ta raison. »

26. Après avoir parlé des fonctions de l'âme et de sa relation avec l'homme nous allons maintenant traiter de sa nature et de son histoire. Pour l'individuel, comme pour l'universel, l'âme est la substance, ce qui soutient (1) tout phénomène.

Cette substance est le protoplasme originel ; à la fois ce qui crée et ce qui devient. La première manifestation de la substance se trouve dans l'éther inter-planétaire, appelé par Homère « l'air moyen » et connu dans la terminologie de l'occultisme sous le nom de fluide astral. Ceci, ne l'oublions pas, n'est pas l'âme, mais ce par quoi l'âme se manifeste, et où réside sa potentialité. La matière est l'expression dernière de la substance, et représente cette condition dans laquelle la substance est le plus éloignée de son état originel ; de même que la capsule membraneuse qui forme la circonférence de la cellule physiologique représente l'expression dernière de son contenu fluidique.

27. L'âme peut être comparée au noyau de la cellule. Le médium protoplasmique qui se trouve au dedans de l'enveloppe capsulaire, et dans lequel le noyau flotte, peut être comparé au fluide astral inter-planétaire, ou inter-cellulaire. Mais le noyau, le corps fluidique qui l'entoure et la membrane extérieure sont tous également protoplasmiques dans leur nature ;

---

(1) En anglais *sub-stands*.

et la potentialité de chacun se trouve dans tous; la différence que l'on peut remarquer entre eux étant seulement le résultat d'une différence de condition.

28. Tous les éléments de la cellule, cependant — y compris le noyau — sont matériels, tandis que la matière elle-même de n'importe quelle sorte, est un mode de la substance, dont la nature est spirituelle. Mais bien que la substance soit, de par sa nature, Esprit, il y a un sens dans lequel l'Esprit n'est pas la substance. C'est le sens dans lequel l'esprit marque une volonté, ou une énergie, distincte de la substance dans laquelle elle réside. Sous l'impulsion de l'Esprit, ainsi défini, la substance change sa condition statique contre une condition dynamique, passe du repos à l'activité, entre dans l'état moléculaire et, par conséquent, se matérialise au cours de cette opération. La Substance ne cesse cependant pas d'être Substance en devenant Matière; mais la Matière cesse d'être Matière par l'arrêt du mouvement. On peut donc définir la Matière comme la substance dans un état d'activité incessant et intense qui est la condition de chaque particule dans l'Univers. Depuis la molécule microscopique jusqu'à la planète, tout ce qui existe tourne, poussé par une force et obéissant à une loi.

29. Cette vérité que la Matière est la substance dans sa condition dynamique était bien connue des Hiérophantes de l'ancienne Inde et de l'Egypte, et trouva son expression dans les livres sacrés des Hébreux — dont l'origine est égyptienne — par cette phrase : — « Et le septième jour, Dieu se reposa de toutes ses œuvres que Dieu avait créées et faites. »

Ce « repos » — qui n'est pas l'annihilation mais un état passif — suppose le retour de la matière à sa condition statique de substance. L'idée indiquée ici est celle de la cessation d'une force active et créatrice, et, par suite, du retour de l'existence phénoménale à l'être essentiel. Cette phase constitue la fin de la période créatrice, et la perfection de toute œuvre créée. C'est, à la fois, le « repos qui sera pour le peuple de Dieu »; la possession de la perfection pour l'individu, la race ou le système; et le retour de l'univers dans le sein de Dieu, par sa résorption dans la substance originelle. Les Bouddhistes appellent cela le *Nirvana* ; et la période dont cet état est la fin est nommée par les Hindous *Kalpa*, mot qui signifie Forme. Ils pensent que l'univers subit une succession de kalpas et qu'à la fin de chacun, il est résorbé dans la Divinité ; laquelle alors s'arrête un peu de temps avant la prochaine manifestation, se reposant sur le *Sesha*, le « serpent » céleste, ou le cercle vivant de l'Eternité, symbole de l'Etre essentiel par opposition à l'*existence* au sens strict, c'est-à-dire l'Etre manifesté.

30. Car comme cela sera complètement démontré plus tard, la substance de l'âme, et partant de toutes choses, et la substance de la divinité sont unes et semblables, puisqu'il n'y a qu'une seule substance. Et la vie de cette substance s'appelle Dieu, qui comme substance vivante est à la fois vie et substance, *un* et cependant *double* ou *deux en un*. Et ce qui est engendré par ces deux ce que la théologie appelle le Fils, ou la Parole, est nécessairement l'expression des deux et *est* potentiellement l'univers, car il l'a créé à sa propre et divine image par le moyen de l'esprit qu'il a reçu. Or, la substance divine est, dans sa condition originelle homogène. Chacune de ses monades possède par conséquent les potentialités du tout. Chaque âme individuelle est faite d'une de ces monades dans sa condition originelle, et l'univers matériel est constitué de cette même substance projetée dans des conditions inférieures. Par cette projection elle ne subit cependant aucun changement radical de nature, mais, quelque soit le plan sur lequel sa manifestation se produise, elle est toujours comme une trinité dans l'unité, puisque ce par quoi la substance se manifeste est l'évolution de sa trinité. Ainsi, — si nous comptons de l'extérieur à l'intérieur et du bas en haut — cette manifestation trinitaire sera, — sur le plan physique : — la force, l'éther universel et leur rejeton, le monde matériel. Sur le plan intellectuel nous aurons la Vie, la Substance et le Phénomène. Sur le plan spirituel, qui est son point de radiation originel, — c'est la Volonté, la Sagesse et la Parole. Et sur tout les plans, quels qu'ils soient, nous avons d'une façon ou de

l'autre le Père, la Mère et l'Enfant. Car « *il y en a trois qui portent témoignage dans les cieux, (ou l'invisible), et ces trois sont* UN. *Et il y en a trois qui portent témoignage sur la terre,* (ou le visible), *et ces trois soit unis en un,* étant Esprit, Ame et Corps. »

31. L'entrée de l'âme dans la matière, et sa première manifestation comme individualité, se passe dans les modes inférieurs de la vie organique, et est le résultat de la convergence des pôles magnétiques des molécules constituantes de quelque entité protoplasmique, action qui est due au travail de l'Esprit dans la matière en question. Car, il ne faut pas l'oublier, toute matière contient l'Esprit et *est* Esprit. L'action réciproque de ces pôles donne naissance à un courant magnétique circulaire d'où résulte une sorte de combustion électrique qui est l'étincelle vitale, la vie organique, l'âme. Ce n'est cependant pas une nouvelle création, au sens ordinaire de ce terme, — car rien ne peut être ajouté ou retiré de l'univers, — mais une *nouvelle condition* de la substance une qui existe déjà ; une condition qui constitue un nouvel acte d'individualisation de la part de cette substance. Par la génération d'elle-même, cette substance est devenue une âme, ou un noyau pour la cellule dans laquelle elle s'est manifestée. Tel est le mode d'opération de la substance, soit qu'elle se manifeste dans l'âme humaine ou dans la cellule physiologique.

La doctrine de la création par le moyen du développement ou de l'évolution est une doctrine vraie, et elle n'est en aucune façon incompatible avec l'idée de l'action divine ; mais ce n'est pas la substance originelle qui se développe. Cette substance étant infinie et éternelle est toujours parfaite. Ce qui se développe, c'est la manifestation des qualités de cette substance *dans l'individu.* Le développement ne peut être intelligible que si l'on reconnait la conscience inhérente à la substance base de l'existence. La forme est l'expression des qualités de cette substance lorsqu'elle est manifestée dans l'individu. Et c'est parce que le développement est dirigé par la conscience, et actionné par l'intelligence qui cherche incessamment à éliminer ce qui est rudimentaire et imparfait, que le progrès s'accomplit aussi par rapport à la forme. Le produit le plus élevé, l'homme, est le résultat de l'Esprit agissant intelligemment au dedans. Mais l'homme n'atteint son point de développement le plus élevé et ne devient parfait que par le moyen de sa coopération volontaire avec l'Esprit. Il n'y a aucun mode de la matière dans lequel la personnalité de l'homme n'existe pas en puissance, car chaque molécule est un mode de la conscience universelle. Sans la conscience, il n'y a pas d'être ; car la conscience *est* l'être.

33. La première manifestation de la conscience apparaît dans l'obéissance aux lois de la gravitation et de l'affinité chimique, qui constituent la base des lois organiques de nutrition et d'assimilation dont le développement viendra plus tard. La perception, la mémoire et l'expérience, représentées dans l'homme, sont le résultat de l'accumulation de longs siècles de travail et de pensée. Ces facultés progressent graduellement par le développement de la conscience, en partant des combinaisons inorganiques pour s'élever jusqu'à Dieu. Tel est le sens secret de l'antique et mystérieuse histoire de Deucalion et de Pyrra, qui sous la direction de Thémis (la loi), semèrent des pierres dont sortirent des hommes et des femmes, et, par ce moyen, peuplèrent et renouvelèrent la terre. Les paroles de Jean le Baptiste ont une signification semblable : « En vérité, en vérité je vous dis que de ces pierres Dieu peut faire naître des enfants à Abraham. » Et par les enfants d'Abraham il est entendu cet « Israël spirituel », ceux qui cherchent Dieu d'un cœur pur et qui finissent par atteindre l'objet de leurs aspirations et deviennent un avec lui.

34. Le rapport entre le monde organique et inorganique est pareil à celui entre l'esprit et la matière ; aucune barrière réelle ne les sépare. La nature travaille en spirales et intelligemment. Tout ce que la science moderne possède de vérité par rapport à la doctrine de l'évolution a été prévu il y a des milliers d'années. Mais les savants de l'antiquité, qui faisaient usage d'une faculté dont la seule supposition fait rire les hommes de science modernes, voyaient dans l'âme l'agent, et dans l'esprit la cause efficiente de tout progrès. Ils comprenaient,

comme tous ceux qui se donnent le temps de penser le comprennent, que si la matière était, comme on le croit généralement, la seule chose qui existe, et que la force aveugle fût son agent impulsif, il n'y aurait aucune explication rationnelle à ce fait de l'adaptation intelligente des moyens aux fins, qui apparait clairement partout ; à cette forte impulsion du courant de la vie dans la direction de la beauté et de la bonté ; à cette différentiation des usages, des fonctions et des espèces, non seulement dans les tissus cellulaires, mais même dans les éléments cristallins inorganiques. Si la matière était, comme on le suppose généralement, inconsciente, sans but, sans fin, comment pourrait-elle se différentier, se diversifier, se développer ? Cette question, les anciens se la sont posée, et ils ont été assez perspicaces pour comprendre que poser le problème c'était le résoudre. En effet cette question émane de l'esprit, et la présence de l'esprit dans son produit l'homme suppose son existence dans la substance dont l'homme est composé ; parce que ce qui est extrait ne peut pas contenir ce qui n'est pas dans la substance originelle.

35. La logique de cette proposition commence cependant à être de nouveau reconnue, même dans l'école dominante, par quelques-uns de ses membres les plus intelligents ; l'un d'eux a même récemment déclaré qu'il est nécessaire, pour se rendre compte des faits de l'existence d'accorder à la Matière « un peu de sensibilité » (1). Si cet aveu est poussé jusqu'à ses dernières conséquences, il implique l'acceptation du système exposé ici ; car il suppose la reconnaissance de Dieu et de l'Ame. C'est ainsi que la science moderne, avec peine et bien contre son gré, retourne à la grande doctrine enseignée il y a des siècles dans les mystères indiens et égyptiens, et vérifiée par l'expérience spirituelle de chaque initié qui a mené la vie prescrite, condition indispensable de l'illumination.

36. Cette doctrine est celle qui est connue sous le nom de transmigration des Ames. La courte citation qui suit fait partie de ce système. Elle est prise dans une traduction des livres

---

(1) Feu le professeur Clifford.

appelés Hermétiques (date de 1650) qui, émanant d'Alexandrie et remontant aux premiers temps chrétiens, représente — au moins dans une certaine mesure — la doctrine ésotérique des anciens systèmes religieux, entre autres de celui des Egyptiens.

Quelques fragments seulement de ces écrits ont survécu. Le passage cité se trouve dans le livre IV de l'ouvrage appelé *Le Divin Pymander*, ou Berger, d'Hermès Trismégiste.

« *D'une seule âme de l'univers procèdent toutes ces âmes qui dans tout le monde sont ballotées ici et là, en haut et en bas dirait-on, et diversement séparées. Pour ces âmes il y a beaucoup de changements, quelques-unes passant dans un état plus fortuné et d'autres dans un état contraire. Celles qui appartiennent aux Choses Rampantes sont changées en Choses de l'Eau; et celles qui appartiennent aux Choses qui vivent dans l'Eau deviennent les Choses qui vivent sur la Terre; et les choses de l'Air deviennent des hommes; et les Ames humaines qui saisissent l'Immortalité sont changées en Daïmons (saints). Et ainsi ils entrent dans la sphère des Dieux.... Et c'est là la gloire la plus parfaite de l'âme. Mais si l'âme qui est entrée dans le corps de l'homme continue à faire le mal, elle ne goûtera pas de l'Immortalité et ne sera pas Participante du Bien; mais étant entraînée en arrière dans son propre chemin, elle retournera aux Choses Rampantes. Et c'est cela qui est la condamnation de l'âme mauvaise.* »

37. La doctrine du Progrès et de la migration des âmes et du pouvoir qu'a l'homme, pendant qu'il est encore dans le corps, de retrouver les souvenirs de son âme, constituait la base de toutes les anciennes religions dont le christianisme est sorti, et par conséquent, c'est cette doctrine qui était communiquée à tous les Initiés aux mystères sacrés. Et de fait, un des principaux buts du système de ces institutions était de mettre le candidat à même de recouvrer le souvenir de ses incarnations précédentes en vue de son émancipation totale du corps.

L'obtention de cette puissance était regardée comme un signe indiquant que la régénération finale de l'individu était presque un fait accompli, c'est-à-dire qu'il n'aurait plus besoin des leçons et de l'expérience que le corps pouvait lui fournir. Aussi, le premier objet des anciennes confréries, qui constituaient les églises antérieures au christianisme, était-il la culture de l'âme en tant qu'élément divin et permanent de l'individu.

38. On raconte que plusieurs sages éminents ont pu se souvenir de quelques-unes de leurs incarnations précédentes ; en particulier, Krishna, Pythagore, Platon, Apollonius et Gautama le Bouddha. Selon les bouddhistes, ce dernier « le Messager » qui, auprès des mystiques de l'Orient, eut le rôle que six cents ans plus tard Jésus remplit auprès des mystiques de l'Occident, se serait souvenu de cinq cent cinquante incarnations. Et le but principal de sa doctrine est d'engager les hommes à vivre de façon à abréger le nombre et la durée de leurs vies terrestres. Les livres hindous disent : « Celui qui, pendant sa vie, recouvre la mémoire de tout ce que son âme a appris, est déjà un Dieu. » Socrate aussi semble avoir affirmé d'une manière absolue la doctrine de la réincarnation ; et la même doctrine est impliquée, sinon expliquée, dans le système formulé par le grand penseur moderne, le savant Leibnitz.

39. Avec les Rabbins, et spécialement avec les Pharisiens, Josèphe affirme le retour des âmes dans de nouveaux corps; et l'Ancien aussi bien que le Nouveau Testament contiennent plus d'une allusion à cette doctrine. Ainsi l'auteur du Livre de la Sagesse dit de lui-même : « Étant bon, je suis venu dans un corps qui n'était pas souillé. » Il est dit au prophète Daniel et à Jean, par leurs anges inspirateurs, qu'ils seront de nouveau sur la terre aux derniers jours de la Dispensation. Jésus semble aussi dire à propos de Jean qu'il reviendrait sur la terre soit pour la réincarnation soit pour la métempsycose, lorsque le temps serait venu. Une autre grande école qui, parce qu'elle s'approchait peut-être trop de la vérité pour être tolérée par un clergé matérialiste, était dénoncée comme dangereuse et hérétique — l'école des gnostiques — avait un chef, Carpocrate, qui enseignait que le fondateur du christianisme lui-même était un homme dont l'âme très ancienne et d'un haut degré de pureté, avait pu, grâce à sa manière de vivre, recouvrer la mémoire de son passé. La description que saint Paul

fait de lui lorsqu'il l'appelle « un chef du salut devenu parfait par la souffrance », ne suppose-t-elle pas évidemment un cours d'expériences bien plus complet que celui que pourrait fournir une seule et brève carrière. A ces exemples il faut ajouter celui de la question posée à Jésus par ses disciples au sujet de l'aveugle qu'il avait guéri : « Cet homme a-t-il péché, ou ses parents, pour qu'il soit né aveugle? » Ceci montre clairement, ou que la croyance à la transmigration des âmes était populaire parmi les juifs, ou que Jésus l'avait enseignée à ses disciples. Son refus de satisfaire leur curiosité s'explique suffisamment par la supposition qu'il ne voulait pas révéler les affaires qui concernaient d'autres âmes.

40. Les premiers chapitres du livre de la Genèse impliquent la même doctrine; car ils présentent la création comme se produisant par une évolution graduelle, depuis les types inférieurs jusqu'aux plus élevés, depuis les combinaisons élémentaires gazeuses jusqu'à la manifestation supérieure de l'humanité dans la femme; — et par là ils semblent indiquer que le règne animal sert le règne humain dans un sens bien différent de ce qui est généralement supposé. Ils représentent même l'animal comme le moi inférieur de l'homme; c'est à dire comme un homme rudimentaire. Cela ressort du fait que la Genèse emploie le mot *âme* (1) pour la création de toutes les choses vivantes qui sont au-dessous de l'homme, comme pour l'homme lui-même. Mais les traducteurs ont appliqué aux bêtes le terme de *créatures vivantes* au lieu d'*âmes de vie*, qui se trouve dans le texte. Ainsi, si la Bible avait été traduite exactement, la doctrine que toutes les créatures représentent des incarnations, — bien que dans des conditions différentes, — de l'âme une et universelle n'aurait pas besoin d'être de nouveau affirmée et ne serait pas reçue avec répugnance. Le sentiment avec lequel cette doctrine est accueillie prouve combien l'homme est descendu au-dessous de son ancien niveau, du moins par rapport à sa nature affective. Car la doctrine qui suppose une âme universelle est la doctrine de l'amour, parcequ'elle suppose la

---

(1) Heb. *Nephesh*; c. à. d. le mode le plus inférieur de l'âme.

reconnaissance d'un moi plus vaste. Elle représente, en outre, l'Humanité comme la seule création universelle dont toutes les choses vivantes ne sont que des degrés différents de développement ou de dégradation, de progrès ou de recul, d'élévation ou d'abaissement ; la condition présente et la destinée ultime de chaque entité individuelle étant déterminée par sa volonté et ses affections. Les animaux n'ont pas apparu les premiers sur la terre pour satisfaire aux besoins physiques de l'homme, comme on le suppose généralement à tort, mais parce qu'ils sont le préliminaire essentiel de l'humanité elle-même. Cette hypothèse est la seule qui puisse donner raison de leur existence pendant les longs siècles qui se sont écoulés avant l'apparition de l'homme.

40. Par conséquent cette doctrine n'est pas seulement respectable à cause de son antiquité, de son universalité et du caractère de ceux qui, sur la foi de leur propre expérience, l'ont soutenue ; mais elle est indispensable à un système quelconque de pensée qui postule la Justice comme élément essentiel de l'Être. Parmi toutes les méthodes qui ont jamais été proposées, elle seule résout le problème de l'Univers en résolvant les difficultés insurmontables que nous rencontrons par rapport aux inégalités des circonstances et des relations terrestres.

L'importance que les Égyptiens attachaient à cette doctrine se manifeste pas le fait qu'ils ont choisi son expression pour leur principal symbole religieux. Car en représentant ce qu'il y a de plus inférieur uni à ce qu'il y a de plus élevé, — les reins de la bête de proie avec la tête et le sein d'une femme, — le Sphinx indiquait à la fois l'unité et la méthode de développement, dans l'individuation, pour l'âme de l'humanité universelle.

## II

42. Nous allons maintenant définir plus nettement la nature du système philosophique et religieux que nous cherchons à rétablir et son rapport avec celui qui gouverne depuis si longtemps notre Occident. Ni chrétien, ni catholique dans le sens

ordinaire, il prétend cependant être catholique et chrétien dans le sens original et vrai de ces termes. Il revendique le rang d'héritier légitime du christianisme contre ceux qui ont usurpé ce titre par une interprétation à la fois corrompue, fausse, superstitieuse et idolâtre de la doctrine primitive.

Selon le système retrouvé, Jésus-Christ le Rédempteur et le Sauveur (par son origine, son œuvre et sa fin), n'est pas seulement un personnage historique, mais au-dessus et au-delà, un idéal spirituel et une vérité éternelle. Reconnaissant pleinement ce que Jésus a été et a fait, il pose en principe que le salut de l'humanité ne dépend pas de ce qu'un homme quelconque a dit et fait, mais de ce que Dieu révèle perpétuellement. Car, selon cette philosophie, la religion n'est pas une chose du passé ou d'un âge quelconque, mais une actualité toujours présente et toujours accessible ; une et identique pour tous ; complète en elle-même pour chaque individu, et subsistant pour lui, indépendamment de tout autre homme, quel qu'il soit. Elle ne reconnaît que deux acteurs dans ce drame prodigieux de l'âme : l'individu et Dieu. Et comme en elle seule on trouve un exposé complet et raisonnable du rôle assigné à ces deux personnages dans l'œuvre de la rédemption, tous les autres systèmes doivent être regardés comme une aspiration vers la vérité ou comme une dégénérescence de sa perfection primordiale et vraie, en tant qu'ils concordent avec elle.

43. Remarquons ici que la doctrine de la religion conçue comme une réalité présente, n'ayant pas besoin de base historique, doit rencontrer un accueil particulièrement favorable dans ce temps-ci. Car quelle est la situation des esprits vis-à-vis de l'élément historique de la religion existante ? Ceux-là seuls qui par manque d'éducation suivent les voies anciennes y attachent de l'importance. L'analyse critique, fonction destructive par sa nature, est cependant sans danger lorsqu'elle s'exerce sur ce qui, étant faux, n'a pas en soi les éléments de la perpétuité. Cette analyse a sapé d'une cognée implacable la forêt de l'ancienne tradition. La science de l'exégèse biblique a rendu évident pour tout esprit ouvert que les livres sacrés, loin d'être des souvenirs infaillibles d'événements contemporains, four-

millent d'inexactitudes, de contradictions et d'interpolations ; que les personnages sacrés, à supposer qu'ils ont existé, ont eu une histoire très différente de leur histoire traditionnelle ; que les éléments de l'histoire sainte n'ont pu se passer de la manière dont on les raconte. Car ces faits sont pour la plupart ou absurdes par eux-mêmes ou semblables à ceux d'autres religions dont on conteste la sainteté.

44. Ainsi, pour prendre les thèmes favoris de la foi chrétienne, toute l'histoire de l'incarnation, l'attente du Messie, son annonciation par un ange, sa conception par la Vierge, sa naissance à minuit, dans une grotte, le nom de la mère immaculée, l'apparition de l'armée céleste aux bergers, la fuite devant les persécutions d'Hérode, le massacre des innocents, la découverte de l'enfant divin dans le temple, le baptême, le jeûne et la tentation dans le désert, la conversion de l'eau en vin et autres miracles, l'entrée triomphale dans la cité sainte, la passion, la crucifixion, la résurrection et l'ascension, ainsi que beaucoup d'enseignements attribués au Sauveur, toutes ces choses, sous diverses variantes, furent également attribuées à Osiris, à Mithras, à Iacchos, à Zoroastre, à Krischna, à Bouddha et à d'autres, à des dates antérieures à l'ère chrétienne. Il existe encore des monuments et des sculptures montrant que l'histoire de l'homme divin des Évangiles était enseignée longtemps avant Moïse à des communiants et célébrée par des sacrements dans les nombreux collèges des mystères sacrés.

45. Les Pères de l'Église qui connurent parfaitement ces faits, en ont parlé sur divers tons, selon les ressources de leur esprit individuel.

Les plus éminents d'entre eux, y compris saint Augustin, virent la vérité dans sa propre lumière ; mais l'explication acceptée était que le Diable, sachant d'avance la pensée et l'intention de Dieu, avait malicieusement combattu d'avance la carrière du véritable Messie par de fausses apparences, en la faisant jouer par anticipation à un grand nombre de faux Messies, afin que, lorsqu'apparaîtrait le véritable rédempteur du monde, il fût confondu, comme il advint en effet, dans la foule de ses prédécesseurs et privé de toute gloire particulière.

46. Et que penser, dira-t-on, du personnage que nous venons de mentionner, du Diable, qui joue un rôle si énorme dans la doctrine orthodoxe? Lui aussi est la perversion d'une vérité, dont nous expliquerons peu à peu le véritable sens. Remarquons seulement ici qu'un christianisme fondé, comme celui de l'orthodoxie courante et corrompue, sur un principe personnel et par conséquent *divin* du mal, repose sur une hypothèse aussi monstrueuse qu'impossible.

47. Il serait superflu de particulariser les critiques qu'on peut faire d'un bout à l'autre de la Bible, pour des raisons historiques, morales ou scientifiques. Nous ne parlerons pas non plus des nombreux conciles ecclésiastiques qui, de siècle en siècle, ont discuté sur la Bible, affirmant et niant tour à tour la canonicité des livres sacrés. Nous ne toucherons pas davantage aux innombrables contradictions et inconsistances de doctrine et d'histoire qui y abondent. Ces choses sont familières à beaucoup de gens instruits et faciles à vérifier pour tous. Il faut insister sur un seul point; — à savoir, que pour étudier la religion et pour être un théologien dans le vrai sens du mot, il est nécessaire de connaître non seulement une religion, mais toutes les religions, non pas un livre sacré mais tous les livres sacrés; de s'occuper de tous comme d'un seul et d'un seul comme de tous; de feuilleter les Védas, le Bhagavat-Gita, le Lalita-Vistara, le Zend-Avesta et la Kabbale avec le même respect que l'Ancien et le Nouveau Testament; et d'appliquer à ceux-ci comme pierre de touche la même critique qu'aux autres. La vérité seule importe, et la vérité ne craint rien. Le creuset n'attaque pas l'or. Les scories seules tombent sous l'épreuve, et certes nous n'en serons que mieux pour en être débarrassés.

48. Et quand tout cela a été fait; quand l'esprit purifié des préjugés et discipliné par l'expérience est devenu un instrument apte à percevoir et à discerner la vérité, alors, demandera-t-on, que reste-t-il à l'homme de sa foi et de son espérance, de son Dieu et de son âme? Nous connaissons la réponse du matérialiste. Comme on l'a dit spirituellement, il rejette l'enfant avec l'eau dans laquelle il a été lavé. Parce que des choses impures obstruent le temple de la vérité, il refuse

d'y entrer. Nous dirons par contre : Ce qui reste, c'est la religion éternellement vivante, une Parole divine toujours agissante et non un testament de morts, un Dieu et une Ame capables d'entrer en relation directe et perceptible l'une avec l'autre comme l'enfant avec son père. Et la Création, la Chute, la Rédemption et l'Ascension — arrachées à la tombe du passé — deviennent ainsi des vérités vivantes et éternelles, mises en action par chaque enfant de Dieu dans sa propre âme; et l'Inspiration élève encore une fois sa voix et est entendue clairement comme jadis dans les vieux âges.

49. Quant à ceux qui ne portent pas même le nom de chrétiens, mais qui sont les véritables enfants du Christ, et qui savent par leur expérience personnelle que « le royaume du ciel est au-dedans de nous » ils n'ont aucune raison de s'inquiéter d'une investigation quelconque, soit critique, soit scientifique, soit historique, quelque aigue et quelque implacable qu'elle soit. Pour ceux qui savent que la Religion — qui est la science de la vie éternelle — fait appel non pas aux sens corporels, mais à l'âme, aucun phénomène physique ne peut avoir un rapport quelconque avec les besoins spirituels. Ils savent aussi que les idées religieuses, par cela même qu'elles représentent des vérités absolues et éternelles, ne sauraient être atteintes par aucun pouvoir terrestre qui voudrait les effacer ou les détruire. Ceux, au contraire, qui font dépendre la foi en Dieu et l'espoir du ciel des événements d'une période et d'un lieu particulier, ont raison de s'inquiéter et de se désespérer en retrouvant sur les monuments d'autres lieux et de temps plus reculés, les effigies sculptées de ces mêmes événements — la crucifixion de Mithras, l'enfant Horus ou Krischna dans les bras d'une mère immaculée; la résurrection d'Osiris et l'ascension d'Hercule. Car ils voient en eux l'infirmation ou du moins une multiplication inquiétante d'événements qui, selon leur hypothèse, n'ont dû arriver qu'une fois dans l'histoire du monde, disons mieux, dans l'histoire de l'univers entier; et ils songent avec effroi que, s'ils ne se sont pas passés tels qu'on les raconte, leur salut éternel est compromis

Nous aurons souvent l'occasion de revenir sur ces faits dans le cours de cet ouvrage et on en verra toute l'actualité. Nous ne les citons ici que pour démontrer la fausseté de la conception qui fait dépendre la religion de l'histoire. Justement interprétés, ils feront voir que l'Ame n'a aucune relation avec les événements physiques et que « le royaume du Christ n'est pas de ce monde. »

50. Les Evangiles portent la trace évidente d'une compilation ou d'une adaptation avec d'anciens écrits orientaux. Mais que les événements aient eu lieu en partie seulement ou point du tout; que des épuptes d'Alexandrie leur aient donné leur forme présente, quelques centaines d'années après la date assignée aux événements qu'ils rapportent; ou bien que leur personnage principal, étant lui-même un adepte de la science de l'Egypte et de l'Inde, ait reproduit et revécu de sa propre personne une grande partie des mystères sacrés, cela n'a heureusement qu'une importance secondaire. Et même, s'il en était autrement, il est évident que plus on s'éloignera des temps apostoliques et plus les ombres de l'antiquité s'épaissiront sur ces faits, plus la tâche de la vérification deviendra difficile; et plus faible sera leur influence sur la nature intellectuelle et morale de l'homme. Malheur aux générations futures si le christianisme historique est essentiel à leur salut! N'est-il pas singulièrement cruel et injuste de faire dépendre le salut des âmes, de la croyance en des événements dont une minorité instruite peut seule juger, événements qui d'ailleurs paraissent incroyables *a priori* sauf à quelques élus? Si l'on avait besoin d'une démonstration éclatante de la fragilité de tout système religieux basé sur l'histoire, on la trouverait dans la condition présente du christianisme. Ne voulant plus fonder sa doctrine sur la raison, l'Eglise a pris position sur l'évidence historique, uniquement pour voir cette évidence s'effondrer sous elle. Elle ne repose plus que sur l'habitude, et le temps est venu où les chrétiens sont chrétiens uniquement parce qu'ils sont habitués à l'être. L'habitude a supplanté la conviction.

51. Le rapport entre l'esprit humain et le système que nous allons exposer est d'une tout autre nature. Ne faisant appel qu'à l'entendement, condamnant comme une superstition la foi

qui n'est pas en même temps une connaissance, ce système résiste immuable à l'épreuve du temps et de la raison ; loin de regarder la science d'un œil défiant, il l'appelle à lui comme un allié indispensable, stipulant seulement qu'elle soit la vraie science et non ce qui est faussement appelé de ce nom. Espérant tout et ne craignant rien de la raison, il accueille le rayon chercheur qui fouille tous les endroits cachés, et tend ses mains empressées au philosophe, à l'historien, au critique, au philologue, au mathématicien, à l'archéologue, au physicien et à l'occultiste. Car il fait appel à l'intelligence développée par l'expérience, persuadé que là où elles existent dans leur plus grande plénitude la connaissance de la vérité sera plus complète et plus entière.

52. L'intelligence à laquelle cette doctrine fait appel n'est pas seulement celle de la tête, mais aussi celle du cœur, la conscience morale aussi bien que la conscience intellectuelle. Insistant sur l'unité essentielle de tout l'être, elle n'admet aucun antagonisme entre l'humain et le divin. Mais tenant que l'humain est le divin et que ce qui n'est pas divin est inférieur à l'humanité, elle cherche, par la démonstration de la perfection de Dieu, à rendre l'homme capable de se perfectionner d'après l'image de Dieu. Bien plus, elle prétend être la seule philosophie dans laquelle l'homme peut trouver une explication intelligible de l'idée de Dieu et une perception réelle de son image. A la question, comment, étant sous tous les rapports si admirable, l'homme a pu se pervertir, nous répondrons par l'histoire de la chute originelle de l'homme.

53. Il y a deux ou trois classes d'adversaires auxquelles nous voulons répondre par anticipation. L'une de ces classes, sous l'influence du matérialisme prédominant affirme que l'expression que nous venons d'employer « Image de Dieu » n'a aucune base réelle et que la science moderne a démontré la non-existence de Dieu. Si la réplique suivante fait allusion à des régions de l'être encore inexplorées par leur propre science, la responsabilité de cette limite ne retombe pas sur nous. Nous parlons de choses que nous connaissons, les ayant apprises par l'expérience.

54. Une idée vraie est le reflet d'une substance vraie. C'est parce que les idées religieuses sont des idées vraies, qu'elles sont communes à tous les âges et à tous les peuples; les différences ne résident que dans l'expression et sont dues aux variations de la densité et du caractère de l'atmosphère magnétique à travers laquelle passe l'image. Le fait que chaque nation, en tout âge, a conçu des Dieux, constitue en lui-même une preuve que les Dieux *sont* réellement. Car le néant ne projette aucune image sur la lumière magnétique; et quand une image est universellement perçue, il y a certainement un objet qui la projette. Une idée innée, indéracinable, constante, que les sophismes, la moquerie et la fausse science ont le pouvoir de briser mais non pas de détruire — une image qui peut bien être troublée, mais qui revient identiquement à elle-même comme l'image du ciel ou des étoiles sur un lac, quoique l'eau qui la réflète puisse être momentanément ridée par une pierre ou par un navire qui passe — une telle image est nécessairement la réflexion d'une chose réelle et vraie et non un mirage créé par l'eau.

De même l'idée constante des Dieux, persistant dans tous les esprits, à tous les âges est une image vraie; car elle *est réellement* et non pas métaphoriquement la projection des *Eidola*, des personnes divines sur l'âme humaine. L'*Eidolon* est la réflexion d'un objet véritable par l'atmosphère magnétique; et l'atmosphère magnétique est un milieu transparent à travers lequel l'âme reçoit ses sensations. Car la sensation est l'unique moyen de connaissance soit pour le corps, soit pour la raison. Le corps perçoit par les cinq avenues du toucher. L'âme perçoit par le même sens, mais d'une espèce raffinée et mis en action par des agents plus subtils. L'âme ne peut rien connaître qui ne soit perceptible, et toute chose non perceptible n'est pas réelle. Car ce qui n'est pas, ne peut pas donner d'image. Cela seul qui *est* peut être réflété.

55. Aux autres classes d'adversaires qui sont principalement de l'ordre religieux et orthodoxe, nous adresserons les considérations suivantes.

a). Une chose nouvelle, en apparence, n'est pas toujours nouvelle en réalité. Elle peut être le recouvrement providentiel, opportun et précieux d'une chose ancienne et originaire, qui a été oubliée, pervertie ou supprimée.

*b).* Il n'incombe nullement aux chrétiens d'accepter les choses actuellement établies par la religion officielle comme étant nécessairement vraies et justes. Les derniers prophètes hébreux condamnèrent les formes établies du judaïsme, comme ne représentant plus pour leur temps la religion divinement révélée par Moïse. Cet exemple impose aux chrétiens le devoir de se demander si les formes actuelles du christianisme représentent fidèlement la religion divine révélée par Jésus.

La chrétienté a été exposée pour un temps bien plus long qu'Israël à des influences identiques à celles qui ont causé la détérioration signalée par les prophètes ; notamment, l'abandon de la religion à un contrôle purement sacerdotal, sans direction et sans redressement prophétique, et par suite une tradition cessant d'être interprétée par l'intuition. Ce n'est pas tout. Lors de la première définition formelle de l'établissement du christianisme sous Constantin, sectateur d'un culte solaire grossièrement matérialiste, la conception dominante s'accordait bien plus avec les principes du sacerdotalisme qu'avec ceux du fondateur du Christianisme. Le catholicisme d'aujourd'hui est semblable à la religion que Jésus essaya de purifier au prix de sa vie, en ce qu'il est exclusivement sacerdotal et traditionnel. Il est au moins improbable qu'une telle Église puisse être la gardienne et l'interprète fidèle de la doctrine du Christ

*c).* La croyance que le christianisme fut divinement inspiré et fondé pour arracher les hommes à la vie exclusivement matérielle, pour les élever à la connaissance et à l'amour de la vie spirituelle et des choses essentielles et réelles, cette conviction, jointe au fait que jusqu'à présent le christianisme n'a évidemment pas rempli ce but, oblige énergiquement les chrétiens à rechercher la cause de cette déroute et à la chercher ailleurs que dans un défaut originaire de leur religion.

*d.)* Selon de nombreuses indications — parmi lesquelles il faut signaler les déclarations expresses de Jésus lui-même — beaucoup de choses essentielles à la compréhension profonde et à l'application pratique de la doctrine chrétienne, furent destinées à n'être dévoilées que plus tard. La tâche que l'histoire n'a pas encore accomplie c'est la pleine manifestation de cet « esprit de vérité » qui doit confirmer la parole de Jésus et conduire ceux qui le suivront en toute vérité. Le monde a encore à voir cet idéal du Christ *élevé et manifesté de telle manière* que par la puissance de sa perfection comme système de vie et de pensée, il soit capable d'entraîner irrésistiblement tous les hommes.

e.) Pour ne parler que des signes du temps, la période présente correspond par bien des caractères à celle dont parlaient des prophéties nombreuses comme devant marquer la fin de l'ère ancienne et le commencement de la nouvelle. Nécessairement un tel événement ne peut advenir que par un changement radical dans la manière de penser des hommes. Car l'humanité est un produit de l'Intellect, quoiqu'un produit inconscient, et elle obéit toujours à sa pensée. Aujourd'hui, le monde a suivi son idée dans la direction de la matière et de la force aveugle, à tel point que, pour la première fois dans l'histoire des hommes, ses guides intellectuels reconnus, *d'un commun accord*, se sont prononcés contre l'idée de Dieu. Ceci cependant n'est pas autre chose que le temps de la fin, dont le signe caractéristique est l'exaltation de la Matière au lieu de l'Esprit, l'intrusion dans « le lieu saint » de Dieu et de l'Ame « de l'abomination de la désolation » qui risque d'amener la complète extinction de la vie spirituelle du monde et de l'idée d'une Humanité divine. C'est le règne de ce « malin », de cet « homme de péché » — c'est-à-dire une humanité qui se modèle de propos délibéré à l'image du non-Dieu — définitivement révélé. L'Evangile de l'Amour est ouvertement remplacé par l'Evangile de la Force (1). Cependant, les prophéties qui se rapportent à cette période ajoutent que les paroles divines seraient « fermées et scellées jusqu'au temps de la fin. » La découverte de la vraie interprétation des écrits mystiques serait donc un signe que « ce temps est proche. »

(1) Il est assez remarquable que le dernier symbole de ce nouvel évangile ait pour étymologie le terme grec qui signifie la force ; la *dynamite* est simplement la δύναμις.

*f.)* S'il est vrai que l'homme ne doit pas « descendre dans la fosse qu'il a creusée pour lui-même », la nécessité est de celles où la religion seule peut agir avec chance de succès. Mais loin d'être compétente pour une pareille tâche, la religion actuelle a augmenté le mal par sa propre dégénérescence. C'est pourquoi l'homme ne peut être sauvé que par une religion qui n'est pas celle en vogue. Il n'appartient qu'au temps, cela est clair, de décider si et par quels moyens la rédemption nécessaire pourra être accomplie. Nous en avons dit assez pour montrer qu'au point de vue religieux il y a des raisons abondantes d'accorder une attention sérieuse aux doctrines et aux prétentions du mysticisme ésotérique et rationnel proposé ici, si étrange que paraisse au premier abord cette doctrine et si peu familière qu'elle soit au plus grand nombre.

56. Enfin, pour clore cette Introduction, nous tenons à rassurer ceux qui, désireux d'en savoir davantage, craignent cependant, comme le vieux patriarche, de se voir « volés de leurs Dieux. » Pour eux nous ajouterons cette réflexion finale : Le but que nous poursuivons n'est pas la négation, mais l'interprétation ; non la destruction, mais la reconstruction, et cela avec les mêmes matériaux qui ont servi à l'ancienne Église. Aucun des noms, aucun des personnages, aucune des doctrines regardées jusqu'à présent comme divines ne sera rejetée ou diffamée. Nous reconnaissons, il est vrai, ce fait indéniable : que « le seul nom donné sous le ciel par lequel les hommes puissent être sauvés » a été porté par plusieurs hommes, mais ce nom sera toujours le nom du salut et le symbole de son triomphe, la croix de Jésus, alors même qu'elle a été portée avant lui sous le nom d'Osiris, de Mithras, de Krischna, de de Dionysos, de Bouddha et de plusieurs autres « fils de Dieu » qui, ayant outrepassé, par la puissance de l'Amour, les limites de la Matière, sont demeurés fidèles jusqu'à la mort, cette mort appelée dans le langage mystique la mort sur la croix ; et qui, ayant atteint par là la couronne de la vie éternelle pour eux-mêmes, ont montré aux autres hommes le chemin du salut.

Donc, loin la critique de nourrir des appréhensions sur le

point que nous venons d'indiquer, devra plutôt retenir la vraie leçon qui ressort de l'histoire de tous les Christs, quelque nombreux qu'ils soient, qui ont accompli dans sa plénitude, ici bas, et dans leur corps, le drame divin de l'âme. Car, comme le Christ, tous peuvent, dans leur mesure, être leurs propres rédempteurs et ceux des autres. Et comme lui, pour accomplir cette œuvre de rédemption, ils doivent d'abord aimer, souffrir et mourir. Un mystique allemand, Scheffler, l'a dit, il y a deux cents ans :

> Le Christ cent mille fois renaîtrait de la femme,
> S'il ne renaît en toi, la mort aura ton âme :
> La croix du Golgotha porte en vain le Sauveur,
> Si tu veux te sauver, dresse-la dans ton cœur !

# SECONDE LEÇON

L'AME ET LA SUBSTANCE DE L'EXISTENCE

I

Nous allons traiter maintenant de ce qui est à la fois le sujet et l'objet suprême de toute culture, la base nécessaire de toute religion et de toute vraie science, car il s'agit ici de la substance de l'Existence, de l'âme universelle et individuelle de l'humanité. C'est seulement lorsque nous connaîtrons sa nature que nous saurons ce que nous sommes nous-mêmes et ce que nous pouvons devenir. Car nos potentialités dépendent nécessairement de la substance dont nous sommes faits.

2. Cette substance n'est pas la Matière. Par conséquent une science qui, par le fait qu'elle se limite à la connaissance du phénomène, est une science matérialiste, ne peut pas nous aider à nous comprendre nous-mêmes. Bien au contraire, les résultats d'une telle science seront un obstacle sur le chemin qui mène à cette compréhension. La matière n'est pas Dieu; et pour nous comprendre nous-mêmes, il est nécessaire que nous comprenions Dieu. Dieu est la substance de l'existence. Que cette substance soit ce qu'on voudra, elle est toujours Dieu. Aucune autre définition de Dieu n'est possible ou désirable, et celle-là satisfait à toutes les conditions requises. Connaître Dieu c'est donc connaître cette substance, et connaître celle-ci c'est nous connaître nous-mêmes, et il n'y pas d'autre moyen de nous connaître.

3. Tel était donc, d'une manière absolue, le sens de la fameuse devise mystique inscrite sur la porte du temple de Delphes :

— *Connais-toi toi-même;* sentence qui en dépit de sa brièveté contient toute la sagesse. On a essayé, il est vrai, de perfectionner cette pensée en disant : *Ignore-toi et apprends à connaître Dieu.* Mais ce qui est entendu dans cette seconde phrase est contenu dans la première, peut-être sans que celui qui l'a formulée s'en soit douté. Car le mystique — ou l'étudiant de la substance — sait que la constitution de l'Univers est telle que l'homme ne peut pas se connaître lui-même sans connaître Dieu, et ne peut pas connaître Dieu sans se connaître lui-même. Et comme, en plus, ce n'est que par la connaissance de l'un que l'on peut arriver à la connaissance de l'autre, la connaissance de l'un suppose et implique la connaissance de l'autre, car, comme le mystique le sait, il n'y a qu'une seule substance qui constitue l'homme aussi bien que Dieu.

4. Nous le répétons, cette substance n'est pas la Matière. Une science qui reconnaît seulement la Matière, loin de nous aider à arriver à la compréhension de nous-mêmes, nous en éloigne. Car, comme la Matière est dans le sens que nous venons d'indiquer l'antithèse de l'esprit, de même le Matérialisme est l'antithèse du système exposé ici, savoir du Mysticisme, ou comme nous nous proposons de l'appeler du Spiritualisme. Il est bien entendu que nous prenons ce terme non point dans son sens moderne rabaissé et limité, mais dans son acception primitive pure et complète, qui signifie la science, non pas des *esprits* seulement, mais de l'Esprit, c'est-à-dire de Dieu et partant de tout l'Être. Adoptant et réhabilitant de cette façon le terme de Spiritualisme, nous devons définir deux choses : — premièrement le système que nous avons retrouvé et que nous cherchons à établir ; et secondement le système que nous condamnons et que nous cherchons à détruire.

5. Traitant de la substance et du phénomène, de l'Esprit et de la Matière, de l'éternel et du temporel, de l'universel et de l'individuel ; constituant par rapport à l'existence un ensemble complet de doctrines positives, que les aspirations du cœur et de l'esprit ne sauraient dépasser ; pourvoyant à une règle de connaissance, de compréhension, de foi et de conduite ; dérivé de Dieu lui-même ; transmis et affirmé par les intelligences les

plus élevées des mondes humains et célestes, et confirmé sous tous les rapports par la raison, l'intuition et l'expérience des âmes mûres de cette planète, des sages, des saints, des voyants, des prophètes, des rédempteurs, des christs, sans que personne ait jamais réussi à le réfuter ; — le système compris sous le terme de Spiritualisme n'est pas seulement une science, une philosophie, une morale et une religion, mais il est *la* science, *la* philosophie, *la* morale et *la* religion dont toutes les autres ne sont, par aspiration ou par dégénérescence, que des préparations ou des débris et suivant la proportion dans laquelle l'homme l'accepte, il contribue à sa perfection et à son bonheur ici-bas et au-delà.

6. Voyons son antithèse : Jaillissant de l'abime sans fond de la nature la plus basse de l'homme ; ayant pour critérium non point les conclusions de la raison ou les expériences de l'âme, mais seulement les sensations du corps ; et par conséquent n'étant ni une science, ni une philosophie, ni une morale, ni une religion, mais l'opposé de chacune et de toutes ; — le système compris sous le terme de Matérialisme n'est pas une diminution du spiritualisme, mais en est la négation, et se trouve être, par rapport à celui-ci, ce que l'obscurité est à la lumière, le néant à l'être, le « diable » à Dieu. Et dans la proportion où l'homme l'accepte il contribue à sa détérioration et à sa destruction dans cette vie et dans les autres.

7. L'homme placé entre les deux extrêmes qui viennent d'être présentés, ayant la liberté de choisir et le pouvoir de déterminer le but vers lequel il se dirigera, se trouve, selon la doctrine mystique, poursuivre l'Idée Divine dont la création est la manifestation. Dans le sens où nous employons le mot de Spiritualisme, cette doctrine implique la culture de l'essence des choses et représente la suprême Réalité; par contre, le Matérialisme qui ne cultive que leur apparence phénoménale, représente l'Illusion. Choisir entre les deux, c'est donc choisir entre la perfection et la négation de l'Être.

8. Quelque soient les reproches que le spiritualiste fasse au matérialisme parce qu'il ne veut reconnaître que la Matière seule, ce qui conduit à l'idolâtrie de la forme et de l'apparence,

il ne peut avoir aucun grief contre la matière elle-même. Car si la Matière par suite de ses limites se trouve être la cause du mal, elle n'est pas le mal en lui-même. Au contraire, elle vient de Dieu, elle est faite de ce dont Dieu lui-même est fait, savoir l'Esprit. Elle *est* l'Esprit, soumis par la force de la volonté divine à des conditions, à des limitations, et rendue extérieurement connaissable.

9. La Matière est ainsi la manifestation de ce qui, dans sa condition originelle, est non manifesté, c'est-à-dire l'esprit. Et l'esprit en se manifestant ne devient pas, pour cela, le mal. Le mal résulte de la limitation de l'esprit par la matière. Car l'esprit est Dieu, et Dieu est le bien. Par conséquent, étant la limitation de Dieu, la Matière est la limitation du bien. Une telle limitation est une condition nécessaire de la création ; car, sans une projection de la Substance Divine, c'est-à-dire de Dieu lui-même, dans des conditions et des limites ; — de l'Être, qui est absolu, dans l'Existence qui est relative — Dieu demeurerait inactif, solitaire, non manifesté, et par conséquent inconnu, non honoré, non aimé ; ne possédant que potentiellement la puissance et la bonté mais ne les exerçant pas. Pour que quelque chose d'autre que Dieu existe, il faut qu'il y ait quelque chose qui, étant limité, soit inférieur à Dieu. Et pour que cette chose existe dans sa plénitude et corresponde à l'infini de Dieu, il faut qu'elle contienne l'idée de l'opposé ou de la négation de Dieu. Cela revient à dire : — la création pour être digne de Dieu doit supposer l'idée du Non-Dieu. Il est nécessaire que la plénitude absolue de Dieu par rapport à toutes les qualités et à toutes les propriétés qui constituent l'Être, ait pour opposé cette privation absolue de toutes propriétés et qualités qui constitue le Non-Être. Une création divine ne peut pas trouver sa place entre deux extrêmes plus rapprochés que ceux-là. Dieu ne peut pas se manifester complètement par un contraste moindre. L'obscurité de l'ombre de Dieu doit correspondre en intensité à l'éclat de la lumière de Dieu. Et ce n'est que par la connaissance complète de la première que la seconde peut être bien saisie et appréciée. Celui-là seul qui a une connaissance suffisante du mal peut apprécier com-

plétement le bien. Il y a une profonde vérité dans cette parole : « plus grand a été le pécheur, plus grand sera le saint ». C'est sur la même idée que repose ce résumé exquis de l'histoire de l'âme, — la parabole de l'enfant prodigue. Ceux-là seulement qui se sont éloignés de Dieu le comprennent en retournant à lui. La Matière, à la fois conséquence et cause du fait de la sortie de Dieu, est la servante indispensable de la Création qui, sans elle et sans ses limitations, n'existerait pas.

10. Mais la création seule ne représente pas la totalité du plan divin. Une création limitée aux réalités de la Matière ne serait pas un bien pour elle-même ni un honneur pour Dieu. Si la création était ainsi limitée la Divinité ne serait pas autre chose que ce que le matérialiste pense qu'elle est, c'est-à-dire la force. Tandis que « Dieu est amour ». Créer, puis, après une caresse fugitive, répudier son rejeton n'est pas l'Amour ; l'Amour est ce qui soutient, rachète, perfectionne et perpétue. Or la matière est indispensable pour arriver à ce but, et en cela elle contribue à cette seconde création qui est le supplément et le complément de la première. Cette seconde création s'appelle la *Rédemption*; en elle le créateur se reconnaît et se glorifie, par elle l'homme se perfectionne et se perpétue. Pour Dieu et pour l'Univers, la Rédemption est une ample compensation à la somme de souffrance subie par la création et au moyen de la création ; et cette Rédemption se produit lorsque l'esprit, se dégageant de la Matière, retourne à sa condition originelle de pureté, mais individualisé et enrichi par les résultats des épreuves auxquelles il a été soumis ; résultats qui n'auraient pas pu exister sans la Matière. La Matière est, par conséquent, indispensable au procédé de la perfection aussi bien qu'à celui de la création. Car le moyen par lequel nous pouvons devenir parfaits est l'expérience, ou la souffrance : et nous ne sommes vraiment vivants et nous n'existons qu'autant que nous avons senti. Or c'est la Matière qui est l'agent du ministère divin et indispensable de l'expérience.

11. Si tel est, pour le spiritualiste, qui est aussi un mystique et non pas seulement un phénoménaliste, l'origine, la nature et la cause dernière de la Matière, il n'a aucune raison de lui

chercher querelle. Reconnaissant que le but de la Matière n'est pas de cacher mais de révéler Dieu, et de travailler à former l'homme à l'image de Dieu, il considère l'Univers matériel comme une révélation divine, et en l'étudiant dans un esprit d'humilité, de respect et d'amour, il cherche à le comprendre, et à comprendre Dieu de façon à ce que cet Univers serve à son propre perfectionnement. On a dit avec raison : « l'Imitation est l'hommage le plus sincère; » et l'homme ne peut pas mieux honorer Dieu qu'en cherchant à lui ressembler. En poursuivant ce but, et en suivant l'intuition de l'Esprit, l'homme s'élève de la sphère extérieure de la Matière et de l'apparence — cette sphère qui étant la plus extérieure au système de l'homme, constitue la limite entre lui et la négation, et se trouve par conséquent la plus proche de ce qui est appelé mystiquement le *diable* — jusqu'à la sphère intérieure de l'Esprit et de la Réalité, où Dieu subsiste dans sa plénitude. Et ainsi il passe de l'apparence de la nature à la connaissance de Dieu et de son propre être.

12. Le système par la connaissance et l'observation duquel on arrive à ces fins suprêmes, et qui aujourd'hui, pour la première fois dans l'histoire du monde, est ouvertement mis au jour, a constitué la base cachée de toutes les révélations et religions divines du monde. Car dès le commencement il a existé une seule révélation divine, constamment re-révélée en tout ou en partie, qui représente la nature réelle et éternelle de l'existence, et cela dans une mesure suffisante pour permettre à ceux qui la reçoivent de faire de leur existence ce qu'ils peuvent rêver de plus élevé et de meilleur. Cette révélation, connue sous des noms divers, faite dans des lieux et à des époques différentes, et exprimée sur des symboles variés, a constitué un évangile de salut pour tous ceux qui l'ont acceptée ; leur permettant d'échapper aux limitations de la Matière, et de retourner à la condition de l'esprit pur afin d'échapper, non pas seulement, comme on le désire généralement, aux conséquences du péché mais à l'assujétissement au péché. L'histoire nous montre que partout où ce système a réussi à se manifester pleinement, le matérialisme avec son immonde couvée a dû fuir vaincu, comme

Python le puissant serpent de l'obscurité devant les flèches lumineuses d'Apollon pour demeurer dans les cavernes et les lieux secrets de la terre.

## II

13. Nous en venons maintenant au sujet de cette Leçon et nous traiterons de l'âme universelle et individuelle en commençant par la dernière. L'âme, ou l'élément permanent dans l'homme, est d'abord engendrée dans les formes les plus basses de la vie organique, et de là elle évolue en montant à travers les plantes et les animaux jusqu'à l'homme. Sa première manifestation se produit dans la matière éthérée et fluidique appelée le corps astral. Elle n'est pas une chose qui s'ajoute à ce corps, mais elle est générée en lui par la polarisation des éléments. Une fois générée, elle entre dans plusieurs corps, passe au travers d'eux, et continue ainsi jusqu'à ce qu'elle arrive à la perfection, ou qu'elle finisse par se dissiper et finalement se perdre. Le procédé de sa génération est graduel. Les forces magnétiques d'éléments innombrables sont dirigées et rassemblées en un centre; des courants de force électrique passent tout du long de leurs pôles convergents vers ce centre jusqu'à ce qu'ils arrivent à créer là un feu, une sorte de cristallisation de force magnétique qui est l'âme, le feu sacré, appelé par les grecs Hestia ou Vesta et qui doit être constamment entretenu. Le corps astral et fluidique, sa matrice la plus rapprochée, — appelée aussi *périsprit*, — et le corps matériel ou fixe produit par celui-ci, peuvent tomber et disparaître, mais l'âme une fois engendrée et arrivée à l'individualité est immortelle, aussi longtemps que sa propre volonté perverse ne l'éteint pas. Car pour durer toujours le feu de l'âme doit être alimenté par le souffle divin. Il faut qu'il converge au lieu de diverger. S'il diverge il se dissipera. La fin du progrès est l'unité; la fin de la dégradation est la division. Aussi l'âme qui monte, tend de plus en plus à s'unir au divin, à être absorbée par lui.

14. La manière la plus claire de faire comprendre l'âme

c'est de la définir comme étant l'Idée divine. Avant qu'une chose quelconque puisse exister extérieurement et matériellement, l'idée de cette chose doit subsister dans l'Intellect Divin. On peut donc dire que l'âme est divine et éternelle par sa nature même. Mais elle n'agit pas directement sur la matière. Elle sort de l'Intellect Divin ; et le corps sort du corps astral, ou « de feu ». Comme l'Esprit sur le plan céleste est le père et la mère de l'âme, ainsi le Feu sur le plan matériel engendre le corps. Le plan sur lequel se rencontrent les êtres célestes et les créatures terrestres est le plan astral.

15. Comme l'âme est par sa nature éternelle elle passe d'une forme à l'autre, jusqu'à ce qu'elle arrive au degré le plus élevé où elle se polarise suffisamment pour recevoir l'esprit. L'âme est dans toutes les choses organisées. Rien de ce qui possède une nature organique ne peut exister sans une âme. Elle est l'*individu* et elle finit par périr si elle est abandonnée par l'esprit.

16. Cette idée deviendra bien vite intelligible si nous concevons Dieu comme un vaste corps spirituel formé de beaucoup d'éléments individuels n'ayant tous qu'une volonté, et par conséquent étant un. Cette condition d'unité avec la volonté et l'Être Divin constitue ce que le mysticisme Hindou appelle le Nirvâna céleste. Mais tout en devenant pur Esprit, ou Dieu, l'individu conserve son individualité ; en sorte que au lieu que, à la fin, tout soit englouti dans le Un, c'est le Un qui devient plusieurs. Ainsi Dieu devient millions. « Dieu est multitudes, nations, royaumes et langues ; et la voix de Dieu est pareille au bruit des grosses eaux. »

17. La substance céleste s'individualise incessamment elle-même afin qu'elle puisse se construire elle-même comme un individu parfait. C'est de cette façon que le cercle de la vie s'accomplit et que ses deux bouts se rencontrent. D'autre part nous devons nous représenter l'âme dégradée, comme se divisant de plus en plus jusqu'à ce que, éparpillée en plusieurs, elle cesse d'être un individu. Elle se répand, se brise, se disperse en morceaux. C'est le Nirvâna de l'annihilation. (Voyez Appendice IV).

18. Il ne faut pas considérer la Planète comme quelque chose de différent de ce qui sort d'elle. Elle est aussi une personne d'une nature quaternaire et qui donne quatre ordres différents de produits. De ces produits l'homme est le seul qui comprenne en lui le tout. Quelques-uns de ces produits se trouvent seulement dans la région astrale, et ceux-là ont une nature double; d'autres dans les régions aquatiques, et ils sont triples; d'autres enfin dans la région humaine, et ils sont quadruples. L'enveloppe minérale et l'enveloppe magnétique de la planète constituent son corps et son périsprit. La région organique comprend son âme; et la région humaine son esprit ou sa partie divine. Lorsqu'elle n'était que minérale la planète n'avait pas d'âme individualisée. Lorsqu'elle n'était qu'organique elle n'avait pas d'esprit divin. Mais lorsque l'homme fut créé à l'image de Dieu, alors l'esprit fut soufflé dans son âme. Dans la région minérale l'âme est diffuse et non polarisée, et par conséquent les métaux n'ont pas d'individualité, et pour cette raison leur transmutation ne suppose pas une transmigration. Mais les plantes et les animaux ont une individualité et leur élément essentiel transmigre et progresse. L'homme a également un esprit divin; et aussi longtemps qu'il est homme, — c'est-à-dire vraiment humain — il ne peut pas redescendre dans le corps d'un animal ou d'un être quelconque de la sphère qui est au-dessous de lui, puisque cela serait une déchéance par l'esprit. Mais s'il perd son esprit et redevient un animal alors il peut être sujet à descendre et — se désintégrant — devenir grossier et horrible. Tel est la fin des hommes qui persistent dans le mal. Car Dieu n'est pas le Dieu des choses rampantes; mais c'est l'Impureté — que les Hébreux personnifiaient sous le nom de Baalzebub — qui est leur Dieu. Dans l'Age d'Or aucune de ces choses n'existaient, et il n'en existera pas non plus lorsque la terre sera suffisamment purifiée. La méchanceté de l'homme est le créateur de ces bêtes malfaisantes. (Voyez *Bhagavat-Gita* XVI).

19. L'âme n'est pas le fluide astral, mais elle se manifeste par le fluide astral. Car l'âme elle-même, comme l'idée, est invisible et intangible. On comprendra mieux cela si on suit

la genèse d'une action spéciale. Par exemple : le trait que trace la plume sur le papier est le phénomène, c'est-à-dire le corps extérieur. L'action qui produit le trait est le corps astral; et, bien que physique, ce n'est pas une chose, mais une transition ou un médium entre le résultat et sa cause, — entre le trait et l'idée. L'idée qui est manifestée dans l'acte n'est pas physique mais mentale; elle est l'âme de l'acte. Mais cela même n'est pas la cause première, car l'idée est émise par la volonté et c'est cela qui est l'esprit. Ainsi nous voulons une idée comme Dieu veut le Macrocosme. Le corps potentiel, résultat immédiat de l'idée, est le corps astral; et le corps phénoménal, ou la forme dernière, est le résultat du mouvement et de la chaleur. Si nous pouvions arrêter le mouvement nous aurions comme résultat le feu. Mais le feu lui-même est aussi matériel, puisque, comme la terre ou le corps, il est visible pour le sens extérieur. Il a cependant différents degrés de subtilité. Par conséquent la substance astrale ou *odique* n'est pas l'âme elle-même, mais elle est le médium ou l'agent qui manifeste l'âme comme l'acte est l'agent qui manifeste l'idée.

20. Si nous poussons l'explication un peu plus loin, nous dirons que l'acte est une *condition* de l'idée, de la même manière que le feu ou l'incandescence est la condition d'un objet donné. Le feu représente donc cet intermédiaire appelé Corps Astral; comme l'Eau — résultat de l'action réciproque combinée de la Sagesse la Mère, ou l'Oxygène, et de la Justice le Père, ou l'Hydrogène — représente l'Ame. L'Air, qui est le produit — par le moyen du mélange et non pas de la combinaison — de la Sagesse et de la Force (Azoth), représente l'Esprit, — un dans son opération mais toujours double dans sa constitution. A proprement parler la terre n'est pas un élément. Elle est le résultat de la fusion et de la cristallisation de l'Eau et de l'Air sous l'action du Feu; et ses rocs ainsi que ses stratums sont soit aqueux, soit ignés.

Le feu, le véritable créateur du corps, est — comme nous l'avons vu — un mode, une condition, et non pas un élément réel. Les seuls éléments réels, vrais et permanents sont donc l'Air et l'Eau, qui sont respectivement comme l'Esprit et l'Ame, la Volonté et l'Idée, le Père et la Mère. C'est d'eux que sont tirés tous les éléments de la Terre avec l'aide de la *condition* de la Matière qui est, tour à tour et toujours, Chaleur et Mouvement. La Sagesse, la Justice et la Force, ou l'Oxygène, l'Hydrogène et l'Azote, sont les trois termes qui produisent les deux véritables éléments.

21. Le corps matériel, le fluide astral, ou corps sidéral, l'âme et l'esprit sont tous un dans leur essence ; et les trois premiers sont des différentiations de polarisation. Le quatrième est le Moi de Dieu. Lorsque les Dieux — les Elohim ou Puissances des Hébreux — donnèrent naissance au monde, ils produisirent la substance avec ses trois potentialités, mais tout cela dans la condition de la lumière « odique ». Cette lumière substantielle est quelquefois appelée le corps sidéral ou astral, d'autres fois le périsprit, parce qu'elle est les deux choses à la fois. Elle est ce qui crée et ce qui devient. C'est le feu, ou l'*anima bruta* (comme distincte de l'âme divine) hors de laquelle et par le moyen de laquelle le corps et l'âme sont générés. C'est la manifestation incandescente de l'âme, le facteur magnétique du corps. C'est l'espace, la substance, le fondement ; en sorte que de cette lumière procèdent les gaz et les minéraux non individualisés, aussi bien que le monde organique qui est individualisé. Mais elle ne pouvait pas produire l'homme ; car l'homme est quaternaire et sort de l'éther divin, le domaine que les Grecs assignaient à Zeus, le père des dieux et des hommes.

22. Nous voyons donc que l'enveloppe extérieure du macrocosme, aussi bien que du microcosme, la terre ou le corps, n'est pas en réalité un élément, mais un composé des trois autres éléments. C'est à l'eau qu'elle doit sa fertilité et au feu sa puissance transmutatrice ou chimique. L'eau correspond à l'âme, le « meilleur principe » de Pindare, tandis que le feu est au corps ce que l'esprit est à l'âme. De même que l'âme est sans divinité et sans vie jusqu'à ce qu'elle soit vivifiée par l'esprit, ainsi le corps, la terre ou la matière est sans vie physique en l'absence du feu. Il n'y a pas à proprement parler de Matière morte, car l'élément du feu est dans toute Matière,

Mais la Matière serait morte, c'est-à-dire cesserait d'exister comme Matière, si le mouvement cessait, c'est-à-dire s'il n'y avait pas de feu. Car comme partout où il y a mouvement il y a chaleur et par conséquent du feu, et que le mouvement est la *condition* de la Matière, ainsi sans le feu il n'y aurait pas de Matière. En d'autres mots la Matière est un *mode* de la vie.

## III

23. Nous en venons maintenant à l'histoire et au progrès de l'âme. Les âmes, comme nous l'avons dit, progressent en montant des plantes et des animaux jusqu'à l'homme. Dans l'homme elles atteignent leur perfection et la possibilité de se dépouiller une fois pour toutes de leurs corps matériels. Leur capacité de faire cela est la cause et la conséquence de leur perfection; atteindre ce point est l'objet de la culture de l'âme — soit l'objet de la religion. L'esprit seul est bon, il est Dieu. La matière étant la limitation de l'esprit, est la cause du mal, car le mal est la limitation du bien. Par conséquent, pour échapper à la matière et à ses limitations, et pour retourner à la condition de l'esprit, il faut être au-dessus de l'état d'assujettissement au mal.

24. Autrefois le chemin du salut, pour les âmes humaines, était plus ouvert que maintenant, et la voie plus claire; parce que bien que l'ignorance des choses intellectuelles fut très grande, spécialement parmi les classes pauvres, la connaissance des choses divines et la lumière de la foi étaient plus solides et plus pures. *L'anima bruta*, ou le mental terrestre, était moins défini, moins fixe, en sorte que l'*anima divina*, ou le mental céleste, existait dans des conditions plus ouvertes. Par conséquent, à cette époque du monde, les âmes n'étant pas enchaînées à la terre, comme elles le sont maintenant, pouvaient passer plus rapidement à travers leurs avatars, et un petit nombre d'incarnations suffisaient là où maintenant un grand nombre est nécessaire. Car de nos jours l'ignorance de l'intellect est encore appesantie par le matérialisme au lieu d'être

allégée par la foi ; et l'âme est entraînée vers la terre par l'amour du corps, par l'athéisme, et par une préoccupation excessive des choses des sens. Se trouvant ainsi affaissée elle s'attarde dans l'atmosphère de la terre, cherchant de nouvelles demeures, et elle multiplie ses enveloppes corporelles dont les conditions sont déterminées par l'usage qui a été fait des précédents.

25. Car chaque homme est l'auteur de son propre destin, et rien n'est plus vrai que cette parole : Le Caractère est la Destinée. C'est par leur propre action que les uns sont dirigés vers des lieux agréables, d'autres vers les demeures du vice, d'autres enfin dans des milieux vertueux, en sorte qu'il n'y a rien d'arbitraire ni d'injuste. Quelque soit la manière dont une âme se conduit dans une incarnation, ses pensées et ses habitudes préparent son destin dans une future incarnation. Car l'âme est enchaînée par ces influences pré-natales qui la forcent irrésistiblement à entrer dans une nouvelle nativité au moment où une certaine conjonction de planètes et de signes la disposent fortement, et l'obligent à prendre une certaine voie. Mais si l'âme s'oppose à ces influences et suit une autre route — ce qu'elle peut faire pour son propre avantage, — elle se place ainsi sous une « malédiction » tant que durera la période de cette incarnation qui sera sous la puissance de ces planètes et de ces signes directeurs. Mais si cela signifie le malheur dans un sens mondain, c'est le bonheur pour l'âme au point de vue spirituel. Car par cette situation, elle lutte pour expier et pour réparer le mal qu'elle a fait dans son passé, et par ce moyen elle avance vers des conditions plus élevées et plus heureuses. L'homme est strictement son propre créateur en ce qu'il détermine les conditions de sa vie future, selon les tendances qu'il encourage. Le *processus* de cette réparation peut cependant être très long. Car des tendances encouragées pendant des siècles ne se guérissent pas en une seule vie, mais peuvent demander des siècles pour être changées. Cette considération devrait nous rendre patients pour les fautes des autres, quoique impatients à l'égard de nos propres fautes.

26. La doctrine de l'âme est symbolisée dans la parabole des talents. L'esprit de Dieu, divin, pur et sans tache est soufflé

dans l'âme de l'individu. Cet esprit est Dieu. Et l'individu pendant sa vie terrestre, entretient cet esprit, et le nourrit comme la flamme avec de l'huile. Lorsque nous mettons de l'huile dans une lampe, l'essence passe à travers et devient flamme.

Il en est de même de l'âme de celui qui nourrit l'esprit. Elle s'épure graduellement et devient esprit. Par cet esprit le corps est éclairé comme une lampe par la flamme. Or la flamme n'est pas l'huile, car l'huile peut être là sans la lumière; mais la flamme ne peut pas être là sans l'huile. Le corps est donc la lampe dans laquelle l'huile est versée, et l'huile est l'âme, un fluide fin et combustible; et la flamme est l'esprit divin qui n'est pas né de l'huile, mais qui est communiquée par la main de Dieu. Nous pouvons éteindre complètement cet esprit, et dès lors nous n'aurons point d'immortalité, mais lorsque la lampe se brisera, l'huile sera répandue sur la terre, et pendant quelque temps une fumée s'en élèvera, puis elle se dissipera sans laisser de trace. Il en est de même dans la parabole des talents; lorsque Dieu a donné cinq talents, l'homme doit en rendre dix, ou s'il ne rend rien il périt.

27. Il y a des huiles plus fines et plus combustibles que d'autres. La plus fine de toutes est l'âme du poète. Dans un tel médium, la flamme de l'esprit de Dieu brûle plus claire, plus puissante, plus brillante, en sorte que parfois les yeux des mortels ne peuvent en supporter l'éclat. L'âme du poète est pleine d'une sainte extase. Il voit comme aucun homme ne peut voir; et l'atmosphère qui l'environne est illuminée. Son âme est transformée en flamme, et lorsque la lampe de son corps est brisée, la flamme plane et s'unit au Feu Divin (1).

## IV

28. Nous en venons à parler de ce dont l'âme de l'individu procède, de ce qui la constitue. Car, comme nous l'avons déjà fait observer, c'est de là que dépendent nos potentialités. Pour un instant, faisons abstraction de l'univers des *choses*, et repor-

(1) Voyez appendice IX.

tons notre esprit en arrière jusqu'à ce point où, antérieurement à toute existence, la substance régnait seule, où non différenciée, l'Être pur emplissait l'immensité.

29. Ce qui existe avant le commencement des choses est nécessairement la potentialité des choses, et est forcément homogène. En tant que substance des choses, pénétrée par la vie, c'est une substance vivante ; et en tant qu'homogène, c'est une Unité. Mais étant Vie et Substance à la fois, c'est une Dualité. Constituant la vie et la substance des personnes, elle est nécessairement personnelle ; et en tant que ce qui subsiste par soi-même, est à la fois infini, éternel et personnel, elle est Dieu ; et Dieu est Deux en Un. C'est par la vertu de la potentialité de cette dualité que Dieu subsiste et agit. Et chaque monade de la substance de Dieu possède la potentialité de la Dualité. Partout où se trouvent la Vie et la Substance, il y a Dieu. Partout où Dieu est, il y a l'Être ; et partout où l'Être est, il y a Dieu ; car Dieu est l'Être.

L'Univers est l'Existence, c'est-à-dire Dieu manifesté. Antérieurement à l'Univers, Dieu subsistait non manifesté. Subsistance et Existence sont les deux termes qui indiquent respectivement Dieu en lui-même, et Dieu dans la création.

30. Avant le commencement des choses le grand Dieu invisible seul subsistait. Il n'y avait ni mouvement, ni obscurité, ni espace, ni matière. Il n'y avait rien autre que Dieu, l'unique, le non-créé, le moi-subsistant, qui était comme une Lumière invisible.

31. Dieu est Esprit, Dieu est vie, Dieu est intellect, Dieu est le sujet et l'objet de l'intellect ; il est la pensée, le penseur, et ce qui est pensé. Dieu est l'Être positif et personnel ; l'Essence potentielle de tout ce qui est ou qui peut être ; le moi seul et unique : ce qui a seul dans l'Univers le droit de dire « Je. » Partout où il y a une présence, Dieu est ; et là où Dieu n'est pas, il n'y a pas l'Être.

32. En Dieu subsistent, dans leur absolue plénitude et leur équilibre parfait, toutes les qualités et les propriétés qui, opposées les unes aux autres, et cependant correspondant les unes aux autres, constituent les éléments masculins et féminins de

l'existence. Dieu est la volonté parfaite et l'amour parfait; la connaissance parfaite et la sagesse parfaite ; l'intelligence parfaite et la sympathie parfaite; la justice parfaite et la miséricorde parfaite ; la puissance parfaite et la bonté parfaite. Et de Dieu, en tant qu'humanité originelle et abstraite, procède l'humanité dérivée et concrète qui, une fois parfaite, manifeste Dieu. Dieu est lumière, vérité, ordre, connaissance, compréhension, amour et santé de l'esprit ; et dans la proportion où une chose est absolue, forte, parfaite, vraie, elle ressemble à Dieu, elle est Dieu. Parfait et complet de toute éternité, Dieu ne peut ni changer ni se développer. Le développement ne peut exister que pour la manifestation de Dieu dans la création.

Comme Dieu est un, sa méthode est une, sans variation ni ombre de changement. Dieu travaille du dedans à l'extérieur ; car son royaume est au-dedans, il est intérieur, invisible, mystique, spirituel. Et les esprits de Dieu, les esprits de la lumière invisible sont au nombre de sept, — l'esprit de sagesse, l'esprit d'intelligence, l'esprit de conseil, l'esprit de puissance, l'esprit de connaissance, l'esprit de justice et l'esprit de vénération divine. Ce sont les puissances ou les Elohim de Dieu. Ils sont co-égaux, et co-éternels. Chacun a en lui la nature du tout. Chacun est une entité parfaite. Toute la substance de Dieu est pénétrée par eux ; et dans leurs manifestations individuelles, ils sont les dieux .

33. En Dieu, avant le commencement, toutes les choses visibles et invisibles étaient en puissance ; et nous avons tout reçu de la plénitude de Dieu. Avant le commencement la négation n'existait pas. Il n'y avait rien autre que Dieu.

34. Comme substance divine Dieu est Un. Comme Vie et Substance Dieu est deux. IL est la vie et ELLE est la substance. Et parler d'Elle, c'est parler de la Femme sous son mode suprême. Elle n'est pas la « Nature. » La nature est la manifestation des qualités et des propriétés dont la substance se trouve douée par la pénétration de la vie et des Esprits de Dieu. Elle n'est pas la matière, mais l'essence potentielle de la matière. Elle n'est pas l'espace ; mais le *dedans* de l'espace, sa quatrième et primitive dimension ; ce quelque chose d'où tout

procède ; l'élément qui contient dans la Divinité, et dont l'espace est la manifestation. En tant que substance originelle, substance de toutes les autres substances, elle est à la base de ce par quoi toutes les choses sont faites ; et, comme la vie et le mental, elle est intérieure, mystique, spirituelle, et ne peut être discernée que lorsqu'elle se manifeste par l'action. Dans le non manifesté Elle est la grande profondeur ou l'Océan de l'Infini, le Principium ou l'Archë, la céleste *Sophia* ou la sagesse, qui entoure et embrasse toutes choses, à laquelle appartiennent la dimension, la forme et l'apparence ; dont le voile est le fluide astral, et qui est elle même la substance de toutes les âmes.

35. Sur le plan des manifestations, en tant qu'Ame macrocosmique et microcosmique, elle apparaît comme la fille, la mère et l'épouse de Dieu. Et parce qu'elle réalise dans une humanité parfaite la plénitude de la vie qu'elle a reçue de Dieu, on l'appelle mystiquement la Sainte Vierge Marie qui, à cause de sa divine maternité aussi bien que de son origine et de ses attributs célestes, est représentée vêtue d'azur et portant dans ses bras l'Homme enfant par qui l'univers, régénéré et re-né de sa propre substance immaculée, est racheté. En elle existent virtuellement toutes les vertus féminines de la divinité. En qualité de Vénus, le plus brillant des Sept mystiques qui représentent les Elohim de Dieu, elle correspond au troisième, à l'esprit de conseil, parce qu'il est la sagesse ; et, l'amour et la sagesse ne sont qu'un. Aussi est-elle dépeinte dans l'art mystique comme Aphrodite, la reine des mers, Marie l'étoile de la mer, et comme l'âme possédant la pure intuition de Dieu de laquelle procède l'homme parfait. Sa correspondance dans la science mystique est le sodium, ou sel, dont le rayon dans le spectre solaire, se trouve le troisième, comme Vénus parmi les planètes, et dont la couleur est le jaune. Le cuivre est le métal dédié à Vénus, car les cristaux du cuivre sont d'un bleu de mer profond. Étant par l'amour ce qui éclaire, par le sel ce qui purifie — ceux qui ont le cœur pur verront Dieu, — ainsi son sulfate est un baume pour les yeux malades. Comme Pallas ou Minerve elle est « Notre Dame des Victoires, » l'adversaire des démons et des dragons, qui porte

la panoplie du ciel et les insignes de la sagesse et de la guerre juste. Comme Isis et Artémise elle est essentiellement l'initiatrice, la Vierge vêtue de blanc, debout sur la lune, et gouvernant les eaux.

36. Elle est aussi la « Mère des Douleurs, » dont l'amertume pénètre toutes les choses qui sont en bas ; et la perfection qu'elle peut communiquer ne s'acquiert que par le sel de l'affliction, la purification par l'épreuve, et l'expérience chèrement achetée qui conduit à la sagesse. Cependant elle est aussi la « Mère des Joies, » puisque sa lumière est dorée par les rayons solaires, et c'est de ses peines et de son travail, comme âme dans l'individu, que résulte la régénération de ses enfants. Lorsque leur lutte contre le mal a pris fin, elle n'est plus pour eux une mer d'amertume ; car alors elle est « Notre Dame, la Gloire de l'Église triomphante. » Voilà pour le microcosme.

37. Dans le macrocosme elle est ce commencement, ou cette sagesse, dont Dieu a fait les Cieux et la Terre ; les eaux substantielles sur la face desquelles Lui — qui est la volonté animatrice, — se meut à chaque nouvel acte de la création ; et l'arc, ou le sein, d'où procèdent toutes les créatures. C'est en « rassemblant, » ou en coagulant ses « eaux » que « le sec » de la terre, ou le corps qui est la matière parut. Car elle est cette substance spirituelle qui en se polarisant au centre est — dans son for le plus intime — Dieu ; et en se coagulant à la circonférence devient — à l'extérieur — la matière. Et c'est elle aussi qui, comme âme de l'humanité, après avoir retrouvé l'intuition complète de Dieu, couvre la terre du flot de ses eaux ; qui détruit le mal et renouvelle le bien ; et qui met à l'abri dans son sein les quelques élus qu'elle a pu façonner à l'image vraie de Dieu. Aussi pour ceux-là, elle est la « Mère des Vivants. »

38. Sur le plan physique l'homme n'est qu'un garçon rude, pervers, uniquement soucieux d'exhiber sa force, — jusqu'à ce que le temps vienne pour lui où il La reconnaît, l'apprécie et se l'approprie comme femme. De même, sur le plan spirituel, l'homme n'est pas l'homme — mais seulement un matérialiste, avec toutes les lacunes intellectuelles et morales que ce terme

implique — jusqu'à ce que le temps vienne pour lui de la reconnaître, de l'apprécier comme âme ; puis, la considérant comme sa meilleure moitié, de renoncer à ses propres impulsions exclusivement centrifuges, pour céder aux attractions centripètes qui viennent d'elle. S'il fait cela de tout son cœur, il verra qu'Elle le rendra homme au sens le plus élevé. Car en ajoutant l'intuition qu'Elle possède à son intellect à lui, Elle le doue de cette véritable virilité qui est la virilité de l'esprit. Ainsi par son aide, l'homme apprenant à connaître la substance, et s'élevant du phénomène à l'idée essentielle, unit la compréhension à la connaissance, et arrive à une certitude de vérité qui complète le système de sa pensée.

39. En repoussant, comme ce siècle l'a fait, l'âme et son intuition, l'homme exclut du système de l'humanité l'idée même de la femme, et renonce à son véritable caractère humain. A l'exemple d'Esaü, il vend son droit d'aînesse — c'est-à-dire la faculté de comprendre intellectuellement — pour un potage de lentilles. Séparé par sa faute de l'intuition de l'esprit, il prend la matière pour la substance et, enfermé dans les bornes de la matière, il perd la faculté de comprendre. Ce siècle après avoir donné le nom d'Homme à la créature ainsi mutilée, est unanime à déclarer, par la voix de ceux qui sont ses représentants autorisés, que l'homme ne possède aucun instrument de connaissance, et qu'il ne peut rien savoir avec certitude sauf — car là ils sont encore inconséquents — qu'il ne peut rien savoir. Notre siècle semble si sûr de cela que, se complaisant dans sa découverte, il s'intitule lui-même *Agnostique*, et comme s'il voulait démontrer à quel point il est privé de tout ce qui contribue à faire l'homme, il a recours à des moyens infâmes et inhumains pour obtenir des connaissances scientifiques.

40. Tandis que si l'âme avait été reconnue et honorée comme elle devrait l'être, il n'y aurait aucun prétexte aux abominables pratiques d'une science devenue entièrement matérialiste. Car l'âme, comme substance et constructrice de toutes choses, est compétente dans l'interprétation de toutes choses. Tout ce qu'elle réclame de l'homme, c'est qu'il la reconnaisse et prenne soin d'elle ; et alors aucun sommet de bonté et de vérité

ne sera trop élevé pour que l'homme puisse prétendre à y atteindre. Car une fois reconnue dans sa plénitude, l'Ame se révèle dans sa plénitude, et son épanouissement complet est l'épanouissement de Dieu.

V

41. Les sages d'autrefois qui, exaltant la femme en eux-mêmes, arrivaient à la complète intuition de Dieu, ne manquaient pas de l'affirmer dans les symboles par lesquels ils représentaient la Divinité. C'est de là que vient la signification de la combinaison des signes I, O, l'unité et le chiffre, dans les noms qui désignent la Divinité ; combinaison universelle dès les temps les plus reculés. Ces deux signes signifiant la ligne de la force et le cercle de la compréhension et de la multiplication, représentent à la fois l'énergie et l'espace, la volonté et l'amour, la vie et la substance, le père et la mère ; et quoique deux ils sont un, car le cercle n'est que la ligne qui se recourbe sur elle-même au lieu de continuer dans l'infini pour user sa force en vain. Ainsi l'Amour est la réalisation complète du moi par l'union, dans la même substance, des opposés correspondants, et le sexe tire son origine de la nature même de la Divinité. Le principe de la dualité est, pour les Kabbalistes, — qui sont les héritiers et les interprètes du transcendantalisme hébreu, — le véritable Dieu des armées. De là l'usage universel des emblèmes dans le culte religieux, chaque nation, selon ses caractéristiques, donnant la préférence à l'un ou l'autre des deux principes.

42. Tandis que dans les termes Jéhovah ou Yahveh, Jove, Jao, et plusieurs autres appellations appliquées à la Divinité, se trouvent exprimés les deux symboles unis qui forment la dualité, les noms de Zeus, Dyaus, Theos et Deus représentent seulement l'élément puissant et masculin dans la sphère féminine azurée du ciel. Le nom de la Divinité qui dans l'Ancien-Testament est traduit par le Tout-Puissant — savoir : El Shaddai signifie le Dieu double, et s'emploie lorsque le mode de la nature divine que l'on veut indiquer est d'un caractère fémi-

nin. Dans les Écritures hébraïques Jehovah est surtout représenté sous un aspect arbitraire et dur. Ceci ne suppose aucune lacune de l'élément féminin dans son nom ou sa nature ; pas plus que cela n'indique l'incapacité des conducteurs inspirés d'Israël à reconnaître cette qualité ; il faut l'attribuer à la condition rudimentaire du peuple en général qui les portait à ne voir que le côté le plus sévère du caractère divin. C'est par ordre divin que cet élément masculin de l'existence doit être le premier qui est mis en activité. Dans l'initiation de n'importe quel système, le mode de force centrifuge ou répulsif, doit précéder le mode centripète ou attractif, car c'est seulement lorsque le premier a rempli son rôle que le second a l'occasion d'entrer en jeu. Il est vrai que l'Amour, qui pousse à la création, est présent depuis le commencement ; mais Elle retient la manifestation d'Elle-même jusqu'à ce que le sujet de son impulsion créatrice soit capable de remplir son rôle en la reconnaissant. Premièrement, la volonté ; puis, comme conséquence, l'amour ; d'abord la projection, puis le rappel ; d'abord l'expansion, puis la contraction ; d'abord le centrifuge, puis le centripète ; d'abord le moteur, puis le sensorium ; d'abord l'intellectuel, puis l'intuitif ; d'abord le sensible, puis le spirituel ; en un mot, d'abord l'homme, puis la femme ; — tel est invariablement l'ordre dans lequel le cœur universel de l'existence manifeste le dualisme essentiel de sa nature et de son activité. La même règle domine par rapport à l'ordre que nous trouvons dans la Bible : — d'abord la Loi, puis l'Évangile ; l'Ancien-Testament, puis le Nouveau. La priorité est accordée à la fonction masculine en ce qui est du temps, et à la fonction féminine en ce qui est de la dignité, et c'est ainsi que la manifestation de la volonté et de la puissance divines dans la création, précède la manifestation de la sagesse et de l'amour divins dans la rédemption ; et l'instrument de cette rédemption est toujours la « Femme ». C'est elle qui, par son intuition de Dieu écrase la tête du Serpent de la Matière, et ceux qui réussissent à le vaincre sont ses fils.

43. Même là où la majorité des hommes ne le reconnaissent pas, une minorité a toujours su discerner le véritable caractère

de la Divinité sous cet aspect-là. Et c'est à ce petit nombre que nous devons toutes ces paroles dans les écrits mystiques qui expriment la justice, la miséricorde, la longanimité et les autres qualités de la nature Divine, et qui, parce qu'elles appartiennent au moral et à l'âme, sont féminines. Lorsqu'elles sont manifestées par l'esprit, comme personnes, elles prennent la forme, non pas de « Dieux » mais de « Déesses. » Ceux qui connaissaient cette vérité étaient des prophètes ; et ils ne parlaient pas seulement de ce qui n'appartient qu'à une période, mais de ce qui est éternel, quoique s'exprimant d'une façon plus ou moins palpable à des périodes différentes. Ce n'était pas les sens extérieurs ni la raison qui leur permettait de savoir tant de choses, mais la perception intérieure et le ressouvenir ; c'est-à-dire la connaissance que l'âme de l'individu possède de son moi majeur, — l'Ame de l'Universel. Car l'Ame seule peut lire l'Ame. Et celui-là seul est un prophète qui a acquis la connaissance de sa propre âme. Ce que cette âme lui dit avant tout, c'est que Dieu est d'abord, et par dessus tout Amour ; et que puisque Dieu est la substance de l'humanité, tout ce qui subsiste dans la nature divine doit, en son temps, trouver son expression complète, d'abord dans l'individu, puis dans la race.

44. Si l'on demande : Dieu peut-il réellement trouver son expression dans l'homme, et dans ce cas, comment une telle merveille peut-elle s'accomplir ? nous répondrons que l'objet de ces leçons est précisément de fournir une démonstration sur ces deux points. Tel est, en effet ni plus ni moins, le but que se propose le système que nous exposons ici. Ce but est le même que celui des mystères sacrés de notre Bible et des autres cultes : permettre de nouveau à l'homme de développer l'âme, ou la femme essentielle qui est en lui, afin de devenir par elle une réflexion parfaite de l'âme universelle, ou d'être, selon le langage mystique, « fait à l'image de Dieu. »

45. Une illustration nous fera mieux comprendre ceci. Supposons que nous soyons dans une prairie couverte de gazon et de fleurs; c'est la première heure matinale et l'on voit partout étinceler la rosée ; chaque goutte réfléchit toute chose, depuis

le soleil jusqu'aux objets les plus petits. Tout réfléchit Dieu, Tout est dans chaque goutte de rosée. De même Dieu est dans chaque individu selon sa capacité de le réfléchir, chacun dans sa mesure réfléchit l'image de Dieu, et la capacité de chacun, le degré ou chacun peut réfléchir Dieu dépend du développement et de la pureté de son âme. L'âme qui réfléchit complètement le soleil, devient elle-même le soleil, l'éclat de la gloire divine et l'image exacte de la personne divine.

46. C'est de cette façon que toutes les Écritures mystiques ont toujours considéré les âmes parfaites. Car l'âme est l'élément rédempteur dans l'homme, ce qui l'arrache à la domination de l'obscurité et de la mort spirituelles, c'est-à-dire aux limites d'une existence purement matérielle. Elle est donc pareille à un soleil spirituel qui correspond tout à fait au globe solaire. Par conséquent tous ceux qui, révélant pleinement aux hommes les puissances de l'âme, ont été pour eux comme un soleil rédempteur, — sont appelés dieux-solaires, parce que leurs missions correspondent à la course annuelle apparente du soleil. Il y a en effet entre le phénomène de cette course et l'histoire effective de l'âme parfaite une correspondance exacte, facile à reconnaître si l'on possède une véritable connaissance des deux. Et c'est parce que l'histoire de l'âme est UNE et que cette histoire correspond à celle du soleil, qu'elle a été attribuée à tous ceux qui ont mérité le titre suprême de sauveur des hommes, et que les mêmes phénomènes se répètent dans leurs vies. Ainsi l'histoire attribuée à la fois à Osiris, à Zoroastre, à Krishna, à Mithras, à Pythagore, à Bouddha et à Jésus n'est pas plus un plagia qu'elle n'a été empruntée à une source commune et non réelle comme les demi savants le croient, mais elle a été vécue par les hommes qui ont porté ces noms. Etant donc l'histoire de l'âme de l'homme régénéré, elle correspond à l'histoire du soleil, — le centre vitalisant du système physique, — c'est pour cela qu'elle a été décrite avec des termes dérivés du phénomène solaire indiqué dans le planisphère zodiacal. Ainsi l'histoire de l'âme est écrite dans les étoiles ; les cieux sont ses chroniqueurs, et disent en même temps sa gloire et celle de Dieu. Toute Bible est un

hiéroglyphe de l'âme. Et le zodiaque est tout simplement la première et la plus étonnante des Bibles, — cette Bible, comme toutes les autres, a été écrite par des hommes qui, en arrivant à connaître leur propre âme, ont possédé la connaissance de toutes les âmes, et de Dieu qui est la vie et la substance des âmes.

47. Tous ceux-là ont marché d'un pas ferme dans la *Voie Parfaite*, — que chacun peut suivre selon ses forces, — et par le développement de leurs potentialités naturelles, ils sont arrivés à ce qui, mystiquement, s'appelle *trouver le Christ*. C'est cette perfection qui, parce qu'elle est Dieu, trouve en soi sa propre récompense. Car « le don de Dieu est la vie éternelle. » Comme Dieu est UN, l'âme est UNE ; et tous deux sont UN dans leur essence et leur activité. Tout ce qui est en Dieu comme universel, subsiste aussi en Lui comme individuel. Par conséquent Dieu n'est rien que l'homme ne soit. Et ce que l'homme est, Dieu l'est également. Dieu ne refuse rien de Lui à l'homme ; car « Dieu est Amour, » « et l'amour n'a rien qui lui soit propre. »

48. Telle est la doctrine de l'âme appelée mystiquement la Femme. C'est une doctrine qui, en montrant aux hommes ce dont ils sont faits, et par conséquent ce qu'ils ont la possibilité d'être, les rendra vraiment honteux, lorsqu'ils l'auront reçue, d'être ce que la plupart d'entre eux sont (1).

(1) Voyez Appendice nº I. Partie I.

# TROISIÈME LEÇON

DES DIVERS ORDRES D'ESPRITS. — MOYENS DE LES DISCERNER

I

1. Jusqu'ici nous avons traité de l'Ame et de l'Esprit. Nous allons maintenant parler des Esprits, car pour arriver à une véritable doctrine sur l'Existence, il est nécessaire de comprendre ce qu'on entend par là. Bien que nous nous proposions de traiter spécialement des Esprits, nous devrons cependant faire allusion aux Ames ; car si les Esprits, dans le sens entendu ici, n'ont pas d'âmes, les Ames ont des esprits. Néanmoins nous nous occuperons principalement des Non-incarnés, ou des Désincarnés. La région, ou la sphère, qui est immédiatement contiguë à celle de la Matière, et dans laquelle nous entrons en quittant cette dernière, est la sphère Astrale ; c'est donc celle-là, avec ses habitants, qui va fixer notre attention.

2. Pour bien comprendre la place et la valeur de cette sphère, il faut que nous nous fassions une idée bien claire de la place et de la valeur de toutes les autres sphères qui sont comprises dans la manifestation de l'Etre appelé Existence, et qui la constituent.

Dans ce but nous allons commencer par faire une brève récapitulation. L'Esprit et l'Ame, qui sont la vie et la substance originelles, sont Divins, et non-créés. Les corps, astraux et matériels, sont « le créé », — c'est-à-dire la partie qui est *manifestée*. L'Astral, — aussi appelé sidéral, odique, magnétique, « de feu », — est fluidique, et constitue le lien entre l'âme et le corps matériel. C'est le corps originel, car il est ce qui crée et ce qui devient. L'individu originel et permanent est composé d'âme et d'esprit, et lorsqu'il se manifeste, c'est par le moyen du corps astral ou fluidique, dont le corps matériel et fixe est la manifestation extérieure, — ce qui s'appelle la manifestation dans les *extrêmes*.

3. Chaque création, ou entité complète manifestée, qu'elle soit macrocosmique ou microcosmique, est un composé de deux dualismes qui sont respectivement céleste et terrestre, ou spirituel et matériel. Le céleste, ou le royaume des cieux, qui consiste en âme et esprit, est au dedans. Et le terrestre, ou royaume de ce monde, qui consiste en corps astral — le siège de l'*anima bruta* — et en corps phénoménal, est au dehors. Chacun de ces dualismes est, par rapport à l'autre, l'*au-delà*. Entre eux règne l'antagonisme, sauf là où tout l'Etre est pénétré d'une même Volonté Divine — la Volonté qui a son siège dans l'Esprit et qui est l'Esprit. Ces dualismes sont respectivement l'homme spirituel et l'homme naturel. Mais lorsque toute la personnalité ainsi constituée est pénétrée d'une même Volonté Divine, on a ce qui est appelé mystiquement l'expiation (1), ou la réconciliation entre l'homme et Dieu.

4. Le tout étant ainsi quaternaire, il en est de même des parties, à l'exception de l'esprit. Le corps extérieur et matériel, que ce soit celui d'une planète ou d'un homme, est quaternaire, étant gazeux, minéral, végétal et animal. Le corps astral, ou périsprit, est quaternaire, étant magnétique, purgatoriel, limbique, chérubique, termes qui seront expliqués plus loin. L'âme est quaternaire, étant élémentale, instinctive, vitale, rationnelle. Et l'esprit est ternaire, parce qu'il n'a rien d'extérieur. Etant ternaire, il est l'Essence, le Père, la Parole ; et il désire, il veut, il obéit. Etant Dieu, il est un, parce que Dieu est un. Pour cette raison, le nombre magique mystiquement appelé le nombre de la Perfection et de la Femme, le

---

(1) L'explication a une toute autre portée en anglais. *Atonement* pouvant se décomposer en At-one-ment, littéralement *unification*.

nombre Treize, tire sa sainteté de la constitution de l'individu parfait.

5. La sphère astrale, zone ou cercle, — qu'on appelle le périsprit, le fluide ou corps magnétique, sidéral et odique, — est la même chose que la « roue » d'Ezéchiel dont les quatre animaux vivants sont les quatre esprits élémentaux. Elle contient quatre ordres d'entités qui sont représentés par quatre cercles ou roues magnétiques qui entourent la terre et sont pleins de vie. Le premier et le plus élevé de ces cercles est celui des esprits élémentaux ou « créatures ailées ; » le second est celui des âmes; le troisième celui des ombres ; et le quatrième, le plus inférieur, est celui des esprits magnétiques généralement appelé astraux.

6. Ces cercles correspondent à l'Air, l'Eau, la Terre et le Feu, commençant à l'extérieur et au supérieur, et se dirigeant vers l'intérieur et le plus bas. Les émanations magnétiques ou les astraux sont sous la domination du Feu. Ils ne sont ni des âmes ni des personnalités divines ; mais simplement des émanations ou des fantômes, et n'ont aucune existence réelle.

7. Chaque circonstance ou événement, qui a lieu sur la planète a sa contre partie, ou son image astrale, dans la lumière magnétique ; en sorte que, comme nous l'avons déjà dit, il y a effectivement des fantômes d'événements aussi bien que de personnes. Les êtres matériels qui habitent ce cercle sont les ombres ou mânes du passé, des circonstances, des pensées et des actes qui ont eu pour scène la planète, et ils peuvent être évoqués et conjurés. Dans ce cas là les apparences ne sont que des ombres restées sur le miroir protoplasmique. Cet ordre correspond donc au Feu, et il est le quatrième et le plus bas.

8. Le cercle suivant, le troisième, avec ses esprits, correspond à la Terre, et contient les ombres, les Lares et les Pénates des morts. Ces esprits sont d'espèces différentes. Quelques-uns ne sont que des ombres, des cadavres spirituels qui bientôt seront absorbés par le quatrième cercle que nous venons de décrire, et se réduiront à de simples apparitions magnétiques. D'autres sont des « fantômes, » ou des âmes astrales qui ne contiennent pas de particule divine, et ne repré-

sentent que « l'intellect terrestre » de ceux qui sont partis. Ils sont dans les Limbes ou « l'Eden inférieur. » D'autres enfin sont des âmes réelles de l'ordre céleste, *anima divina*, qui se trouvent dans le Purgatoire, et sont dans l'impossibilité de quitter l'enveloppe astrale à laquelle ils sont liés. On les appelle quelquefois « Esprits enchaînés à la Terre, » et souvent ils souffrent des tortures horribles dans leur prison ; non point que ce cercle soit en lui-même un lieu de tourment, mais parce que pour l'*Anima divina*, le corps non racheté, qu'il soit matériel ou astral, est une « maison de servitude, » une chambre de torture. La forte volonté, l'amour et la charité de ceux qui sont sur la terre peuvent soulager ces âmes et abréger le temps de leur pénitence dans le purgatoire. La détention de quelques-uns est due à leur ignorance volontaire ; pour d'autres c'est la sensualité, pour d'autres enfin des crimes commis par violence, des injustices, des cruautés.

9. Cette sphère est aussi habitée par une classe terrible, celle des « diables », dont quelques-uns sont très puissants et pleins de malice. Leurs âmes ne sont jamais affranchies ; elles vivent dans ce qu'on appelle « l'Enfer ». Elles ne sont pas immortelles; car, après une période dont la longueur dépend de leur vitalité personnelle et de la force de leurs volontés rebelles, elles se consument et périssent. Une âme peut devenir entièrement grossière, elle peut en arriver à être privée de tout esprit de l'ordre Divin, et posséder cependant une vitalité telle — c'est-à-dire un esprit mortel si personnel, — qu'elle pourra demeurer pendant des siècles dans des atmosphères inférieures. Mais ceci n'arrive que pour des âmes qui ont une très forte volonté et dont la méchanceté est indomptable. C'est la force de leur volonté mauvaise et leur détermination de rester perverses qui les tiennent en vie. Mais tout en étant des diables elles sont mortelles et devront finir par disparaître. Leur fin est l'obscurité totale. Elles cessent d'exister. En attendant on peut les évoquer par l'incantation, mais cette pratique est extrêmement dangereuse et coupable, car tous les efforts de ces esprits inférieurs tendent à ruiner chaque âme auprès de laquelle ils ont accès.

10. Il n'y pas de Diable personnel au sens ordinaire de ce mot. Ce qui est appelé mystiquement le Diable est la négation ou l'opposé de Dieu. Et tandis que Dieu est JE SUIS ou l'Etre positif, le Diable est NON. Il n'est ni positif, ni subsistant par lui-même, ni formulé. Dieu est tout cela ; et le Diable étant l'opposé de ces choses, n'est aucune d'elles. Comme cela a déjà été dit Dieu est la Lumière, la Vérité, l'Ordre, l'Harmonie, la Raison ; et les œuvres de Dieu sont l'illumination, la connaissance, la compréhension, l'amour, la santé de l'esprit. Par conséquent le Diable est obscurité, mensonge, discorde et ignorance ; et ses œuvres sont la confusion, la folie, la division, la haine et le délire. Il n'a ni individualité ni existence, car il représente le Non Être. Tout ce que Dieu *est*, le Diable ne l'est *pas*. Partout où le royaume de Dieu n'est pas le Diable règne.

11. C'est le principe du Non-Être qui, en se faisant personnalité dans l'Homme, devient pour lui le Diable. Car en le dépouillant de ses qualités Divines, effectives ou potentielles, ce principe fait l'homme à l'image de l'opposé de Dieu, c'est-à-dire du diable. La fin de celui-là sera la destruction, ou, comme l'Ecriture le dit, la mort éternelle. Et ceci découle nécessairement de la nature des faits ; car le mal n'a pas en lui-même l'élément de la durée. Dieu seul est Vie, c'est-à-dire le principe de la génération éternelle. Et, en tant que Vie, Dieu comprend toutes les choses nécessaires à la vie, à sa production, c'est-à-dire, à sa perfection et à sa perpétuation. Dieu est l'Esprit dont l'antithèse dernière est la Matière. Le Diable est ce qui donne à la Matière la pré-éminence sur l'Esprit. Cela revient à dire que puisque rien autre que la création de Dieu ne peut être mis en opposition avec Dieu, le Diable exalte ce qui n'est que matériel dans la création à la place de Dieu. De cette préférence accordée à la Matière sur l'Esprit, à l'apparence sur la réalité, au Semblant sur l'Etre, résulte la déchéance de la réalité, et partant de l'Etre. Par conséquent, en représentant la lutte entre le bien et le mal — lutte qui correspond à celle qui existe entre la Lumière et l'Obscurité — la création représente la lutte entre l'Etre et le

Non-Être. « Céder la place au Diable » est donc comme résultat dernier renoncer à l'Être. L'homme étant un agent libre peut faire cela. Tout en donnant le choix et l'occasion à tous, Dieu ne force personne à rester dans l'Être. Dieu n'accepte qu'un service volontaire, et il n'y a rien qui ressemble au salut forcé. Dieu, — qui est le Bien, — doit être aimé et suivi pour l'amour de Dieu et du Bien, et non pas par la crainte de la punition ou l'espérance d'une récompense.

12. Le signe qui, par dessus tous les autres, nous permet de distinguer le Diable est celui-ci : Dieu est d'abord, et avant tout, Amour ; par conséquent le Diable est avant tout la Haine. Il se fait reconnaître d'abord par la restriction de l'Amour et secondement par sa négation.

13. Il ne faut pas confondre le Diable avec « Satan », bien que les Ecritures parlent quelquefois des deux comme s'ils étaient identiques. La vérité sur « Satan » appartient aux plus grands des mystères, qui ont toujours été cachés aux masses (1).

14. Bien que le Diable soit la Non-Entité que nous venons de décrire, il est la plus grande puissance pour le mal et même la seule. Et nul n'est plus exposé aux dangers qui viennent de lui que celui qui ne croit pas en lui. Toute la mission du Christ consiste à s'opposer à lui et à sauver les hommes en les arrachant à sa puissance. C'est pourquoi il est dit : « Or, le Christ a paru pour détruire les œuvres du diable. »

15. Mais n'oublions pas que s'il n'y a pas un Être mauvais positif, existant par lui-même, — comme on représente généralement le diable, — et s'il n'y a que la négation de Dieu, — qui est à Dieu ce que l'obscurité est à la lumière, ce que le vide extérieur est au système solaire, — il existe cependant des mauvais esprits, les âmes des hommes mauvais qui sont sur la route descendante de l'extinction finale. Ces esprits sont portés à s'associer aux personnes qui sont encore dans la chair, et pour lesquelles ils éprouvent de l'affinité. Ils le font non seulement pour satisfaire leurs mauvaises inclinations, en poussant les autres au mal, mais aussi dans le but de se procurer

(1) Voyez Appendice, n° XV.

la vitalité nécessaire pour prolonger leur propre existence. Car à mesure que leur carrière approche de sa fin, leur vitalité baisse à tel point, qu'un ordre d'expulsion de la personne chez laquelle ils se sont réfugiés peut causer leur anéantissement immédiat ; à moins qu'ils ne trouvent une autre demeure, comme nous le voyons dans le cas des démoniaques de Gadarene. Les maux physiques, ou moraux, des hommes sont quelquefois causés, ou aggravés, par l'influence étrangère et néfaste d'entités de cet ordre. Les occultistes prétendent que ces mauvais esprits partagent même avec les élémentaux le pouvoir de produire les conditions dans lesquelles éclatent des orages soudains, ou d'autres troubles des éléments. Les mauvais esprits n'ont ni chefs, ni organisation, ni solidarité ; rien en un mot de ce qui correspond à Dieu. Plus ils sont mauvais, plus ils sont bas et près de leur anéantissement. Les conditions qui les attirent sont produites par les hommes eux-mêmes et peuvent être le résultat de la mauvaise conduite de ceux-ci dans une vie antérieure.

16. Le prochain et second cercle de la planète, — celui qui correspond à l'eau — est le royaume des âmes dont il est dit, dans le langage mystique, qu'elles sont « dans le sein de Brahma. » Ce sont les âmes purifiées qui sont en repos avant de chercher une nouvelle ré-incarnation. Ce cercle n'est pas uniquement réservé aux âmes humaines. On y trouve toute espèce de créatures grandes et petites mais qui n'ont pas d'enveloppes « de feu. » Un gouffre profond existe entre ce cercle et le royaume des âmes enchaînées à la terre, et emprisonnées par leur propre corps astral. Les habitants du premier cercle ne peuvent pas passer dans l'autre, avant d'avoir subi leur épuration. « *Tu ne sortiras pas de là jusqu'à ce que tu aies payé le dernier denier.* » Bien que les âmes qui se trouvent dans ce second cercle soient purifiées, elles sont cependant encore « sous les éléments. » Car la purification n'est pas la régénération, bien qu'elle soit un pas vers celle-ci. Ces âmes n'étant pas prêtes pour la transmutation en esprit, il faut que, plus tôt ou plus tard, elles cherchent de nouvelles incarnations. Elles sont donc encore dans la sphère de la planète ;

tandis que les âmes régénérées, ou transmuées, ont passé définitivement au-delà de la zone astrale, qui ne contient plus aucune trace d'elles. Le second cercle était placé sous la domination du dieu de la mer — Poséidon — d'abord parceque l'eau étant protoplasmique et affranchie de tout principe limitatif, correspond à la substance de l'Ame ; puis parcequ'elle est le symbole baptismal qui marque la purification de la matière. Enfin elle est la source de la vie et le contraire du feu ; « *Que Lazare trempe dans l'eau le bout de son doigt pour me rafraîchir la langue,* » crie l'âme emprisonnée dans le corps « de feu, » à celle qui est dans la zone de l'eau.

17. Les esprits des éléments qui pénètrent toutes les choses, non seulement de la planète macrocosmique mais de l'homme microcosmique, appartiennent au premier cercle, le plus élevé. Parmi ces élémentaux, les esprits de l'air gouvernent les fonctions de la respiration et les organes qui l'accomplissent. Les esprits de l'eau dirigent les humeurs et les sécrétions du corps, en particulier le sang. Les esprits de la terre ont pour domaine les différents tissus du corps. La chaleur animale, l'assimilation et la nutrition dépendent des esprits du feu.

18. Un initié, du degré le plus élevé, un de ceux qui ont la puissance d'apaiser les orages et de calmer les eaux, peut, par le même procédé, guérir les troubles du corps et régénérer ses fonctions. Et il fait cela par une impulsion de sa volonté qui agit sur l'atmosphère magnétique, dont chaque particule possède un esprit capable de répondre à la volonté humaine.

19. Cette phrase d'un emploi usuel : « les esprits des morts » n'est pas correcte. Il n'y a que des ombres des morts et des âmes des morts. Mais ces dernières sont de deux sortes : les terrestres, ou *anima bruta*, et les célestes ou *anima divina*. L'ombre, la larve, ou le spectre — qui est l'élément extérieur du fantôme — est toujours muet. Le véritable « fantôme » est composé de la partie extérieure et terrestre de l'âme, cette partie qui, appesantie par les soucis, les attachements et les souvenirs du monde, est rejetée par l'âme, et mène dans la sphère astrale une existence plus ou moins personnelle et définie.

Elle peut, à travers un sensitif, converser avec les vivants. Ce n'est toutefois qu'un vêtement que l'âme a rejeté et qui n'est pas capable de durer comme « fantôme ». L'âme véritable, la personne réelle, l'*anima divina,* se détache, au moment de la mort, de toutes les affections inférieures qui pourraient la retenir près des demeures terrestres. Alors, ou bien elle passe immédiatement à des conditions supérieures pour arriver à la perfection par une évolution *post mortem,* ou elle continue ses pérégrinations dans un nouveau corps. Avec la permission divine et dans des occasions spéciales, cette âme, qui est la vraie âme, peut communiquer avec les vivants. Pour cela elle descend de la sphère du purgatoire ; mais un tel événement est aussi rare que solennel. La réincarnation ne peut avoir lieu que pour l'âme véritable. L'âme astrale, l'enveloppe fluidique, ne se réincarne pas ; en sorte que ceux qui affirment, qu'une *personne* ne s'incarne jamais deux fois ne se trompent pas. Ce qui transmigre, c'est le germe essentiel de l'individu, le siège de toutes ses potentialités divines. Chez quelques-uns ce germe n'existe qu'à l'état de faible étincelle ; chez d'autres c'est un soleil lumineux.

20. La Métempsychose, au sens strict du mot, consiste en ceci : une âme déjà incarnée est adombrée par une autre âme qui a déjà complété le cours de ses transmigrations et qui est affranchie de la matière et de tout lien planétaire. Cet enveloppement divin diffère, en nature et en intensité, de ces visitations astrales familières à tant de personnes sous le nom de « guides » et de « contrôles », et qui, souvent, nous le montrerons tout à l'heure, ne sont pas même des « fantômes », mais uniquement un mirage astral qui apparaît devant le voyant ou l'évocateur. Lorsqu'il n'est pas de cette sorte, le contrôle vient alors, soit des esprits connus sous le nom d'Élémentaux, soit des ombres, ou *larves* des morts récents, les Mânes, les Lares, les Pénates des Latins. La rivière Léthé, — dont les morts, à ce qu'il est dit, boivent l'eau afin d'arriver à oublier leur passé jusqu'à ce qu'ils reviennent dans de nouveaux corps terrestres, — représente le procédé de séparation entre l'*Anima divina* et l'*Anima bruta,* par lequel la première retire, pour un temps,

le vêtement de sa mémoire. Il dépend des circonstances que les âmes se réincarnent immédiatement après ce dépouillement de leur partie astrale, ou qu'elles continuent le cours de leur purification dans le monde du purgatoire (1).

21. Lorsque les âmes descendent de la forme humaine dans la forme animale, c'est à titre de pénitence ou d'expiation. Ce retour se produit par le renoncement à l'esprit humain-divin, en sorte que l'esprit lui-même ne souffre aucun déshonneur. Il est vrai que cette pénitence est une disgrâce ; mais la disgrâce n'est pas dans la pénitence, elle est dans le péché qui a nécessité la pénitence. L'homme qui souille son humanité par la cruauté ou l'impureté, est déjà au-dessous du grade humain ; et la forme que revêt son âme n'est qu'une conséquence naturelle de cette dégradation. La forme est l'expression de qualités. Ces qualités dépendent de la condition de la substance, en sorte que l'âme trouve nécessairement sa forme d'après cette condition. Et celle-ci dépend de la volonté et des affections de l'individu. Par conséquent c'est une erreur de rendre la « Nature » responsable de l'existence de créatures sauvages et horribles. Tout ce que la « Nature » fait c'est de permettre aux êtres de revêtir une forme selon l'image d'après laquelle ils se sont créés eux-mêmes, par les tendances qu'ils ont volontairement encouragées. La Nature permet à ce qui est l'intérieur de l'individu de se manifester extérieurement. S'il n'en était pas ainsi, on ne pourrait connaître le caractère d'aucune créature d'après son apparence. La « marque mise sur Caïn » a sa contre-partie dans les raies du tigre ; et les crustacés indiquent des esprits égoïstes qui, extérieurement, sont durs pour tout ce qui est dans le monde, mais tendres, intérieurement, pour ce qui les touche. Un adepte en psychologie peut distinguer si l'âme d'un animal est sur la voie montante ou descendante.

Il peut aussi discerner, sous la forme humaine, l'animal, lorsque l'âme en progrès n'a pas encore complètement rejeté la nature animale ; car la forme extérieure de l'humain peut

---

(1) Voyez Appendice, n° II.

exister avant que la réalité intérieure ne soit atteinte. Aussi aux yeux de l'adepte il y a plus d'animaux que d'hommes dans les rues d'une ville, en dépit de la forme humaine de ces derniers. L'individu est déjà en partie humain avant qu'il ait cessé d'être sous forme rudimentaire, c'est à dire animale. La matrice ne peut donner naissance qu'à ce qui est de son espèce, et porte la ressemblance des procréateurs ; et aussitôt que l'humain est atteint, même au moindre degré, l'âme a le pouvoir de revêtir un corps humain. Ainsi l'adepte peut aussi voir la forme humaine chez ces êtres que l'on torture dans les laboratoires de physiologie. Il peut discerner, cachée au dedans de la forme extérieure, comme un enfant dans le sein de sa mère, gémissant et se tordant sous les blessures du couteau, la forme potentielle d'un homme avec des traits et des membres qui ressemblent à ceux de son bourreau. De même il voit aussi le tigre et le diable qui se développent rapidement au dedans des formes, encore humaines, des tourmenteurs ; et il sait absolument qu'en quittant l'humain, ils descendront à ce degré. Car une longue expérience de son âme lui a appris que si Dieu est avant tout amour, il est aussi avant tout justice, justement parce qu'Il est amour, car la *justice est la sympathie*. En conséquence, par la loi inexorable de la justice, celui qui fait de l'existence un enfer pour les autres, se prépare inévitablement un enfer pour lui même, dans lequel il sera son propre diable, l'auteur de ses propres tourments. Ses victimes recevront une compensation des mains divines ; mais pour lui, il n'y aura ni salut, ni soulagement jusqu'à ce « qu'il ait payé le dernier quadrain. » Pour ceux qui sont sans pitié, mais pour ceux-là seuls, il n'y a pas de pitié. L'adepte de la science spirituelle sait d'une façon absolue, que tel est le sort qui attend le tourmenteur et, selon le degré de leur responsabilité, ceux qui, en acceptant les résultats de ses pratiques, sanctionnent sa méthode.

22. Ce qui conduit à la perte de l'âme, ce n'est pas le crime isolé, quelque odieux qu'il soit, ni même une répétition de ce crime ; mais c'est cet état persistant du cœur dans lequel la volonté de l'individu est en opposition constante avec la volonté divine ; car c'est un état dans lequel la repentance est impos-

sible. La condition la plus favorable au salut et à l'affranchissement rapide d'incarnations successives, est une attitude d'obéissance volontaire, — liberté et soumission à la fois. Le grand but qu'il faut atteindre est de s'émanciper du corps, — la rédemption de l'esprit de l'état de Matière.

## II

23. Nous allons parler maintenant de cet ordre spécial d'esprits qui, le plus souvent, dominent les « médiums, » — ou pour parler plus exactement — qui influencent les sensitifs ; car les esprits que l'on appelle astraux n'ont aucune force et ne peuvent pas exercer la moindre domination. Nés des émanations du corps ils se logent dans le périsprit, ou lien fluidique astral et magnétique, qui unit l'âme au corps.

24. C'est dans ce fluide, qui est le magnétisme de la terre, — le cercle le plus bas du feu, plus clairement désigné par le terme de *lumière latente* (analogue à chaleur latente), que se produisent les changements, les courants et les modifications qui donnent lieu aux phénomènes — très fréquents de nos jours, — produits par les esprits astraux.

Deux courants passent à travers cet élément fluidique, l'un réfracté d'en haut, et l'autre réfléchi d'en bas; l'un céleste, parcequ'il vient directement de l'esprit; l'autre terrestre, parcequ'il émane de la terre ou du corps; et l'adepte doit savoir distinguer le rayon de la réflexion. Lorsqu'un médium, ou un sensitif, passe dans l'état négatif, puis somnambulique, son mental est dominé par la volonté du magnétiseur. La volonté de cette seconde personne dirige et domine la procession et l'expression de l'image perçue. Mais si le magnétiseur n'est pas un adepte, il ne sera pas capable de discerner la véritable origine des images évoquées.

25. Dans cette sphère magnétique, il y a deux ordres d'existences. L'un de ces ordres est celui, dont nous avons déjà parlé, — des ombres des morts ; l'autre se compose des *reflets* des vivants. Pour celui qui n'est pas initié, la difficulté de distinguer entre ces deux ordres est une source d'erreurs. Des erreurs

bien plus graves encore résultent du caractère complexe de la région astrale elle-même, et des différents grades d'esprits qui se trouvent dans chaque division. De plus, les esprits de l'ordre sous-humain, dominés par le *désir* de ceux qui les invoquent, ont coutume de personnifier des esprits d'un grade plus élevé.

26. On verra par là que les éléments de déception peuvent se classer en deux grandes catégories. En premier lieu, entrer dans la région astrale n'est pas entrer dans la région céleste ; et le rayon réfléchi d'en bas, et qui porte l'empreinte du corps, peut facilement être pris pour le rayon réfracté d'en haut qui seul est pur et divin. En second lieu, la région astrale elle-même contient différents ordres d'esprits, dont quelques-uns seulement sont en relation avec des âmes réelles, tandis que les autres ne sont que des reflets illusoires et fantasmagoriques. Ces derniers, — les esprits astraux, à proprement parler, — ne sont en aucun cas des entités ou des personnalités intelligentes, mais des réflexions, des échos, des traces d'une âme qui passe, ou qui a passé à travers le médium astral ; ou bien ce sont des réflexions de l'individu lui-même qui les contemple, ou qui les évoque, et, dans ce cas, ils peuvent être un mélange du sensitif et du magnétiseur.

27. En outre, l'atmosphère qui entoure l'homme lui-même, — la respiration de son âme, — affecte le fluide astral. Des reverbérations de ses propres idées reviennent à lui. Le souffle de son âme colore et donne de la saveur à ce que le sensitif lui communique. Cependant il peut rencontrer des contradictions, l'exposé de doctrines ou de conseils systématiques qui sont en divergence avec ses propres vues personnelles, parce que son esprit n'est pas suffisamment positif pour dominer toutes les manifestations de l'agent électrique. L'influence du médium par lequel les paroles viennent entre aussi en jeu. Ou, comme cela arrive souvent, une batterie magnétique de pensées a surchargé l'élément en lui imprimant un certain courant. Ainsi de nouvelles doctrines sont « dans l'air » et se répandent comme un incendie. Un ou deux esprits fortement positifs donnent l'initiative, et l'impulsion se communique rapidement

à toute la masse de lumière latente, influençant par correspondance tous ceux qui sont en relation avec elle.

28. Les esprits purement magnétiques sont comme des brouillards qui s'élèvent du sol humide des terres basses, ou comme des vapeurs dans les altitudes élevées, sur lesquelles l'ombre projetée de l'homme le fait ressembler à un géant. Car ces esprits ne manquent jamais de flatter et de glorifier l'homme, disant à un tel qu'il est, ou qu'il sera un roi, un Christ, ou le plus célèbre des mortels; et que, s'il veut bien être tout à fait négatif et se livrer entièrement à eux, en renonçant à son intelligence et à son sens moral, ils le mettront à même de réaliser sa plus grande ambition. Etant nés des fluides du corps, ils n'ont aucune spiritualité et vivent du corps. Et non seulement leurs aspirations ne vont pas au-delà du corps, mais ils ignorent et nient même l'existence d'une sphère au-dessus de la leur. Il est vrai qu'ils parlent de Dieu, surtout sous le nom de Jéhovah, mais sans comprendre le moins du monde ce que cela signifie, et ils insistent sur l'application littérale de toutes les doctrines dont ils peuvent saisir le vocabulaire. Ils sont aussi prodigues de promesses et de menaces, et se plaisent à prophétiser. Lorsqu'on leur dit qu'ils se sont trompés, ils répondent que Dieu lui-même ne peut pas connaître avec certitude l'avenir et ne juge que d'après les probabilités apparentes. Ils semblent être absolument inconscients des contradictions que présentent leurs affirmations, et, quelques grossières qu'elles soient, ne s'en troublent nullement. Leur amertume s'exerce spécialement contre la « Femme », car à cause de son intuition de l'Esprit ils reconnaissent en elle leur principal ennemi. Et chaque fois qu'ils s'attachent à un homme, ou à une femme, ils font tous leurs efforts pour exalter le masculin, ou l'élément de la force, dans le mental et dans le corps, au détriment de l'élément féminin. On les reconnait généralement aux signes suivants : Y a-t-il quelque chose de fort? ils le rendent faible. Y a-t-il quelque chose de sage? ils le rendent ridicule. Y a-t-il quelque chose de sublime? ils le dénaturent et le travestissent. Lorsqu'on les laisse déblatérer à leur aise, ils descendent jusqu'au blasphème et à

l'obscénité, et poussent à la sensualité, au vice, à la cruauté ; ils encouragent la vie grossière, la luxure. La chair des animaux et les stimulants favorisent particulièrement leur production et leur développement. Ce sont les formes perçues dans le délire, et ils sont souvent les agents qui produisent les phénomènes de l'hystérie. Ce sont eux aussi qui déterminent ces impulsions intempestives auxquelles on cède en une seconde et qu'une vie entière ne suffit pas toujours à effacer ou à réparer. Se nourrissant des esprits vitaux du sang, ils épuisent l'énergie et sont les vampires de ceux auxquels ils s'attachent. En outre, ils peuvent transporter le savoir qu'ils prennent à quelqu'un, car ils sont les « puissances de l'air » dont il est parlé dans les Ecritures, et « les oiseaux des cieux qui en porteraient la voix et les nouvelles. »

Car le terme traduit par « oiseau » signifie une créature ailée et suppose un astral. De là une des raisons pour lesquelles on observait le secret par rapport aux Mystères Sacrés. En effet, en se donnant l'air de les connaître, les astraux réussissent à persuader et à dérouter les gens ; ils mélangent une proportion de vérité avec une dangereuse erreur, et font accepter cette dernière sur la foi d'un nom ou d'une phrase divine à laquelle ils l'associent ; mais eux-mêmes ignorent absolument sa portée. Ils sont impersonnels, et par conséquent n'ont aucun organe de connaissance ; car ceci appartient à l'âme, et les astraux n'ont aucune vie positive mais existent subjectivement dans les êtres humains. Comme ils ne possèdent pas d'âme ils ne peuvent avoir d'individualité, et n'ont aucune idée du bien et du mal, du vrai et du faux ; mais, pareils à des miroirs, ils réfléchissent ce qui se présente à eux en le renversant. Lorsqu'ils ont saisi la qualité dominante dans le mental d'une personne ils augmentent son importance en la réfléchissant et en l'exagérant. Par conséquent on ne doit leur accorder aucun crédit. Nous ne devons avoir de confiance que dans le Dieu qui est au dedans. Ces fantasmagories magnétiques se trouvent à la base de l'immense échelle qui est au dedans de nous, et au sommet de laquelle se trouve l'Absolu. (1)

(1) On parle ici d'une catégorie spéciale d'esprits ; il ne faut donc nullement en

29. Incapables de saisir ou de concevoir quoique ce soit dépassant l'atmosphère de leur propre cercle, les fantômes astraux qui ne se trouvent pas sous l'influence d'un intellect fortement positif nient absolument l'existence du dualisme supérieur, lequel, avec le dualisme inférieur, constitue l'homme comme être quaternaire. Ils affirment, il est vrai, que l'homme est composé d'un corps et d'une âme, mais par là ils entendent le corps matériel et l'intellect terrestre, et supposent que ces deux constituent tout l'homme. L'âme et l'esprit qui sont réellement l'homme n'ont aucune existence à leurs yeux et, en conséquence, ils refusent généralement d'admettre la doctrine de la Transmigration ou de la Réincarnation. Car ils savent que le corps et le périsprit périssent ; et *l'anima bruta* ne peut pas transmigrer ni se réincarner. L'impossibilité où ils sont de reconnaître l'âme et l'esprit les conduit à nier l'existence de toute source de connaissance supérieure à eux-mêmes, et à prétendre qu'ils sont les seuls esprits qui inspirent véritablement l'homme, ses anges gardiens. Un de leurs tours favoris consiste à construire, au moyen des émanations magnétiques de l'individu, une forme qu'ils lui présentent comme étant sa « contre-partie » angélique, son esprit divin, dont il a été séparé à ce qu'ils nomment la période Adamique de son être — copiant ainsi la phraséologie biblique — et à qui il doit se réunir pour atteindre sa perfection finale. Ceci n'est de leur part qu'un travestissement des doctrines du mariage divin de l'âme avec l'esprit, dont la consommation dans l'individu constitue sa perfection finale ou son Nirvâna ; et de la relation du génie, du véritable ange gardien, avec son protégé. Leur intelligence ne leur permet pas de comprendre que la perfection ne s'atteint pas par l'adjonction ou l'addition de quelque chose qui vient du dehors, mais seulement par le développement ou l'épanouissement du dedans. L'idée de la régénération devient donc, entre leurs mains, une absurdité. En ceci, comme en d'autres

conclure qu'il n'y ait pas des communications spirites d'une nature bienfaisante et élevée, venant des âmes de ceux qui ont quitté la terre.

Pour ce qui a rapport aux communications avec les âmes et les fantômes des morts, voyez aussi Leçon V, 35-38, et Appendice II, etc.

(*Note de la Directrice*)

choses, le but que poursuivent les astraux est d'obtenir crédit et appui pour leur propre ordre, en substituant à l'Esprit *un* esprit, et un des leurs.

30. C'est généralement à la suggestion des astraux que l'on doit ces diverses communautés ou sectes qui ont pour base l'idée d'une relation spéciale entre les sexes. Cette forme moderne du culte de « l'amour libre » qui prend, non pas le corps humain, mais celui de la femme pour le temple de Dieu en y ajoutant la doctrine de la « contre-partie angélique », est une invention astrale.

De là aussi cette idée assez répandue que la femme qui se dévoue entièrement à son associé astral peut, à la lettre, devenir une mère immaculée de Christs. C'est la matérialisation de cette doctrine, aussi bien que d'autres, qui sont purement spirituelles, et en particulier, — nous le démontrerons — de celle du sacrifice expiatoire, qui a causé la dégradation du Christianisme. Du spirituel il est tombé dans le matériel et, n'étant plus qu'une religion idolâtre, il n'a pas jusqu'à présent atteint le but qu'il se proposait. Nous reviendrons plus tard sur ce point. Qu'il nous suffise de dire pour le moment que l'influence astrale s'exerce toujours dans le sens de ce qui est grossier, égoïste et cruel ; et cela non seulement théoriquement, mais pratiquement, en ce qui touche par exemple aux habitudes de la vie. Cette influence est toujours de nature à rabaisser le niveau moral de l'homme, qu'il s'en rende compte ou non, et le pousse à chercher ses propres satisfactions aux dépens des autres. Les astraux sont les agents actifs de ces hideuses souillures de la vie moderne, de ces crimes fréquents causés par la violence, l'avarice et l'intempérance. C'est à eux que l'on doit, dans une grande mesure, l'extension de la doctrine du sacrifice expiatoire, — qui du reste est de leur invention, — aux couches sociales et scientifiques, doctrine qui a fait de la chrétienté quelque chose d'assez semblable à une vaste boucherie ou à une chambre de torture. Aussi bien que les prêtres des religions qui pratiquaient le sacrifice sanglant, les bouchers, les chasseurs et les vivisecteurs sacrifient à l'élément astral dans l'homme. Néanmoins, bien que produisant du mal, ces esprits ne sont pas mauvais en eux-mêmes. Ils ne font que réfléchir et augmenter le mal que les hommes entretiennent et encouragent en eux-mêmes.

31. Un trait caractéristique de ces astraux, c'est qu'ils insistent sur la nécessité de la passivité absolue de ceux qu'ils influencent et auxquels ils s'adressent. Cet état de passivité inintelligente ne doit pas être confondu avec l'état réfléchi et *raisonnable* favorable à la communion divine, et que l'on appelle : « L'heure de la nuit de l'âme ». Ces astraux sont si peu substantiels que le moindre effort de la part d'un adversaire les trouble et leur ôte toute possibilité de s'exprimer. Ils craignent les personnes en qui la flamme de l'esprit brûle droite et ardente ; mais là où cette flamme est faible et diffuse, ils accourent comme des papillons de nuit. Plus l'intellect d'une personne est négatif, plus sa volonté est faible, plus les astraux auront de prise sur elle. Mais plus positif sera son intellect et plus forte sa volonté — dans la bonne direction — plus elle sera ouverte à la communication divine. Le royaume intérieur ne cède pas à l'indifférence et à l'inaction, mais à l'enthousiasme et à la concentration. Voilà pourquoi on peut dire : « Travailler c'est prier ; demander c'est recevoir ; et frapper c'est voir la porte s'ouvrir. » Lorsque nous pensons intérieurement, que nous prions avec ardeur, et que nous imaginons dans notre centre, nous conversons avec Dieu. Lorsque nous tombons dans l'inertie et que nous sommes *mécaniquement* réflecteurs, nous sommes à la merci des astraux et tout prêts à accepter n'importe quelle absurdité comme une vérité divine.

32. Il sera bon pour beaucoup de personnes de savoir que non seulement les astraux ne peuvent pas communiquer la Vie Divine, mais qu'ils ne peuvent pas même s'élever assez haut pour y participer eux-mêmes. Pour les décrire, les exigences du langage nous forcent d'employer le termes de personnalité. Mais il faut bien comprendre que ces « esprits » ne sont que des véhicules, et ne possèdent pas plus une volonté, ou une intention indépendante, que le courant électrique qui transporte les messages et qui, comme les astraux, est un médium de

pensée, ou que l'air qui, selon les circonstances, transmet des germes de maladie ou de santé.

Aussi, quoi qu'ils ne soient pas des personnalités intelligentes, ils sont souvent des agents des idées intelligentes, et servent de moyen de communication entre des personnalités intelligentes. Des idées, des mots, des phrases, des systèmes entiers de philosophie peuvent être transportés sur la sphère de la conscience au moyen de courants de force magnétique, comme des corps solides sont portés sur un ruisseau quoique l'eau ne soit pas un agent intelligent. La cellule la plus petite est une entité car elle a la puissance de se propager elle-même, ce que l'astral ne peut pas faire.

33. Il y a bien peu de personnes, même dans l'ordre des esprits les plus élevés, qui ne soient pas tombées, à un moment ou un autre, sous l'influence astrale, et pour leur malheur. Ceci nous donne la clef, non pas seulement des anomalies des différents systèmes religieux et philosophiques, admirables d'autre part, mais aussi de ces notes discordantes dans le caractère de mystiques vénérables, qui ont si profondément troublé et affligé leurs disciples. Lorsque nous aurons nommé un Platon, un Philon, un Paul, un Milton et un Boehme comme exemples frappants de ce que nous disons, cela suffira pour indiquer combien grand est le champ auquel peut s'appliquer notre suggestion.

Peu nombreux sont ceux qui ont toujours la force de pénétrer à travers la sphère astrale et de ne s'arrêter qu'à la sphère céleste. Aussi trop souvent les hommes s'y trompent et prennent pour le véritable rayon réfracté d'en haut le faux rayon réfléchi d'en bas, souillé par les miasmes de la terre et de la nature inférieure, et, comme l'image sur le miroir, renversant la vérité. Partout où nous trouvons une dépréciation systématique de la femme, un panégyrique de l'habitude de verser le sang, une matérialisation des choses spirituelles, nous pouvons être sûrs que l'influence astrale prédomine. Le profond Boehme admettait franchement qu'il pouvait être trompé sous ce rapport.

34. Les esprits appelés élémentaux ou esprits de la nature,

esprits directeurs ou *genii loci* habitent aussi la région astrale, mais ils sont bien différents de ceux que nous venons de décrire. A cette dernière classe appartiennent les esprits connus dans toutes les nations pour hanter les forêts, les montagnes, les cataractes, les rivières, les lieux solitaires. Ce sont les dryades, les naïades, les kelpis, les elfs, les fées, etc. Les élémentaux sont souvent mystérieux, terrifiants et dangereux. Ce sont les esprits qu'invoquaient les Rose-Croix et les magiciens du moyen âge, et qu'invoquent encore certaines personnes aujourd'hui. Ils répondent aux pentagrammes et aux autres symboles, et il est dangereux même de les nommer dans certains lieux et en certaines saisons. Les plus puissants sont les salamandres ou les esprits du feu. L'habileté des élémentaux à produire des phénomènes physiques, aussi bien que leur absence de sens moral, les rend très dangereux.

En cela ils diffèrent des esprits célestes pour qui aucune manifestation physique n'est possible, car ils ne se mettent point en contact avec la Matière.

35. C'est principalement par le moyen des élémentaux que l'adepte accomplit ses merveilles. L'exclamation de surprise de Jésus devant le centurion. « Je n'ai pas trouvé une foi pareille même en Israël », n'est pas sans rapport avec cette connaissance des élémentaux. Car la réponse du centurion indique qu'il comprenait que, de même qu'il avait des soldats soumis à ses ordres, Jésus avait des esprits qui lui obéissaient. D'autres personnes que des adeptes peuvent avoir des rapports avec les élémentaux ; mais cette association est dangereuse pour tous ceux qui ne se sont pas purifiés et perfectionnés dans leur intellect et leur esprit. Là où ils ne sont pas dominés ils deviennent les maîtres et se montrent sans pitié dans leur vengeance pour qui désobéit à leurs ordres.

36. C'est à cet ordre et à cette sphère qu'appartient la classe appelée par les Hébreux *Chérubim*. Ils habitent la région « astrale supérieure » qui est extérieure et immédiatement au-dessus de la région céleste, — ce sont les anges défenseurs qui entourent et protègent le sanctuaire intime du royaume humain, le « Saint des Saints » de son âme et de son esprit.

Franchissant, avec leur permission, les limites sacrées, nous allons entrer maintenant dans la sphère habitée par les célestes.

## III

37. Pour mieux comprendre la procession de l'Esprit, nous commencerons par expliquer ici que la Vie peut être représentée par un triangle au sommet duquel se trouve Dieu. Les deux côtés de ce triangle sont formés par deux courants dont l'un coule extérieurement et l'autre en montant. On supposera que la base représente le plan matériel. De Dieu procèdent les Dieux, les Elohim, ou les puissances divines qui sont les agents actifs de la création. Des Dieux procède toute la hiérarchie du ciel avec ses divers ordres, du plus haut au plus bas. Les derniers sont les ordres des genii, ou anges gardiens. Ils touchent à la sphère astrale, mais n'y entrent pas. L'autre côté du triangle est une continuation de sa base. De là la signification de la pyramide et de l'obélisque. La pyramide représente le triangle de la Vie, elle a quatre côtés et repose sur la terre. L'obélisque, dont le sommet seul est pyramidal, représente une continuation de la base, et il est couvert de formes sculpturales décrivant la vie animale. Car la continuation de la base du triangle de la vie contient les types les plus bas de la vie, les premières tentatives d'incarnation, et de ce courant qui, au rebours du premier, coule intérieurement et en montant. Le côté du triangle représenté par ce courant arrive à son apogée dans le Christ, et se déverse dans le pur Esprit qui est Dieu. Il y a, par conséquent, des esprits qui, par leur nature même, n'ont jamais été et ne pourront jamais être incarnés ; et il y en a d'autres qui atteignent leur perfection par le moyen de l'incarnation. Les genii, les daïmons, ou les anges gardiens, n'ont rien de commun avec les astraux ; ils sont à la fois différents et supérieurs. Se trouvant au dedans de la sphère céleste, leur fonction est d'élever l'homme d'en bas jusqu'à la région supérieure où ils se trouvent, et qui, à proprement parler, appartient aussi à l'homme.

38. Le jour et la nuit du Microcosme, l'homme, sont ses états de projection et de réflexion. Dans l'état de projection, nous cherchons activement à l'extérieur ; nous désirons, nous voulons avec force, nous sommes en communion active avec le Dieu extérieur.

39. Dans l'état de réflexion, nous regardons au dedans, nous communions avec notre propre cœur, nous nous retirons au dedans et nous nous concentrons secrètement et intérieurement. Dans cet état la « Lune » éclaire notre chambre cachée et nous montre notre moi dans ses retraites les plus intimes.

40. Qui, ou qu'est-ce que cette Lune ? C'est une partie de nous qui fait sa révolution avec nous. C'est notre affinité céleste dont il est dit : « Leurs anges contemplent toujours la face de mon Père. »

41. Chaque âme humaine possède une affinité céleste qui fait partie de son système, qui est le type de sa nature spirituelle. Cette contre-partie angélique est le trait d'union entre l'homme et Dieu ; et c'est par la vertu de cette nature spirituelle qu'un ange est attaché à l'homme. Les êtres rudimentaires n'ont pas d'affinité céleste, mais du moment que l'âme s'éveille le trait d'union est établi.

42. Le Génie d'un homme est ce satellite. L'homme est une planète. Dieu — le Dieu de l'homme — est son soleil. Et la lune de cette planète est Isis, son initiatrice, son ange, son génie. Le génie sert l'homme et lui donne la lumière ; mais cette lumière vient de Dieu et non pas de lui-même. Le génie n'est pas une planète mais une lune ; et sa fonction est d'éclairer les lieux obscurs de sa planète.

43. C'est parce que l'homme est une planète qu'il a une lune. S'il n'était pas quaternaire il ne pourrait pas en avoir. Les hommes rudimentaires ne sont pas quaternaires. Ils n'ont pas l'esprit.

44. A chaque esprit-âme est attaché un génie appelé par Socrate, démon ; par Jésus, ange ; par les apôtres, esprit gardien. Ces divers noms désignent la même chose.

45. Le génie est lié à son client par un lien fait de la substance de l'âme. Une mauvaise vie persistante affaiblit ce lien ; et

après plusieurs incarnations, — même jusqu'à soixante-dix-sept fois sept fois, comme il est dit mystiquement — qui ont été mal employées, le génie est libéré et l'âme définitivement perdue.

46. Le génie ne connait bien que les choses qui ont rapport à la personne qu'il sert. Sur les autres questions, il n'a que des opinions. La relation de cet esprit secourable avec son client est fort bien représentée par celle d'un confesseur catholique avec son pénitent. Celui qui doit garder envers chaque pénitent le secret absolu des affaires des autres âmes. S'il n'en était pas ainsi il n'y aurait pas d'ordre, et aucun secret ne serait en sécurité. Le génie de chaque personne ne sait, sur ce qui concerne une autre personne, que ce que le génie de cette autre personne veut bien lui révéler.

47. Le génie est, par rapport à l'homme planète, la lune qui lui réfléchit le soleil, ou Dieu au dedans de lui. Car l'Esprit divin qui anime l'homme et le rend immortel est le Dieu de l'homme, le soleil qui l'éclaire. Et c'est ce soleil, et non pas l'homme extérieur et planétaire, que son génie, comme satellite, lui réfléchit. Ainsi attaché à sa planète, le génie est le complément de l'homme, et son « sexe » est toujours l'opposé de celui de sa planète. Et parce qu'il réfléchit non pas la planète mais le soleil, non pas l'homme (comme font les astraux), mais le dieu, on peut toujours se fier à sa lumière.

48. Le génie ne domine jamais son client, il ne souffre pas que l'âme quitte le corps pour permettre à un autre esprit d'y entrer. Au contraire, la personne dominée par un esprit astral, ou un élémentaire, ne parle pas en son propre nom, mais au nom de l'esprit qui agit; et les gestes, les expressions, les intonations et le volume de la voix changent avec l'esprit qui obsède. Une personne qui prophétise parle toujours à la première personne et dit : « Ainsi a dit le Seigneur, » ou bien « Ainsi dit quelqu'un d'autre que moi. » Mais elle ne perd jamais sa propre personnalité.

49. Les génies ne sont pas des esprits lutteurs et ne peuvent pas empêcher les maux. Il ne leur a été permis de servir Jésus qu'après son combat avec les esprits inférieurs qui l'avait épuisé. Ces derniers n'attaquent que ceux qui doivent être

éprouvés. Personne ne peut entrer dans la terre promise sans avoir passé par le désert. La meilleure arme contre eux est la prière. La prière signifie la direction intense de la volonté et du désir vers ce qu'il y a de plus élevé ; une intention inébranlable de ne rien savoir d'autre que ce qu'il y a de plus haut. Aussi longtemps que Moïse tint ses mains levées vers le ciel, les Israélites furent victorieux ; lorsqu'il les laissa tomber, la victoire passa aux Amalékites.

50. Il y a deux espèces de mémoires, la mémoire de l'organisme et la mémoire de l'âme. Tous les êtres possèdent la première. La seconde, qui s'obtient par un recouvrement, appartient à l'homme régénéré ; car l'Esprit Divin d'un homme ne fait un avec son âme que lorsque la régénération est accomplie, — cette union intime qui constitue ce qui est appelé mystiquement « le mariage du hiérophante ». Un des degrés de cet événement dans la vie de l'Initié est représenté par la parabole des Noces de Cana en Galilée.

51. Lorsque cette union est consommée, il n'y a plus besoin d'un initiateur, et alors la fonction du génie a pris fin. Car, de même que la lune, ou Isis, réfléchit le soleil pour la terre, de même le génie réfléchit pour l'Ame l'Esprit Divin auquel elle n'est pas encore complètement unie.

En toutes choses règne l'ordre. Par conséquent il en est pour le Microcosme comme pour les planètes. Ceux qui sont le plus près de la Divinité n'ont pas besoin de lune. Mais aussi longtemps qu'ils sont dans la nuit, — c'est-à-dire tant qu'une partie quelconque de l'âme n'est pas illuminée, et que sa mémoire ou sa perception est obscure, — le miroir de l'ange continue à réfléchir le soleil pour cette âme.

52. La mémoire de l'âme se recouvre par le moyen d'une triple opération, — celle de l'âme elle-même, celle de la lune et celle du soleil. Le génie n'est pas l'esprit qui informe. Il ne peut rien apprendre à l'âme. Tout ce qu'elle reçoit lui appartient déjà. Mais dans l'obscurité de la nuit tout cela resterait inaperçu sans la torche de l'ange qui l'éclaire. « Oui », dit le génie-ange à son client, « je t'illumine, mais je ne t'instruis pas. Je t'avertis, mais je ne me bats pas pour toi. Je t'ac-

compagne, mais je ne te conduis pas. Ton trésor est au dedans de toi. Ma lumière te montre où il est » (1).

53. Lorsque la régénération est complètement accomplie, l'Esprit divin seul instruit le Hiérophante. « Car les portes de sa cité ne seront jamais fermées ; et il n'y aura point de nuit, là ; la nuit ne sera plus. Et ils n'auront pas besoin de la lumière de la lampe parce que le Seigneur Dieu les éclairera lui-même. » Le Prophète est un homme qui est illuminé par son ange. Le Christ est un homme qui est marié à l'Esprit. Et s'il revient sur la terre c'est par pur amour pour sauver, car il n'a pas besoin, pour son propre compte, de rentrer dans la chair. C'est dans ce sens qu'il est dit qu'il vient du ciel. Car il a atteint le plus Haut et il est un Médium du Très-Haut. Il baptise avec le Saint-Esprit et avec le Feu Divin lui-même. Il est toujours « dans le ciel ». Et s'il monte c'est parce que l'Esprit le soulève, même l'Esprit qui descend sur lui. « Et le fait qu'il descend vient de ce qu'il s'est d'abord élevé au-dessus des sphères jusqu'à la Présence la plus haute. Car celui qui monte s'élève par le fait qu'il est d'abord descendu dans les parties les plus basses de la terre. Celui qui descend est le même qui est monté au-dessus de tous les cieux pour remplir toutes choses. » Il revient donc d'un monde supérieur ; il n'appartient plus au domaine de la Terre. Mais il vient du Soleil lui-même, ou d'une sphère plus proche du Soleil que la nôtre, après avoir passé du plus bas au plus élevé.

54. Et, demandera-t-on, qu'advient-il du génie lui-même ? Est-il triste lorsque son client est arrivé à la perfection et n'a plus besoin de lui ? « Celui qui a l'épouse est l'époux ; et celui qui est présent est ravi de joie d'entendre la voix de l'épouse. »

Le génie retourne donc à sa source, car sa mission est terminée et son sabbat est venu. Il est un avec les Deux.

55. Le génie demeure donc avec son client tant que l'homme est quaternaire. Une bête n'a pas de génie. Un Christ n'en a pas besoin. Car au commencement tout est lumière latente. C'est le un, et ce un devient deux ; c'est-à-dire le corps

(1) A propos du recouvrement complet et final de la mémoire, voyez Appendices, n° II.

et le corps astral. Et ces deux deviennent trois ; c'est-à-dire qu'une âme rationnelle est née du milieu du corps astral. Cette âme rationnelle est la personne, double elle-même en vertu de ses parties terrestres et divines. Depuis ce moment cette personnalité a une existence individuelle, comme plante ou comme animal. Ces trois deviennent quatre ; ce qui est l'humain. Ce quatrième est l'Esprit (νοῦς) ; il n'est pas encore un avec l'âme, mais il l'adombre et lui transmet la lumière comme à travers une lunette, c'est-à-dire, à travers l'initiateur. Mais lorsque les quatre redeviennent trois, — c'est-à-dire lorsque le « mariage » a eu lieu, et que l'âme et l'esprit sont indissolublement unis, — il n'y a plus besoin de migration ni de génie. Car l'Esprit est devenu un avec l'âme, et la corde qui les liait se dissout. Et de nouveau les trois deviennent deux à la dissolution du corps ; puis les deux deviennent l'un, qui est le Christ-esprit-âme. L'Esprit divin et le génie ne doivent, par conséquent, pas être regardés comme différents, mais non encore comme identiques. Le génie est une flamme et il est céleste ; c'est-à-dire qu'il est esprit et, par sa nature, un avec le Divin ; car sa lumière est la lumière divine. Il est semblable à une lunette, à une corde, à un lien entre l'âme et sa partie divine. Il est cette claire atmosphère à travers laquelle passe le rayon divin et qui lui trace un chemin dans le médium astral.

56. Sur le plan céleste toutes choses sont personnelles. Par conséquent le lien entre l'âme et l'esprit est une personne. Mais lorsqu'un homme est, selon l'expression mystique « né de nouveau », il n'a plus besoin du lien qui le relie à sa source divine. Alors le génie, ou la flamme, retourne à sa source ; et comme il est lui-même uni à l'âme, le génie devient un avec les deux. Car le génie est la Lumière Divine dans ce sens qu'il en est un des rayons, car il ne possède pas de véhicule qui l'isole. Cependant la teinte de cette flamme diffère selon l'atmosphère céleste de chaque âme. De fait, la Lumière Divine est blanche, car elle est les Sept rayons en Un. Le génie est une flamme d'une seule couleur. Il prend sa couleur de l'âme, et par ce rayon il transmet la lumière de l'Esprit à son Epouse Divine. Les Anges-génii représentent tous les tons de toutes les couleurs.

57. Tandis que sur le plan céleste toutes les choses sont des personnes, sur le plan astral elles sont des reflets, tout au plus des êtres impersonnels. Le génie est une personne parce qu'il est céleste, qu'il tient de l'âme-esprit ou de la nature substantielle. Mais les astraux sont de nature fluidique n'ayant aucune partie personnelle. Sur le plan céleste, l'esprit et la substance sont un, soit deux dans l'unité, par conséquent leur constitution relève du céleste. Mais sur le plan astral, les êtres n'ont aucune partie individuelle ni divine. Ils sont seulement protoplasmiques, sans nucleus ou noyau.

58. La voix de l'Ange-génie est la voix de Dieu ; car Dieu parle à travers lui comme un homme parlerait au moyen d'un cor ou d'une trompette. On peut ne pas l'adorer, car il n'est que l'instrument de Dieu et le conseiller de l'homme. Mais on doit lui obéir car sa voix n'est pas la sienne mais révèle la volonté de l'Esprit.

59. Ceux donc qui désirent atteindre le Très-Haut ne rechercheront pas ces guides dominateurs. Ils garderont leur temple — qui est leur corps — pour le Seigneur Dieu Tout Puissant; et ils en chasseront les marchands, les vendeurs et les trafiquants occultes. Oui, ils les chasseront, et même avec un fouet de cordes s'il le faut.

60. Quant à ces ordres supérieurs de la hiérarchie céleste — à ceux qui, étant des Dieux et des Archanges, sont à l'Esprit Suprême ce que les sept rayons du prisme sont à la lumière, et les sept notes de la gamme au son — leur connaissance relève des plus Grands Mystères ; elle est réservée à ceux qui ont rempli les conditions nécessaires pour y être initiés. La première de ces conditions est l'abstention complète de la chair des animaux pour quatre raisons — spirituelle, morale, intellectuelle et physique — qui correspondent à la constitution quaternaire de l'homme. Ce commandement est impératif. L'homme ne peut pas recevoir, les Dieux ne peuvent pas communiquer les mystères du Royaume du Ciel sous d'autres conditions. Les conditions sont de Dieu, la volonté est de l'homme (1).

---

(1) Voyez appendice N° III, part. I.

# QUATRIÈME LEÇON

LE SACRIFICE EXPIATOIRE

I

1. Nous ne voulons pas tarder plus longtemps à parler de la doctrine du Sacrifice Expiatoire, parce que c'est elle qui fait le centre de tous les enseignements religieux, anciens et modernes, purs ou corrompus ; c'est autour d'elle que tous viennent se grouper. Lorsque cette doctrine, qui constitue le pivot et le point de radiation de la religion elle-même est exposée dans la pureté de sa signification antique, elle est, à la fois, la gloire du saint et l'espérance du pécheur ; mais si elle est représentée dans son sens moderne et dévié, elle est pour ce dernier une licence et pour le premier une honte et une perplexité.

2. Ainsi que cela sera démontré au cours de cet ouvrage, les mystères sacrés sont, de même que toutes les choses cosmiques, *quaternaires* ; en ce que, pareilles aux verticilles de la fleur, ou aux éléments de la cellule organique, ils contiennent quatre Modes ou Idées distincts bien qu'en relation mutuelle. En les énumérant de l'extérieur ; — le physique, l'intellectuel, le moral et le spirituel. Nous nous proposons dans cette leçon d'exposer la doctrine du Sacrifice Expiatoire à ces quatre points de vue différents, et pour le faire avec clarté et sans courir le risque d'être mal compris, nous commencerons par indiquer les erreurs courantes qui ont rapport à cette doctrine.

3. Le point de vue populaire et dégénéré au sujet de la doctrine du Sacrifice Expiatoire nous fournit l'exemple le plus

frappant de ce matérialisme appliqué aux choses religieuses qui constitue l'idolâtrie. Commettre le péché de l'idolâtrie, c'est matérialiser la vérité spirituelle en cachant, sous de grossières images, les idées vraies et substantielles, et en les proposant à l'adoration à la place des vérités célestes. La doctrine courante du Sacrifice Expiatoire du Christ a pour point de départ l'hypothèse illogique, et par conséquent fausse, qu'il y a entre le sang physique et le péché moral une relation directe et naturelle, en vertu de laquelle le fait d'ouvrir les veines et de lacérer les tissus musculaires, constitue un moyen d'échange par lequel un nombre indéfini d'âmes perdues peuvent être rachetées.

4. Pour réfuter cette conception, et d'autres du même genre, nous ne saurions assez insister sur le principe que nous avons présenté avec instance au lecteur dans notre première leçon, par ce qu'il est, pour ainsi dire, la pierre angulaire et le centre de gravitation de la religion, — c'est-à-dire que les mystères sacrés ne concernent que l'âme, et n'ont aucun rapport avec le phénomène, ni avec n'importe quelle apparence ou transaction physique. La note fondamentale de la religion résonne dans ces mots : «*Mon royaume n'est pas de ce monde.*» Tous ses mystères, tous ses oracles sont conçus dans cet esprit, et c'est ainsi que doivent être interprétés tous les écrits sacrés. Car pour que n'importe quoi soit vrai et fort dans la religion, il faut que cela soit vrai et fort pour l'Ame. L'Ame est la vraie, la seule personne qui soit en jeu ; et toute relation que la religion peut avoir avec le corps, ou l'homme phénoménal, n'est qu'indirecte, et n'existe que par correspondance. C'est pour l'Ame que la Parole Divine est écrite ; et c'est la nature, l'histoire, les fonctions, les luttes et la rédemption de l'âme qui font toujours le sujet des prophéties, des doctrines et des récits sacrés.

5. Mais un clergé qui a cessé de comprendre les choses spirituelles, et qui, par conséquent, n'est compétent que pour ce qui relève des sens, — en un mot un clergé devenu idolâtre, est nécessairement incapable de s'élever au niveau de ceux qui, à l'origine, ont conçu le plan des mystères appartenant à l'Ame. Et voilà pourquoi, dans les mains d'un tel clergé, l'Ame

a toujours été ignorée en faveur du corps, et que l'on a donné à ce qui ne s'adressait qu'à l'homme spirituel une signification grossièrement matérielle.

6. Pour tout esprit qui pense, il n'y a rien de plus troublant que la doctrine et la pratique du sacrifice sanglant, que l'on considère généralement comme étant recommandée dans cette portion des Écritures Hébraïques connue sous le nom de Pentateuque. Ce trouble augmente encore si on compare ces pages avec les livres prophétiques dans lesquels on rencontre des expressions comme celles-ci :

« Tu ne prends point plaisir aux sacrifices ni aux oblations ; mais tu m'as ouvert les oreilles.

« Tu n'as point demandé d'holocauste ni d'oblations pour le péché ; mais que je prenne plaisir à faire Ta volonté.

« Les sacrifices de Dieu sont l'esprit froissé. O Dieu, tu ne méprises point le cœur froissé et brisé. » Et le prophète Ésaïe avec encore plus d'indignation :

« Écoutez la parole de l'Éternel, conducteurs de Sodome, prêtez l'oreille à la loi de notre Dieu, peuple de Gomorrhe !

« Qu'ai-je à faire de la multitude de vos sacrifices ? Je suis rassasié d'holocaustes, de moutons et de graisse de bêtes grasses ; je ne prends point de plaisir au sang des taureaux, ni des agneaux, ni des boucs.

« Lorsque vous entrez pour vous présenter devant ma face, qui a requis cela de vous ?

« Ne m'offrez plus de sacrifices ; mon âme hait vos nouvelles lunes et vos fêtes solennelles ; elles me sont fâcheuses, je suis las de les souffrir ;

« C'est pourquoi lorsque vous étendrez vos mains, je cacherai mes yeux de vous, car vos mains sont pleines de sang. »

Et encore dans Jérémie :

« Car je n'ai point parlé avec vos pères, ni ne leur ai point donné de commandement, au jour que je les fis sortir hors du pays d'Égypte, touchant les holocaustes et les sacrifices.

« Mais voici ce que je leur ai commandé et dit : Écoutez ma voix et je serai votre Dieu, et vous serez mon peuple et marchez dans toutes les voies que je vous ordonnerai.

« Et ils ont mis leurs abominations dans cette maison sur laquelle Mon Nom est invoqué, afin de la souiller. »

7. En présence de ces paroles vraiment divines, quel doit être notre verdict au sujet de certaines déclarations et prescriptions contradictoires contenues dans le Pentateuque ? Nous serons justifiés par toute critique vraiment sérieuse, et toute inférence, basée sur un examen soigneux des preuves intérieures, en disant que la plus grande partie des cinq Livres et, spécialement les chapitres qui traitent du rituel et des oblations, sont d'une date bien plus récente que celle qui leur est généralement assignée, et ne sont en aucune façon l'œuvre de l'inspiré Moïse ni de ses initiés ou successeurs immédiats, mais qu'il faut les attribuer à un clergé corrompu, — à l'époque des rois, — un clergé avide de dons, de dîmes et de revenus, qui remplace toujours l'esprit par la lettre, l'idée par le symbole; qui, ignorant la nature de l'homme, foule constamment aux pieds son Moi véritable et supérieur, l'Ame, dont le type est la Femme; « ils ont pris la clef de la connaissance sans entrer eux-mêmes dans le royaume, et ils empêchent d'y entrer ceux qui veulent le faire. » Si ce n'était à cause de ces sacrifices sanglants et idolâtres il n'y aurait eu aucune raison de maintenir cette classe nombreuse d'ecclésiastiques qui en vivaient; et sans la conception fausse et corrompue d'un Dieu dont la juste colère peut s'apaiser par le massacre — et encore celui des innocents, — et dont la faveur s'achète par des dons matériels, le plan colossal des cérémonies, des rites et des incantations, qui donne au clergé tant de puissance sur le peuple, n'aurait jamais trouvé place dans un système qui, au début, s'adressait uniquement aux besoins de l'âme (1).

Ainsi, même en ne prenant que l'Ancien Testament pour preuve, notre verdict doit être prononcé en faveur du prophète contre le prêtre; car le premier, le véritable homme de Dieu, adressait son appel à l'âme, tandis que ce dernier, comme ministre des sens, ne se souciait que d'exalter son ordre quoi qu'il en pût coûter aux principes de la religion.

---

(1) Voyez Appendice. N° 1. Part. II.

8. Si nous regardons le Nouveau Testament, un fait significatif nous frappe, c'est que Jésus ne semble jamais avoir sanctionné de sa présence aucun des services du Temple. Cette abstention ne peut pas être considérée autrement que comme une protestation tacite contre les rites du sacrifice alors en vogue. Dans tous les discours qui lui sont attribués, il ne fait également aucune allusion à ces rites, pas même par rapport à la croyance générale qu'ils étaient un type de la mort que l'on supposait devoir être celle du Messie dans son caractère de Rédempteur et de Victime.

9. En vérité, il serait inconcevable que si l'objet spécial et le but de son incarnation avait été, ce qui est enseigné généralement, d'être immolé sur la croix, comme une victime sans tache, pour apaiser la colère de Dieu contre le coupable, aucune parole impliquant une doctrine si essentielle et considérable n'eut été prononcée par la Victime Divine elle-même, et que l'on s'en fut rapporté, pour la formuler et l'exposer, à des affirmations et à des interprétations subséquentes dont la source était incertaine, et surtout à des hommes qui, comme Paul et Apollos, n'avaient jamais été les disciples de Jésus. Et certes, nous ne pouvons trouver qu'insensée la conduite d'un clergé qui, après avoir rejeté sur la Croix du Calvaire le fardeau du salut du monde entier dans tous les âges, et enseigné à l'humanité que son rachat de la damnation éternelle est uniquement dû au sacrifice de l'innocent, trouve bon d'exécrer et de marquer du sceau de l'infamie les hommes mêmes qui ont amené la consommation du sacrifice, et auxquels, par conséquent, après Jésus lui-même, le monde doit sa rançon de l'enfer et l'ouverture des portes du ciel. — Caïphe, Ponce-Pilate et — le plus important de tous, — Judas le traître !

10. La vérité est que, loin de représenter le Prêtre et le Prophète comme co-opérant ensemble au bien de l'humanité, les Écritures sacrées les représentent comme étant toujours en conflit ; — le Prêtre comme ministre des sens, défaisant perpétuellement l'œuvre accomplie par le Prophète, comme ministre de l'intuition. Et ainsi on voit que, lorsque le plus grand parmi la race des prophètes apparaît, le clergé ne manque pas

de méditer sa mort, puis d'exalter le crime en le transformant en sacrifice d'une nature telle qu'il est devenu l'apothéose de tout le système sacerdotal, et a fait avancer cet ordre jusqu'à la position qu'il a toujours occupée depuis lors dans toute la chrétienté !

## II

11. Ici un autre aspect de notre sujet réclame notre attention. Il ne se rapporte point à un sacrifice particulier mais à toute la question de l'origine et de la nature des sacrifices sanglants en général. En outre il comprend des allusions à des influences et à des mobiles plus sombres et plus puissants que n'importe quel désir humain de gain et de pouvoir. Pour exposer ce point de vue il sera nécessaire de faire allusion à des sujets occultes et peu familiers, sauf pour ceux qui connaissent la science de la magie, et par conséquent comprennent quelque chose à la nature et aux conditions des apparitions « spirituelles. »

12. Dans tous les temps l'effusion du sang a été un moyen employé par les magiciens pour évoquer, dans la lumière magnétique, des fantômes astraux ou des reflets fantasmagoriques. Les efflorescences de l'atmosphère basse qui est en rapport immédiat avec le corps ont une affinité directe pour l'élément essentiel que les anciens physiologistes appelaient « les esprits vitaux » du sang ; et, au moyen de son effusion, ils peuvent se manifester matériellement. Ainsi, comme un écrivain moderne le dit : « Le sang engendre des fantômes ; et ses émanations fournissent à certains esprits le matériel nécessaire pour façonner leurs apparences temporaires » (1). Un autre auteur parle du sang comme de « la première incarnation du fluide universel, la lumière vitale matérialisée, l'arcane de la vie physique » (2). Le fameux Paracelse affirme aussi que par les fumées du sang on peut évoquer n'importe quel esprit, car au moyen de ses émanations l'esprit peut se construire un corps visible. Ceci,

---

(1) Blavatsky, *Isis Unveiled*.
(2) Eliphas Levy, *La haute magie*.

dit-il, est de la sorcellerie, terme qui a toujours eu un mauvais renom. Les Hiérophantes de Baal pratiquaient des incisions sur tout leur corps afin de produire des fantômes visibles, objectifs. Il y a des sectes en Orient, et principalement en Perse, dont les fidèles célèbrent des orgies religieuses dans lesquelles, tournant frénétiquement en cercles, ils se blessent réciproquement avec des couteaux jusqu'à ce que leurs vêtements et le sol soient trempés de sang. Avant la fin de l'orgie, chaque homme a évoqué un compagnon spectral qui tourne avec lui, et qui se distingue parfois du dévot par des cheveux sur la tête, tandis que ce dernier est complètement rasé. Les Yakuts de la Sibérie orientale conservent encore les pratiques des sorcières de Thessalie, autrefois célèbres, offrant des sacrifices nocturnes et évoquant de mauvais spectres qui accomplissent du mal pour eux. Sans les émanations du sang, ces êtres ne pourraient pas devenir visibles; et s'ils en étaient privés, les Yakuts croient qu'ils le suceraient des veines des vivants. Ces gens croient également que les bons esprits ne se manifestent pas à la vue mais font seulement sentir leur présence et n'ont besoin pour cela d'aucun cérémonial. Les Yézidis, qui habitent l'Arménie et la Syrie, entretiennent des relations avec certains esprits aériens qu'ils appellent Jakshas, — probablement de simples fantômes astraux — et les évoquent au moyen de danses tournantes, accompagnées, comme dans les sectes que nous venons de nommer, de blessures volontairement infligées. Entre autres manifestations que l'on obtient ainsi se trouve l'apparition d'énormes blocs de feu qui prennent petit à petit des formes animales grotesques et étranges (1).

13. Si nous retournons aux temps primitifs, nous voyons, dans les écrits d'Epiphanius, un passage concernant la mort de Zacharie qui a directement trait aux pratiques Lévitiques sur ce sujet. Il y est dit que Zacharie, ayant eu une vision dans le Temple, et étant sur le point de la révéler, à cause de son saisissement, fut soudainement et mystérieusement privé du pouvoir de parler. Au moment d'offrir l'encens, après le sacri-

(1) Lady Hester Stanhope.

fice du soir, il avait vu une figure qui avait la forme d'un âne debout près de l'autel. Alors, courant au peuple, il s'écria : « *Malheur à vous! qui donc adorez-vous?* » et immédiatement celui qui lui était apparu dans le Temple le rendit muet. » Plus tard, cependant, il recouvra la parole et raconta sa vision, et, en conséquence de cette indiscrétion, les prêtres le mirent à mort. Les Gnostiques affirmaient que l'emploi des petites cloches attachées au vêtement du grand prêtre avait été ordonné par les organisateurs du rituel juif à cause de ces apparitions, afin que, au moment de son entrée dans le sanctuaire du sacrifice, les goblins fussent avertis de son approche à temps pour éviter d'être surpris sous leur forme naturelle et hideuse.

14. Une expérience arrivée à l'auteur, pendant qu'elle préparait cette leçon, illustre très bien les citations précédentes. Elle fut conduite dans l'état de sommeil magnétique, par son génie protecteur, dans une grande salle d'une architecture qui ressemblait à un temple. Là elle vit un certain nombre de personnes groupées en adoration autour de quatre autels sur lesquels se trouvait le même nombre de jeunes bœufs égorgés. Et au-dessus des autels, au milieu des émanations des esprits du sang qui s'élevaient des animaux tués, on apercevait des figures colossales et nuageuses à moitié formées, depuis la taille jusqu'en haut et qui ressemblaient à des dieux : l'une d'elles en particulier attira son attention, c'était la tête et le buste d'une femme aux proportions énormes, et qui portait les insignes de Diane. Alors le génie dit : « *Ce sont les Esprits Astraux, et ils feront ainsi jusqu'à la fin du monde.* » Telles étaient les fausses images fantômes qui, avec leurs formes émaciées et leurs pâles figures, se présentaient devant l'empereur Julien, et, prétendant être de véritables Immortels, lui commandaient de renouveler les sacrifices ; car, depuis l'établissement du Christianisme, ces fantômes soupiraient après les émanations du sang. Et lui, capable de voir, mais non de discerner les esprits, prit ces spectres—comme beaucoup de gens le font encore — pour ce qu'ils prétendaient être, et voulant accomplir leurs vœux, mérita le titre d' « Apostat. » C'est à l'impulsion des esprits de cet ordre qu'il faut attribuer ces hor-

ribles sacrifices humains qui se faisaient dans les temps antiques, spécialement en l'honneur de Moloch. Les Juifs eux-mêmes y prenaient une large part, et l'exemple suprême a été celui dont le grand-prêtre Caïphe fut l'instigateur.

15. Cependant les sacrifices idolâtres et sanglants ont toujours été tenus en horreur par les vrais prophètes et les vrais rédempteurs. L'aspect que revêtaient ces choses aux yeux de tels hommes est résumé dans le splendide et divin reproche adressé par Gautama Bouddha aux prêtres de son époque. Nous renvoyons le lecteur pour ce sujet au poëme exquis de sir Edwin Arnold « The Light of Asia » (1). On remarquera que Bouddha assimilait à la pratique du sacrifice sanglant l'habitude de manger la chair des animaux, et comprenait les deux choses sous son blâme implacable. La raison n'en est pas difficile à deviner. L'homme, en tant que microcosme, ressemble en toutes choses au macrocosme, et, par conséquent, comme ce dernier il possède au dedans de son système un plan ou un cercle astral.

En mangeant de la chair, et en absorbant par là le principe du sang — *la chair et le sang étant inséparables* — il sacrifie aux émanations astrales de sa propre atmosphère magnétique; et en faisant cela, il sert ce qui est terrestre et corruptible. C'est cela qui est entendu par « manger des choses offertes aux idoles; » car le sang est la nourriture de *l'eidolon* astral, et celui qui se nourrit de sang est infecté par eux.

16. Il faut observer que ce médium et ces émanations astrales sont incapables de donner naissance à des idées, car celles-ci sont des entités positives et viennent du « ciel » céleste ou spirituel. Les astraux n'étant que réflecteurs, et non substantiels reçoivent les idées divines mais les renversent et les travestissent. Ainsi la doctrine du sacrifice et de l'expiation sont des doctrines vraies et d'origine céleste; mais le sacrifice qui doit être fait est celui du moi humain inférieur au moi divin supérieur, ainsi que des affections personnelles extérieures à l'amour de Dieu et des principes. Mais l'intellect astral, renversant la vérité, transforme ces aspirations en un sacrifice de la nature

(1) P. 129. L'apparition de ce livre remarquable est un signe des temps très important.

supérieure à la nature inférieure, de l'âme au corps, et des autres à soi-même.

D'autre part, la doctrine qui veut que l'homme soit sauvé par le sacrifice perpétuel de la vie et de l'esprit de Dieu lui-même, qui deviennent sa vie et son esprit, est également faussée et remplacée par l'idée que l'homme est sauvé en prenant la vie d'un Dieu et en s'appropriant ses mérites. Le véritable sens du mot « expiation » est *réconciliation*, plutôt que « propitiation » car on ne peut pas se rendre « Dieu » propice, sauf par la réconciliation, ou l'unification avec lui.

17. Comme, en outre, le plan astral et le plan physique sont intimement unis, et que tous deux sont éphémères et positifs, relevant du temps et de la matière, celui qui nourrit et entretient l'astral stimule le physique à son propre détriment et à celui de la dualité intérieure et permanente, — âme et esprit, — l'homme véritable et son complément divin, — parce que ceux-ci, étant célestes, n'ont aucune communion avec ce qui est uniquement phénoménal et fugitif. Les émanations astrales ressemblent à des nuages qui occupent l'atmosphère terrestre entre nous et le ciel, et qui, bien que ténus et incorporels, sont cependant matériels, étant nés des exhalaisons de la terre. Perpétuer ces fantômes en leur sacrifiant, épaissit l'atmosphère, obscurcit le ciel, attire le brouillard, l'obscurité et la tempête autour de nous, comme le faisaient les vieilles sorcières du Nord qui évoquaient les orages.

C'est ce culte qui est appelé le culte du Serpent de la Poussière ; et voilà ce que fait celui qui absorbe du sang ; il offre par là une oblation aux dieux infernaux de son propre système, comme le prêtre sacrificateur aux puissances de la même sphère du macrocosme.

18. A toutes les époques, et dans toutes les religions, c'est cette raison occulte qui a puissamment et universellement poussé le solitaire, le saint et l'adepte à s'abstenir de la chair. C'est un fait bien connu que, dans les temps anciens, l'usage de la chair des animaux était condamné par les pères-ermites, par les ascètes de l'Orient aussi bien que de l'Occident, en un mot par toutes les personnes religieuses des deux sexes qui

aspiraient à se détacher complètement des choses des sens et recherchaient la vision intérieure et l'union complète avec le Divin ; et aujourd'hui les ordres les plus élevés de l'Eglise Catholique et les adeptes orientaux le condamnent de même.

Nous dirons hardiment, et sans crainte d'être contredits par ceux qui *savent* réellement, que la vie intérieure et le Ciel pur ne peuvent être possédés par des hommes qui participent au sang ; — des hommes dont l'atmosphère mentale est épaissie par les émanations des sacrifices journaliers aux idoles. Car aussi longtemps que ces ombres infestent l'homme, et obscurcissent le rayonnement de l'Ether supérieur et divin qui est au-delà, il ne peut pas se détacher de l'amour de la Matière et de l'attraction des Sens, et par conséquent n'entrevoit qu'imparfaitement la lumière du soleil spirituel.

19. L'abstention des oblations sanglantes sur tous les plans est donc la porte de la Voie Parfaite, la preuve de l'illumination, la pierre de touche et le critérium du désir sincère d'obtenir dans sa plénitude la Vision Béatifique.

Le saint Graal, le Vin Nouveau du royaume de Dieu, dont toutes les âmes qui veulent vivre pour toujours doivent boire, et dans le flot purifiant duquel leurs vêtements doivent être lavés pour devenir blancs, n'est certainement pas cette humeur plasmique du corps physique qui existe à tous les degrés de la vie matérielle, et que nous connaissons sous le nom de sang. Mais comme cette humeur physique est la vie du corps phénoménal, de même le sang du Christ est la Vie de l'Ame ; et c'est dans ce sens *intérieur*, qui a rapport à l'âme seule, que le mot sang est employé par ceux qui ont organisé les mystères.

## III

20. Ceci nous amène à parler de ce qu'*est* le Sacrifice Expiatoire, et du sens dans lequel nous devons le comprendre selon ses quatre interprétations. En premier lieu rappelons au lecteur que la croix et le crucifié sont des symboles qui nous vien-

nent des temps pré-historiques, et que l'on trouve représentés sur les ruines des monuments des temples, des sarcophages de toutes les nations, — Coptes, Ethiopiens, Hindous, Mexicains, Tartares. Dans les rites de tous ces peuples, et spécialement les cérémonies de l'initiation célébrées dans les loges de leurs mystères, la croix occupait une place prééminente. Elle était tracée sur le front du néophyte avec de l'eau ou de l'huile, comme cela se pratique aujourd'hui pour le Baptême et la Confirmation Catholiques ; on la brodait sur les vêtements sacrés, et l'hiérophante qui officiait la tenait dans sa main, ainsi que cela peut se voir sur toutes les tables religieuses des Egyptiens. Et ce symbolisme a été adopté et incorporé dans la Théosophie chrétienmne, non pas par suite d'une tradition purement imitative, mais parce que la crucifixion est un élément essentiel dans la carrière du Christ. Car, comme dit le Maître lorsqu'il dévoile le secret Messianique, « ne fallait-il pas que le Christ souffrit ces choses, et qu'il entrât ainsi dans sa gloire ? » Oui, car cette croix du Christ — le Phoibos spirituel — est marquée par le passage du soleil à l'équinoxe à travers la ligne de l'écliptique, — passage qui indique d'un côté la descente dans le Hadès, et de l'autre l'ascension dans le royaume de Zeus le père. C'est l'arbre de la vie, le mystère de la double nature, mâle et femelle ; le symbole de l'humanité parfaite, et l'Apothéose de la Souffrance. Cette Croix est tracée par « notre seigneur le soleil, » sur la voûte des cieux ; elle est représentée par les forces magnétiques de la terre, on peut la voir dans le cristal de glace et dans le flocon de neige ; la forme humaine elle-même est façonnée sur son modèle, et toute la nature porte, sur ses sphères multiples, l'impression de ce signe, qui est à la fois la prophétie et l'instrument de sa rédemption.

21. La Croix avec ses quatre significations, ses quatre pointes, ses quatre angles, divisant le cercle en quatre parties égales, représente l'union parfaite, la balance, l'égalité, et la réconciliation (at-one-ment) sur les quatre plans et dans les quatre mondes — phénoménal, intellectuel, psychique et céleste, — de l'Homme et de la Femme, de l'Esprit et de l'Epouse. Elle est

au plus haut point, transcendentalement et excellemment, le symbole du Mariage Divin, c'est-à-dire le signe du Fils de l'Homme dans le CIEL. Car le mariage divin n'est consommé que lorsque l'homme régénéré entre dans le royaume céleste, qui est au dedans. Alors l'extérieur est comme l'intérieur, et les deux sont UN en Christ Jésus.

22. Etant ainsi la clef de tous les mondes, depuis le dehors jusqu'au dedans, la croix présente, pour ainsi dire, quatre divisions, ou significations ; et, d'après celles-ci, le mystère de la crucifixion a rapport :

Premièrement, au sens naturel et effectif, et symbolise la Crucifixion de l'Homme de Dieu par le monde.

Secondement, au sens intellectuel et philosophique, et symbolise la crucifixion de la nature inférieure *dans* l'homme.

Troisièmement, au sens personnel et expiatoire, et symbolise la passion et l'oblation du Rédempteur.

Quatrièmement : au sens céleste et créateur, et représente l'oblation de Dieu pour l'univers.

23. La Crucifixion de l'Homme de Dieu, qui vient en premier lieu, si nous allons de l'extérieur à l'intérieur, comprend l'attitude persistante de mépris, de méfiance et de menace avec laquelle l'idéal et le substantiel sont toujours reçus par le mondain et le superficiel, en sorte que l'idéaliste est toujours exposé à la malveillance de cette mauvaise volonté. Nous avons remarqué qu'Esaïe, réprimandant les matérialistes au sujet de leurs rites impurs et cruels les apostrophe par le terme de « conducteurs de Sodome et peuple de Gomorrhe. » De même le Voyant de l'Apocalypse parle des deux Témoins divins qui ont été tués dans « les rues de la grande cité qui est appelée spirituellement Sodome en Egypte, où le Seigneur aussi a été crucifié. » Cette cité est le monde, le matériel, l'idolâtre, l'aveugle, le sensuel, le non réel ; la maison de l'esclavage hors de laquelle les fils de Dieu sont appelés. Et le monde étant tout cela, est cruel comme l'enfer, et crucifiera toujours le Christ et l'Idée-Christ. Car le monde, qui marche dans une ombre vaine, ne peut avoir aucune part au royaume du ciel ; l'homme qui cherche le dedans et l'au-delà est à ses yeux un radoteur, un fou, un

imposteur, un blasphémateur, un insensé ; et selon son verdict il le ridiculisera, le dépouillera, le punira ou le séquestrera. Et ainsi toute action grande et miséricordieuse, toute vie noble, tout nom grand et saint est estampillé de la croix. Le mépris, les outrages et les cris d'une foule furieuse entourent cet autel sur lequel le Fils de Dieu s'offre lui-même en sacrifice ; et croix après croix marquent la longue Via Dolorosa et le chemin étroit qui conduit à la Vie.

Car en vérité le monde est aveugle, et chaque rédemption doit être accomplie au prix du sang.

24. Oui au prix du sang, des larmes et des souffrances, non pas seulement du corps ; car pour arriver à ce grade, le Fils de Dieu doit avoir d'abord crucifié en lui-même le vieil Adam de la terre. Telle est la seconde signification de la croix ; elle met en relief ce procédé intérieur de souffrance qui précède la régénération, ce combat et cette victoire sur le tentateur que tous les Christs ont également traversés ; ces douleurs du travail qui font sortir le nouveau né. Et le crucifié, l'homme régénéré, ayant accompli l'Expiation à travers sa propre nature quaternaire, et s'étant uni au Père par le Christ, porte sur lui les « marques » du Seigneur, — les cinq blessures des cinq sens dominés et vaincus, les « stigmates » des saints. Cette crucifixion est la mort du corps, la déchirure du voile de la chair, l'union de la volonté humaine avec la volonté divine ; ou, comme elle est quelquefois nommée, la réconciliation — ce qui est un autre mot pour expiation (1). C'est la consommation de cette prière : « que Ta volonté soit faite sur la terre, comme elle est faite au ciel. » Que Ta volonté ô Père, soit accomplie dans le terrestre et dans l'astral comme elle l'est dans le sanctuaire le plus sacré, afin que dans tout le système microcosmique on ne trouve aucune volonté autre que la volonté divine.

25. Ceci est aussi le secret de la transformation, — le changement de l'eau en vin, de la matière en esprit, de l'homme en Dieu. Car ce sang du Christ et de l'Alliance, — ce vin dans

---

(1) En anglais At-one-ment (unification).

le calice sacré dont tous doivent boire s'ils ne veulent plus avoir soif,—est la *Vie divine*, le principe vital et immortel qui n'a ni commencement ni fin, l'esprit parfait, pur et incorruptible qui nettoie et qui blanchit le vêtement de l'âme comme aucune matière terrestre ne pourrait le faire ; le don de Dieu par le Christ, et l'héritage des élus. Vivre de la vie divine, c'est participer au sang du Christ et boire la coupe du Christ. C'est connaître l'amour du Christ qui « passe toute compréhension », l'amour qui est la vie en Dieu, et dont le symbole caractéristique est le rayon rouge-sang du prisme solaire. C'est par ce sang mystique que nous sommes sauvés, — ce sang qui n'est pas autre chose que le secret des Christs par lequel l'homme est transporté du plan matériel sur le plan spirituel, le secret de la purification intérieure par le moyen de l'Amour. Car ce « sang, » auquel les écrits sacrés font allusion comme au principe essentiel de la « vie, » est le sang spirituel de la vie spirituelle, — la vie dans son sens le plus élevé, le plus intense, le plus excellent, — nullement la vie physique, comme l'entendent les matérialistes, mais l'Être substantiel par excellence, la divinité intérieure dans l'homme. Et c'est uniquement par l'intermédiaire de ce sang du Christ — c'est-à-dire par l'*Amour divin* seulement — que nous pouvons « aller au Père » et hériter le royaume du ciel. Car lorsqu'il est dit que « le sang du Christ nettoie de tout péché », cela signifie que le péché est impossible pour celui qui est parfait dans l'Amour.

20. Mais le Christ n'est pas seulement le type de l'Homme sans péché, l'Initié parfait des mystères ; il est aussi le Rédempteur. Nous en venons donc à parler maintenant de l'office expiatoire et rédempteur de l'homme divin, de sa passion, de son sacrifice, de son oblation pour les autres.

Il y a une manière vraie et une manière fausse de comprendre ce Mystère de la Rédemption qui est le mystère central de la vie divine, l'or de la cible, le cœur de Jésus, le lien de toute grâce, le cœur même, le foyer, la couronne de l'amour.

Ce troisième aspect de la Croix est double en lui-même, parce que, bien que la sagesse et l'amour soient uns en essence, ils sont doubles dans leur application, puisque l'amour ne peut pas donner sans recevoir, ni recevoir sans donner. Nous avons donc dans ce double mystère à la fois l'oblation et l'élévation du Christ *dans* l'homme, ainsi que la Passion et le sacrifice pour les autres de l'homme en qui le Christ s'est manifesté. Car de même que le Christ est un *en* nous, ainsi nous sommes un avec Lui, parce que comme il nous aime et se donne lui-même pour nous, nous aussi qui sommes en Christ, nous nous donnons nous-mêmes pour les autres.

27. Mais la notion que l'homme ne peut être racheté que par un Sauveur personnel dans la chair, en dehors de lui-même, est un travestissement de la vérité. Car une seule chose peut sauver l'homme : sa propre renaissance, son expiation, dans un sens qui dépasse le monde phénoménal. Et ce procédé est absolument intérieur, et ne peut se passer extérieurement ou par un autre ; c'est un procédé qui doit être renouvelé dans chaque individu et qui ne peut s'accomplir par délégation dans la personne d'un autre. Il est vrai que l'Homme nouveau, spirituel, ainsi né de l'Eau et de l'Esprit, ou du Cœur Pur et de la Vie Divine ; l'Homme qui se donne sur la croix, qui domine la mort et qui monte au ciel, se nomme Christ-Jésus, le seul engendré, né de la Vierge, qui vient de Dieu pour chercher et sauver ceux qui sont perdus ; mais ceci n'est pas autre chose que la description de l'homme lui-même après sa transmutation en l'Image Divine. C'est le portrait de l'homme régénéré rendu « vivant en Christ, » et « à sa ressemblance, » car le Christos ou Oint, le Chrestos, ou le Meilleur ne sont que des titres qui signifient l'Homme Parfait ; et le nom de Jésus devant lequel tout genou doit se plier est le nom antique et toujours divin de tous les fils de Dieu, — Jesous ou Yesha, celui qui sauvera, et Issa l'illuminé, ou l'initié d'Isis, car ce nom d'Isis, originellement Ish-Ish était égyptien et signifie Lumière-Lumière ; c'est-à-dire la lumière doublée, le connu et le connaissant, ne faisant qu'un et se réfléchissant l'un l'autre. C'est l'expression de cette parole apostolique « *face à face, connaissant comme nous sommes connus, transformés en l'image de sa gloire.* »

Similairement les deux termes affirmatifs *est* et *oui* ; car dans

Issa et Jesous « toutes les promesses de Dieu sont Oui, » parce que Dieu est le suprême affirmatif, le positif de l'univers, qui éclaire chaque âme par la vérité, la vie et la puissance. Dieu est le soleil de l'âme, dont le soleil physique est l'hiéroglyphe, en sorte que l'Homme physique est l'hiéroglyphe du véritable Homme spirituel et éternel.

28. La lumière est positive, absolue, elle est le signe de l'être et du « Oui » éternel, et ceux qui possèdent la *gnose*, et par là la Vie éternelle, sont les enfants de la Lumière. » Mais la négation de Dieu est le « Non, la Nuit, le Destructeur et le diable. Par conséquent le nom de l'Antéchrist est Négation, Incrédulité, l'esprit du matérialisme et de la Mort. Et les enfants de l'obscurité sont ceux qui ont étouffé en eux l'amour divin ; « ils ne savent où ils vont parce que l'obscurité aveugle leurs yeux. » C'est pour cela que le serpent de la Poussière est appelé « le Père du Mensonge, » c'est-à-dire de la *négation* ; « car le mot « mensonge » ne veut pas dire autre chose que « démenti. » « Nul mensonge ne vient de la vérité » dit saint Jean, « car celui là est un antechrist qui nie. Quiconque nie Jésus (le oui divin), n'est pas de Dieu. A cela nous connaissons l'esprit de Vérité et l'esprit d'Erreur. »

29. Christ-Jésus n'est donc pas autre chose que l'homme de l'Esprit, véritable et caché, l'Humanité Parfaite, l'Image même de la Gloire Divine. Et, par la renonciation — mystiquement la crucifixion — de son moi extérieur et inférieur, il est possible à l'homme de s'élever complètement dans son moi supérieur et intérieur, en sorte qu'étant oint et pénétré de l'Esprit il « revêt le Christ, » se concilie Dieu et rachète ce qui est terrestre et matériel.

30. Tous ceux qui, dans leur manifestation extérieure, sont appelés des Christs — qu'ils soient de la Palestine, de l'Inde, de l'Egypte ou de la Perse — n'ont pu qu'enseigner aux hommes ce qu'ils sont capables de devenir, pourvu que chacun porte, pour son propre compte, cette croix de renonciation qu'eux-mêmes ont portée. Car dans la mesure où ils ont travaillé au salut du monde, ces Christs peuvent être appelés des Sauveurs d'âmes qui par leurs doctrines, par leur amour et

par leur exemple ont racheté les hommes de la mort en les rendant héritiers de la vie éternelle. Ils n'ont point gardé secrète la sagesse qu'ils ont acquise, mais ils l'ont donnée gratuitement comme ils l'avaient reçue. Ils ont donné leur propre vie, sachant bien que les enfants de l'obscurité se tourneraient contre eux et les déchireraient à cause de ce don. Mais pour les Christs, la Sagesse et l'Amour ne font qu'un, et le testament de la vie est écrit dans le sang du testateur. Là gît toute la différence entre le Christ et le simple adepte en science. Le Christ donne, et meurt en donnant, parce que l'amour l'y pousse et que la peur ne le retient pas ; l'adepte est prudent et garde son trésor pour lui seul. Et comme le sacrifice sanglant, accompli dans les Christs, est le résultat de l'adoption complète de la vie divine et du don sans réserve de l'Amour, mystiquement appelé le sang du Christ, on peut dire vraiment de ceux qui adoptent cette vie et qui aspirent à être un avec Dieu, qu'ils sont sauvés par le sang précieux de l'Agneau immolé depuis le commencement du monde. Car l'Agneau de Dieu est le Soleil spirituel dans le Bélier, la gloire printanière de la lumière qui monte, le symbole du cœur pur et de la vie juste par lesquels l'humanité est rachetée. Et cet Agneau est sans tache, blanc comme la neige, parce que le blanc est le signe de l'affirmation et du « oui, » comme le noir celui de la négation et du diable. C'est *Jésus Chrestos*, le *Oui parfait* de Dieu qui est symbolisé par cet Agneau blanc, et qui, comme son signe dans le ciel, a été élevé sur la croix de la Manifestation depuis la fondation du monde.

31. Lorsque, dans les Mystères sacrés, il est question du procédé de cette seconde et nouvelle création, qui — parce qu'elle constitue le retour de la Matière à l'Esprit, — est mystiquement appelée la Rédemption, — chaque terme employé a rapport à quelque chose, ou à quelque procédé, qui existe, ou qui se passe au dedans de l'individu lui-même. Car, l'homme étant un microcosme, et comprenant au dedans de lui tout ce qui est au dehors, le procédé de la Création par l'Evolution, et de la Rédemption par l'Involution se passe dans l'homme comme dans l'Univers, par conséquent dans le Personnel

comme dans le Général, dans le Un comme dans le Plusieurs. L'Initié, ou le vrai Spiritualiste, n'a pas à disputer au sujet du Symbolisme orthodoxe ordinaire de l'histoire spirituelle de l'homme. Ce dont il cherche à être sauvé, c'est vraiment du Diable qui, par le péché d'Adam, a pouvoir sur lui ; ce qui le sauve, c'est le précieux sang du Christ, Seul-engendré dont la mère est Marie immaculée et éternellement Vierge. Ce qu'il obtient par le moyen de cette Divine oblation, c'est le Royaume du Ciel et la Vie Éternelle. Mais l'Initié n'est nullement d'accord avec l'interprétation courante et orthodoxe de ces termes. Il sait que tous ces processus, et ces noms ont rapport aux Idées qui sont positives et véritables, et non pas aux transcriptions physiques qui ne sont que réflectives et relatives. Il sait que c'est au dedans de son propre système microcosmique qu'il doit chercher le véritable Adam, le Tentateur réel et tout le processus de la chute; l'Exil, l'Incarnation, la Passion, la Crucifixion, la Résurrection, l'Ascension, et la venue du Saint-Esprit. Tout mode d'interprétation qui suppose autre chose, n'est pas céleste mais mondain, et provient de cette intrusion des éléments terrestres dans les choses divines, de cette conversion de l'intérieur en l'extérieur, de cette « Fixation du volatile », ou de cette matérialisation du Spirituel, qui constituent l'idolâtrie.

32. Car ceux d'entre nous qui connaissent la vie intérieure et la mènent sont sauvés, non pas par une Croix élevée sur le Calvaire il y a dix-huit cents ans; non pas par l'effusion du sang physique ou par une passion expiatoire de larmes, de verges et de lance ; mais par le Christ-Jésus, le Dieu avec nous, l'Emmanuel du cœur, venu au monde, accomplissant de grandes œuvres, et offrant une oblation dans nos propres vies, dans nos propres personnes; nous rachetant du monde, faisant de nous des Fils de Dieu et des héritiers de la vie éternelle.

33. Mais si nous sommes ainsi sauvés par l'amour du Christ, c'est par l'Amour aussi que nous manifestons le Christ aux autres. Si nous avons reçu gratuitement, nous donnons gratuitement, et nous brillons au milieu de la nuit, c'est-à-dire de l'obscurité du monde. Car aussi longtemps que cette obscu-

rité régnera sur la terre, l'Amour sera cloué sur la croix ; parce que l'obscurité est l'action d'une volonté qui est en désaccord avec la Volonté divine, et qui viole continuellement la Loi de l'Amour.

34. *Les torts des autres blessent le Fils de Dieu, et la marque des coups sur les autres tombent sur sa chair.*

*Il est frappé par les douleurs de toutes les créatures, et son cœur est percé de leurs blessures.*

*Il n'y a pas d'offense faite dont il ne souffre, ni de tort commis qui ne lui fasse mal.*

*Car son cœur est dans la poitrine de chaque créature et son sang dans les veines de toute chair.*

*Car, savoir parfaitement, c'est aimer parfaitement, et aimer ainsi c'est être participant des souffrances du bien-aimé.*

*Et dans la mesure où un homme aime, porte secours ou sauve la plus petite des créatures de Dieu, il travaille pour Dieu.*

*Le Christ est l'amant parfait qui porte les douleurs de tous les pauvres et de tous les opprimés.*

*Et les péchés, les injustices et l'ignorance du monde sont les clous dans ses mains et dans ses pieds.*

*O ! Passion d'Amour, qui te donnes librement jusque dans la mort !*

*Car nul homme ne peut accomplir l'œuvre parfaite de l'Amour, si l'amour ne le pénètre pas de part en part.*

*Mais, s'il aime parfaitement il sera capable de racheter ; car l'Amour fort est un filet qui attire toutes les âmes à lui :*

*Car à l'Amour seul est donnée toute puissance dans les cieux et sur la terre ;*

*Parce que l'Amour de celui qui aime parfaitement est un avec la volonté de Dieu.*

*Et toutes choses sont possibles à Dieu et à l'Amour.*

35. Nous en venons maintenant au dernier et au plus intime des quadruples mystères de la croix, l'oblation de Dieu dans, et pour l'univers macrocosmique. La vérité fondamentale contenue dans cet aspect du symbole sacré, est la doctrine du Panthéisme ; Dieu et Dieu seul, au dedans du tout, et à travers

le tout. L'Olympe céleste, — le mont des oracles, — crée incessamment; Dieu ne cesse jamais de donner de son Moi Divin pour la Création comme pour la Rédemption.

Dieu est en toutes choses, qu'elles soient personnelles ou impersonnelles, et en Dieu elles vivent, elles se meuvent et elles ont l'être. Et cette étape de purification à travers laquelle le Kosmos passe en ce moment est la Crucifixion de Dieu; le procédé de Transmutation, ou de Rédemption de l'Esprit de l'état matériel, de l'être de l'existence, de la substance du phénomène, qui doit atteindre son point culminant dans l'unification finale du sabbat, ou repos suprême de l'univers réintégré en son Principe, en Dieu. Nous avons par conséquent, dans l'Homme Crucifié, le type et le symbole de la crucifixion continuelle de Dieu manifestée dans la chair; Dieu souffrant dans la créature, l'Invisible rendu Visible, le Volatile devenant Fixe, le Divin s'incarnant; manifestation, souffrance et crucifixion qui sont les causes de la purification et, par conséquent, de la Rédemption. Ainsi, au sens spirituel, les six jours de la création sont bien la Semaine de la Passion, en ce qu'ils représentent le procédé d'expérience douloureuse de travail, de passage, par lequel l'Esprit accomplit la rédemption du corps, ou le retour de la Matière à la Substance. De là vient que, dans les écrits sacrés, Dieu est représenté, dans la divine humanité comme montrant aux anges les cinq Blessures mystiques de la passion, en disant : « Ce sont les Blessures de Ma Crucifixion par lesquelles je suis blessé dans la Maison de Mes Amis. » Car aussi longtemps que la douleur, la souffrance et le péché persistent, Dieu est continuellement blessé dans la personne de ses créatures, grandes ou petites, et le temple de leur corps est la Maison dans laquelle souffre l'Hôte Divin.

36. Car le Pain qui est rompu et partagé entre les enfants du royaume est la substance divine qui, avec le vin de l'esprit, constitue le Saint Sacrement de l'Eucharistie, la communion du divin avec le Terrestre, l'Oblation de la divinité dans la création.

37. *Que ce corps et ce sang sacrés, Substance et Esprit Divin, Mère et Père, Dualité inséparable dans l'Unité, donné*

pour toutes les créatures, brisé et répandu, en oblation pour le monde, soient partout connus, adorés et vénérés ! Que, par le moyen de ce Sang, qui est l'Amour de Dieu et l'Esprit de la Vie, nous soyions rachetés, attirés au dedans et transmués dans ce Corps qui est la Pure Substance, immaculée et toujours vierge, image exacte de la personne de Dieu ! Afin que nous n'ayions plus ni faim ni soif; et que ni la mort ni la vie, ni les anges, ni les principautés, ni les puissances, ni les choses présentes, ni les choses à venir, ni les choses basses, ni aucune autre créature, ne nous pourra séparer de l'Amour que Dieu nous a montré en Christ Jésus.

Afin qu'étant un par le sacrifice du Christ, qui seul possède l'Immortalité, et qui habite une Lumière inaccessible,

Nous aussi, contemplant la gloire de Dieu face à face, nous soyions transformés en sa propre Image, de gloire en gloire, par la puissance de l'Esprit (1).

(1) Voyez Appendices V, VII.

# CINQUIÈME LEÇON

### NATURE ET CONSTITUTION DU MOI

I

1. L'évolution telle qu'elle ressort des faits de la science physique ne peut pas s'expliquer d'après l'hypothèse matérialiste; encore moins les faits qui se rattachent à la science et aux phénomènes occultes. La raison en est simple : n'ayant pas su reconnaître que la conscience existe antérieurement à l'organisme, et qu'elle est inhérente à la substance, les matérialistes ignorent la condition essentielle de l'évolution.

2. Mais l'évolution réclame quelque chose de plus que la conscience, — savoir, la mémoire. Car la mémoire est la condition de la ségrégation; la cause et la conséquence de l'individuation. Par conséquent chaque molécule, dans sa capacité individuelle aussi bien que collective, est capable de mémoire; car chaque expérience laisse, dans une certaine mesure, son impression, ou sa cicatrice, sur la substance de la molécule, pour qu'elle soit transmise à des descendants. Ce souvenir des effets les plus frappants de l'expérience passée est la cause de différentiation qui, accumulée sur un nombre infini de générations, conduit de l'amœba à l'homme. Si une mémoire de ce genre n'existait pas, au lieu du progrès et de l'évolution nous aurions un cercle revenant sur lui-même et se répétant; tandis que les modifications produites par l'expérience accumulée transforment ce qui, autrement, serait un cercle en une spirale, dont l'excentricité — bien qu'impercep-

tible au début — augmente et devient plus complexe à chaque pas (1).

3. La conscience étant inhérente à la substance, chaque molécule dans l'univers est capable de sentir et d'obéir selon son espèce, — inorganique aussi bien qu'organique, car il n'y a pas entre ces deux domaines la distinction absolue que l'on suppose généralement. La pierre elle-même a un niveau moral qui comprend le respect et l'obéissance aux lois de la gravitation et de l'affinité chimique. Partout où on trouve la vibration et le mouvement, il y a vie et mémoire; et la vibration et le mouvement existent en tous temps, dans toutes les choses. Là est la cause qui fait que l'on échoue lorsque l'on essaye de séparer le moi du non-moi. A proprement parler, il n'y a qu'une chose et qu'une action ; car l'inconscience n'est pas une chose plus positive que l'obscurité. Ce n'est que la privation plus ou moins complète de la conscience, comme l'obscurité est la privation de la lumière.

4. Nous en venons à parler du moi substantiel, l'âme ou la *Psyché* (2), la raison humaine supérieure, le *nucleus* du système humain. Il y a, dans toute entité vivante, quatre puissances inhérentes. Nous parlons ici non pas de parties constituantes, mais de forces ; le premier mode de puissance, et le plus bas est le mode mécanique ; le second est le mode chimique ; le troisième le mode électrique, — cet ordre comprend aussi le mental ; et le quatrième est le mode psychique. Les trois premiers appartiennent au domaine de la science physiologique, le dernier est celui de la science spirituelle. C'est ce dernier mode de puissance qui relève de « l'Immaculé », de l'Essentiel. Etant inhérent à ce qui est substantiel, il est par conséquent une quantité permanente et indestructible. Il existe dans l'*Archë* et se trouve partout où est la vie organique. C'est dans ce sens que Psyché est à la fois la « mère vivante » et la « mère des vivants ». Elle est donc, depuis le Commencement, latente et

---

(1) Voyez Unconscious Memory, chapitre XIII, par S. Butler, 1880.
(2) Nous employons le terme de Psyché dans le sens le plus élevé, celui que les Grecs après Homère y attachent généralement, et non pas dans le sens que lui donne saint Paul, — la Vie animale.

diffuse dans toute matière. Elle est le non-manifesté se manifestant par la Volonté divine ; l'invisible rendu visible par l'énergie. Par conséquent, toute entité manifestée est une Trinité dont les trois « personnes » sont : 1º ce qui rend visible ; 2º ce qui est fait visible ; 3º ce qui est visible ; soit la Force, la Substance et l'Expression, ou la « Parole » des deux premiers, leur phénomène.

5. Cette Energie, ou cette Force Primordiale existe sous deux modes, — car la dualité se retrouve en tout, — la force centrifuge, ou accélérante, et la force centripète ou modératrice. Cette dernière étant dérivée, réflexe et complémentaire, est féminine, par rapport à l'autre qui est masculine. Par le premier de ces modes, la substance devient matière. Par le moyen du second, elle retourne à sa première condition. Il existe dans toute matière une tendance à faire retour à la substance et par ce fait à polariser l'âme au moyen de l'évolution ; car au moment où le mode de force centrifuge entre en jeu, la force centripète, qui en dérive, commence à exercer son influence. Et aussitôt que la substance primordiale a assumé la condition de matière, la matière elle-même commence à se différencier, — étant actionnée par sa force inhérente, — et par la différentiation elle engendre des individualités.

6. Alors Psyché, d'abstraite et d'universelle qu'elle était, devient concrète et individuelle et entre, par la porte de la matière, dans une vie nouvelle. Etincelle infiniment petite dans l'atome, elle devient, — par l'accroissement et la centralisation continue, — une flamme éclatante dans le globe. L'énergie psychique se développe à travers la nature de la même manière que le courant magnétique sur la chaîne des cellules nerveuses qui court en se dirigeant vers son point central, transporté — comme le choc mécanique le long des séries d'unités — avec une impétuosité toujours croissante. De là la nécessité de centres, d'associations, d'organismes. Et ainsi, par la systématisation des agrégats d'entités vivantes, ce qui, dans chacune, était petit devient grand dans le tout. La *qualité* de la Psyché est toujours la même, sa potentialité ne varie pas.

7. Nos âmes sont donc les essences agglomérées des con-

sciences sans nombre qui nous composent. Elles ont *grandi*, évoluant graduellement des entités rudimentaires qui elles-mêmes avaient été créées par la polarisation de la matière gazeuse et minérale. Ces entités se combinent et s'agrègent pour en former de plus élevées, c'est-à-dire de plus complexes, l'âme de l'individu représentant les forces combinées de leurs consciences multiples, polarisées et centralisées de façon à créer une unité indestructible.

8. Tandis que les domaines psychique et matériel sont respectivement l'un à l'autre le domaine des causes et des effets, le matériel est lui-même le résultat du spirituel, étant le moyen terme entre le monde spirituel et le monde psychique. Il est par conséquent exact de dire que l'organisme est le résultat de l'idée, et que l'esprit est la cause de l'évolution. La chose est ainsi : l'esprit est avant la matière dans sa condition *abstraite*, mais non pas *concrète*. Cela revient à dire que l'esprit est plus grand que ce qui résulte de l'organisme et cependant identique avec lui. Il le précède comme la cause précède l'effet.

9. Cet Esprit est Dieu, comme subsistant antérieurement et à part de la création. Dieu est esprit ou substance essentielle ; et il est impersonnel, si ce mot est pris dans son sens étymologique, mais personnel au sens le plus élevé et le plus vrai, s'il s'agit de la conscience essentielle. Car Dieu n'a pas de limites. Dieu est un feu pur et clair qui brûle dans l'infini et dont une flamme subsiste dans toutes les créatures. Le Kosmos est un arbre aux rameaux innombrables qui se rattachent par groupes à des branches diverses, dont chacune prend naissance dans un seul tronc et par une seule racine. Et Dieu est un feu ardent brûlant au dedans de cet arbre sans le consumer. Dieu est JE SUIS. Telle est la nature de l'Être infini et essentiel. Et tel est Dieu avant les mondes (1).

10. Quel est donc le but de l'évolution et de la séparation en formes différentes, en un mot quelle est la signification de la vie ? La vie est l'élaboration de l'âme à travers les transforma-

---

(1) Lorsque les termes qui supposent la succession sont employés par rapport à ce qui est infini et éternel, il faut les prendre dans le sens logique et non dans le sens chronologique.

tions variées de la matière. L'esprit est essentiel et parfait en lui-même, n'ayant ni commencement ni fin. L'âme est secondaire et perfectible, étant engendrée de l'esprit. L'esprit est le premier principe et il est abstrait. L'âme est dérivée et, par conséquent, elle est concrète. L'Esprit est donc l'Adam originel ; et l'Ame est Eve, la « femme » prise de la côte de « l'homme ».

11. Le principe essentiel de la personnalité, — ce qui constitue la personnalité au sens le plus élevé, — est la conscience, est l'esprit ; et c'est Dieu. Par conséquent le principe le plus élevé et le plus intime de chaque monade est Dieu. Mais ce principe originel — étant essence pure — n'aurait pas pu se diviser en individualités s'il n'était contenu et limité par un principe secondaire. Or ce dernier — étant dérivé — sera nécessairement évolué. Par conséquent l'esprit est projeté dans la condition de matière, afin que l'âme puisse être évoluée. L'âme est engendrée dans la matière par le moyen de la polarisation ; l'esprit, qui est le principe constituant de toute matière, retourne à sa nature essentielle dans l'âme, — celle-ci étant le médium par le moyen duquel l'esprit est individualisé, — et d'abstrait qu'il était devient concret ; en sorte que par le moyen de la création, le Dieu Un devient le Dieu Plusieurs.

## II

Nous avons parlé d'une personnalité extérieure et d'une personnalité intérieure, et d'une conscience matérielle différente de la conscience spirituelle. Nous avons maintenant à parler d'une énergie spirituelle différente de l'énergie matérielle. L'énergie par laquelle l'âme se polarise et croît, ne dépend pas, comme les énergies matérielles, des ondulations de l'éther. L'éther astral est le premier état de la matière. Et à ce premier état de la matière correspond la force primordiale, qui est la force rotatoire, ou la force centrifuge et la force centripète unies. Mais avant et au-dedans de la force est la Volonté ; c'est-à-dire la Nécessité, qui est la volonté de Dieu. Elle est inhérente à la substance qui est le médium dans lequel elle agit. La volonté individuelle est, par rapport à l'âme, dérivée, ce que la volonté primordiale est par rapport à la substance primordiale. Lorsque, dans l'organisme complexe, le courant d'énergie spirituelle — c'est-à-dire de volonté, — est assez fort pour se polariser, ou s'enflammer, au centre, alors la Psyché individuelle conçoit la Divinité au dedans d'elle-même et devient consciente de Dieu. Sur les degrés rudimentaires de la matière ce courant n'est pas assez fort ni assez continu pour se polariser de cette manière.

13. Lorsque la Psyché a ainsi amassé une force suffisante pour brûler au centre, sa flamme n'est pas éteinte par la désagrégation des éléments physiques. Ceux-ci peuvent s'effriter, se disperser et se renouveler plusieurs fois pendant la vie, la conscience et la mémoire n'en demeurent pas moins intactes. Nous n'avons pas dans nos corps physiques une seule des molécules que nous possédions quelques années auparavant, et cependant notre moi est le même et notre pensée continue. Par conséquent la Psyché s'est accrue en nous de plusieurs éléments, dont les *egos* intérieurs sont perpétués dans notre *ego* intérieur, parce que leur force psychique est centralisée dans notre individualité. Et lorsque notre Psyché est dégagée des molécules désagrégées de notre système, elle s'en ira après une épuration nécessaire — vers de nouvelles affinités, et la réversion de la matière à la substance continuera toujours.

14. On demandera peut-être : si l'âme est immaculée comment peut-elle être attirée par des affinités matérielles ! La réponse sera que le lien entre elle et la terre est ce que les hindous appellent le *Karma*, c'est-à-dire les résultats de la conduite passée et la destinée qui en découle. Bien qu'elle soit de par son essence virginale immaculée, Psyché n'est pas « l'Epouse » tant que le lien entre elle et la terre n'a pas été brisé. Et ceci ne peut arriver que lorsque chaque molécule de son essence se trouve pénétrée par l'esprit et lui est indissolublement unie comme Dieu à l'*Archë* dans le Principe.

L'âme, comme l'eau, ne peut être autrement qu' « immaculée » et de là la propriété spéciale de l'eau comme symbole mystique de l'âme. Étant une combinaison chimique de deux gaz, — l'hydrogène et l'oxygène — qui sont eux-mêmes purs, l'eau est pure aussi, et ne peut pas être autrement que pure. La condition appelée saleté ne se produit pas par l'adjonction de substances étrangères qui entrent en combinaison avec l'eau, mais seulement par un mélange mécanique avec ces substances qui les tient en suspension, de telle sorte qu'elles peuvent être éliminées par la distillation. Telle est la relation de l'âme avec le « péché ». Lorsque la régénération — l'équivalent de la distillation — est accomplie, le « Karma » ne peut plus agir.

## III

15. La loi inhérente à la substance primordiale de la matière oblige toutes choses à évoluer d'après le même mode. Les mondes, dans l'espace infini des cieux sont, sous tous les rapports, semblables aux cellules du tissu animal ou végétal. Leur évolution est pareille, leur distribution la même, leurs relations mutuelles exactement semblables. C'est pour cette raison que l'étude de la science naturelle nous révélera la vérité non seulement sur ce point, mais aussi par rapport à la science occulte; car les faits de la première sont comme un miroir qui réfléchit les faits de la seconde.

16. Nous avons déjà dit que nos âmes sont les essences agglomérées des consciences sans nombre dont nous sommes composés. La capacité de nos âmes n'est cependant pas limitée à la somme totale de ces consciences telles qu'elles sont en leur état séparé, mais les représentent combinées en Une Vie, et polarisées sur un plan de plus en plus élevé. Car le résultat synthétique ainsi obtenu n'est pas seulement une agrégation de parties constituantes, mais représente une nouvelle condition de celles-ci, de même que, en chimie $H_2O$ — le symbole de l'eau — représente une nouvelle condition de $2H + O$ et en diffère par une nouvelle formulation d'état. Après cette nouvelle formulation, la somme des activités des molécules du produit qui en résulte est différente de celle que possédaient à l'origine les facteurs de ce produit. C'est de cette manière que doivent être

comprises : 1° la synthèse de conscience au moyen de laquelle notre individualité est constituée; 2° — en transportant cette énergie synthétique sur un plan encore plus élevé — la formulation de la conscience-Dieu spéciale à notre monde.

Cette idée était familière aux anciens. Ils étaient portés à considérer chaque globe céleste comme une divinité ayant pour corps matériel la planète visible, pour nature astrale ses intelligences végétales et animales, pour Ame la partie substantielle de l'homme ; son esprit étant le (νοῦς) de l'homme et, par conséquent, Divin. Et comme, lorsqu'ils parlaient de la planète-Dieu, ils entendaient spécialement ce *Nous*, on pouvait dire, avec vérité, que notre partie Divine n'est pas autre que la planète-Dieu, — dans notre cas Dionysos, ou Jehova-Nissi, le « Dieu de l'émeraude » ou la terre *verte*, appelée aussi Iacchos, le mystique Bacchus (1).

17. Ce que les créatures qui composent la planète sont par rapport à la planète, toutes les planètes le sont par rapport à l'Univers, et de même les dieux par rapport à Dieu (en manifestation). L'Ego suprême de l'Univers est la somme totale de tous les Dieux ; sa personnalité est l'agglomération de leurs personnalités ; le prier Lui, c'est donc s'adresser à tous les êtres célestes, y compris les âmes des hommes justes. Mais comme, dans l'homme, l'unité centrale de conscience, qui est composée de l'association de toutes les consciences de son système, est plus que la somme totale de celles-ci, parce qu'elle se trouve sur un niveau plus élevé, — il en est de même pour la planète et l'Univers. L'âme de la planète est plus que les essences associées des âmes qui la composent. La conscience du système est plus que celle des consciences du monde réunies. La conscience de l'Univers manifesté est plus que celle des systèmes collectifs ; et celle de la Divinité Non-manifestée est plus grande que celle de tout le reste ensemble. Car le Manifesté n'épuise pas le Non-manifesté ; mais « le Père est plus grand que le Fils. » (2)

(1) Voyez appendice n° XII. La place de la terre dans les « sept planètes » est celle du rayon vert dans le spectre solaire. De là la « table d'émeraude de Trismégiste » et le sceau des Papes.
(2) Voyez appendice n° X. 1.

18. Et ici il est nécessaire de bien définir, et d'insister sur la distinction qui existe entre le Dieu manifesté et le Dieu non manifesté. « Aucun homme, est-il dit, n'a jamais vu le Père » parce que le Père est la Divinité non manifestée. Et ailleurs : « celui qui a vu le Fils a vu le Père » parce que le Fils est la Divinité en manifestation, l'Image même, ou la révélation du Père, venue lorsque « les temps sont accomplis » comme la couronne de l'évolution cosmique. Ce dernier mode de la Divinité est par conséquent synthétique et cumulatif; il est la dernière quantité de toutes les séries du procédé-vital (*Lebens-prozess*) universel, en œuvre sur les plans successifs d'activité générative; l'Oméga des développements tendant à la concrétion. Mais le Père est la Divinité sous son mode abstrait, qui précède logiquement et comprend le monde secondaire ou manifesté ; l'Alpha de toutes les choses et de tous les *processus*; l'Être supra-cosmique, primordial, impersonnel (au sens étymologique du mot) et non-individualisé, ou cet être en qui la conscience subsiste sous son mode originel, et par lequel il est subséquemment conditionné et dominé. Cette Divinité non manifestée, doit nécessairement représenter un mode du moi, mais dont la nature est inscrutable pour nous, et ne peut être connue qu'à travers la Personne du Fils; c'est-à-dire en manifestation. La différence qui existe entre les deux modes de la Divinité se retrouve dans la physiologie du développement embryonnaire. La première condition de l'ovaire fécondé est un état de vitalité générale et non formulée. Une activité à la fois intelligente et non individualisée pénètre la masse des différentiations potentielles, et dirige leur manifestation. Sous la direction de cette activité inhérente et l'action de la ségrégation, la masse se divise et se constitue elle-même en éléments distincts ; et ceux-ci, à leur tour, se subdivisent et élaborent de nouvelles individualisations jusqu'à ce que différentes couches et tissus se forment, grâce aux agrégations successives des entités cellulaires. C'est ainsi que se construit, peu à peu, une nouvelle créature composite dont la conscience, bien que multiple et diversifiée, est cependant une et synthétique. Mais cette individualité synthétique ne procède pas d'elle-même.

Elle a été engendrée dans le sein de l'intelligence inhérente et primordiale qui pénètre la matière essentielle d'où elle est sortie et par rapport à laquelle, celle-ci étant le Père, elle se trouve être le Fils.

19. Le nombre des Dieux n'est pas limité mais indique seulement des ordres. Dans l'espace infini il y a des globes sans nombre, et chacun d'eux est un Dieu. Chaque globe possède des qualités qui correspondent aux conditions des éléments qui les composent. Et chaque monde psychique de causes a son monde psychique d'effets. Toutes choses sont engendrées par brisure, ou sections faites dans le protoplasme universel; et la force qui est la cause de cette génération est centrifuge.

20. Dieu non manifesté et abstrait est l'intelligence primordiale dont l'univers cosmique est l'idéation. L'intelligence en elle-même est passive; c'est un organe et non pas une fonction. L'idée est active, elle est une fonction. Aussitôt donc que l'intelligence commence à opérer, elle engendre des idées et celles-ci constituent l'existence. L'intelligence est abstraite; les idées sont concrètes. Penser c'est créer. Chaque pensée est une action *substantielle*. Par conséquent Thoth — la pensée (1) — est le créateur du Kosmos. De là l'identification de Hermès (Thoth) avec le Logos.

21. Néanmoins il n'y a qu'un seul Dieu; et en Dieu sont les trônes, les dominations, les puissances, les principautés, les archanges et les anges du monde céleste, — appelé par les Kabbalistes le « monde typique » ou monde des idées Archétypes. C'est par ceux-ci que les mondes sont engendrés dans le temps et dans l'espace, chacun avec sa sphère astrale. Chaque monde est une individualité consciente; cependant tous subsistent dans une seule conscience qui est Dieu. Car toutes choses procèdent de l'esprit, et Dieu est esprit et l'esprit est la conscience.

22. La science des mystères est le sommet et la couronne des sciences physiques, mais elle ne peut être bien comprise que

---

En anglais *thought*, pensée.

de ceux qui sont familiers avec ces dernières. Sans cette connaissance il est impossible de comprendre la doctrine fondamentale de la science occulte, — la doctrine des *Véhicules*. Il faut que la connaissance des choses terrestres précède celle des choses célestes. « Si vous ne m'avez pas compris lorsque je vous ai parlé des choses terrestres, » dit l'Hiérophante à ses néophytes, « comment me comprendrez-vous lorsque je vous parle des choses célestes ? » C'est en vain que l'on cherchera la chambre intérieure si l'on n'a pas d'abord passé par la chambre extérieure. La théosophie, ou la science du Divin, est la Science royale. Et il n'y a pas moyen d'arriver à la chambre du Roi sans passer par les chambres et les galeries extérieures du palais. Ceci est une des raisons pour lesquelles la science occulte ne doit pas être dévoilée à la majorité des hommes. La vérité ne peut pas être démontrée à celui qui n'a aucune instruction. De même celui qui ne possède pas les éléments d'un problème ne peut pas apprécier sa solution.

23. Toutes les parties composantes de la conscience de l'individu se polarisent pour former une unité qui est comme un soleil par rapport à son système. Mais cette polarisation est quadruple, distincte pour chacun des modes de conscience. Et seul le point de radiation central, le plus intérieur et le plus élevé, est subjectif. Ceux qui s'arrêtent court à la conscience secondaire et s'imaginent qu'elle est subjective, n'ont pas réussi à pénétrer jusqu'à leur conscience la plus élevée et la plus intime et, en cela, leur humanité n'est pas complète. Tandis que ceux qui ont développé en eux la conscience de chacune des zones de leur système sont vraiment humains et constituent, mieux qu'aucune majorité d'hommes non développés et rudimentaires, la véritable humanité. En cela ils représentent aussi la divinité. La Théocratie consiste dans le gouvernement de ces gens-là.

24. Prenons pour exemple un globe incandescent, ou une boule de feu, fluide et ignée dans toute sa nature. Supposons que ce globe soit divisé en différentes zones successives, chacune contenant celle qui précède ; nous trouvons que c'est la zone centrale seule qui contient le point radiant, ou le foyer

de la masse incandescente, et que chaque zone successive forme un halo circulaire, plus ou moins intense, suivant sa proximité du point radiant, mais seulement secondaire et dérivé et qui n'est pas en lui-même une source de radiation lumineuse.

25. Il en est ainsi du macrocosme et aussi du royaume humain. Dans ce dernier, c'est l'âme qui est la zone intérieure et qui seule contient le point radiant. Les zones successives sont illuminées sans interruption par cette splendeur une et indivisible, mais la source de la lumière n'est pas en elles. Cette splendeur est la conscience, et ce point radiant est le ego spirituel, l'étincelle divine. Dieu est le Lumineux, le point radiant de l'univers. Dieu est la conscience suprême, mais la radiance Divine est aussi la conscience. Et le ego intérieur de l'homme n'est conscient que parce que le point radiant qui est en lui est Divin. Cette conscience émet un rayon de conscience qu'elle transmet d'abord à la Psyché, puis à *l'anima bruta* et enfin au système physique. Plus la conscience est concentrée, plus brillante et plus splendide sera l'étincelle centrale.

26. De plus, si l'étincelle centrale incandescente est déplacée du milieu de ce globe de feu imaginaire, le globe tout entier ne deviendra pas immédiatement obscur, mais la splendeur s'attardera dans chaque zone proportionnellement à son degré de proximité du centre. C'est ce qui se passe lorsque la dissolution se produit à la mort du corps. L'*anima bruta* et le corps physique peuvent retenir la conscience pendant quelque temps après que l'âme s'est retirée, et chaque partie sera capable de mémoire, de pensée et de réflexion selon son espèce.

27. Séparé de la conscience qui appartient à la Psyché l'homme est nécessairement agnostique; car il n'a aucune perception de la région qui, étant spirituelle et primaire, peut expliquer ce qui est sensible et secondaire. Il peut connaître les choses mais non pas la signification des choses; les apparences, mais non les réalités; les formes résultantes, mais non pas les idées originelles; encore moins la source de tout cela. Le monde et lui-même sont des compagnons fantômes; des

apparitions sans but d'un inscrutable quelque chose, ou peut-être de rien; une succession d'états instables et sans relations entre eux.

28. La conscience spirituelle fait sortir l'homme de cette condition de non-entité en le ramenant en lui-même hors de la matérialité et de la négation, et en lui dévoilant un ego nouménal et par conséquent stable qui peut prendre connaissance des états instables de son ego phénoménal. La reconnaissance de cet ego nouménal en lui, suppose la reconnaissance au dehors de lui d'un ego correspondant dont il est la contre partie; — c'est-à-dire comprend la perception de Dieu, car le problème de l'Ego dans l'homme est aussi le problème de Dieu dans l'univers. La révélation de l'un est la révélation des deux, et la connaissance de l'un implique la connaissance de l'autre. Par conséquent, pour l'homme, se connaître lui-même, c'est connaître Dieu. La conscience du soi est la conscience de Dieu. Celui qui possède cette conscience est, selon son degré de développement, un Mystique.

29. Ce qui distingue le mystique des autres hommes, c'est le degré et la qualité de la sensitivité. Nous sommes tous environnés de l'être un et multiple, mais tandis que la majorité ne perçoit que certains plans ou modes, — les plus extérieurs et inférieurs, — du milieu où il se trouve, le mystique les perçoit tous, et spécialement les plus intérieurs et les plus élevés, parce qu'il a développé en lui les modes correspondants. Car l'homme ne peut reconnaître au dehors de lui que ce qu'il possède au dedans de lui. Le mystique perçoit le milieu Divin parce qu'il a développé sa conscience spirituelle, et que Dieu est esprit; c'est-à-dire qu'il possède et qu'il connaît son ego nouménal. Psyché avec ses ressouvenirs et ses perceptions lui appartient.

30. Par conséquent il faut distinguer le point radiant de l'ego complexe, du point perceptif. Le premier est toujours fixe et immuable. Le second est mobile; et sa position, ainsi que ses relations, varient avec les différentes individualités. La conscience de l'âme, ou même —chez les êtres rudimentaires — celle de l'intelligence, peut se trouver hors de la

portée de leur conscience perceptive; mais à mesure que celle-ci avance et s'étend intérieurement, le milieu qui entoure l'ego s'agrandit. Lorsque, finalement, le point de perception et le point radiant coïncident, l'ego arrive à la régénération et à l'émancipation.

31. Quand les physiologistes nous disent que la mémoire est un *processus* biologique, et que la conscience est un état qui dépend de la durée et de l'intensité des vibrations moléculaires nerveuses; un *consensus* d'action vitale dans les cellules cérébrales; une complexité instable et automatique, qui se fait et se défait à chaque instant comme la flamme matérielle ou d'autres existences éphémères, — ils ne touchent pas à la Psyché, car qu'est-ce qui prend connaissance de ces états instables? Devant quel sujet ces conditions successives et éphémères se manifestent-elles et comment sont-elles reconnues? Le phénomène n'est pas capable de se connaître lui-même, et n'apparaît pas à lui-même puisqu'il est seulement objectif. En sorte que, à moins qu'il n'y ait un ego intérieur et subjectif pour percevoir et se souvenir de cette succession d'états phénoménaux, la condition de la personnalité serait impossible. Or il existe de nécessité un tel ego; car l'apparition et la production sont des procédés qui affectent un sujet et qui, par conséquent, le supposent. Ce sujet est pour l'homme la Psyché; pour l'univers, Dieu. Dans l'esprit divin existent éternellement et substantiellement toutes les choses dont nous contemplons les apparences; et de même que, dans la nature, il y a des gradations infinies du simple au complexe, du grossier au fin, de la nuit à la lumière, on n'arrive à la Psyché que par des degrés innombrables; et ceux qui n'ont pas pénétré jusqu'à la conscience intérieure, s'arrêtent court à la conscience secondaire qui n'est qu'*éjective*, et se figurent que la conscience subjective — qui seule explique tout — ne peut pas se démontrer.

32. Une des erreurs principales des biologistes consiste à toujours chercher l'unité dans le simple plutôt que dans le complexe. En agissant ainsi ils renversent et intervertissent la méthode de l'évolution, et annulent son but. Ils refusent l'unité

à l'homme afin de la réclamer seulement pour la molécule. En réclamant l'unité, et partant l'individualité, pour l'élément initial, indivisible et indestructible par la pensée, — pour la simple *monade* seulement, — ils divinisent ce qui est le plus bas en place de ce qui est le plus élevé, et privent ainsi l'évolution de sa raison d'être et de son but. Psyché, au contraire, est un extrait des plus complexes ; et la dignité et l'excellence de l'âme humaine consistent non pas dans sa simplicité mais dans sa complexité. Elle est le sommet de l'évolution et toute génération travaille en vue de la produire. La loi occulte qui régit l'évolution rassemble des unités innombrables pour composer des entités diverses et toujours plus complexes, afin qu'elles puissent, par leur essence substantielle, polariser un extrait complexe essentiel : — complexe parce qu'il est le résultat du concours de plusieurs monades plus simples ; — essentiel parce qu'il est, de par sa nature, final et indestructible. L'ego humain est par conséquent, la *synthèse* ; l'Impersonnel Divin personnifié ; et plus cette personnalité est sublime, plus profonde est la conscience de l'impersonnel. La conscience divine n'est pas *éjective* mais subjective. La personnalité et la conscience secondaires sont à la personnalité et à la conscience primitives comme l'eau qui réfléchit le ciel ; l'inférieur complétant et renvoyant au supérieur son propre reflet concret.

33. Il faut bien comprendre la différence qui existe entre l'objectif et l'éjectif d'un côté et le subjectif de l'autre. L'étude de ce qui est matériel est l'étude des deux premiers ; et l'étude du substantiel est l'étude du dernier, par conséquent ce que les biologistes qualifient du terme de subjectif ne l'est réellement pas, mais n'est que la phase dernière ou intérieure du phénomène. Ainsi, par exemple, les états instables qui constituent la conscience sont, à leurs yeux, des états subjectifs, mais ils sont objectifs pour le véritable sujet qui est Psyché, parce qu'ils sont perçus par elle, et tout ce qui est perçu est objectif. Il y a deux fonctions dans le microcosme, celle de celui qui révèle et celle de l'entité à qui la révélation est faite. C'est en vain que l'on essaye d'atteindre le subjectif par la même mé-

thode qui découvre l'éjectif et l'objectif. Ces derniers se découvrent par l'observation du dehors ; le premier par l'intuition du dedans. Le Kosmos humain est une complexité de plusieurs principes qui ont chacun leur mode propre d'opération. Et la nature de l'effet produit dans tous les cas particuliers dépend du rang et de l'ordre du principe mis en jeu. Donc, lorsque, par exemple, le biologiste parle de la cérébration inconsciente, il devrait se demander pour qui ou pour quoi une telle cérébration est inconsciente ; car il sait que dans tous les processus vitaux, il y a une gradation infinie. Les questions de durée affectent l'intellect ; les questions d'intensité affectent la Psyché. Tous les processus qui se passent dans l'objectif sont relatifs à *quelque chose* ; il n'y a qu'une chose absolue, et c'est le sujet. La cérébration inconsciente est donc relativement inconsciente seulement par rapport à ce mode de perception qui est conditionné dans et par la durée. Mais dans la proportion où cet acte de cérébration est intense il est perçu par ce centre de perception qui est conditionné par l'intensité ; et par rapport à ce centre il n'est pas inconscient. L'homme intérieur étant spirituel connaît tous les processus ; mais il en est qui ne peuvent pas être saisis par l'homme qui n'est que mental. Nous voyons donc la distinction qui existe entre les principes humains, et comment ils peuvent être séparés déjà dans cette sphère ci de la vie. Et si notre Ego mondain et notre Ego céleste, encore réunis par la vie terrestre, sont assez distincts et divisibles pour qu'un processus nerveux dont le dernier peut avoir conscience échappe au premier, à plus forte raison sera-t-il possible qu'ils se séparent lorsque le lien vital sera brisé.

Si toutes les polarités de notre système étaient simples et suivaient une même direction, nous aurions conscience de tous les processus, et rien ne nous serait caché ; parce que le point central de notre perception serait le foyer exact de tous les rayons convergents. Mais l'homme non régénéré n'est pas dans ce cas. Chez la plupart des hommes le point de perception se trouve dans l'homme relatif, éjectif ou objectif, et nullement dans l'homme substantiel et subjectif. Ainsi les rayons convergents passent inaperçus de la conscience individuelle. Et parce qu'ils sont ainsi incapables de cognition absolue, on peut dire de ces gens-là qu'ils sont endormis bien que vivants parce que jusqu'à présent l'homme ne connaît pas son propre esprit.

## IV

34. Plus l'entité qui passe par la mort est élevée, plus la Psyché se détache facilement de la conscience inférieure dans laquelle elle a été enfermée. Le saint ne craint pas la mort, parce que sa conscience est rassemblée dans sa Psyché, et celle-ci dans son Époux l'Esprit. Pour lui la mort n'est pas le résultat d'un processus pathologique, mais le retrait normal, 1° de la vie animale dans la vie astrale ou magnétique; 2° de cette dernière dans la vie psychique qui en est par là renforcée ; précisément comme dans la cellule sur le point de se désagréger, les contenus protoplasmiques se dessinent mieux et croissent, à mesure que la capsule qui les contient devient plus ténue et plus transparente. C'est de cette manière qu'ont passé hors de notre monde des saints, appartenant à tous les pays et à toutes les religions ; et, par une dissolution de cette espèce, les relations de la Psyché rachetée avec la matérialité peuvent cesser complètement. Une fin comme celle-là est la consommation de la rédemption de la puissance du corps et de « l'aiguillon de la mort. » Car dans la mesure où le juste est arrivé à cette condition que Paul appelle « mourir chaque jour » pendant une longue période aux éléments inférieurs, la mort — quelque soit la manière dont elle arrive — n'est pas pour lui un événement soudain, mais l'achèvement d'un processus long à s'accomplir. Ce qui pour d'autres est un choc violent, arrive pour lui, par degrés insensibles, et comme une délivrance tout à fait heureuse. De là l'aspiration du prophète : « Fais-moi mourir de la mort du juste et que ma fin soit pareille à la sienne. »

35. Au moment de la dissolution, la conscience quitte rapidement la sphère extérieure la plus basse, qui est celle du

corps physique. Dans l'Ombre, le Spectre ou Corps astral (en hébreu Nephesh) — qui est le mode le plus bas de l'âme, — la conscience persiste un peu de temps avant d'être entièrement dissipée. Dans l'âme astrale, *anima bruta*, ou fantôme, (en hébreu, *Ruach*), la conscience persiste — quelquefois pendant des siècles, — selon le degré de force de la volonté inférieure de l'individu, et manifeste les caractéristiques distinctifs de sa personnalité extérieure. Dans l'âme, (en hébreu *Neshamah*) — le réceptacle immédiat de l'Esprit Divin — la conscience dure autant que l'âme elle-même. Et tandis que le fantôme reste en bas dans la sphère astrale, l'âme, obéissant à la même loi universelle de gravitation et d'affinité, se détache et monte vers les sphères supérieures qui lui conviennent, — à moins, toutefois, qu'elle ne soit encore trop grossière pour être capable de cette aspiration, auquel cas elle reste « liée » à son enveloppe astrale qui est sa prison. Ce fait de la séparation des principes est reconnu dans Homère lorsqu'Ulysse dit de son entrevue avec les ombres : — « Alors j'aperçus Héraklès mais seulement en fantôme (άδωλον), car lui-même est avec les dieux. (1) »

36. Les fantômes des morts ressemblent à des miroirs qui ont deux surfaces opposées. D'un côté ils réfléchissent la sphère terrestre avec ses images du passé ; de l'autre ils reçoivent des influx de ces sphères supérieures qui ont reçu leurs egos supérieurs, parce qu'ils sont spirituels. L'intervalle qui sépare ces principes doit être considéré comme indiquant plutôt un état ou une condition qu'une localité. Car ce dernier terme appartient à ce qui est physique et mondain et n'a aucune réalité pour l'âme affranchie. Il n'y a ni près ni loin dans le divin.

37. Le fantôme a cependant des espérances qui ne sont pas sans être justifiées. Il ne meurt pas complètement s'il y a en lui quoi que ce soit qui soit digne d'être retenu. La sphère astrale

---

(1) Le docteur Hayman fait remarquer que Pindare appuie aussi sur cette distinction entre le héros et son essence immortelle. Et Chaucer dit : « Bien que tu marches ici, ton esprit est dans l'enfer. » Ces distinctions sont autre chose que le produit d'une inspiration poétique. Elles représentent une connaissance occulte vérifiée par l'expérience de tous les siècles.

est, par conséquent, son lieu de purgation. Car Saturne qui, comme le Temps, met à l'épreuve toutes choses, dévore toutes les scories, en sorte que rien ne lui échappe, hormis ce qui, de par sa nature, est céleste et destiné à régner. En arrivant au Nirvâna, l'âme recueille tout ce qu'elle a laissé dans la sphère astrale de souvenirs sacrés ou d'expériences utiles. C'est en vue de cette fin que le fantôme s'élève dans la sphère astrale par la décomposition et la perte graduelle de ses affinités les plus matérielles ; jusqu'à ce que celles-ci se soient désagrégées et aient péri de façon que sa substance soit purifiée et éclairée. Mais un commerce et des relations continues du fantôme avec la terre ajoutent, (pour ainsi dire, un nouvel aliment à ses affinités terrestres, les tiennent en vie, et empêchent qu'il ne soit rappelé vers son ego spirituel. De là résulte que l'ego spirituel lui-même est empêché de s'unir complètement au Divin et d'être absorbé par lui.

38. Cette dissolution du fantôme est graduelle et naturelle. C'est un processus de désagrégation et d'élimination qui se continue pendant des périodes plus ou moins longues selon le caractère de l'individu. Ceux de ces fantômes qui ont appartenu à de mauvaises personnes possédant une volonté énergique et de fortes inclinations terrestres persistent plus longtemps, et se manifestent plus souvent et plus vivement parce qu'ils ne s'élèvent pas, mais que, destinés à périr, ils ne sont pas séparés de tout contact immédiat avec la terre. N'étant que scorie ils ne possèdent aucun élément capable d'être racheté. D'autre part le fantôme du juste se plaint si son évolution est troublée. « Pourquoi m'appelles-tu ? » dit-il, « ne me trouble pas. Les souvenirs de ma vie terrestre sont comme des chaînes autour de mon cou ; le désir du passé me retient. Laisse-moi m'élever vers mon repos et ne m'arrête pas avec tes évocations. Mais que ton amour me suive et m'enveloppe ; alors tu t'élèveras avec moi de sphère en sphère. » Ainsi bien que, comme cela arrive souvent, le fantôme d'une personne juste reste près de celui qui est juste aussi, et qui l'a aimé, c'est cependant à la véritable âme du mort que va l'amour de l'ami vivant, et non pas à sa personnalité inférieure représentée par le fantôme. Et

c'est la force et la divinité de cet amour qui aident l'âme à s'épurer en lui indiquant le chemin vers lequel elle doit se diriger; il est « une lumière brillante sur la voie montante qui conduit du terrestre à ce qui est céleste et éternel. » Car l'homme bon, sur la terre, ne peut pas aimer autre chose que le Divin. Par conséquent ce qu'il aime dans son ami c'est le Divin, — son moi véritable et radieux (1).

## V

39. Des quatre sphères qui constituent la planète une d'elles existe dans deux conditions à la fois, le présent et le passé. C'est son atmosphère magnétique ou âme astrale appelée *anima mundi*. La seconde condition est la peinture du monde où se trouvent rassemblés tous les souvenirs de la planète : son passé, son histoire, ses affections, ses souvenirs des choses physiques. L'adepte peut interroger ce monde fantôme et il lui répondra. C'est le vêtement que la planète a rejeté, cependant il vit et palpite, car son tissu même se compose de substance psychique et son *parenchyma* tout entier est magnétique. Et de même que la planète est une entité toujours en train de naitre et de mourir, sa contrepartie astrale, qui est le miroir du globe, ou un monde qui enveloppe un monde, est toujours en train de croitre.

40. Cette zone astrale est à la planète ce que le *Ruach*, en cours de désagrégation, est à l'homme. De fait la grande sphère magnétique de la planète est elle-même composée, ou tissée, des egos magnétiques de ses produits, exactement comme ceux-ci sont, à leur tour, tissés des atomes infiniment plus petits qui composent l'homme individuel. En sorte que nous pourrions, par un dessin, représenter toute la sphère astrale de la planète comme un système composé d'infiniment petites sphères dont chacune transmet et réfléchit des rayons spéciaux. Mais, de même que l'esprit divin de la planète n'est pas dans son cercle magnétique, mais dans le cercle céleste, ainsi l'âme véritable et l'esprit de l'homme ne sont pas dans la sphère astrale, mais sur des altitudes plus élevées.

(1) Voyez appendices II et XIII, part. 2.

41. Chaque monde possède une âme astrale qui reste toujours avec lui. Mais l'âme véritable du monde transmigre et s'échange, ce qui est le secret de la création des mondes. Les mondes, comme les hommes, ont leur Karma ; et de nouveaux globes cosmiques sortent des ruines des états précédents. La Psyché de la planète transmigre et passe, tout comme l'âme de l'unité individuelle humaine. De monde en monde, par des échanges et des mouvements incessants, la *Neshamah* vivante poursuit sa course variable. Et à mesure qu'elle passe la teinte de sa divinité change. Ici son esprit procède de Iacchos ; là d'Aphrodite ; puis encore d'Hermès ou d'un autre Dieu. Ici elle est faible, là elle est forte. Il faut comprendre que notre planète n'a pas commencé son avatar actuel dans la force. Un mauvais Karma écrasait son âme ; un Karma qui avait duré pendant tout le dernier *pralaya*, — ou intervalle existant entre la première période de vivification de la planète et sa naissance à de nouvelles activités, — et qui, depuis le début de la première manifestation, — généralement appelée la création, — dominait la reconstruction des choses. La théologie scandinave représentait ce Karma planétaire sous la figure du « disque doré de la destinée », que l'on retrouvait intact dans la jeune herbe de la nouvelle terre qui s'élevait, après le « crépuscule des dieux », ou « la nuit du Kalpa (1). » Car, comme tous les interprétateurs de la Genèse kabbalistique l'enseignent, la formation morale de toutes les choses créées a précédé leur apparence objective. En sorte que « chaque plante des champs avant de sortir, et chaque herbe avant de croître, » avait sa « génération » absolument déterminée.

Et aussi longtemps que ces destinées morales qui constituent le Karma planétaire agissent, le procédé de passivité et d'activité alternées continuera. Les révolutions et les évolutions de matière, les alternances de destruction et de rénovation marquent le balancement rythmique de cette force à laquelle rien ne peut résister, et qui est l'expression de la justice essentielle. Mais avec chaque vague cyclique qui se brise sur le rivage, la

---

(1) Terme hindou pour désigner la période de manifestation cosmique.

marée monte. « Le pouvoir des Dieux augmente ; le pouvoir des puissances du mal diminue (1). »

42. Comme pour l'homme ainsi pour la planète. Pour le petit et pour le grand, il n'y a qu'Une Loi ; bien que la gloire d'une étoile diffère de la gloire d'une autre. Et ainsi de suite à travers les avenues infinies et les systèmes du ciel. D'étoile en étoile, de soleil en soleil, de nébuleuse en nébuleuse, les âmes cosmiques transmigrent et s'entrecroisent. Mais chaque Dieu conserve inaltérable sa nature et sa personnalité.

## VI

43. Nous allons maintenant appliquer ce qui vient d'être dit à l'élucidation de la doctrine catholique et de sa pratique. Le but proposé au saint est de vivre de façon à rendre l'âme lumineuse et fermement unie à l'esprit, afin que l'esprit étant constamment uni à l'âme, perpétue l'individualité de celle-ci. Car l'individualité appartient à l'âme en tant qu'elle suppose la séparation, qui est la fonction que la substance de l'âme doit remplir par rapport à l'esprit (2). Ainsi, l'âme bien qu'éternelle et immaculée dans sa substance, acquiert l'individualité par sa naissance dans le temps et la matière, et c'est au dedans d'elle qu'est conçu l'élément divin qui, séparé de Dieu, est cependant Dieu et homme. C'est pourquoi le dogme catholique et la tradition, tout en faisant de Marie la « mère de Dieu », la représentent comme née de Anna, l'année ou le temps (3).

(1) Le Dharmasastra Sutras

(2) Tandis que le christianisme enseigne la persistance de la personnalité acquise par celui qui est racheté, et fait consister la rédemption en cela, le Bouddhisme affirme que la personnalité est une illusion qui appartient à la sphère de l'Existence — en tant que distincte de l'Être — et estime que la rédemption est le fait d'échapper à cette existence. Mais la différence qui existe entre ces deux doctrines vient de la façon de les présenter et n'est pas réelle. L'explication est celle-ci : chaque individualité possède deux personnalités, ou moi, l'une extérieure et phénoménale, qui est transitoire, et l'autre intérieure et substantielle qui est permanente. Et tandis que le Bouddhisme affirme, avec raison, que la première est fugitive, le christianisme insiste sur la continuité de la seconde. C'est l'absorption de l'individu dans son moi intérieur et divin, et le retrait de l'Existence qui en est la conséquence, qui constitue le Nirvâna, « la paix qui passe toute compréhension. »

(3) Les formes hébraïques des ces noms — Miriam et Hannah — n'ont pas exactement le même sens ; mais comme il ressort clairement des analogies employées et

44. L'Église a formulé dans deux dogmes les deux termes de l'histoire de la création ou de l'évolution. Ce sont : premièrement l'Immaculée Conception, et secondement l'Assomption de la Sainte Vierge Marie (1). La première concerne la génération de l'âme représentée comme engendrée dans le sein de la matière, amenée dans le monde par le moyen de la matière, et cependant n'étant pas de la matière, parce qu'elle est pure et incorruptible dès le premier moment de son existence. Autrement elle ne pourrait pas être « la mère de Dieu »

Dans son sein, qui est le Nucleus, est conçue la Lumière brillante et sainte, le Nucleolus, qui, — sans participation de matière, — germe en elle et se manifeste comme l'Image exacte du moi Éternel et Ineffable. Elle donne à cette image l'individualité, et à travers elle, et en elle, cette image est ramassée en un centre et polarisée en une Personne perpétuelle, subsistant par elle-même, à la fois humaine et Divine, Fils de Dieu et de l'homme. Ainsi l'âme est à la fois Fille, Épouse et Mère de Dieu. C'est elle qui écrase la tête du Serpent. Et d'elle sort, triomphant, l'Homme Régénéré qui en tant que produit d'une âme pure et d'un esprit divin, est dit être né de l'eau (Marie) et du Saint-Esprit.

45. Les déclarations de Jésus à Nicodème sont explicites et concluantes quant à la nature purement spirituelle de l'entité désignée sous le terme de « Fils de l'homme » et du procédé de sa génération. Incarné ou non, le Fils de l'homme est toujours

acceptées dans l'enseignement catholique que le nom de la Vierge a toujours été associé à sa signification latine, il est logique d'en user de même pour le nom de sa mère, d'autant plus que ce dernier n'est mentionné par aucun des Évangélistes, et ne se trouve que dans la tradition Latine.

(1) Il est vrai que la doctrine de l'Assomption n'est pas un dogme, au sens technique du terme, puisqu'elle n'a pas encore été formellement promulguée comme article de foi. Mais elle a toujours existé dans l'Église comme une « pieuse croyance », et en la promulguant ici nous ne faisons qu'anticiper sur les intentions de l'Église ; sauf que nous la présentons comme une conclusion de la raison non moins que comme un article de foi. Nous n'avons pas cru devoir nous demander si, en agissant ainsi, nous serions approuvée par les autorités ecclésiastiques. Car ne tirant pas nos informations de sources ecclésiastiques, et n'étant soumise à aucune direction ecclésiastique nous ne pouvons empiéter sur le domaine de cette autorité. Dans tous les cas ce que nous avançons ici aura l'important effet d'assurer l'accomplissement de la prophétie qu'implique le choix fait par Léon XIII de son titre officiel et de ses insignes, — la prophétie que son pontificat serait témoin de la promulgation en question. Pour plus de détails voyez Leçon VI. 39.

de nécessité « dans le ciel », — son propre « royaume au dedans ». Conséquemment les termes qui désignent ses relations de parenté ne contiennent aucune référence physique. « Vierge Marie » et « Saint-Esprit » sont synonymes « d'Eau » et « d'Esprit » ; et ces deux derniers termes indiquent les deux parties constituantes de tout moi régénéré, son âme purifiée et son esprit divin. Par conséquent la parole de Jésus : « Vous devez naître d'eau et d'esprit », affirme, premièrement qu'il est nécessaire pour chacun de naître de la manière dont il est né ; et secondement que l'évangile qui raconte sa naissance est une véritable représentation dramatique et symbolique de la nature de la régénération.

46. Comme l'Immaculée Conception est la base des mystères, l'Assomption en est le couronnement. Car le but absolu et la fin de l'évolution cosmique est précisément ce triomphe et cette apothéose de l'âme. On peut contempler dans ce Mystère la consommation de tout le plan de la création, — le perfectionnement, la perpétuation, et la glorification de l'Ego individuel humain. La tombe, — c'est-à-dire la conscience astrale et matérielle — ne peut pas retenir la Mère de Dieu. Elle monte au ciel ; elle revêt sa royauté, elle est, — selon l'expression employée dans le « petit office de la Sainte Vierge Marie, » — conduite dans la chambre où le Roi des Rois est assis sur son trône étoilé ; — en conséquence sa fête se célèbre dans la saison correspondante de l'année astronomique, lorsque la constellation de la Vierge atteint le zénith, et disparaît dans les rayons solaires. Ainsi du commencement à la fin, le mystère de l'évolution de l'âme, — l'argument du drame cosmique et de l'histoire de l'humanité, — est contenu et représenté dans le culte de la Sainte Vierge. Les actes et les gloires de l'âme, qui est Marie, sont le thème unique et suprême des mystères sacrés (1).

47. De fait cette dissertation sur la nature et la constitution du Ego est une véritable dissertation sur la nature et la constitution de l'Église du Christ (2).

(1) Voyez Appendice, n° XI.
(2) Voyez Appendice, n° X.

# SIXIÈME LEÇON

LA CHUTE (N° 1)

I

1. Dans la ville de la Mecque, le pays de naissance de l'iconoclaste Mahomet, se trouve un édifice carré de trente pieds de haut appelé Kaabeh, ou Cube. Le Khoran nous dit que ce fut la première maison d'adoration construite pour l'humanité. De temps immémorial, ce bâtiment a été connu sous le nom de Beit-Allah, ce qui est l'équivalent du mot Hébreux Beth-El, maison de Dieu. D'après la légende Mahométane, cette maison fut construite à l'origine par Adam, d'après le modèle d'un édifice semblable dans le Paradis, puis a été restaurée par Abraham. Elle contient une pierre blanche — aujourd'hui noircie par le temps et par les baisers des pèlerins — qui fut aussi, dit la tradition, apportée du Paradis. Mais des siècles avant la naissance de Mahomet, le Kaabeh était vénéré à l'égal d'un Panthéon des Dieux, et la pierre blanche adorée comme un symbole de Vénus.

2. Cette Maison Cubique est une figure du Royaume Humain, exécuté sur le modèle du Royaume Universel construit à l'époque primordiale ou « Commencement ». Il est dit que le premier constructeur du Kaabeh a été Adam, « Adam » sous un de ses aspects représentant la première Eglise de l'Elu, la première communauté d'hommes « créés à l'Image de Dieu. » Cette Eglise, qui avait mérité d'être chassée du « Paradis »,

parce qu'elle était tombée de l'état de perfection, fut restaurée par Abraham, le Père des Fidèles, ou des Initiés ; ce grand Ancêtre du peuple choisi de Dieu étant, sous un de ses aspects, la personnification de l'Église de Brahma dans l'Inde, d'où les Mystères « descendirent en Égypte », et de là plus tard dans tout le monde. Le nom de Beth-El donné à la Maison Humaine indique que, lorsque l'homme est « cubique », ou sextuple, il est l'habitation de la divinité. Car, selon leur sens intérieur et primitif, ces six étapes ou « jours » de la semaine de la création du Microcosme, correspondent au *processus* contenu dans les Petits et les Grands Mystères et sont d'après leur ordre : le Baptême, la Tentation, la Passion, l'Ensevelissement, la Résurrection et l'Ascension ; le « Mariage de l'Agneau » étant l'équivalent du Sabbat, ou du *dedans* du Cube ; le septième, le dernier et le plus transcendant de tous les Actes de l'Ame. La pierre blanche qui, comme nous l'avons vu, a toujours été un objet de vénération spéciale, est le symbole bien connu de l'Esprit Divin, le *nucleolus* de la Cellule, le Soleil du Système, la Tête de la Pyramide. Elle était considérée comme sacrée pour Vénus parce que Vénus est le Génie du Quatrième Jour, la Révélatrice du Soleil et du Système Céleste et c'est à elle, par conséquent, que l'Emblème de la Lumière Céleste était spécialement dédié. Le Kaabeh est, par son nom même, identifié à la Merkaba de la Kabbale, le « chariot » dans lequel, disait-on, le Seigneur Dieu descendait sur la terre, — phrase qui indique le travail de Manifestation, ou d'Incarnation de l'Être Divin dans la « Création ». Cette Merkaba, ce Véhicule de Dieu, est décrit par Ezéchiel comme pareil à un trône de saphir sur lequel Adonaï est assise ; il est soutenu et tiré par quatre créatures vivantes, ou Chérubim, qui ont quatre faces, la face d'un bœuf, celle d'un lion, d'un homme, et d'un aigle. Et ce chariot a aussi quatre roues, une près de chaque chérubin, et « ces roues avaient l'aspect d'une pierre de chrysolite ». « Et tout le corps des chérubins, leur dos, leurs mains et leurs ailes étaient remplis d'yeux aussi bien que les roues tout autour. »

3. Cette vision est identique à celle qui est décrite par saint Jean dans l'Apocalypse. Les Hébreux n'en permettaient l'étude

qu'aux hommes qui avaient dépassé l'âge de trente ans (1).

Cet âge représente la maturité, la virilité et la raison indiquées en nombres mystiques. Ainsi l'Arche de Noë, dans laquelle les élus étaient gardés, a trente cubits en hauteur. C'est dans sa trentième année qu'Ezéchiel, dont le nom signifie Force de Dieu, eut la vision que nous venons de citer; et Jésus avait environ trente ans lorsqu'il commença sa mission. De même le Kaabeh, ou la Maison cubique du Microcosme, est un cube de trente pieds.

4. Ainsi ce chariot — dans lequel roule Adonaï — symbolisé par une pierre qu'Ezéchiel appelle du saphir, et saint Jean de la jaspe, est le Royaume Humain, et les quatre créatures vivantes qui le tirent sont les quatre éléments de ce Royaume, le Corps, le Mental, l'Ame et l'Esprit, lesquels correspondent aux esprits élémentaux de la Terre, du Feu, de l'Eau et de l'Air qui constituent le système Macrocosmique. La première de ces quatre créatures, en allant de l'extérieur à l'intérieur, est le Bœuf qui symbolise la terre, ou le corps, labourée par les vaches sacrées de Démétèr, laborieux et obéissant. La seconde est le Lion, type de l'intellect magnétique ou « de feu » dont la raison est destructive et l'énergie rapace ; le siège de la Volonté audacieuse et masculine qui, si on lui permettait de discourir sans limite, déchirerait et profanerait les mystères sacrés. En troisième lieu vient le Génie de l'Ame, qui a un visage humain et symbolise la véritable Personne du Microcosme, à qui appartient, en tant que Gardien de la Maison, la raison constructive, la force réprimante et conservatrice du système. En dernier, et « au-dessus de tout le reste », vient l'Aigle, l'Oiseau du Soleil, ou Adonaï, type de la Lumière, de la Force et de la Liberté ; et l'Esprit vole sur le vent de ses ailes. Comme il est est écrit : « Voici vous viendrez comme un aigle et vous volerez ». Ces quatre Kérubim n'en font qu'un seul, qui forme une quadruple créature, les ailes de l'un étaient liées aux ailes d'un autre.

5. Au-dessus et autour du siège, ou du chariot d'Adonaï, tel

---

(1) Epître de Jérôme.

que les voyants de l'Ancien et du Nouveau Testament le décrivent, se trouve un Arc-en-Ciel, ou Arche. Ce dernier, symbole de la Voûte des Cieux qui entoure et enferme le Kosmos, est appelé dans les Ecritures Mont de Sion, ou Mont du Seigneur ; les Hindous lui donnent le nom de Mont Mérou, et les Grecs celui d'Olympe, demeure des Dieux. Pour tous il est le symbole du Royaume Céleste, l'Incréé qui « était, qui est, et qui sera », dans lequel habitent les Sept Esprits de Lumière, les Elohim de la Divinité. C'est de ce Mont que procèdent tous les oracles et toutes les dispensations du Ciel, et rien n'est fait dans les mondes macrocosmiques ou microcosmiques qui n'ait été premièrement conçu et qui ne soit éternellement parfait dans le conseil Divin. « Pour toujours, ô Seigneur », dit le Psalmiste, « Ta parole est écrite dans les cieux ». Et c'est pour cette raison que les Ecritures déclarent que tout dans le Tabernacle du désert avait été « fait d'après son modèle sur la Montagne Sainte ». Car le Tabernacle du Désert, comme le Kaabeh, est une figure qui représente la Maison Humaine de Dieu posée dans le désert du monde matériel, et qui peut se déplacer d'un lieu à un autre.

6. Le Mystère impliqué dans la vision d'Ezéchiel est présenté dans la Genèse sous le hiéroglyphe des quatre Rivières qui, sortant d'une seule source, vont arroser le Paradis. Cette source se trouve dans le lieu Saint de l'Eden Supérieur. C'est le « puits des Eaux de la Vie », ou Dieu. Et les quatre têtes de la rivière portent des noms qui correspondent aux zones de l'unité quadruple de l'existence, comme cela se remarque dans la Cellule et, par conséquent, qui correspondent aussi au visage du quadruple chérubin.

Ainsi Phison, le premier cours d'eau, est l'Ancêtre, ou le Corps et la Matière, et représente la Terre minérale et végétale, où se trouvent l'or, la prospérité et la célébrité. La seconde rivière est Gehon, ce qui signifie la vallée de la Gehenne ou Purgation, elle traverse « l'Ethiopie » ou Æth-opis, mot composé qui signifie littéralement Serpent du Feu ou Fluide Astral. Cette rivière est donc le corps igné ou la ceinture magnétique. La troisième rivière, Hiddekel, indique la Double

Langue ou les Deux Significations ; c'est le courant qui descend et remonte tour à tour aux époques anciennes et antérieures, et qui conduit en Assyrie, le pays, ou le lieu, de la Perfection. Cette rivière est l'Ame, l'élément permanent dans l'homme qui n'a ni commencement ni fin, et tire son origine de Dieu, antérieure au temps, et retournant au lieu d'où elle est venue, mais individualisée et perfectionnée. Divin par sa nature et humain par ses expériences, le langage de l'Ame est double, conversant également avec le Ciel et avec la Terre. La quatrième rivière est l'Euphrate, c'est-à-dire la puissance du Pharaon, — ou Phi-ourah, — Voix du Ciel, l'oracle et la volonté Divine du système humain. Et le « Paradis » arrosé par ces quatre rivières est la nature humaine équilibrée, le « jardin que le Seigneur Dieu a planté en Eden », ou le Kosmos ; c'est-à-dire le Particulier dans le sein de l'Universel.

7. Ce n'est pas sans une raison importante et une profonde signification que l'on a fait débuter le livre de la Genèse, ou du Commencement, par la description des quatre Rivières du Paradis. Car leurs noms et leurs attributs nous fournissent les quatre branches de la clef avec laquelle on peut ouvrir tous les mystères des Ecritures dont la Genèse est le Prologue et l'Argument. Ces mystères, comme les Rivières de l'Eden, se distribuent par quatre canaux dont chacun appartient à une région distincte du quadruple Royaume Humain dont la Reine et la Prêtresse est l'Ame. Une des plus précieuses et des plus profondes parmi ces Ecritures secrètes et mystiques est le Drame de la Chute dont les Actes, décrits dans les premiers chapitres de la Bible sont comme une série d'hiéroglyphes et de tableaux, qui retracent rapidement l'histoire de l'Homme et l'objet de la Religion.

8. Maimonides, le plus savant des Rabins, parlant du livre de la Genèse, dit : « Nous ne devrions pas prendre à la lettre ce qui est écrit dans l'histoire de la création, ni nous en faire une idée semblable à celle du vulgaire. S'il en était autrement, nos anciens Sages n'auraient pas pris tant de peine à cacher le sens, et à tenir devant les yeux des ignorants le Voile de l'allégorie qui cache la vérité qu'elle contient. » Dans le même

esprit, saint Jérôme observait que « le plus difficile et le plus obscur des saints livres contient autant de secrets que de mots, et cache même plusieurs choses sous un seul mot. » « Tous les Pères du second siècle », dit Mosheim « attribuaient un sens mystérieux et caché aux paroles de l'Ecriture. » Papias, Justin Martyr, Irénée, Clément d'Alexandrie, Grégoire de Naziance, Grégoire de Nyssa et Ambroise estimaient que le récit mosaïque de la création et de la chute n'est qu'une série d'allégories. Origène a clairement exprimé son opinion sur le même sujet. « Aucun homme, » dit-il, « ne peut être assez simple pour croire que Dieu, sous la forme d'un jardinier, planta un jardin en Orient ! Que l'arbre de la Vie était un véritable arbre que l'on pouvait toucher et dont le fruit avait le pouvoir de procurer l'immortalité ! »

9. Il est à peine nécessaire d'insister sur ce point ou de mettre en avant d'autres autorités. Il suffira de dire que cette méthode intérieure d'interprétation des écrits sacrés était, et est encore, la méthode employée par tous ceux qui possèdent la Gnose, ou la connaissance secrète des mystères, et qu'ils abandonnent la lettre au vulgaire ou aux « critiques » comme la gousse, ou la coque, qui sert seulement à cacher, à contenir et à conserver la semence vivante, la perle sans prix de la véritable « Parole ».

10. L'histoire de la Chute, aussi bien que les paraboles et les Mythes analogues, est plus ancienne et plus universelle que les lecteurs ordinaires de la Bible ne le supposent. Car la Bible elle-même, sous sa forme hébraïque, est une compilation et une adaptation, relativement récente, des mystères dont les scènes principales avaient été sculptées sur les murs des temples, et inscrites, ou peintes, sur les papyrus des siècles qui ont précédé Moïse. L'histoire nous dit, en outre, que le Livre de la Genèse, tel qu'il existe maintenant, n'est pas l'œuvre uniquement de Moïse, mais aussi d'Ezra ou Esdras, qui vivait à l'époque de la Captivité, — environ cinq ou six cents ans avant notre ère, — et qu'il le retrouva, ainsi que d'autres écrits, par le procédé que nous avons déjà décrit comme étant la Mémoire intuitive. « Mon cœur » dit-il, « disait la vérité, et la

sagesse grandissait dans mon sein ; parce que l'*Esprit fortifiait ma mémoire.* » Si donc c'est par de tels moyens qu'il retrouva ce que Moïse avait précédemment communiqué oralement à Israël, il est évident qu'Esdras devait avoir été initié à la tradition ancienne dans une existence précédente ; car aucune *mémoire* n'aurait pu lui faire retrouver ce qu'il n'avait jamais connu et qui, — lorsque l'ordre Divin lui fut donné de l'écrire à nouveau — était si totalement perdu que « nul homme ne connaissait les choses qui avaient été faites dans le monde depuis le commencement. » Comme le Talmud le dit : « Ezra ne pouvait pas avoir reçu la parole si Moïse ne l'avait pas premièrement déclarée. »

11. Mais nous ne devons pas davantage supposer que nous possédons les livres de Moïse tels qu'ils ont été retrouvés et édités par Esdras. Le système d'interpolation et d'altération auquel nous avons déjà fait allusion à propos de la Bible, affectait spécialement le Pentateuque. Les premiers qui le pervertirent furent les Pharisiens, dénoncés dans le Nouveau Testament. Ils modifièrent considérablement le texte, introduisirent leur propre rituel dans la loi, y ajoutèrent leurs commentaires et supprimèrent des parties qui condamnaient leur doctrine et leurs pratiques. D'après Spinoza, il n'existait, du temps des Macchabées, aucun canon des Ecrits saints ; les livres que nous possédons maintenant furent choisis entre beaucoup d'autres par les Pharisiens du second Temple et sur leur autorité. C'est eux aussi qui instituèrent la formule des prières employées dans la synagogue (1).

12. Quelque sacerdotales et rabbiniques que fussent ces interpolations et ces conceptions, elles affectaient principalement les livres de la loi cérémonielle et des récits historiques, et se rapportaient aux mœurs publiques, aux rites de temple, aux privilèges du clergé et à des questions de pur intérêt national. Elles touchèrent à peine aux grands mythes paraboliques qui se trouvent enfouis dans les Ecritures hébraïques comme autant de bijoux cachés dans la boue. Car ce sont bien des

---

(1) Traité théologico-politique.

bijoux qui, depuis les temps préhistoriques, ont été la propriété des initiés de toutes les religions et surtout des Hindous et des Egyptiens. C'est de ces derniers que Moïse les tira comme cela est occultement indiqué par ces mots : « Et les enfants d'Israël demandèrent aux Egyptiens des vases d'argent et des vases d'or et ils dépouillèrent les Egyptiens. »

13. Par rapport au mythe spécial de la chute, on trouvait sur les murs de l'ancienne Thèbe, d'Eléphantine, d'Edfou et de Karnak des inscriptions qui prouvaient que longtemps avant que Moïse enseignât et qu'Esdras écrivît, les actes et les symboles de la chute étaient contenus dans le cérémonial religieux du peuple dont, selon Manéthon, Moïse était lui-même un des prêtres. Et Sharpe, dans son livre sur l'Egypte, dit : « Toute l'histoire de la chute de l'homme est d'origine égyptienne.

La tentation de la femme par le serpent, et de l'homme par la femme, l'arbre sacré de la connaissance, les Kérubim qui gardent avec des épées de flamme la porte du jardin, la lutte déclarée entre la femme et le serpent ; tout cela peut se lire sur les sculptures des monuments égyptiens.

## II

14. Examinons maintenant dans l'ordre indiqué par le symbole hiéroglyphique des Quatre Rivières la signification de l'histoire mystique à laquelle il se rapporte. Si nous considérons en premier lieu la signification de la première rivière Phison, ou le corps, nous avons devant nous la condition de l'humanité dans l'état parfait avec des références spéciales aux relations justes et harmoniques qui existent dans cet état entre le corps et l'âme. Cette condition parfaite est représentée par une peinture de la première communauté mystique, Loge ou Eglise, composée d'hommes créés à l'image de Dieu et qui, sous le nom de Fils de Dieu, se distinguaient des hommes purement rudimentaires qui ne sont pas formés selon l'image divine et constituent la portion toujours matérialiste de l'humanité.

Dans tout agrégat, comme dans tout individu, cette condition parfaite était, et est toujours, atteinte par un procédé d'évolution, ou un développement et une croissance graduels allant du plus bas au plus élevé. Ceux qui, les premiers, arrivèrent à cet état parfait, sont célébrés par Ovide et d'autres auteurs, sous le nom d'hommes « de l'âge d'Or » ; c'est le Sabbat primitif du monde sous Saturne. Cette époque est atteinte soit individuellement, soit collectivement, chaque fois que l'esprit divin, qui travaille au dedans, a complété la génération de l'Homme, en le créant spirituellement « à l'image de Dieu mâle et femelle ». C'est ce qui est entendu par le Fils de Dieu possédant la puissance, parce que en lui l'âme domine le corps, et le corps n'a aucune volonté qui lui soit propre, qui soit séparée de celle de l'esprit divin.

15. Par conséquent, sous ce point de vue de la parabole, « Adam » représente la nature sensuelle et corporelle de l'homme ; et non sa nature psychique et spirituelle. L'épithète que l'on a traduite par « compagne », « aide », appliquée à la femme, signifie un guide clairvoyant ; et le nom de Isha, par lequel elle est d'abord désignée, indique la substance générative, ou le principe féminin de l'humanité. Après la chute elle est Chavah, ou Ève, terme qui signifie le cercle de la vie, et qui est représenté par un serpent. Comme l'âme, elle a deux aspects, le terrestre et le céleste, et est, pour cette raison, représentée par deux sortes de serpents ; le serpent de la poussière ou le tentateur, et le serpent qui indique la sagesse divine, ou Sophia — aspect sous lequel elle est l'initiatrice de l'homme dans les connaissances divines. Ce serpent céleste qui représente le rayon solaire, — par opposition au serpent du feu souterrain — nous est familier sous le nom de « Séraph », titre donné aux anges de l'ordre le plus élevé dans la hiérarchie céleste, et qui signifie « le brûlant », le fils du soleil. Dans la symbologie égyptienne, le Séraph divin, ou serpent, apparaît toujours surmonté d'une Croix et portant la couronne de Maut, la *Mère*, c'est-à-dire la « Mère vivante » qui est la raison céleste et originelle. C'est le même serpent sur la croix dont il est question dans une autre parabole sacrée et qui, est-il dit, guérissait les Israélites des morsures vénéneuses que leur faisait le serpent de la poussière, — la raison terrestre et

destructive, — dont l'image n'est pas tirée des rayons du soleil qui donne la vie, mais de la flamme dévorante et rapace du feu. Et voilà pourquoi il est dit, dans l'Evangile, que par l'exhibition de cette sagesse divine, par la restauration de la « Femme » ou « mère des vivants » sur son trône légitime, le monde sera finalement racheté de la domination du serpent de l'abime, c'est-à-dire de la raison matérialiste et inférieure. « Car, de même que Moïse a élevé le serpent dans le désert, ainsi le Fils de l'homme doit être élevé. Car le « Christ » est identique à Amoun-Ra : « Notre Seigneur le Soleil, rejeton du céleste Maut ». Et le moyen par lequel l'humanité peut être délivrée du « lion ravisseur » et des « serpents de feu » de l'intellect extérieur, ou du « désert du péché » terrestre, sera l'exaltation de l'humanité dans sa dualité, à la fois « Mère » et « Fils ».

16. Dans le système individuel ou microcosmique, la Sagesse céleste, ou âme de l'Univers, s'exprime comme âme de l'homme. La condition de l'humanité avant la chute et sans péché est une condition d'obéissance de la part de la nature sensuelle, ou « Adam », à la règle de l'âme, ou « Eve ». Mais par la chute cet état de choses est complètement interverti, et la « Femme », ou le « Vivant » tombe sous la domination de la nature sensuelle. C'est ce qui est entendu par « la malédiction ». Et la malédiction ne pourra être enlevée, le paradis reconquis et le second Sabbat de l'âge d'or atteint que lorsque cette « Femme » sera de nouveau revêtue de la suprématie à laquelle elle a droit.

17. Il est dit qu'Eve a été prise de la côte d'Adam endormi parce que, bien que l'âme existe dans tous les hommes, elle se révèle seulement chez ceux qui ont dépassé la conscience du corps. C'est lorsque « Adam » est endormi, est passif, et ne s'affirme pas, que l'âme, ou l'homme v. ant, se manifeste. C'est à elle de guider, de gouverner, de commander; à elle la vocation de voyante, de Pythonisse, d'interprète et de gardienne des mystères.

18. On trouve dans les restes historiques de l'Egypte des preuves du très grand respect que l'on professait autrefois pour l'âme et pour la femme en tant que représentante de l'âme. Un nombre infini de sculptures, d'écrits et de peintures nous

apprennent que la déesse Isis occupait un rang supérieur à celui de son mari ; le maitre, ou chef des Mystères, était représenté sous les traits d'une femme ; de nobles familles comptaient leurs degrés par la lignée des femmes, et les actes et les doctrines publiques étaient signés du nom de la grande prêtresse de l'année.

19. Telles sont donc dans l'état « édénique » c'est-à-dire avant la chute, les relations mutuelles d'Adam et d'Eve, — des sens avec l'âme. Et la parabole nous enseigne que la fin du Sabbat édénique, la ruine de l'âge d'or, la « chute » de l'Église, ont été amenées par la désobéissance à la voix divine, ou à l'esprit central que l'âme devrait toujours écouter. Le péché a donc son origine dans l'âme, en tant que partie responsable de l'homme ; et elle dont la mission est d'être pour lui une voyante et un guide, devient traitre à son égard. Le fruit défendu, communiqué par l'âme à Adam, est la flamme vitale, ou la conscience, décrite par les poètes classiques, comme le « Feu du Ciel. » Car, de même que Dieu est la conscience suprême et originelle, la première manifestation de la conscience humaine a son siège dans l'âme. Par conséquent dans le pur état édénique, ou comme on l'appelle, *l'état d'innocence*, l'autel de ce feu céleste se trouve dans la partie spirituelle de l'homme. Mais Prométhée, ou la pseudo-pensée, — la pensée falsifiée, par opposition à la véritable Raison Hermétique, — vole, ou « fait descendre » ce feu, l'enlève de sa place originelle et le transporte dans l'homme extérieur, ou le corps. Dès lors, la conscience de l'homme cesse de résider dans l'âme, et fait sa demeure du corps. C'est-à-dire que l'homme, dans sa condition de « chute », n'a conscience que du moi de son corps, et tant qu'il n'est pas régénéré ou racheté de la « chute » il ne redevient pas conscient de son âme qui n'est pas vitalisée. Trouver son âme est le premier pas à faire pour arriver à trouver le Christ ; comme l'Eglise catholique le dit : « Marie nous conduit à Jésus. » L'homme matériel, et non régénéré, n'a absolument pas conscience de son âme. Il n'a connaissance que du corps, et sa perception de la vie est limitée aux sens corporels.

Le Feu vitalisant ayant été transféré du « ciel » à la « terre » du système humain, la nature inférieure s'allume et se met en guerre avec l'Esprit divin ou le « Zeus » au dedans de l'homme. Cet acte est le vol Prométhéen que le Père punit d'une manière si terrible par la main d'Hermès, la véritable Pensée, ou l'Ange de la Compréhension. Car par cet acte l'homme se trouve lié et enchaîné aux choses des sens ; il est la victime d'une volonté perverse qui, pareille à un oiseau de proie insatiable, le déchire et le dévore incessamment. Ainsi se produit cette condition que saint Paul décrit si vivement : « Je trouve donc en moi cette loi ; quand je veux faire le bien, le mal est attaché à moi. Car je prends plaisir à la loi de Dieu, selon l'homme intérieur ; mais je vois dans mes membres une autre loi qui lutte contre la loi de mon esprit, et qui me rend captif de la loi du péché, qui est dans mes membres. Malheureux homme que je suis ! Qui me délivrera de ce corps de mort ? »

20. Ainsi, bien que le mal prenne son origine dans l'âme, la nature corporelle est, en fin de compte, celle qui commet l'offense. Aussi est-ce à « Adam » que la question est adressée : — « As-tu mangé du fruit de l'arbre dont je t'ai commandé de ne pas manger ? » Et la pénalité prononcée sur Adam énumère les souffrances du corps dans son état de « chute » et lui prédit son retour inévitable à la « poussière » et à la « terre » dont il a été tiré ; — pénalité, il faut le remarquer, qui est différente de celle encourue par « Ève » Au sujet de celle-ci nous lisons que sa volonté ayant cessé de se polariser intérieurement et en haut, vers son Centre Divin, est maintenant dirigée par suite de la « chute » vers l'extérieur et en bas du côté de son compagnon terrestre. Pareille à la « Femme de Lot », dans une autre parabole du même genre, « elle regarde en arrière et se trouve immédiatement changée en une statue de sel » Dans la terminologie Alchimiste le sel était synonyme de matière. Cette transformation en sel est l'inversion du « Grand œuvre » ; c'est la *Fixation du Volatile*. Dans la science alchimique le Grand œuvre est la *Volatilisation du Fixe*. Par cet acte de dépolarisation l'âme s'emprisonne définitivement dans le corps et

devient son esclave jusqu'au moment de cette « Rédemption » pour laquelle, dit Paul, « la création tout entière gémit et souffre les douleurs de l'enfantement. »

21. Dans la première des quatre explications de notre Parabole, l'Arbre de la Vie est le secret de la transmutation, ou de la Vie Eternelle, à laquelle l'Adam rebelle ne peut pas participer. Car aussi longtemps que les éléments de désordre demeurent dans le corps, aussi longtemps que la chair lutte contre l'Esprit, aussi longtemps que le microcosme admet deux volontés différentes et se trouve balancé entre deux lois contraires, le fruit de l'Arbre de Vie ne pourra être obtenu. Si c'était une chose possible pour cet Adam ruiné et désobéissant d'en « manger et de vivre pour toujours », la vie éternelle qu'il obtiendrait par là serait nécessairement pour lui l'enfer éternel des Calvinistes. Cette condition sans fin de tourment et de défiance envers Dieu, cette vie indestructible au milieu de la destruction — si cela était possible — constituerait la division de l'univers et élèverait en opposition à la règle Divine un royaume du diable égal et co-éternel.

22. Comme, selon cette explication du Mythe, Adam représente la personne, Ève l'âme, et la voix Divine l'esprit, ainsi le Serpent typifie l'élément astral ou la raison inférieure. Car cet élément subtil est l'intermédiaire entre l'âme et le corps, le « serpent de feu » qui se nourrit de poussière » ; c'est-à-dire la perception des sens qui ne s'occupe que des choses du temps et de la matière. Si ce « serpent » n'est pas soumis et dominé par la Volonté de l'Initié, il conduit l'âme à l'esclavage et à la perdition, en détruisant l'équilibre du système et en divisant le Foyer. Mais bien que, lorsqu'il n'est pas dominé, ce feu astral, par le fait de sa fonction de Tentateur, devienne le destructeur et l'agent de Typhon ou la Négation, il sera, sous la domination de l'esprit uni à l'âme, un élément de puissance et un verre de vision.

23. La Mère vivante, Isha, Chavah, ou Ève symbolisée par le Serpent céleste, est enlevée de son lieu légitime par les séductions du Serpent terrestre et astral. Alors arrive la ruine de l'état Édénique. L'âme est assujettie au corps, l'intuition aux

sens, l'intérieur à l'extérieur, le plus élevé au plus bas. Désormais les avertissements de l'âme seront supprimés, ses aspirations étouffées, ses conceptions difficiles, son fruit mis au jour dans le travail et la souffrance. L'intuition est en guerre avec la passion, et chaque victoire de l'homme spirituel est achetée au prix de l'angoisse. Entre la « femme » Kabbalistique et le « Serpent » astral doit régner une inimitié perpétuelle ; car désormais l'astral est en antagonisme avec le psychique, et un « grand abîme est établi » entre l'inteliigence et l'intuition. Car ce serpent astral est le Feu terrestre ; et la Femme Kabbalistique est l'Eau, la marée qui est destinée à l'éteindre. « Elle écrasera sa tête et il la blessera au talon. »

Tel est, dans le domaine historique, que ce soit celui de l'individu ou de l'Eglise, la signification du « Paradis » et de « sa perte » — le fait d'arriver graduellement à un certain grade élevé et d'en descendre ; — perte dont les effets immédiats se manifestent par une interversion de l'ordre naturel-divin, et par la suprématie de l'extérieur sur l'intérieur, du plus bas sur le plus élevé.

24. Dans le Paradis, l'humanité créée à l'image divine, et non déchue, reçut pour nourriture les fruits des arbres et les graines des plantes ; alors, comme nous dit Ovide : « les hommes se contentaient de la nourriture que la Nature leur accorde si généreusement. Car les appétits du corps ne connaissaient pas d'autre loi que celle d'une intuition saine et naturelle, et obéissaient à l'impulsion du Dieu au-dedans en ne désirant pas d'autre nourriture que celle pour laquelle le corps avait été créé anatomiquement et physiologiquement. Mais aussitôt qu'il eut une volonté perverse et égoïste, de nouveaux appétits se manifestèrent en lui, car une nature sous-humaine se développa, la nature de la bête de proie, dont le corps déchu avait revêtu l'image. Tous les poètes, tous les voyants, tous ceux qui sont régénérés, affirment de ce fait la vérité littérale, et que le Paradis ne pourra jamais être reconquis, la régénération accomplie, ni l'homme complètement racheté tant que le corps ne sera pas soumis à la loi de l'Eden et entièrement purifié de la tache du sang.

Celui qui ne peut pas vivre comme un homme du Paradis ne connaîtra jamais les joies du Paradis. Celui qui n'aura pas ramené l'âge d'or en lui-même ne pourra pas travailler à le ramener sur la terre. Aucun homme qui répand le sang et qui mange de la chair animale ne s'est jamais approché du secret central des choses et n'a saisi l'arbre de vie. Voilà pourquoi il est écrit, à propos de la Cité sainte : « Au dehors sont les chiens. » Car les pieds de l'animal carnivore ne peuvent pas fouler le sol d'or; les lèvres souillées de sang ne sauraient prononcer le nom divin. Jamais parole plus vraie n'a été dite; et si nous ne devions pas en prononcer d'autre, nous aurions exprimé tout ce que l'homme a besoin de savoir, car, si seulement il veut vivre de la vie de l'Éden, il trouvera toutes les joies et tous les mystères de l'Éden sous sa main. « Celui qui fera la volonté de Dieu, connaîtra la doctrine. » Mais tant que « son père et sa mère » n'ont pas été abandonnés, — c'est-à-dire tant que le disciple n'a pas résolu de refouler tout désir et toute affection terrestres qui pourraient l'empêcher d'entrer dans la voie parfaite — il ne trouvera pas le Christ et le Paradis ne sera pas reconquis.

« Il y en a beaucoup qui commencent les rites », dit Platon, « mais peu qui soient complètement purifiés. » Et un plus grand que Platon nous a avertis « que la porte qui conduit à la Vie est étroite et qu'il y en a peu qui la trouvent. »

### III

25. Si nous en venons au sens philosophique de notre parabole, nous trouvons que sur le plan terrestre l'homme est le mental ou l'intellect rationnel duquel sort la femme, l'affection du cœur; que l'arbre de la connaissance représente Maya ou l'illusion; le serpent, la volonté du corps; l'arbre de la vie, la divine Gnose — ou la connaissance intérieure; et que le péché, qui a amené la ruine de l'humanité, est l'idolâtrie.

Cet aspect de la chute nous montre le déclin de la religion qui tombe du céleste dans l'astral. Les affections de l'esprit non déchu sont fixées sur les choses d'en haut, spirituelles et réelles, et non pas sur les choses d'en bas, matérielles et fantasmagoriques. L'idolâtrie est le fait d'adorer l'ombre au lieu de la substance ; de mettre l'*eidolon* à la place de Dieu. Ce qui constitue la chute n'est donc pas un acte spécifique mais une tendance générale vers la Matière et les sens. Et le monde est plein de cette tendance, car c'est le « péché originel » de tout homme né de la génération « d'Adam ; » et seul l'homme qui est « né de nouveau de l'Esprit » en est affranchi ; il devient « un avec le Père », l'Esprit central et divin du système de l'homme.

26. Le Cœur humain tombe dans le péché de l'idolâtrie lorsqu'il écoute les avis et les suggestions de la volonté inférieure, la volonté de la nature sensuelle. Détachant ses désirs de l'Arbre de vie — la gnose — l'affection se porte sur les pommes fausses et trompeuses de l'illusion qui sont agréables à voir « aux yeux » des sens extérieurs. « Vos yeux seront ouverts » dit la volonté inférieure, « et vous serez semblables à des dieux, connaissant toutes choses. » L'affection cède aux séductions de cette promesse, elle s'enchevêtre dans l'illusion, elle communique le poison au mental et tout est perdu. L'Homme *connaît* en effet, mais la connaissance qu'il a acquise est celle de sa propre honte et de sa nudité. « Leurs yeux furent ouverts et ils connurent *qu'ils étaient nus.* » Par cet acte d'idolâtrie l'homme devient immédiatement conscient de son corps, des sens, de la matière, de l'apparence ; il tombe dans un autre monde, dans un monde inférieur ; et ce pas fatal le précipite tout entier de la sphère céleste dans la sphère astrale et terrienne. Désormais, le fruit de la Gnose Divine, l'arbre qui guérit n'est pas pour lui, il a perdu la faculté de discerner la Substance de la Réalité ; l'œil de l'Esprit est fermé et celui des sens est ouvert ; il est précipité dans l'erreur et l'obscurité, dans l'éclat de la Maya. Un divorce soudain s'est produit en lui entre l'esprit et l'âme. Il a perdu le « royaume, la puissance et la gloire » et aussi longtemps qu'il reste dans le « désert » du monde illusoire, la gnose est défendue contre lui par les esprits élémentaux, avec leur quadruple épée, bannière impénétrable pour l'homme qui a perdu la puissance et le secret du dissolvant.

27. Nous arrivons maintenant à l'interprétation Ethique et

Psychique du Mythe qui présente aussi un double caractère affectant d'un côté l'Eglise et de l'autre l'individu. Sous ce troisième aspect de la Parabole, l'Homme représente la Raison humaine ; la Femme, la Foi ou la Conscience religieuse ; le Serpent, la nature inférieure ; l'Arbre de la Connaissance, le royaume de ce monde ; et l'Arbre de la Vie le royaume de Dieu. La Conscience religieuse donnée à la Raison humaine en qualité de Guide, de Voyante, de Directrice, soit en général pour l'Eglise, soit en particulier pour l'Individu, tombe lorsqu'elle écoute les suggestions de la nature inférieure, lorsqu'elle désire, et cherche les ambitions, les vanités et les mensonges du royaume de ce monde et se compromet avec eux. Et elle ne tombe pas seule. Car cessant d'être un Guide sûr, elle devient elle-même le Serpent et la séductrice de la Raison humaine qui conduit l'homme dans de faux sentiers, le trahit et le trompe à chaque pas, si bien que si elle pouvait faire ce qu'elle veut, elle finirait par le plonger dans les profondeurs les plus basses de l'ignorance abjecte, de la folie et de la faiblesse, où il serait dévoré par la race de la Déraison et annihilé pour toujours. Car elle n'est plus alors la véritable Epouse, la Foi, mais elle est devenue l'impudique Superstition; et plutôt que d'obéir à ses instigations, l'homme, s'il veut se sauver, devrait la dominer, la tenir en esclavage, l'assujétir à son autorité. Mieux vaut que ce soit lui qui soit le Maître plutôt que de laisser régner la superstition, dont la méthode est insensée, dont la fin est la folie et la mort.

28. L'Eglise, dans son idéal, non déchue, est comme le verre de la lampe de la vérité, qui garde au dedans la flamme sacrée, et transmet intacte à ses enfants la lumière qu'elle reçoit sur la surface intérieure. Telle est la fonction du clergé, en idée et en intention ; mais non pas en réalité et en action, au moins de nos jours. Car par le fait que le clergé n'a pas réussi à résister à l'influence matérialisante du monde, le verre de la lampe est devenu si obscur, sur le côté extérieur, que la lumière qui est au dedans ne peut plus passer à travers, ou du moins n'y passe que pour jeter des lueurs trompeuses au lieu de rayons brillants et purs. Ou serait-ce que la lumière s'est

tout à fait éteinte, et le principal objet de sollicitude de ses antiques gardiens serait-il de cacher cette disparition ?

29. L'histoire du monde nous montre que jusqu'à présent cette chute a été le sort commun de toutes les Eglises. Et la cause de cela n'est pas difficile à trouver, étant donné que toutes les histoires humaines sont essentiellement une et la même, que le sujet en soit un individu ou une agrégation d'individus. Une Eglise est, comme tout autre organisme personnel, un organisme composé. Entre le corps circonférentiel, qui contient, et l'esprit central qui informe, — un côté tourné vers chacun, et unissant le mental au spirituel, — se trouve l'âme à laquelle correspond l'Eglise, le Clergé, ou l'Intuition qui est chargée, par sa médiation, de réconcilier le monde avec Dieu et de maintenir l'homme dans l'état de grâce. Et aussi longtemps que, par la vertu de la pureté d'un tel médium, le courant de vie et de lumière qui émane de l'esprit central de Vérité peut circuler librement, la santé parfaite règne dans le système. Mais lorsque, inclinant vers les éléments extérieurs et inférieurs, l'Eglise abandonne l'intérieur et le supérieur et devient terrestre, la flamme au dedans de son autel, étouffée et épuisée, s'en va, laissant le sanctuaire inhabité. Alors ne relevant plus du Royaume céleste, mais terrestre, l'Eglise déchue devient traîtresse et ennemie de l'homme. Il serait fatal pour sa puissance et ses intérêts matériels, qui sont sa seule préoccupation actuelle, de confesser la vérité, c'est-à-dire qu'elle a laissé la flamme sacrée mourir. De là la nécessité de cacher soigneusement le fait qu'elle est nue et vide, et de se défendre contre toute approche, afin que personne, qui n'ait pas intérêt à garder le secret, ne puisse épier son autel obscur. En conséquence l'Eglise se trouve désormais entre Dieu et le peuple, non pas pour les rapprocher mais pour les séparer.

La lumière et l'esprit n'étant plus en vue, et le chemin qui conduit au royaume de Dieu se trouvant bloqué par la superstition, de deux choses l'une, ou l'homme rationnel cessera de croire que ce royaume existe, et, tombant à son tour, il plongera dans le gouffre de l'athéisme, ou de l'agnosticisme ; ou, empêché par son épouse déloyale d'atteindre au fruit de l'arbre de vie, il se contentera de « pierres au lieu de pain » et des « serpents » de l'astral en place des véritables mystères célestes.

30. Ainsi tombée et dégradée, l'Eglise devient, comme l'humanité le sait fort bien, une Eglise « de ce monde, » avide de dignités mondaines, de revenus, de domination, portée à imposer à la crédulité de ses disciples, au nom de l'autorité et de l'orthodoxie, des fables et pire que des fables, des pommes de Sodome et Gomorrhe, des fruits de la mer morte ; — Eglise jalouse de « la lettre qui tue » ; ignorant « l'Esprit qui donne la vie, » ou cruellement en guerre avec lui.

## IV

31. Nous en arrivons maintenant à la dernière, à la plus intime des interprétations de notre quadruple hiéroglyphe, le secret spirituel et créateur contenu dans l'Allégorie Edénique. Il est souvent fait allusion d'une manière encore plus obscure à ce secret comme à la Chute des êtres célestes tombant de leur premier état de bonheur dans les sphères sub-célestes et leur rédemption finale au moyen d'une pénitence accomplie par l'incarnation dans la chair.

Il est à peine nécessaire de dire que cette chute imaginaire est aussi une parabole qui a pour but de voiler et de conserver une vérité. C'est dans son interprétation que se trouve le secret créateur, la projection de l'Esprit dans la Matière ; la chute, ou la descente de la substance dans la Maya ou l'Illusion. De là résulte Chavah, l'Eve de la Genèse, le cercle de la vie qui comprend le passé, le présent et l'avenir et correspond à Jéhovah, le nom de l'alliance de la Divinité. Dans cette façon d'expliquer la parabole, l'arbre de divination, ou de la connaissance, devient le mouvement, ou le kalpa, — la période d'existence en tant que distincte de l'Etre ; l'arbre de vie est le Repos, ou le Sabbat, le Nirvâna; Adam est la manifestation ; le serpent, — non plus celui de la sphère inférieure, mais celui de la sphère supérieure, — est le serpent céleste ou le Séraph du Conseil céleste, car maintenant toute la signification du mythe est changée, et l'acte d'Archë, la femme, se trouve être l'acte divin de la création. Ase, la racine du mot femme en hébreu, signifie le feu féminin générateur, la Substance Vivante qui produit ou qui est cause de la production. Sa forme coptique *Est* donne Esta ou Hestia, la déesse du Temple du feu ; c'est pour sa préservation continuelle que l'ordre des Vestales vierges fut établi. Le mot Est, est aussi identique aux équivalents latins et grecs IS (1), d'où sont dérivées toutes les formes européennes modernes du même affirmatif, comme aussi les noms de Esther et Easter (Pâques).

32. Adam signifie le rouge, par conséquent le sang; et c'est dans le Sang que la substance s'incarne et prend forme comme nature, ou Isis, dont le nom n'est, cela va sans dire, qu'une autre façon de rendre l'affirmatif EST. C'est pour cela qu'il est dit que la Nature, l'Archē incarné, est née de la côte d'Adam, ou de la manifestation par le sang. « Le sang », dit Eliphas Levy, « est la première incarnation du Fluide Universel; c'est la lumière vitale matérialisée. Il ne vit qu'en se transformant perpétuellement, car c'est le Protée universel, le grand Arcane de la vie. »

33. Comme cela a été dit dans une leçon précédente, le mouvement est le moyen par lequel l'esprit devient visible comme matière, car l'esprit et la matière représentent deux conditions d'une seule chose. Par conséquent, selon cette interprétation, par l'arbre de la connaissance du bien et du mal il faut entendre cette condition au moyen de laquelle l'esprit projeté dans l'apparence devient manifesté sous le voile de Maya.

34. Parmi les symboles sacrés et les insignes des dieux représentés dans la sculpture égyptienne, il n'en est aucun qui soit si souvent répété que la sphère. Cette sphère est l'emblème du mouvement créateur, parce que la force manifestante est rotatoire; étant en réalité la « Roue de l'esprit de la vie » décrite par Ézéchiel comme « une roue au-dedans d'une roue », en tant que tout le système de l'Univers, depuis la planète jusqu'à sa particule la plus extrême, fait sa révolution de la même manière. Et pour cette raison, et comme preuve du savoir qui a dicté l'ancienne symbologie de l'Eglise catholique, le pain

---

(1) *Is* en anglais signifie *est*.

eucharistique, figure de la *parole faite chair*, est circulaire. La sphère sacramentelle posée en équilibre sur la tête d'un serpent, ou d'un Séraph, est un hiéroglyphe très commun dans les tableaux sacrés égyptiens, et on rencontre fréquemment dans les anciens temples des bordures faites avec ces figures emblématiques. La Pomme, ou le fruit rond de l'arbre du Kalpa, — dont l'Archë divine mange, sur l'avis du « serpent » du conseil céleste, ce qui produit la chute ou la manifestation de l'esprit dans la matière, — n'est pas autre chose que l'hostie sacramentelle, type du pain de vie, ou corps de Dieu, qui est représenté dans chaque orbe du soleil, réfléchi sur le disque de chaque étoile, planète ou molécule, et élevé pour être adoré sur l'ostensoire de l'Univers.

35. C'est seulement lorsque le Naros, ou le Cycle des six jours, atteindra de nouveau son septième jour que reviendra le « Seigneur du Septième » que les Latins adoraient, sans se voiler la tête, sous le nom de *Septimianus*, et que le voile de l'Illusion, ou Maya, sera enlevé. L'anticipation du Septième Jour de la nouvelle Arcadie, le septième jour de la fête de la liberté et de la paix, était célébré par les Grecs sous le nom de *Kronia* et par les Latins sous celui de *Saturnalia*. Dans l'Ecriture il est parlé de ce Sabbat Rédempteur comme de la « Moisson de la fin du monde », lorsque Saturne ou Sator (le Semeur), en qualité de « Seigneur de la Moisson », « reviendra avec joie apportant ses gerbes avec lui. » Et lorsque ce jour arrivera, le Fruit de l'Arbre de Vie, ou Nirvâna, sera donné pour la guérison de l'Univers ; le repos après le mouvement mettra fin à la Matière, et la Substance, que la « Chute » a placée maintenant sous la domination d'Adam, ou de la Manifestation, retournera à son état originel et divin.

36. Il nous reste seulement à parler maintenant de l'Arc symbolique, ou Coupe, qui entoure le char microcosmique d'Adonaï et représente, comme cela a déjà été expliqué, le Mont céleste dont le ciel phénoménal est la transcription. La planisphère des cieux, familière à toutes les anciennes sciences astrologiques, est divisée en deux parties par une ligne qui va de l'est à l'ouest et représente l'horizon. La portion de

la planisphère qui est au-dessous de cette ligne horizontale comprend l'hémisphère inférieur et invisible ; celle qui est au-dessus, l'hémisphère supérieur et visible. Au commencement de l'année la constellation de la Vierge céleste, Astræa, Isis ou Cérès, est en ascension. Elle a, au-dessous de ses pieds dans l'horizon inférieur, le signe de Python, ou Typhon, le Dragon de l'arbre des Hespérides qui se lève après elle, la poursuivant et dirigeant ses griffes vers ses talons.

37. Cette Vierge céleste est l'Ève régénérée, Marie l'Immaculée, la Mère du Dieu-Soleil. Son premier « décan » est celui du Soleil dont la naissance, comme Mithras, se célébrait le vingt-cinquième jour de décembre, — la véritable naissance de l'année, — à minuit, moment où elle apparaît au-dessus de l'horizon visible. En conséquence la figure du Soleil est placée dans ce « décan » sur la charte planisphérique, et repose par conséquent sur la tête de la Vierge, tandis que le premier « décan » de Libra, qui est celui de la Lune, se trouve sous ses pieds. En elle, nous reconnaissons la Femme de l'Apocalypse victorieuse de son adversaire le Dragon et établissant, par sa manifestation, l'équilibre — Libra — de l'univers.

38. Ainsi les cieux témoignent éternellement en faveur de la promesse de rédemption finale de la Terre, du retour de l'âge d'or et de la restauration de l'Eden. Et la note fondamentale de cette harmonie désirée se trouvera dans l'exaltation de la FEMME sur tous les plans quadruples de l'univers, physique, philosophique, psychique et céleste.

Puis, de nouveau, à la fin comme au commencement, l'âme réhabilitée, l'affection régénérée, l'intuition purifiée, la substance divine rachetée de la matière, seront élevées, couronnées et glorifiées.

39. Ceux qui veillent en considérant « les temps » et « les cieux » peuvent savoir, par plus d'un signe, que l'époque du lever de cette Vierge Céleste et de la réhabilitation de la vérité, par la femme Messianique de l'interprétation approche. Pour n'indiquer qu'un de ces signes, le signe du Lion qui précède sur la carte céleste, l'ascension de la Femme, et va devant elle comme un hérault, est le signe du chef actuel de l'Eglise

Catholique. Lorsqu'il prit ce titre il déclara que sa fonction était celle du « lion de la tribu de Juda », le domicile du soleil, la tribu désignée pour produire le Christ. C'est à l'ascension de cette constellation qui prépare, pour ainsi dire, le chemin à la Vierge divine que s'applique la prophétie d'Israël dans la Genèse :

« Juda est un jeune lion ; mon fils tu es élevé. Le sceptre ne sera point pris de Juda jusqu'à ce que le messager vienne, — ou Shiloh — celui que les nations attendent. »

Et non seulement le chef de l'Eglise porte le nom significatif du « lion » mais il est aussi le treizième de ce nom, et treize est le nombre de la femme et du cycle lunaire, le nombre d'Isis et du microcosme. C'est le nombre qui indique la plénitude de toutes choses et la consommation du mariage divin, la réconciliation de l'homme avec Dieu.

En outre, les armes de Léon XIII portent un arbre sur un mont, entre deux lys à trois pointes, et dans le coin droit une étoile ardente, avec la devise « *Lumen in cœlo.* » Qu'est-ce que cet arbre, sinon l'arbre de la vie ; qu'est-ce que ces Lys, sinon les lys de la nouvelle annonciation, de l'*Ave* qui doit renverser la malédiction d'*Eve*? Quelle est cette étoile, sinon l'étoile du second avènement? L'histoire ne se répète que parce que toute l'histoire est déjà écrite dans « les cieux. »

40. Car les signes du Zodiaque, ou de la « Roue de la Vie », comme l'indique ce mot, loin d'être arbitraires, sont les Paroles de Dieu, tracées sur la Planisphère par le doigt de Dieu, et pour la première fois expliquées en hiéroglyphes intelligibles par les hommes de « l'Epoque de Saturne », qui connaissaient la Vérité et possédaient les clefs des Mystères. Ainsi la Roue du Zodiaque fut la première de toutes les Bibles ; car sur elle se trouve inscrite l'histoire Universelle de toute l'humanité. C'est un miroir qui réfléchit à la fois le Passé, le Présent et l'Avenir ; car ces trois termes ne sont que les modes d'un Eternel MAINTENANT qui est le seul temps au sens philosophique. Et les douze signes du Zodiaque sont les douze Portes de la Cité céleste de la science religieuse, le Royaume de Dieu le Père.

41. La philosophie moderne, incapable, dans son ignorance de l'âme, de résoudre l'Enigme du Zodiaque, en conclut que toute l'histoire sainte n'est qu'un tissu de fables inventées en harmonie avec les formes accidentelles des constellations. Mais, comme l'Initié le sait, ces signes sont écrits sur la Charte étoilée parce qu'ils représentent des vérités éternelles de l'expérience de l'âme. Ils sont le *processus*, ou les actes de l'âme, soumis à l'individuation dans l'Homme. Et loin d'être attribués à l'Homme parce qu'ils sont dans le Zodiaque, ils sont dans le Zodiaque parce qu'il est reconnu qu'ils se produisent dans l'humanité. Dans l'ordre Divin les images précèdent la parole écrite comme expressions des idées. La planisphère du Zodiaque est donc une Bible illustrée ; et les figures qu'elle contient ont inspiré les expressions de toute Révélation écrite.

## V

42. Cette leçon s'est terminée, pour la personne qui écrit ces pages, par une vision dont le récit formera une conclusion convenable pour le lecteur.

La voici :

Un calice d'or, comme ceux qui sont employés pour les cérémonies catholiques, mais ayant trois doublures me fut donné par un Ange. Ces trois doublures, me dit-il, représentent les trois degrés des Cieux, — la pureté de la vie, la pureté du cœur et la pureté de la doctrine. Immédiatement après apparut un grand Temple couvert d'un dôme, de style mahométan, et sur le seuil se tenait un Ange de haute stature vêtu de lin qui, avec un air de commandement, dirigeait une troupe d'hommes occupés à détruire et à jeter dans la rue un grand nombre de crucifix, de Bibles, de livres de prières, d'objets servant au culte, et d'autres emblèmes sacrés. Tandis que je restais immobile, considérant cela, et quelque peu indignée de ce qui me semblait être un sacrilège, une voix, qui partait d'une grande hauteur dans les airs, cria avec une netteté saisissante : « Il détruira entièrement toutes les idoles ! » Alors la même voix, qui parut monter encore plus haut, dit, s'adressant à moi : « Viens ici et vois ! » Soudain, il me sembla que j'étais soulevée par mes cheveux et portée au-dessus de la terre. Alors je vis s'élever au milieu de l'air la figure d'un homme, d'un aspect majestueux, portant un vêtement antique et entouré d'une foule d'adorateurs prosternés. Au premier moment cette apparition me parut inconnue ; mais tandis que je la regardais attentivement un changement survint sur le visage et dans le vêtement, et je crus reconnaître Bouddha, le Messie de l'Inde. Mais à peine me fus-je convaincue de ce fait qu'une voix puissante, aussi forte que mille voix ensemble criant à l'unisson, dit : « Debout vous tous ; — adorez Dieu seul ! »

Et de nouveau la figure changea, comme si un nuage avait passé devant elle, et elle parut prendre la forme de Jésus. De nouveau, je vis les adorateurs à genoux, et de nouveau la voix puissante cria : « Levez-vous ! adorez Dieu seul. » Le son de cette voix était comme le tonnerre et je remarquai qu'elle avait sept échos. Sept fois ce cri fut répercuté, chaque fois plus fort, et montant de sphère en sphère. Alors, tout d'un coup, je tombai à travers les airs comme si la main qui me soutenait se fut retirée ; et de nouveau touchant la terre, je me trouvai dans le temple que j'avais vu dans la première partie de ma vision. A son extrémité, à l'est, il y avait un grand autel d'où émanait, au-dessus et derrière, une belle mais faible lumière blanche dont le rayonnement était arrêté et obscurci par un rideau sombre qui tombait du haut du dôme devant l'autel. Et le milieu du temple qui, sans le rideau, aurait été complétement illuminé, se trouvait plongé dans une obscurité coupée seulement par l'éclat intermittent de quelques lampes à huile mourantes qui pendaient ici et là de la vaste coupole. A la droite de l'autel se tenait le même ange de haute stature, que j'avais vu précédemment sur le seuil du temple ; il avait dans sa main un encensoir qui fumait. Alors, observant qu'il me regardait avec attention, je lui dis : « Dis-moi qu'est-ce que ce rideau qui tombe devant la lumière et pourquoi le temple est-il dans l'obscurité ? » Et il répondit : « Ce voile n'est pas simple, il est triple ; et ces trois voiles sont le sang, l'idolâtrie et la malédiction d'Eve. Et c'est toi qui est chargée de le retirer. Sois fidèle et courageuse ; le temps est venu. » Le premier rideau était rouge et très pesant. Avec beaucoup de peine je le tirai de côté et je dis : « J'ai ôté le voile de sang de devant Ta Face. Brille, O Seigneur Dieu ! » Mais une voix qui partait de derrière les plis des deux tentures qui restaient, me répondit. « Je ne puis pas briller à cause des idoles. » Et voici qu'apparût devant moi un rideau de plusieurs couleurs, tissé avec toutes sortes d'images, de crucifix, de madones, d'Anciens et de Nouveaux Testaments, de livres de prières et d'autres symboles religieux, quelques-uns étranges et hideux comme les idoles de la Chine et du Japon, et d'autres fort beaux comme ceux des Grecs et des chrétiens. Et le poids du rideau était aussi lourd que du plomb, car il était chargé de broderies d'or et d'argent, mais je le déchirai avec mes deux mains et m'écriai : « J'ai ôté les idoles de devant Ta Face. Brille, O Seigneur Dieu ! Et alors la lumière fut plus claire et plus brillante. Mais cependant devant moi pendait encore un troisième voile, tout noir ; dessus était tracée, à grandes lignes, la figure de quatre lys sortant d'une seule tige, leurs calices s'ouvrant en bas.

Et la voix partant de derrière le voile me répondit de nouveau : « Je ne puis pas briller à cause de la malédiction d'Eve. » Alors je rassemblai toute ma force et avec une grande volonté je déchirai le rideau en criant : « J'ai enlevé sa malédiction de devant Toi. Brille, O Seigneur Dieu. » !

Alors ce ne fut plus un voile qui était devant mes yeux, mais un paysage glorieux et parfait, et qu'aucune parole ne pourrait décrire ; un jardin d'une beauté exquise, plein de palmiers, d'oliviers et de figuiers, où serpentaient des rivières d'une eau claire et des sentiers d'un vert tendre ; on distinguait des bocages lointains et des forêts encadrées de montagnes couronnées de neige ; et, au-dessus de leurs sommets lumineux, un Soleil levant dont j'avais aperçu la lumière derrière les voiles. Autour du Soleil, au milieu des airs, flottaient les formes blanches et nuageuses de grands Anges, comme des nuages au matin passent devant l'Aurore. Et au-dessous, au pied d'un cèdre majestueux, il y avait un éléphant blanc qui portait dans son houdah doré une femme d'une grande beauté, vêtue comme une reine avec une couronne sur la tête. Mais tandis qu'en extase, je regardais et souhaitais de contempler ce spectacle pour toujours, le jardin et le temple furent enlevés loin de moi dans le Ciel. Alors comme je continuais à regarder en haut j'entendis la voix, d'abord très haut dans les airs, puis tombant vers la terre à mesure que j'écoutais. Et voici devant moi apparut le pinacle blanc d'un minaret, et autour et au-dessous le ciel était tout d'or et rouge de la gloire du Soleil levant. Et je m'aperçus qu'alors la voix était celle d'un muezzin solitaire qui se tenait sur le minaret, les mains levées en criant :

> « Enlevez le sang parmi vous !
> Détruisez vos idoles !
> Rétablissez votre Reine ! »

Et immédiatement une voix qui ressemblait à celle d'une multitude infinie, et qui semblait partir d'au-dessus, autour et au-dessous de mes pieds, — une voix pareille au vent qui s'élève des cavernes et monte jusqu'aux hauteurs infinies vers les étoiles, — répondit :

« Adorez Dieu seul ! » (1)

(1) Voyez Appendice III. part. 2.

# SEPTIÈME LEÇON

## LA CHUTE (N° 2)

I

1. Le sujet de cette leçon est encore l'événement tragique mystiquement appelé la chute de l'homme. Avant de continuer nous récapitulerons brièvement ce qui a été dit par rapport à la nature de l'homme. Comme nous l'avons déjà expliqué, cette nature est quadruple, et se trouve elle-même comprise dans une double personnalité. Se composant du mâle et du femelle, de la raison et de l'intuition, l'Homme dans ce sens est un être double. Mais la moitié masculine comprend le dualisme des sens et de l'intellect; et la moitié féminine, le dualisme de l'âme et de la perception.

2. Par suite de cette dualité de sa constitution, toute doctrine qui a rapport à l'Homme offre, à l'origine, une double signification et une double application. Et parce que cette constitution est quadruple, elle présente aussi, en second lieu, une signification quadruple et une application quadruple. Par conséquent pour être complète l'interprétation de toute doctrine doit être au moins double. Et puisqu'il y a entre les sphères intérieure et extérieure de l'être humain une correspondance exacte, en vertu de laquelle tout ce qui existe, ou se passe, dans l'une de ces sphères a son contre-coup dans l'autre, les termes qui serviront à décrire l'une s'appliqueront également à l'autre, et aucune interprétation, ni aucune appli-

cation ne sera complète si elle ne comprend pas les deux sphères.

3. De là résulte que, comme il est dit dans un fragment hermétique : *Toutes les Écritures qui sont la parole véritable de Dieu ont une interprétation double, intellectuelle et intuitive, apparente et cachée.*

*Car rien ne peut venir de Dieu qui ne soit pas fécond. Telle qu'est la nature de Dieu, ainsi est la parole qui sort de la bouche de Dieu.*

*La lettre seule est stérile; l'esprit et la lettre donnent la vie.*

*Mais la plus excellente des Écritures est celle qui est très féconde et produit une abondante signification.*

*Car Dieu est capable de dire beaucoup de choses en une; de même que l'ovaire parfait contient plusieurs semences dans son calice.*

*Par conséquent, il y a dans les Écritures de la parole de Dieu certaines pages qui, comme des arbres très productifs, portent plus de fruits que d'autres dans le même jardin sacré.*

*Et l'un des plus excellents est la parabole de la chute, laquelle semblable à une rivière qui se sépare en quatre branches à une tête quadruple et est une parole extrêmement riche.*

*Car c'est une parabole et non pas une histoire, au sens ordinaire de ce mot, et elle a un sens caché et mystique; — une parabole qui, en outre, bien que fondée sur un fait particulier, est vraie pour tous les temps parce qu'elle est toujours en action. Parce qu'elle est cela, la parabole de la chute constitue une vérité éternelle.*

4. Les premiers chapitres des livres sacrés ne contiennent donc pas l'exposé d'événements qui se sont passés dans un lieu spécial, et sont en relation avec une époque particulière ; mais l'explication du sens et de l'objet de la religion en général, de la création de l'homme, de la nature du péché et de la méthode du salut ; et toutes ces choses subsistent perpétuellement. Ces chapitres constituent donc une sorte d'argument, ou de préface abstraite, du drame divin de l'histoire spirituelle de l'homme, et la clef de leur interprétation est le mot MAINTENANT.

5. Car dans l'intellect divin il n'y a pas de passé, et dans l'économie divine il n'y a pas de futur. Dieu est JE SUIS, il EST toujours. Le terme Jéhovah combine en un seul mot les temps passés, présents et futurs du Verbe JE SUIS. Les Ecritures sont les archives de ce qui se passe incessamment. Ainsi l'Esprit de Dieu, qui est la vie originelle, se meut incessamment sur la face des eaux, ou de la profondeur céleste, qui est la substance originelle; et le UN, qui se compose de ces deux, met perpétuellement au jour le macrocosme de l'univers et le microcosme de l'individu; il crée constamment l'homme à l'image de Dieu en le plaçant dans le jardin d'innocence et de perfection, le jardin de sa propre nature simple et non falsifiée par le sophisme. Mais l'homme tombe et s'éloigne constamment de cette image, il quitte ce jardin pour le désert du péché, parce qu'il est tenté par le serpent des sens, l'élément inférieur de lui-même. Et il est toujours racheté de cette condition et des conséquences qu'elle produit par le sang du sacrifice accompli perpétuellement pour lui par le Christ Jésus, qui est à la fois fils de Dieu et de l'homme, et qui naît toujours d'une Vierge pure ; — mourant, ressuscitant et montant au ciel.

6. Car toutes ces expressions sont des termes mystiques dénotant des faits qui se répètent perpétuellement dans l'histoire de l'Ame, et qui sont indispensables au salut. Mais suivant le sens dans lequel ils sont compris, ils produisent le salut ou la condamnation. La lettre tue, est-il dit; la lettre et l'esprit réunis ont la vie et donnent la vie. Car ces faits interprétés dans un sens, — le sens de l'esprit — sont des vérités divines ; interprétés dans un autre sens, — le sens de la lettre, — ils sont des mensonges et une idolâtrie. Et puisque l'idolâtrie consiste dans la matérialisation des mystères spirituels, et la substitution des symboles matériels aux choses véritables qui sont entendues, alors les interprétations qui donnent aux doctrines mystiques des applications physiques, sont une idolâtrie. Toute Ecriture donnée par l'inspiration de Dieu est mystique ; et, dans son sens ésotérique ne traite pas de choses matérielles mais de réalités spirituelles, l'intention mystique des choses nommées étant seule impliquée, et nullement les cho-

ses elles-mêmes. Et cette règle s'applique également aux deux parties de l'Ecriture que l'on appelle respectivement l'Ancien et le Nouveau Testament.

7. La parabole de la chute a donc, en harmonie avec la constitution quadruple de l'existence, une signification quadruple. Mais comme ce qui est vrai de la race est vrai aussi de l'individu, et que ce qui est vrai de l'individu est vrai aussi de la race, chaque partie de cette signification quadruple a une double application, celle qui regarde la race et celle qui s'applique à l'individu. Cette parabole est également vraie pour la race et pour l'individu dans les sphères spirituelle, morale, intellectuelle et physique; et elle a été construite avec des termes dérivés de cette dernière parce que c'est seulement ainsi qu'elle pourra être universellement reconnue dans les autres, puisque le physique est le miroir universel du non manifesté et le seul médium qui puisse réfléchir à la fois les trois sphères qui sont au-dessus de la sienne. Ainsi présentée sous des termes qui sont dérivés du physique, cette parabole a une signification pour le tout, si ce n'était même que comme allégorie des saisons, car — ayant une base astronomique — elle est aussi cela.

8. Bien loin cependant de vouloir représenter l'histoire actuelle et naturelle de la planète ou de l'homme et d'être ce qu'il est aujourd'hui de mode d'appeler scientifique, cette parabole est combinée de façon à faire paraître cette histoire le contraire de ce qu'elle est réellement. Car, si on la lit dans le sens superficiel, elle représente l'homme comme ayant été, dès le début, créé parfait par une puissance qui agit de l'extérieur; tandis que la vérité est qu'il a été créé grâce à un développement graduel partant de l'être rudimentaire, par une puissance — l'Esprit Divin — agissant du dedans. Car cette méthode est toujours celle de l'action divine et c'est cela que la parabole entend réellement.

9. Mais c'est seulement lorsque l'on comprend ce que les livres mystiques entendent par l'Homme, que le sens véritable de la parabole apparaît. Et comme ce serait en vain que l'on essayerait d'interpréter ces livres si ce point n'était pas éclairé,

une définition de l'homme comme ces livres l'entendent sera la première chose qui nous occupera.

Pour une science matérialiste, qui ne discerne que l'apparence extérieure des choses, et qui, par conséquent, ne tient nullement compte des qualités, la forme est tout. Par conséquent, pour elle, l'homme n'est qu'un primate parmi les animaux, et il lui semblera suffisamment désigné par les termes de *mammifère, bipède, bimane*, etc. La notion que la forme, pour être valide, doit être *remplie*, et que celui qui n'est homme que par la forme et ne possède aucune des qualités intellectuelles, morales et spirituelles qui sont comprises dans le terme humanité, n'est pas réellement un homme, — cette notion n'entre pas dans la conception du matérialiste.

10. D'autre part, selon la doctrine mystique, celui qui n'est humain que par la forme n'est qu'un homme rudimentaire qui, sous tous les rapports essentiels, peut être classé parmi les grades inférieurs de l'humanité, les plantes et les animaux. Comme eux, il ne possède que la potentialité de l'humanité, il ne l'a pas encore réalisée en lui. Car selon cette doctrine, la fonction suprême de l'homme est la connaissance ; en sorte qu'il n'est pas un homme jusqu'à ce qu'il connaisse, ou, tout au moins, jusqu'à ce qu'il ait trouvé son organe de connaissance, jusqu'à ce qu'il soit capable de savoir. En outre, ce terme même de connaissance a, dans cette acception, une signification spéciale. Car le mystique ne l'applique qu'à la connaissance des réalités. Cela seul, à ses yeux, est la connaissance qui a pour sujet la nature de l'Être, c'est-à-dire sa propre nature et celle de Dieu ; non point le phénomène seulement, mais la substance et sa méthode d'opération. Et dans la mesure où, afin d'arriver à cette connaissance, l'homme doit avoir atteint sa conscience spirituelle, il s'ensuit que, selon la définition mystique, l'homme n'est pas homme tant qu'il n'est pas arrivé à la conscience de sa nature spirituelle. Et jusqu'à ce qu'il soit arrivé à ce point, l'individu est semblable à un enfant qui est incapable de remplir ni même de comprendre les fonctions de l'homme.

11. La raison de cela est que l'homme est un être double,

non pas seulement masculin ou féminin, mais tous les deux à la fois ; non pas seulement homme ou femme, mais homme et femme ; et il est ainsi, non par rapport à l'extérieur et au physique, mais par rapport à son intérieur et à sa nature spirituelle. Car puisque l'humanité est double, ce qui, étant l'homme, représente l'humanité, doit être double aussi. Et ceci ne peut pas être sur le plan uniquement physique où une moitié seulement du dualisme humain peut s'exprimer dans le même individu. Sur ce plan-là il faut, pour exprimer toute l'humanité, deux personnes, un homme et une femme. Et c'est au moyen des deux sexes que le corps peut constituer un symbole de l'humanité qui, étant intérieur et permanent, est seul l'humanité réelle.

12. Car, — comme cela a déjà été démontré, — c'est par la femme que l'homme arrive à son complet développement. C'est sa capacité de la reconnaître, de l'apprécier et de se l'approprier qui lui imprime physiquement son cachet d'homme. C'est elle qui par l'influence des sentiments qu'elle éveille en lui, l'arrache à la course extérieure et sans but qu'il poursuit, et dans laquelle, s'il était abandonné à lui-même, il finirait tôt ou tard par se dissiper et se perdre ; c'est elle qui, le ramenant autour d'elle, comme à son centre, le rachète et fait de lui un système capable de se perpétuer, augmentant et complétant en même temps ses qualités masculines : la volonté, la force et l'intelligence, par ses qualités féminines à elle : la patience, l'amour et l'intuition. Ainsi, par l'addition d'elle-même, elle fait de lui un Homme. Ce n'est pas à la moitié mâle du dualisme qu'ils constituent à eux deux que le terme d'homme s'applique proprement, pas plus qu'à la moitié femelle. Aucune de ces moitiés prise séparément n'est l'homme ; et c'est par suite d'une fâcheuse lacune du langage que la moitié masculine de l'homme est appelée un homme. (1) Il est l'homme mâle,

---

(1) De grands et sérieux malentendus se sont produits par le fait de l'emploi du même terme pour indiquer à la fois toute l'humanité et la moitié masculine de l'humanité. La confusion est la même que celle qui vient de l'emploi du mot *terre* pour désigner le globe tout entier, composé de terre et d'eau, et la portion solide du globe seul. Comme d'après le sens primitif la terre et l'eau sont également la terre, l'une étant prise comme terre masculine et l'autre, comme terre féminine, ainsi

comme elle est l'homme femelle : et c'est seulement lorsqu'ils sont unis, c'est-à-dire *soudés* dans un mariage parfait, que l'homme existe ; les deux, ainsi unis, constituant une humanité — comme la terre et l'eau constituent la terre, — et, par leur puissance de se perpétuer et de multiplier ils démontrent la perfection complète de leur système.

13. C'est seulement parce qu'il en est ainsi pour l'humanité — sur le plan intérieur, qu'il en est ainsi sur le plan extérieur. Quelque soit le sexe physique d'une personne, chaque individu est une dualité qui consiste en l'extérieur et l'intérieur ; une personnalité manifestée et une individualité essentielle, un corps et une âme qui sont respectivement masculin et féminin, homme et femme ; lui l'extérieur et elle l'intérieur. Et tout ce que la femme est à l'homme dans les sphères physique et sociale, elle l'est de même dans les sphères intellectuelle et spirituelle. Car en tant qu'elle est l'âme et l'intuition de l'Esprit, elle le retire physiquement et mentalement de la dissipation et de la perdition qui le menacent dans l'extérieur et le matériel ; et en le centralisant, en le rendant substantiel, elle le rachète et le couronne ; — d'un fantôme qu'il était elle fait de lui une entité, d'un mortel un immortel, d'un homme un Dieu. Sans elle, il vaudrait mieux pour lui-même et pour les autres qu'il n'eut jamais existé. Il n'est pas bon que l'élément homme soit seul dans aucune sphère de l'être. Car sans l'Amour la Force ne produira que du mal jusqu'à qu'elle se soit épuisée. Et tel est l'homme et le sort qui l'attend jusqu'à ce qu'il *la* trouve, et qu'*elle* le trouve, — l'âme et la femme au dedans de lui. Elle est vraiment pour lui « la mère de ce qui est vivant » et sans elle il n'y a pas de vie. Et cela elle l'est de par sa propre nature, parce que c'est en elle que réside la Vie Divine. Car de même que l'âme est la vie de l'homme, l'esprit, qui est Dieu, est la vie de l'âme. Elle est ainsi le médiateur entre l'homme et Dieu, afin de les attirer tous les deux en elle ; celui-là seul chez qui elle agit ainsi est vraiment un homme créé d'après

l'homme et la femme sont également l'*homme*, l'un étant l'homme masculin, et l'autre l'homme féminin. Pour elle comme pour lui, la personnalité extérieure est ce qui est mystiquement appelé « l'homme » et l'être intérieur est « la femme. »

l'Image Divine. Le rachetant du chaos et faisant de lui un Kosmos, elle est le centripète par rapport au centrifuge de l'homme; l'attractif par rapport à son divergent; le constructif par opposition au destructif en lui; la synthèse de son analyse; l'être de son apparence; la réalité de son illusion. Avec son avènement il commence à être; et désormais, par elle, il peut prétendre à la parenté avec le JE SUIS.

14. Dans notre parabole, l'homme est par conséquent représenté comme ayant été créé parfait, en ce qu'il est, au sens mystique, mâle et femelle, c'est-à-dire qu'il a une âme — *anima divina* — sur-ajoutée à sa personnalité extérieure, — *anima bruta* — chacune ayant conscience de son existence séparée. Le fait d'arriver à cet état de conscience est représenté sous l'allégorie de la création de la femme : alors seulement ils commencent à exister l'un pour l'autre. Le moment choisi pour l'accomplissement de cette étape de leur histoire est un des éléments importants du *processus*. Car il est le même pour tous les hommes. Ce n'est pas tandis qu'il est dans l'exercice actif de ses qualités masculines que l'homme devient conscient de son autre moi, le meilleur parce qu'il est intérieur et divin. Ses tendances agressives et destructives doivent d'abord être épuisées, et l'animal en lui, son moi extérieur, — en un mot la partie *homme* de lui, — doit être jetée dans un sommeil profond, avant que la femme en lui puisse se révéler, et le rendre conscient de quelque chose, ou plutôt de *quelqu'un* au dedans de lui, qui est lui tout en différant de lui, qui est supérieur et meilleur que tout ce qu'il a jusqu'alors possédé ou été.

15. Une fois reconnue, une fois sa réalité et sa supériorité admise, il n'y a pas de sommets de bonté et de connaissance sur lesquels elle ne puisse le conduire, si seulement il veut la suivre et la préserver de la souillure de la matière et des sens dont le commerce direct n'existe que pour lui. Pour accomplir comme elle le doit sa fonction par rapport à l'homme et attirer ses regards vers elle, il faut qu'elle aspire elle-même continuellement à l'Esprit Divin qui est en elle, son Soleil Central à elle, comme elle-même est celui de l'homme. Si elle détourne son regard de ce Divin Esprit et le fixe sur ce qui est au dehors

et en bas, elle tombe et, dans sa chute, l'entraîne avec elle. Ce n'est que par elle qu'il peut tomber ; car ce n'est que par elle qu'il peut s'élever, car de sa nature même il est l'inférieur et il est incapable par lui-même de s'élever. Car il repose sur la sphère matérielle, et il est de la terre, terrestre.

16. Ce n'est pas parce que la matière est en elle-même mauvaise que la descente de l'âme dans la matière constitue une chute qui entraîne un désastre ; c'est parce que la matière est une chose défendue à l'âme, en sorte que cet acte constitue une désobéissance. Cette défense n'est cependant pas arbitraire, mais elle est fondée sur la nature propre de l'âme, comme l'est aussi la pénalité attachée à cette transgression. Ce n'est qu'en restant une substance spirituelle que l'âme peut subsister comme âme possédant toutes les potentialités de l'âme. En quittant sa condition propre, et en descendant dans la matière, elle prend pour elle les limites de la matière. Comme il n'existe pas de ligne de démarcation entre l'Esprit et la matière, ce n'est qu'en maintenant une volonté dirigée exclusivement vers l'esprit qu'une âme peut se garder de tomber dans la condition inférieure de la matière, se préserver de la désagrégation finale et de la perdition.

17. Il ne sera pas inutile de répéter ici qu'une telle chute ne suppose pas la perte d'une portion quelconque de la substance divine. L'esprit animateur se retire, et les éléments constituants se séparent. Ce qui périt, c'est uniquement l'*individualité* formée par ces éléments : Et elle périt à cause de son refus persistant d'accepter le « Don de Dieu » qui est la vie éternelle ; c'est-à-dire le don d'une portion du moi de Dieu ou de l'Esprit de Dieu. En refusant cela, l'homme refuse la vie, car il est libre de le faire. Dieu ne rejette ni n'annihile personne. L'Homme, en rejetant Dieu, annihile sa propre individualité. Et Dieu ne peut pas faire que l'homme existe sous d'autres conditions, par la raison qu'il est omnipotent. Dieu ne serait pas omnipotent si l'individu était indestructible. Car alors il y aurait quelque chose qui ne serait pas Dieu et qui posséderait toute la puissance de Dieu. En sorte que cette doctrine, loin d'être un empêchement à la bonté et à l'amour divins est essentielle à ces

qualités. Dieu, comme nous l'avons dit, ne rejette et ne détruit rien. Mais il y a dans les choses mauvaises un élément de destruction qui est nécessaire à la sécurité de l'univers. S'il en était autrement, — si les individus pouvaient subsister pour toujours dans une condition d'opposition à la volonté divine, — alors le mal lui-même serait éternisé ; et l'univers divisé contre lui-même tomberait. Et, d'un autre côté, si l'homme n'était pas libre de s'annihiler lui-même, et si le salut était forcé, l'existence ne serait plus une réalité solennelle mais une comédie où l'homme et l'âme rempliraient le rôle de marionnettes indignes d'une création divine. Mais par la loi de l'hérédité, la liberté de Dieu implique la liberté de l'homme ; et cette dernière suppose la liberté de renoncer à Dieu et par là à tout l'Être. Aussi cette parole est-elle vraie : « Pour celui qui ne veut pas posséder Dieu, Dieu n'est pas. »

18. C'est à travers l'âme, et par l'âme seule, que l'homme apprend à connaître la volonté divine, et par là se sauve lui-même. La clarté avec laquelle l'âme, de son côté, discerne et transmet cette volonté dépend de sa pureté. Dans le mot de *pureté* se trouve contenue l'essence de toute religion. C'est le refrain de la Bible et de toutes les Bibles. Il y est toujours insisté sur la pureté comme étant le moyen de salut, et l'impureté est toujours la cause de la condamnation. La Parabole de la Chute ne fait point exception à l'uniformité de cette doctrine. Si son âme est pure, l'homme demeure dans l'Eden et « voit Dieu. » Si son âme est impure, il est chassé dans le désert. Telle est, sur le plan spirituel, la façon dont opère cette grande loi de la gravitation qui, — comme on l'a dit, — est la loi unique de l'existence. Le salut et la condamnation sont une question de gravitation spirituelle. L'Homme tend à s'approcher de Dieu ou à s'éloigner de Lui, — l'arbre de la vie, — suivant la gravité spécifique de son âme ; et la densité de cette âme dépend de la nature des affections qu'il cultive, et celles-ci dépendent, à leur tour, de sa propre volonté qui est libre. Par conséquent, en étant le régulateur de sa propre gravité spécifique, il est l'arbitre de sa propre destinée ; et selon qu'il veut le lui-même, il tend intérieurement et en haut

vers le salut, ou extérieurement et en bas vers l'extinction. S'il cède au tentateur, — les sens, — et s'il fait de la matière non pas seulement son moyen mais son but, son âme finit par perdre sa nature spirituelle. Néanmoins, tant qu'il y a de la vie en elle, il y a de l'espoir pour lui ; mais seulement par un retour à la pureté. Car c'est seulement lorsqu'elle a retrouvé sa « virginité » et qu'elle est devenue « Immaculée » que le Christ, son Sauveur — peut naître d'elle.

## II

19. La pleine signification de la parabole que nous venons d'examiner et l'unité des Saintes Écritures nous apparaîtra clairement si nous la complétons par les nombreux passages qui se rapportent à la même doctrine, surtout par ceux de l'Apocalypse ou du livre de la Révélation. C'est là que la doctrine de la Femme est hautement reconnue et affirmée. Cette doctrine est le fondement du vrai christianisme, que les clergés matérialistes de tous les temps, ces oppresseurs implacables de la Femme, ont presque réussi à détruire. Tâchons donc — au risque de nous répéter — de confronter ces deux expressions d'une même doctrine, ces deux faces de la tradition judéo-chrétienne entre lesquelles tant de milliers d'années se sont écoulées.

20. En créant l'Homme, Dieu a créé un être entier et parfait, qui forme un seul tout en deux parts distinctes, Adam l'homme terrestre et extérieur, et Ève l'homme spirituel et intérieur, son âme, sa « mère vivante ». Ces deux sont joints ensemble par Dieu d'une union parfaite, en une seule créature et rendus pour tous les temps indispensables l'un à l'autre. Adam, la personnalité manifestée de l'homme, n'est pas complet — c'est-à-dire que l'homme n'atteint pas l'Humanité — avant qu'Ève, l'âme ou la femme, ne s'ajoute à lui comme compagnon, comme aide et comme guide. Par l'adjonction d'Ève, les deux natures deviennent une seule Humanité.

21. L'Humanité tombe vite de cet état de perfection. Car Ève, l'âme, détournant son regard de l'objet propre de sa contempla-

tion, c'est-à-dire de son esprit, de Dieu, l'attache aux choses d'ici-bas, aux choses terrestres et matérielles qui sont pour elles le « fruit défendu » car sa nature est spirituelle. Contemplant ce fruit et le trouvant agréable à l'œil, elle étend sa main, le cueille et le donne à son mari, à Adam, pour le manger avec lui.

22. Telle est toujours l'histoire du péché. La personnalité extérieure ne peut pas pécher par elle-même, car elle n'est pas un être raisonnable. Le péché est le fait de l'âme; et il vient de l'inclination de l'âme pour les choses des sens. Parce qu'elle prend ce fruit et le goûte, il est dit qu'elle le mange. A son instigation « Adam » fait de même. A partir de ce moment, au lieu que l'âme le purifie et l'éclaire par son opération intérieure, tous deux deviennent sensuels et se dégradent. Et ainsi le péché, qui a son principe dans la pensée de l'âme, se développe en action par l'énergie du corps ou de la partie masculine de l'homme.

23. Le péché une fois consommé, le résultat est inévitable. Adam et sa femme, l'homme et son âme, entendent la voix du Seigneur Dieu parler à travers leur conscience. Et s'apercevant qu'ils ne sont plus vêtus de cette pureté qui seule rend l'homme capable de contempler son créateur face à face, ils fuient, comme des gens trouvés nus, pour se cacher devant la présence divine. Ayant rejeté Dieu, ne le regardant plus comme son Seigneur et son Roi, l'âme, Ève, tombe sous le joug d'Adam, l'homme corporel. Il la gouverne et son désir est borné par lui. Par suite la matière exerce en eux sa domination sur l'esprit. Le gardien de la perfection est perdu, et le monde devient pour eux un désert sauvage.

24. Cependant Adam, interrogé par la voix divine, rejette le blâme sur Ève. Car, sans l'âme qui est en lui, l'homme n'aurait pas connu le péché et n'aurait pas été capable de le commettre ; le péché n'étant possible que là où il y a la conscience du bien et du mal que l'âme seule possède. Ève, interrogée à son tour, rejette la faute sur le serpent de la matière — les sens, ou la nature inférieure — dont les séductions ont causé sa chute. Ce n'est donc pas un acte particulier qui constitue le péché. Le

péché ne consiste pas dans l'accomplissement de fonctions quelconques de la nature. Le péché consiste à agir sans, ou contre l'esprit, et à ne pas chercher la sanction divine pour chaque chose que l'on fait. Le péché ne réside pas dans l'homme physique, mais dans l'homme spirituel. C'est par l'esprit qu'un acte est justifié ou condamné. C'est du matérialisme pur et de l'idolâtrie de considérer un acte en lui-même comme coupable. Car faire cela, c'est investir une chose purement physique d'un attribut spirituel.

25. Le résultat matériel de l'asservissement de l'âme à la matière est que cet état l'expose à l'extinction. Par sa propre nature l'âme est immortelle, c'est-à-dire, elle ne subit pas la mort qui atteint le corps, mais lui survit pour revêtir d'autres corps et continue à le faire jusqu'à ce qu'elle ait formé un homme spirituel digne et capable de durer toujours. Mais à mesure qu'elle descend plus bas dans la matière, sa vitalité et son pouvoir de recouvrer sa nature divine diminuent en proportion. En sorte que, à moins qu'elle ne revienne sur ses pas et ne s'améliore, elle doit finalement périr. Car en persistant dans sa déchéance, elle perd complètement l'esprit divin qui est sa vie nécessaire.

26 Donc, malgré la chute de l'âme, il y a toujours espoir de régénération pour l'homme. L'âme doit cependant, elle en a reçu la promesse divine, « écraser la tête du serpent ». Non pas sa descendance seulement, mais elle-même, l'âme, quand elle sera pleinement restaurée. Car tel est le véritable sens de cette indestructible prophétie dans l'histoire de l'âme, prophétie inscrite également dans la Bible hébraïque et dans cette Bible bien plus vieille du Zodiaque. En sorte que l'âme qui a été la cause de la chute, nous fournit aussi les moyens de la rédemption. « Je mettrai l'inimitié, dit Dieu au serpent, entre toi et la femme, entre sa descendance et la tienne. Elle écrasera ta tête et tu seras couché en garde à ses pieds ». Car l'âme tombée, retenant quelque chose de sa spiritualité, et reculant devant une appréciation purement matérielle des choses, proteste constamment lorsque l'homme se laisse accaparer par sa nature inférieure. L'homme régénéré doit donc naître de l'âme

restaurée dans sa pureté primitive et non du corps et de ses propensités animales. Le premier Adam est de la terre, terrestre et soumis à la mort. Le second « est du ciel » et triomphe de la mort. Car « le péché n'a plus de pouvoir sur lui ». Il est, par conséquent, le produit d'une âme purifiée de la dégradation causée par la matière et délivrée de la sujétion du corps. Une telle âme est appelée vierge. Elle a pour épouse, non la matière -- à laquelle elle a renoncé -- mais l'esprit divin, qui est Dieu. Et l'homme né de cette union est fait de l'image de Dieu, il est Dieu fait homme ; c'est-à-dire, il est Christ, et c'est le Christ ainsi né dans chaque homme qui le sauve et lui confère la vie éternelle. Par ce Christ qui est en puissance en chacun de nous, la matière est transmutée en esprit dans l'homme. Il est l'homme lui-même, devenu par régénération à la fois le fils de l'homme et le fils de Dieu. Génération, dégénérescence et régénération — ces trois termes résument l'évolution entière et toute l'histoire de l'âme.

27. Cet accomplissement triomphant de la course de l'âme est célébré de la manière suivante dans l'Apocalypse : « Je contemplai, dit le Voyant, une grande merveille dans les cieux, une femme vêtue du soleil, ayant la lune sous ses pieds et une couronne de douze étoiles sur sa tête ». Ce symbole représente l'âme investie de la lumière de la connaissance suprême, acquise à travers les expériences faites dans la longue série de ses existences passées. Elle est debout sur la lune parce qu'elle a vaincu la matérialité et qu'elle est fermement établie dans la foi d'une pleine intuition — deux étapes du développement de l'âme représentées par la partie obscure et la partie lumineuse de la lune. Désormais elle est supérieure aux changements et aux chances de la destinée mortelle. Ces étoiles qui représentent son immortalité conquise sont les joyaux de sa couronne, et chacune d'elle représente un des douze travaux qui doivent être nécessairement endurés par l'âme dans son passage au perfectionnement final. Elles représentent en même temps les dons spirituels et les grâces qu'elle doit conquérir dans cette évolution.

28. Le produit de la femme ou de l'âme ainsi exaltée est un

« enfant mâle », qui est persécuté par le « serpent » du monde inférieur. C'est un enfant mâle pour plusieurs raisons. D'abord, parce qu'il représente les bonnes actions, non de simples intentions et des pensées, mais des œuvres actuelles, fruits positifs de l'âme adombrée par l'Esprit Divin, fécondée par le Divin Amour. La nature extérieure, ou l'homme, ne peut avoir aucune part dans la production de pareilles actions ; elles procèdent entièrement de l'âme ou de la femme. Ces actions constituent un enfant mâle, parce que l'action implique l'exercice de l'élément masculin de la force. Elles sont nécessaires au salut, non parce qu'elles peuvent sauver par elles-mêmes, mais parce qu'elles sont la preuve de la rédemption de l'individu qui les accomplit. La foi et le saint désir sont féminins et par eux-mêmes insuffisants. Il faut qu'ils soient complétés par la force des œuvres — qui sont d'ordre masculin — afin de conquérir l'approbation au regard de Dieu. « Car l'homme n'est pas sans la femme, ni la femme sans l'homme dans le Seigneur. » Et « le Seigneur » signifie, et il *est*, l'humanité entière, homme et femme, tels qu'ils subsistent dans l'*Idée Divine*. Par conséquent, sans l'enfant et sans l'enfant mâle, l'allégorie eût été incomplète.

29. Or, les bonnes actions ainsi engendrées excitent la spéciale aversion du diable, ou principe du mal, vu que, plus que toute autre chose, elles menacent son royaume. C'est pourquoi il est représenté comme cherchant à détruire la femme vêtue du soleil et sa progéniture, c'est-à-dire l'âme et les bonnes actions qu'elle engendre. Mais si l'âme doit rester pour le moment dans le monde pour être éprouvée et persécutée jusqu'au temps où Dieu mettra fin à son épreuve et l'appellera à la joie finale auprès de lui, il n'en est pas de même de sa progéniture. Celle-ci est immédiatement mise en sûreté auprès de Dieu et de son trône. Car la bonne action une fois accomplie ne peut plus être détruite. Mais Dieu l'accepte et la préserve, et le diable n'a point pouvoir sur elle. C'est pourquoi ce dernier, trouvant inutile de persécuter l'enfant mâle, redouble ses efforts contre l'âme et vomit sur elle un flot de tentations, dans le but, si possible, de l'emporter hors de la vue de Dieu. Elle, cepen-

dant, quoique dans le « désert » de la chair, est divinement soutenue et délivrée. Le reste de sa progéniture, les bonnes actions qu'elle continue à engendrer, sont toujours l'objet de la persécution de l'esprit du mal, jusqu'à ce que le dragon soit finalement vaincu par ce qui est appelé mystiquement « le sang de l'Agneau » qui est la pure doctrine et la vie pure, par lesquelles les élus sont faits fils de Dieu et héritiers de la vie éternelle.

30. Dans l'exaltation qui l'attend comme une récompense de sa fidélité, la femme, ou l'âme, est décrite comme étant revêtue du lin blanc de la droiture, emblème de la pureté parfaite, et donnée par Dieu pour être fiancée « à Son fils unique » Jésus-Christ. Le Christ est l'homme perfectionné par l'expérience et la souffrance, et régénéré parce qu'il a suivi la pure intuition de Dieu qui était dans son âme. Le Christ est appelé le « *fils unique* », non parce qu'il est un seul individu, mais parce que ce mot s'applique *uniquement* à celui qui correspond aux qualités décrites en la personne du Christ. Il est toujours un fils de Dieu, celui qui est le produit non d'une âme dégradée par la matière, mais d'une âme pure et vitalisée par l'Esprit. Le caractère de « l'homme » ainsi né pour la seconde fois est d'être « le fils unique du Père » parce que Dieu n'engendre pas de fils d'une autre espèce. « Les saints » qui « héritent la terre » sont des hommes semblables. Sous leur gouvernement, « la Nouvelle Jérusalem » ou état de perfection, qui « descend du ciel » — la cité qui a Dieu pour soleil et n'a point de temple, parce que chaque homme est lui-même une maison de Dieu — remplace le jardin de l'Eden.

31. Parallèlement à ce résumé de l'histoire de l'âme pure et fidèle, l'Apocalypse trace celle de l'âme perverse sous le type de la femme abandonnée, assise sur « les sept collines » des « sept péchés mortels » et qui pactise dans la perversité avec « les rois de la terre ». C'est-à-dire qui se livre entièrement aux excitations de la nature inférieure, et accepte dans toute sa grossièreté et sa cruauté une civilisation purement matérialiste, dans laquelle le corps est pris pour le tout, où l'esprit et tout principe divin sont réduits à néant.

32. Nous voyons combien la parabole de la Genèse est complète si nous comparons la malédiction prononcée sur Adam avec l'état actuel de l'homme au point de vue matériel. Voici les termes de la sentence dans toute son intégrité. « Et Dieu dit à Adam : Parce que tu as prêté l'oreille à la voix de ta femme lorsqu'elle fut subornée par le diable et parce que tu as mangé de l'arbre dont je t'ai dit : Tu n'en mangeras pas ; la terre sera maudite à cause de toi ; tu te nourriras de ses fruits dans le souci tous les jours de ta vie ; elle produira pour toi des épines et des chardons ; tu mangeras, au lieu du noble fruit de l'arbre qui croît spontanément, l'herbe grossière du champ qui exige une laborieuse culture. Car tu mangeras ton pain à la sueur de ton front, jusqu'à ce que tu retournes à la terre dont tu as été pris ; car tu es poussière et tu dois retourner à la poussière. » En d'autres termes, Dieu dit à la nature corporelle de l'homme : « Parce que tu as cédé aux sollicitations de ta compagne, l'âme, qui, se détournant de Dieu s'est inclinée vers la matière, parce que de spirituel tu es devenu sensuel, tu mèneras une vie dure et pénible, occupée par des soins ignobles et tu retourneras par la mort aux éléments inférieurs pour périr. Pendant ce temps, ta compagne, quoique exposée elle aussi à périr, continuera à vivre, mais désormais — jusqu'à ce qu'elle soit finalement purifiée et rachetée — elle produira ses œuvres, comme l'esclave du corps, en grand trouble et en grande honte sur son état de déchéance et de dégradation. »

### III

33. Toutes les erreurs commises dans l'interprétation de la Bible viennent de ce qu'on a appliqué à des temps à des personnes et à des lieux des données dont le sens était uniquement spirituel et mystique. Pas plus dans la Bible que dans les livres sacrés des autres peuples, les temps, les personnes et les lieux ne sont essentiels. Il n'en est pas moins vrai que les paraboles bibliques tantôt se basent sur certains faits historiques, tantôt sont formulées en termes dérivés de faits contemporains. Ces inscriptions commémoratives tracées en

hiéroglyphes se servent de symboles tirés du monde animal; et cependant le sens exprimé n'a pas de rapport direct avec ce monde. Néanmoins les idées d'ordre spirituel ainsi figurées ne sont pas sans une certaine correspondance avec le monde naturel dont les êtres leur servent de signes.

34. Nous venons de résumer le fait psychique universel qui sert de base à la parabole de la chute, à savoir, l'histoire de l'âme individuelle de l'homme. Il nous reste à déterminer le fait historique spécial, complément du précédent, qui se rapporte à l'histoire collective de l'homme, à savoir l'histoire de l'Eglise. Dans le reste de ce chapitre nous appliquerons la doctrine de la chute à cette histoire. Le sacerdotalisme a toujours prétendu que l'Eglise était la femme mystique dont l'exaltation opérait la rédemption. Mais il n'a jamais reconnu que l'Eglise était aussi la femme dont la chute rendait la rédemption nécessaire. En accusant la femme d'être la cause de sa chute, les prêtres en ont rejeté la faute sur une partie de l'humanité que les vrais inspirés et les livres sacrés primitifs n'ont jamais eu en vue, à savoir : la partie féminine du genre humain. Néanmoins et malgré la fausse supposition de la doctrine sacerdotale, la parabole de la chute se rapporte par un de ses côtés à la déchéance de l'Eglise relativement au niveau qu'elle avait atteint dans la période édénique.

35. Même ainsi comprise, l'interprétation de la parabole ne doit se restreindre à aucun cas particulier. Si nous parlons de l'Eglise primitive et parfaite, c'est comme un type de toutes les églises particulières. De même en parlant de l'âme du premier et du meilleur des hommes, nous entendons parler d'un type de toutes les âmes. Toute application moins générale priverait la parabole de sa vraie place comme vérité éternelle et universelle et la ravalerait au niveau d'une histoire locale.

36. En mettant en parallèle toutes les Eglises au point de vue de la chute, nous ne prétendons pas davantage qu'elles soient toutes tombées de la même hauteur. Nous n'affirmons qu'une seule chose, et la voici. Quel que soit le niveau de perfection spirituelle atteint par une communauté mystique quelconque, ou Eglise, dans la plénitude de son enthousiasme et de sa pu-

reté, il y a toujours une chute de ce niveau, et cette chute provient d'une seule et même cause, celle impliquée dans la parabole de l'Eden et que nous venons de définir par l'histoire de l'âme individuelle. Car la cause de la chute de l'âme, qu'il s'agisse d'un seul homme ou d'une communauté, est toujours la même — l'inclination vers la Matière.

37. L'ascension est la même aussi, en sa cause comme en sa méthode. Nous parlerons d'abord de cette ascension, la plus ancienne de toutes, celle qu'on pourrait appeler l'Église primitive du Christ. Comme la génération de l'homme lui-même, elle se produisit par l'évolution de l'être rudimentaire. Car la doctrine de la création par évolution est, comme nous l'avons démontré précédemment, une doctrine vraie en ce qui concerne l'histoire de l'homme physique et celle de l'homme spirituel. Cette doctrine a été celle du Mysticisme, dès le commencement, la connaissance en était réservée aux initiés d'un degré élevé. Mais entre cette doctrine et le travestissement qu'en a proposé la science absolument matérialiste de nos jours, il y a une différence essentielle. Cette science — faussement appelée de ce nom — car elle ignore la vraie nature de la substance — attribue à la Matière un pouvoir d'évolution tout en lui déniant les propriétés par lesquelles l'évolution est possible, à savoir la vie inhérente et la conscience. Cette science, cependant, admet comme possible le développement de ce qui, étant infini et éternel, est nécessairement à jamais parfait, à savoir, la substance de l'existence.

Pour la mystique rationnelle, au contraire, l'existence, ou, disons mieux, l'Être et la Conscience sont deux termes synonymes et qu'on peut employer l'un pour l'autre ; et toute substance, quel que soit son mode de manifestation, continue à être consciente d'une certaine manière. La substance en tant qu'Essence est incapable de développement, car se développer signifie devenir meilleur et plus parfait qu'on ne l'était originairement. Le développement de la substance n'est pas le fait de ses qualités, mais de la manifestation de ses qualités par quelques-unes de ses parties individualisées. Ce processus qui consiste dans l'épanouissement de qualités toujours subsistantes, mais latentes, est justement désigné par le m « *évolution*.

38. L'homme spirituel comme l'homme physique — l'Eglise comme le monde — représente donc un développement depuis l'état rudimentaire. Ce développement a lieu en vertu de la nature de la substance dont cet être représente la projection. La seule différence entre eux est une différence de degré ou d'étape dans le développement. Le plan inférieur ou matériel est celui où commence l'évolution ; le plan le plus élevé, le dernier qu'on puisse atteindre, est le plan céleste. Selon le degré qu'il y atteint, l'homme atteint le divin et devient un avec Dieu. En vertu de la connaissance qui dérive de la nature divine il obtient pouvoir « sur les choses du ciel et de la terre », c'est-à-dire sur les deux régions de sa propre nature, la spirituelle et la matérielle. En même temps, il devient supérieur aux séductions du monde astral, monde des illusions situé entre les deux.

39. Cette sphère céleste fut atteinte par l'Eglise édénique à un degré où aucune autre ne s'est élevée. Depuis cette première religion, aucune Eglise n'a été vraiment édénique ; toutes ont été des Eglises déchues. Dans l'Eden seul l'homme était fait à « l'image de Dieu » et en signe de cette ressemblance il fut appelé Adam et Ève. Ce fut là le premier homme dans le sens mystique du terme. Il est vrai que des hommes et des femmes avaient subsisté des milliers d'années sur la terre avant l'âge édénique ; mais ces êtres n'étaient pas encore « l'homme » dans le sens transcendant et réel du mot. Comme la majorité des hommes et des femmes d'aujourd'hui, ces êtres ne manifestaient l'humanité qu'en fabriquant et en détruisant. Un homme n'atteint l'âge viril et ne devient l'Homme qu'en atteignant sa majorité spirituelle. L'acquisition de la vie céleste n'implique pas l'abandon de la vie terrestre. La notion assez répandue que l'homme, dans sa perfection première, était un être immatériel ou fluidique, n'ayant pas de corps élémentaire, est erronée. L'homme, quoique dans le corps, acquit « pouvoir sur le corps ». De fixe qu'il était il le rendit volatile, et, quoique non immortel, capable d'une existence indéfiniment prolongée.

Sa vitalité était parfois telle, que non seulement elle le rendait supérieur aux maladies et aux blessures, mais encore capable de communiquer la santé aux autres. Ces résultats cependant — si merveilleux qu'ils puissent être aujourd'hui — n'épuisèrent pas les potentialités de notre race. Il y a une étape supérieure, dont nous rendrons compte plus loin en traitant spécialement de la rédemption, et qui a trait à une phase de développement supérieure à l'état édénique. Néanmoins, et quoique n'ayant pas réalisé toutes les possibilités de l'humanité, l'Eglise édénique atteignit dans ses membres représentatifs une perfection où aucune autre communauté religieuse n'est jamais parvenue. Et c'est parce que cette Eglise cessa de se maintenir à ce même niveau élevé, que la chute dont nous parlons eut lieu. Par cette chute l'homme retomba du niveau céleste en arrière du côté de son niveau originaire et terrestre, en se laissant de nouveau subjuguer par la Matière, en perdant le pouvoir sur son corps. Ce ne fut pas une chute des individus qui s'étaient élevés à cette hauteur. Ceux-là quittèrent la terre et passèrent à des conditions supérieures d'existence. La Chute advint parce que les générations subséquentes négligèrent de s'élever au niveau de leurs prédécesseurs. Faute d'atteindre comme eux la sphère céleste, les hommes restèrent — sauf de rares exceptions individuelles — là où ils avaient toujours été, dans la sphère astrale et matérielle.

40. Essayons de décrire cette sphère intérieure et centrale, la plus intime de toutes — séjour de l'homme céleste — qui est à la fois la source de la doctrine sacrée, et la sphère à laquelle la femme préside spécialement comme représentant de l'âme et de l'intuition. Aujourd'hui les âmes initiées à la vie mystique sont en train de recouvrer la mémoire d'un âge de l'humanité qui ne mérite pas absolument, mais relativement le nom « d'âge d'or ». Le revoir en partie c'est revenir à la jeunesse du monde, à cette époque où les conditions de la vie non encore empoisonnées par le péché et la maladie qui depuis se sont partout infiltrés, étaient si exquises dans leur pureté et leur harmonie, qu'elles faisaient de l'existence elle-même une joie intense et positive. En recouvrant cette mémoire, en jouis-

sant de nouveau de ce passé lointain, l'esprit devient capable de regarder en avant et en arrière et de contempler toute la période subséquente qu'on appelle période historique, courte période comparée à celle qui l'a précédée, époque de maladie et de souffrance, que la race humaine a fait descendre sur elle par sa propre faute ; mais dont il n'est pas impossible, semble-t-il, de se relever, à condition que l'humanité fournisse l'amour nécessaire à cette tâche de salut. Car dans ces moments d'extrême lucidité, une vérité évidente par elle-même s'impose à nous. S'il nous a été possible dans le passé de vivre sainement et heureusement, il nous sera encore possible de le faire à l'avenir. L'Utopie n'est Utopie que pour ceux qui affirment qu'elle sera toujours l'Utopie irréalisable. Il n'y a pas d'autre force dans l'univers que la force de volonté ; et tout ce dont la vie a besoin pour vivre est possible à la volonté. En continuant à opérer sur une période indéfinie, le fini peut devenir l'infini. L'homme n'a donc qu'à vouloir assez longtemps pour rendre le monde tel qu'il le voudrait. Or vouloir n'est pas seulement désirer, mais agir en vue du but que l'on désire. Le rôle de la « femme » en nous, — ou l'âme — est de désirer, d'exciter à l'action. Elle est l'inspiratrice. Mais à « l'homme » qui est en nous, il appartient d'agir. Il est l'exécuteur. Séparés, ils sont impuissants ; unis, ils peuvent soulever le monde. Lui et Elle, la Volonté et l'Amour, l'Esprit et la Substance, opérant sur le plan céleste, ont créé le monde ; et assurément ils peuvent aussi le sauver.

41. Ce que nous nous proposons de décrire — en tant que la reconstruction en est possible — c'est la sphère la plus intime, non celle de la communauté mystique de l'Eden lui-même, mais celle de quelques anciens successeurs de cet Eden qui sous le nom de Collèges des Mystères saints s'en sont rapprochés et ont été les héritiers véritables de cet état édénique. Des auteurs aussi récents que Platon décrivent ces associations comme des lieux où les effets de la Chute sont réparés, et ajoutent que les quitter pour rentrer dans le monde c'est échanger une fois de plus un Paradis pour le désert. Jadis ces institutions furent accessibles à tous ; mais aujour-

d'hui leur souvenir est à ce point effacé que les savants eux-mêmes les dénigrent et les représentent comme des instruments d'imposture et d'oppression, privés de toute science et de tous pouvoirs spéciaux. C'est pourquoi s'en souvenir c'est les recréer ; — tâche difficile, si l'on considère que le chemin pour y arriver est barré et défendu par tous les sacerdoces, en sorte que ce n'est qu'en affrontant et en forçant la phalange formidable du cléricalisme qu'on pourra jamais approcher de la terre défendue de ces paradis perdus.

42. Une légende classique rappelle cette idée. Le fruit doré de la doctrine et de la vie parfaites produit par l'union de Zeus et de Héra (Jupiter et Junon) — l'homme et la femme de l'humanité substantielle, — est gardé non seulement par le dragon qui symbolise la Nature de l'homme, mais encore par « les filles du soleil couchant » — qui représentent le clergé d'un monde matérialiste. Et celles-ci, avec le dragon et l'épée flamboyante, veillent à ce que personne ne rentre dans le jardin fermé, de peur qu'il ne trouve, ne cueille et ne mange le fruit doré qui donne la connaissance. Car par la connaissance il trouverait la vie en lui-même et n'aurait plus besoin de prêtre. Cette garde est si féroce et si vigilante, qu'un Hercule seul — c'est-à-dire un homme déjà à moitié divin — peut réussir à percer ou à éviter la formidable phalange.

43. Supposons cela fait, et les lignes occupées par les prêtres heureusement passées et laissées derrière nous. En traversant la large zone qui sépare ces lignes du centre désiré, le chercheur découvre à la fin une *Montagne* vers le sommet de laquelle la voûte azurée semble s'abaisser, en sorte que par la rencontre des deux s'opère la jonction entre la terre et le ciel. Ceci apparaît à la vision intérieure qu'il faut posséder pour accomplir un tel dessein. En atteignant la Montagne, le pèlerin mystique rencontre une communauté d'êtres des deux sexes, humains pour les yeux ordinaires, mais divins aux yeux de l'âme. La vie qu'ils mènent — quoique extérieurement calme, grave, sans événement, et même ascétique, comme il semble à plusieurs, — palpite en réalité d'une vitalité intense, abonde en entreprises des plus élevées et déborde des joies les plus

vives. Car les membres de cette communauté sont la fleur de l'humanité par la profondeur de l'intelligence, l'étendue de la culture, la richesse de l'expérience, la tendresse du cœur, la pureté de l'âme, la maturité de l'esprit. Ce sont des personnes qui — usant de la vie sans en abuser, et n'ayant aucune volonté perverse vis-à-vis du monde extérieur — ont appris tout ce que le corps peut leur apprendre, et qui, s'élevant au-dessus de la terre par la constante subordination de leur nature inférieure et l'exaltation de leur nature supérieure, ont à la longue — pour nous servir de la plus ancienne et de la plus significative de leurs formules — crucifié en eux la chair, et fait par là de leurs corps des instruments et non des maîtres de leurs âmes, des moyens d'expression et non des limitations de leurs esprits. Ainsi, s'élevant au-dessus de la terre, ils ont attiré les cieux à leur rencontre, et comme la trombe des mers tropiques, ils forment un pilier de communication entre les sphères d'en haut et d'en bas.

44. Ces hommes composent un ordre ou une école dont les initiés, en honorant l'homme comme l'héritier de toutes choses — pourvu qu'il soit engendré licitement et soit un enfant véritable de l'esprit — honorent spécialement la femme et l'exaltent en eux-mêmes afin qu'elle partage la suprématie avec l'homme, et ils se rendent eux-mêmes à la fois homme et femme. Car ils chérissent aussi bien l'intellect que l'intuition, le cœur que la tête, combinant en toute chose l'amour avec la volonté, et poursuivent ce but principal de rendre la substance de leur humanité capable de manifester pleinement toutes ses qualités. Pratiquant et prêchant la doctrine de la création par le développement, n'étant retenus par aucun préjugé et par aucune préoccupation, partisans intrépides de la pensée dans toute son étendue et dans toutes ses directions, ce sont les seuls vrais évolutionnistes et libre-penseurs de la terre. A eux seuls et à leurs affiliés, qui connaissent et suivent leur méthode, il est donné de vivre, quoique dans le corps, la vie de l'esprit; d'atteindre leur virilité intellectuelle; de compléter le système de leur pensée, et de trouver la certitude de la vérité même la plus élevée; d'atteindre la synthèse suprême de toutes les sphères et de

tous les modes de l'être dans lesquels la Substance a l'habitude de se manifester ; en un mot, de recevoir les enseignements de l'Esprit vivant de l'humanité universelle, de connaître par lui les mystères de ce royaume du dedans qui est la contre-partie et l'unique clef du royaume du dehors.

45. Tous ceux qui atteignent un rang éminent dans cette école — il y en a toujours eu et il y en aura toujours un certain nombre — y sont poussés par le même motif et y arrivent de la même manière. Leur motif n'est pas l'amour de la Perfection pour eux-mêmes, mais de la Perfection elle-même. C'est là un but qui, poursuivi comme ils le poursuivent, s'élève toujours et entraîne le poursuivant avec lui. Et leur histoire est celle de l'âme, car, de même que l'âme est une, son histoire est une.

46. De cet ordre, où qu'il ait été établi, ont procédé comme d'un soleil central, toute la lumière et toute la chaleur de connaissance et de bonté qui, distribués par des sacerdoces *fidèles* à leur mission, ont fait avancer la rédemption du monde de l'ignorance et de barbarie à ce degré d'humanité qu'il a atteint. De ces germes de vérité et de beauté, ainsi nés dans la doctrine et dans la vie, dans l'idée et dans la pratique, et transmis à des pays variés, est venu tout ce que le monde possède de vraie philosophie, de moralité, d'art, de science, de civilisation, de religion. Quand les produits ont manqué d'excellence, il faut en attribuer la faute non à la semence primitive, mais au sol et au cultivateur.

47. Combien ingrate cette terre, combien insuffisants et négligeants ces cultivateurs on peut l'inférer du fait que rarement depuis l'origine de l'histoire, on a rendu à cet ordre, même à un degré minime, la justice et la gratitude qui lui sont dues. Au contraire, dans ces périodes de dégradation, où l'humanité sembla près d'agoniser, où au lieu d'hommes la terre enfantait des monstres, — chaque fois qu'un des membres de cette confrérie, quittant sa solitude aimée et descendant de sa propre « Montagne » céleste vers le monde d'en bas, a cherché par sa conduite et ses préceptes à donner un exemple de ce que l'humanité doit être — cet homme a subi les persécutions et les

affronts du monde qu'il cherchait à délivrer, et a trouvé ses pires ennemis dans les gardiens officiels de la doctrine qu'il représentait et qu'il aurait voulu régénérer.

48. Après avoir longtemps disparu aux yeux des hommes, l'Ordre a été remplacé par des imitations purement mécaniques, formes vides privées de vitalité. Manquant des connaissances et des matériaux nécessaires, ces associations n'ont pu former un seul spécimen de l'humanité selon son modèle parfait. Néanmoins l'Ordre véritable survit, quoique en un petit nombre de représentants, et sans organisation, sans application conforme à ses principes. Il subsiste comme « un peuple dispersé et dépouillé », tribus perdues d'un Israël spirituel, qui n'entend plus le clairon d'appel sur la terre. Jadis connus et honorés d'une vénération suprême sous le nom de Mages, d'Hommes Sages, de Rois de l'Orient, de Fils de Dieu, les initiés de cet Ordre sont aujourd'hui méconnus et couverts de mépris sous le nom de Mystiques. Cependant, malgré le climat malsain et l'attitude hostile d'une civilisation devenue entièrement matérialiste, ils poursuivent toujours — inconnus pour la plupart les uns aux autres — leur ancienne vocation : et comme aux anciens jours, leur science est la Gnose ou la Science divine. Car son sujet est la Substance de l'Humanité universelle, et son objet la poursuite de la perfection personnelle.

49. De tous les Ordres terrestres, celui-ci, en raison de son antiquité, de son universalité, de ses desseins, de ses exploits, est incomparablement le plus mémorable, si nous considérons que de lui sont sortis les vrais sages, les saints, les voyants, les prophètes, les sauveurs et les Christs ; et par eux toute la révélation divine. Et leur doctrine est la doctrine une et vraie de l'existence et par conséquent de la religion, qui a toujours été dans le monde, mais qui est aujourd'hui pour la première fois révélée dans un langage compréhensible au monde, et qui a été retrouvée, nous le croyons sincèrement, de la même manière qu'elle avait été reçue à l'origine.

## VI

50. Il nous reste à parler de la cause de la chute et de la manière dont elle s'est produite; à démontrer comment et pourquoi cette chute d'un niveau aussi élevé, d'une loi si bienfaisante. La vérité est que le monde tombe uniquement parce que l'Eglise tombe. Et l'Eglise, ou l'âme collective de l'Humanité, tombe, comme l'âme individuelle, lorsqu'elle regarde de moins en moins en haut vers Dieu, et de plus en plus en bas vers la Matière. Si nous considérons cette chute dans la totalité de ses effets et dans la perspective des temps révolus, elle nous fera l'effet d'un cataclysme ; mais vue en détail, elle est toujours graduelle et s'étend sur un grand nombre de générations. Elle peut se comparer à la diminution d'un produit d'agriculture tel qu'il advient par l'appauvrissement graduel du sol. Ainsi les capacités spirituelles d'une race peuvent, semble-t-il, s'épuiser. On peut encore comparer cet obscurcissement de l'âme au reflux de la mer et aux saisons de l'année. Car, jusqu'à ce qu'il soit finalement uni à Dieu par ce qui est mystiquement appelé le Divin Mariage, l'homme est sujet à bien des fluctuations et des alternances relativement à sa condition spirituelle. Au lieu que la vague de sa vie spirituelle demeure toujours au niveau des grandes eaux, elle s'abaisse et tombe au plus bas pour remonter avec un autre fleuve — un fleuve qui n'arrivera à son point culminant qu'avec une autre semaine créatrice de la formation spirituelle de l'homme, — semaine dont chaque jour est de mille ans. Dans le sens et la manière dont on le suppose ordinairement, l'humanité n'a jamais eu de chute. Sa chute fut graduelle comme son ascension. Sous l'influence grandissante d'une vaste onde de lumière et de chaleur spirituelle — à la production de laquelle l'homme lui-même avait contribué pour sa part, par la coopération volontaire avec l'Esprit Divin qui agissait en lui — il atteignit le premier grand été de sa perfection ; voilà ce qu'indique la parabole de l'Eden et les légendes de l'âge d'or. Après l'abaissement de cette onde — abaissement dont il fut lui-même la cause — il tomba en arrière de l'été dans l'automne spirituel et dans l'hi-

ver où il est resté plus ou moins profondément enseveli depuis ce temps. Et maintenant il est parvenu au degré le plus bas compatible avec une continuation quelconque de l'existence. Un autre pas dans la même direction signifierait pour l'Humanité dans le sens mystique et vrai — c'est-à-dire dans tous les sens élevés— l'extinction totale.

51. Il en est de la Race comme de l'Individu. Le chemin qui monte en partant de la vie rudimentaire peut aussi bien être un chemin qui descend lorsque la volonté perverse est dirigée vers la nature inférieure. L'homme devint l'homme et atteignit la pleine ressemblance de la divinité en cultivant la femme en lui. Représentant son âme et l'intuition de Dieu, elle fut son initiatrice dans la connaissance des choses divines. Et conduit par les claires perceptions qui constituent le don spécial de la femme lorsqu'elle est dûment gardée et honorée, elle apprit à éviter l'idolâtrie — qui prend la Forme pour la Substance — et l'effusion du sang (soit pour le corps, soit pour l'âme) ainsi que toutes les choses qui obscurcissent ou dénaturent ses conceptions du Caractère Divin. Exaltant la femme sur le niveau intellectuel et spirituel de sa manifestation dans l'humanité, il l'exalte également sur le niveau social et politique. Et au lieu de voir en elle — comme firent la philosophie et les sacerdoces des âges subséquents — une chose imparfaite, défectueuse, et — quoique belle — une erreur et une faute de la Nature, digne d'être classée parmi les criminels, les idiots et les enfants, et cependant responsable de tous les maux de l'existence — l'homme de l'âge d'or considéra la femme comme un développement plus récent et plus haut de sa propre nature, et comme des deux la plus proche de Dieu. Aussi longtemps qu'elle conserva cette place, la femme récompensa l'homme largement de cette préférence. Car par elle il atteignit le Paradis. Mais de même que l'âme pure et non corrompue est l'initiatrice de l'homme aux choses divines ; de même, tournée vers les choses des sens, elle devient son initiatrice aux choses du mal, lui donne le fruit de la connaissance défendue, et fait de lui un « pécheur », ce qu'il ne pourrait devenir sans le concours de l'âme. Car « c'est la loi qui fait connaître le péché »,

et la loi est donnée à l'âme. Par conséquent, la chute, lorsqu'elle arrive à la longue, advient non par un être individuel quelconque, homme ou femme, mais par la faute de l'homme en général, et elle est due à la chute de la femme au dedans de lui, c'est-à-dire à la perversion de l'âme. Suivant l'âme dans son intuition de Dieu, l'homme s'était élevé du plan matériel à travers le plan astral au plan céleste, et là il était devenu comme fait « à l'image de Dieu ». De même, la suivant dans sa chute vers la Matière, il descendit par le même chemin jusque là où il se trouve maintenant, sa vie étant un cours continuel d'agonie, de larmes et de sang, dû seulement à la suppression de « la femme » en lui-même.

52. La suppression de l'âme est donc à la fois la cause et la conséquence de la chute. Cette suppression se manifeste d'une triple manière. La perte de l'intuition amène l'idolâtrie, et l'idolâtrie amène le meurtre. Chacune de ces déchéances est la condition de l'autre. Perdant l'intuition de l'Esprit, l'homme devient matérialiste, et au lieu de l'idée spirituelle qui seule est réelle, il adore le symbole visible. Cela veut dire qu'il ignore l'âme et exalte le corps des choses. Exaltant le corps, il sacrifie tout au corps, et verse, pour sa propre satisfaction, le sang innocent. Il est ainsi meurtrier aussi bien qu'idolâtre. Par la déchéance de la femme en lui-même, il devient « Caïn » qui cultive « les fruits de la terre » seulement, ou de la nature inférieure, d'où procèdent tous les maux. En d'autres termes, à une doctrine d'amour il substitue une doctrine d'égoïsme. De là le péché dont l'effusion du sang est le symbole et le résultat.

53. Puisque telles sont les trois étapes de sa descente, si l'homme change sa manière d'être et d'agir sur ces trois points — selon l'Esprit aussi bien que selon la lettre — il reviendra de sa chute et remontera encore une fois vers le plan céleste. Sous tous les rapports, le mouvement a déjà commencé. La situation de la femme est en train de se modifier rapidement sur les plans inférieurs. Bientôt il en sera de même sur les plans supérieurs. Cependant, la plupart de ceux qui travaillent à cette œuvre en comprennent mal le sens, et l'accomplissement

coïncidera fort peu avec leurs prévisions. Car beaucoup de ceux qui prétendent aujourd'hui exalter la femme, ne font qu'évoquer les instincts subversifs de sa nature. Et beaucoup d'entre les femmes qui cherchent à s'exalter elles-mêmes, le font plutôt en réprimant qu'en développant la nature féminine ; et elles le font non pas parce qu'elles entreprennent les travaux des hommes, mais parce qu'elles les font selon la mauvaise manière des hommes, en laissant de côté la femme, c'est-à-dire l'âme. Mais malgré tout « la femme sera exaltée. Dieu la portera sur Son trône » et « la colère de l'homme chantera sa louange ». La protestation, qui gagne en importance et en force contre le meurtre et la torture de nos frères du règne animal, soit dans un but d'utilité ou de plaisir, est un autre signe de la réascension commencée. Ce n'est pas par les mains de ceux qui les tuent ou qui les mangent qu'il sera permis aux animaux d'être sauvés de leurs bourreaux. Ceux qui veulent sauver les autres doivent d'abord accomplir le sacrifice au-dedans d'eux-mêmes. Une fois que cette vérité sera comprise, la rédemption des animaux sera proche. En ce qui concerne l'idolâtrie, l'horizon s'éclaircit de plus en plus. Car « l'Évangile de l'Interprétation » est venu, et « la lettre qui tue » est désormais privée de sa force.

54. Parlerons-nous des signes du temps ? Quel signe plus étonnant pourrait-on imaginer que le phénomène moderne connu sous le nom de « spiritualisme » ? En cela, l'homme a déjà fait un pas vers le plan céleste. Car avec le spiritualisme il a quitté la sphère exclusivement matérielle pour pénétrer dans la sphère astrale. Encore privé de la sphère céleste, il ne peut plus rester en route. La profondeur même du mécontentement produit par ces expériences sur le plan astral le poussera en avant. Tout spiritualiste confirmera cela. L'homme n'ose plus retourner en arrière sur le plan purement matériel. Car il a contemplé dans la vivisection l'abîme qui le guette dans sa descente, il a frémi d'une saine horreur devant l'abîme sans fond qui s'est ouvert à ses yeux, il a reculé devant les possibilités de sa propre nature inférieure. Car dans la vivisection la nature humaine fait place à la nature infernale.

55. Le cri profond de la conscience qui domine l'âge nouveau-

né est donc celui-ci : En avant : vers l'au-delà et vers le dedans ! En avant, vers les hauteurs du ciel par les profondeurs de l'âme ! Heureux ceux qui s'y élèveront les premiers, car ils entraineront sûrement les hommes derrière eux. Réparant la chute et la malédiction d'Eve, ils conduiront l'homme à un nouvel âge d'or, à un nouveau sabbat de perfection, à une nouvelle Jérusalem, cette vraie cité d'Hygiéia, qui descend du ciel de son propre idéal. Alors la divine vierge Astrée — qui dut quitter la terre quand cessa l'âge d'or — accomplira la promesse de son retour, apportant sa progéniture de fils divins qui sauveront le monde (1). Alors l'intuition et l'intellect, comme une nouvelle Esther et un nouveau Mardochée, regagneront la faveur du monde, et arrachant à l'oppression le vrai Israël, donneront le royaume aux justes. En ces deux facultés restaurées, « les deux témoins » de l'Apocalypse, comme s'ils ressuscitaient d'entre les morts, se lèveront dans « les rues de la grande cité » et « montant dans le ciel » y règneront comme le pouvoir suprême.

Alors aussi se réalisera le songe du roi Nabuchodonosor et la statue à tête d'or sera détruite. Car la statue est le symbole d'une civilisation dont la tête — ou l'intellect — est d'or, mais dont le corps est d'argent mêlé d'airain, dont les jambes sont de fer et les pieds d'argile ; — cela veut dire qui repose sur la force et sur la matière. Et la pierre, taillée sans mains, qui détruit la statue est l'Entendement, manifesté dans un nouveau Verbe ou Evangile de l'Interprétation, qui, abattant le monstre faussement appelé Civilisation, « mettra en pièces le fer, l'argile, l'airain, l'argent et l'or, et les réduira en poussière comme la paille sur l'aire. » Mais la « pierre » par laquelle la statue est détruite « deviendra une grande montagne et remplira toute la terre. » En devenant « la pierre angulaire » ou pierre du sommet, la grande pyramide de l'humanité modèle sera couronnée par elle.

(1) Jam redit et Virgo, redeunt saturnia regna.
Jam nova progenies cœlo dimittitur alto.
Virgile. Eglogue IV.

# HUITIÈME LEÇON

## LA RÉDEMPTION

### I

1. Nous voyons donc que ce qui est mystiquement appelé la chute de l'homme ne signifie pas, comme on le suppose généralement, que des individus particuliers seraient tombés d'un état de perfection originelle par suite d'un acte spécial ; et pas davantage, ainsi qu'on le croit aussi quelquefois, un changement d'une condition fluidique à une condition matérielle. Elle signifie, pour une personnalité déjà à la fois spirituelle et matérielle, une telle inversion des relations voulues entre l'âme et le corps que la volonté centrale du système en question est transférée de l'âme — son siège propre — au corps. Et de là découle l'assujettissement de l'âme au corps, et le fait que l'individu est sujet au péché, à la maladie et à tous les autres maux qui résultent des limitations de la Matière.

2. Par conséquent, ce qui, mystiquement, est appelé la Rédemption et qui est la réciproque de la Chute, ne signifie pas, comme on le suppose généralement, la rémission, ou la transférence du coupable à l'innocent, des pénalités encourues par suite de la chute. Aucune pénalité encourue par l'homme ne peut jamais être remise par Dieu, puisque la Justice Divine est *juste*. Et, pour la même raison, elle ne saurait être subie par un autre, puisque la substitution de l'innocent au coupable serait par elle-même une violation de la justice. C'est pourquoi la doctrine de la Rédemption par l'expiation d'un autre,

telle qu'elle est généralement acceptée, est une conception absolument faussée de la Vérité, conception indigne du Caractère Divin. La Rédemption signifie que la Volonté du système individuel en question se déplace et passe du corps à l'âme, assurant désormais à celle-ci une domination absolue sur le corps, et mettant pour toujours l'individu à l'abri de toute possibilité de transgression. Celui qui est racheté ne peut pas pécher, au moins mortellement.

3. L'ordre Divin de la nature veut que le corps soit soumis à l'âme. Car, en tant qu'entité manifestée, l'homme est un être double, composé d'une âme et d'un corps ; et au point de la durée et de la fonction, ce qui suppose, sous tous les rapports, qu'au point de vue de la valeur, la préséance appartient à l'âme, car l'âme est l'Individu réel et permanent, le Moi éternel, l'Idée substantielle, dont le corps n'est que la résidence temporaire, l'expression phénoménale. L'âme néanmoins n'a, à proprement parler, aucune volonté qui lui soit propre, puisqu'elle est féminine et négative. Et elle est, par conséquent, par sa nature même, forcée d'obéir à la volonté d'un autre. Cet autre ne peut être que l'Esprit ou le Corps ; — le Dedans et le Dessus qui est Divin, qui est Dieu ; ou le Dehors et l'Inférieur qui, en lui-même, et réduit à sa dernière expression, est « le diable. » C'est donc à l'Esprit et l'âme formant ensemble une unité, que l'obéissance est due. Par conséquent, en faisant du corps le siège de la volonté, l'homme se révolte, non pas seulement contre l'âme, mais contre Dieu ; et l'âme, par sa participation à cette révolte, en fait autant. La conséquence d'une pareille révolte est la maladie et la misère de l'âme comme aussi du corps, avec la possibilité extrême de l'extinction de l'âme aussi bien que de celle du corps. Car l'âme qui persiste à rejeter la Volonté Divine en faveur de la volonté corporelle pèche mortellement, et, devenant mortelle, finit par mourir. Sa vie se retire, et ce qui la constitue est dispersé parmi les éléments ; si bien que, sans qu'il se produise aucune perte réelle, soit de la Vie, soit de la Substance de l'existence universelle, l'individualité composée des deux périt. « L'homme » n'est plus. « Celui qui ne rassemble pas avec Moi disperse. »

4. D'un autre côté, le résultat de cette ferme aspiration de l'âme vers Dieu, — l'Esprit au dedans d'elle, — et conséquemment de son action sur le corps, est que celui-ci arrive à être si bien pénétré et rempli de l'Esprit, qu'il n'a plus de volonté qui lui soit propre, mais, qu'en toutes choses, il est un avec son âme et son esprit, et constitue avec eux un système parfaitement harmonieux dont chaque élément se trouve sous la domination absolue de la Volonté centrale. C'est cette unification, se produisant dans l'individu, qui constitue la Réconciliation (Atonement). Et la Nature réalise en celui chez qui ceci se produit de la manière la plus complète, l'idéal pour la réalisation duquel elle est sortie de Dieu. Car, en cet homme ainsi racheté, purifié, rendu parfait à l'image de Dieu, et possédant en lui-même la puissance de la vie éternelle, la Nature elle-même est absoute et glorifiée, et la Sagesse Divine se trouve justifiée dans ses enfants. Mais ce *processus* doit être accompli dans chaque individu et par lui-même. Car puisqu'il s'agit d'un processus intérieur qui consiste dans la purification personnelle, il ne peut pas se passer depuis le dehors. C'est par l'expérience qu'on arrive à la perfection, et l'expérience suggère la souffrance. Voilà pourquoi l'homme qui est né de nouveau en nous de « l'eau et de l'esprit », — notre propre Moi régénéré, le Christ Jésus, le Fils de l'homme, qui en nous sauvant devient le Chef de notre salut, — est appelé celui qui est rendu parfait par la souffrance. Chaque homme doit subir cette souffrance par lui-même. Priver qui que ce soit de cette souffrance en rejetant les conséquences de ses actes sur un autre, bien loin d'aider le premier, ne ferait que le priver des moyens de rédemption.

5. Le terme de chute est employé dans deux sens différents, dont chacun est en relation avec une époque indispensable du processus de l'Univers. L'un de ces sens s'applique à la chute de l'Esprit, l'autre à la chute de l'âme. La première se passe dans l'Universelle et concerne le Macrocosme. La descente première et générale de l'Esprit dans la Matière consiste en cette projection originelle de la Substance Divine qui passe de l'état de l'Etre pur à cette condition d'existence pour laquelle l'Esprit

devient Matière et la Création se produit. La doctrine qui considère l'Univers comme étant la pensée de Dieu est une doctrine vraie. Mais il n'en résulte pas que l'Univers soit non substantiel Dieu est l'Être réel, et ce que Dieu pense est aussi Dieu. Par conséquent, puisqu'il consiste en la pensée de l'Intellect Divin, l'Univers consiste en la Substance de cet Intellect, c'est-à-dire en la Substance de Dieu. Les idées de Dieu sont, comme Dieu lui-même, des êtres réels, des Personnages Divins, c'est-à-dire des Dieux. Mis au monde par Dieu et, en un sens, arrachés de Lui, afin d'accomplir les desseins de Dieu, ces idées deviennent les *messagers* de Dieu, c'est-à-dire ses Anges. Et parmi eux, ceux auxquels est assignée une condition au-dessus de celle de Dieu — une condition qui n'est plus celle de l'Esprit — sont appelés « Anges Tombés, » Par conséquent l'expression « Chute des Anges » dénote simplement la descente originelle et Kosmique de l'Esprit dans la condition de Matière, c'est-à-dire la précipitation de la Substance Divine de l'état de l'Être pur dans les éléments et les mondes variés qui sont compris dans l'Existence ou la Création et la constituent. La Création n'est donc pas, comme on le suppose ordinairement, une fabrication de ce qui n'est pas, mais une manifestation, une perception aux sens — par la conversion de l'essence dans les choses — de ce qui est déjà, mais qui subsiste non manifesté. Il est vrai que, avant cette manifestation aucune *chose* n'existe. Cependant cela ne veut pas dire qu'il n'y ait *rien* ; mais seulement que avant que les *choses* puissent exister, leur idée doit subsister, car une chose est le résultat d'une idée, et ne peut pas exister autrement. Ainsi la Matière comme étant l'Idée intensifiée, ou rendue dense, est un mode de la conscience Divine mise au jour par l'exercice de la Volonté Divine ; et parce qu'elle est cela, elle est capable, au moyen de l'exercice de l'Amour Divin, de retourner à sa condition originelle et non manifestée d'Esprit. Le rappel de l'Univers à cette condition constitue la Rédemption finale ou la « Restitution de toutes choses. » Et ceci se produit par l'opération de l'Esprit Divin au dedans de tout.

6. La Rédemption de la seconde chute est due à l'opération de

l'élément Divin au dedans de l'individu. Et c'est de celle-là seulement dont nous avons à parler ici. Comme nous l'avons déjà dit, cette chute ne consiste pas dans le fait que l'âme est, à l'origine, revêtue d'un corps matériel. Un tel revêtement — ou *incarnation* — est une des étapes intégrales et indispensables du processus de l'individuation de la Substance-âme, et de son éducation dans l'humanité. Et jusqu'à ce que l'âme soit parfaite, ou à peu près, le corps lui est nécessaire tour à tour, comme école, maison de correction, ou lieu d'épreuve. Il est vrai que la Rédemption comprend le fait d'être libéré du besoin d'un corps. Mais la Rédemption elle-même est l'affranchissement de la *puissance* du corps ; et c'est de la chute qui la met sous le pouvoir du corps que l'âme a besoin d'être sauvée, car c'est cette chute qui, parce qu'elle implique aussi le fait que l'individu est aliéné de Dieu, nécessite une réconciliation. Et puisque ceci ne peut s'effectuer que par la renonciation totale à la volonté extérieure ou corporelle qui doit être remplacée par une acceptation absolue de la volonté intérieure ou divine, cette réconciliation constitue l'élément essentiel de la Rédemption qui forme le sujet de notre leçon.

7. Bien que la Rédemption dans son ensemble soit une, son procédé est multiple et consiste en une série d'actes spirituels et mentaux. On désigne par le mot de *Passion*, la partie de ces actes dans laquelle l'individu abandonne finalement sa volonté propre et extérieure, avec tous ses désirs et ses affections exclusivement matériels. Et l'acte spécial qui démontre et amène la consommation de ce sacrifice, s'appelle la *Crucifixion*. Cette crucifixion signifie un abandon complet et sans réserve — jusqu'à la mort si c'est nécessaire — sans opposition ni même désir de la part de l'homme. Tant que ces pas ne sont pas faits, il ne peut y avoir de réconciliation. L'homme ne peut pas devenir un avec l'Esprit au dedans de lui, avant que par sa « Passion » et sa « Crucifixion » il n'ait entièrement vaincu le « Vieil Adam » de son premier moi. Par la réconciliation, accomplie au moyen de ce sacrifice du moi, il devient comme un homme sans péché, qui n'est plus assujetti au mal ; et il est qualifié pour entrer, comme son propre grand-prêtre, dans le lieu très saint de

son intérieur le plus intime. Car, par là, il est devenu un de ceux qui ont le cœur pur et qui seuls peuvent voir Dieu.

8. La conséquence immédiate de la « Passion » et de la « Crucifixion » est la *Mort* et l'*Ensevelissement* du Moi auquel on a ainsi renoncé. Ces deux faits sont suivis de la *Résurrection* et de l'*Ascension* du véritable Homme immortel, du nouvel Adam spirituel qui prouve, par sa résurrection, qu'il est — comme le Christ — « né d'une Vierge » en ce sens qu'il n'est pas le rejeton de l'union de l'âme avec la Matière et les Sens, mais de l'union de l'âme devenue « immaculée » avec son époux l'Esprit. L'Ascension qui termine le drame est celle de l'Homme complet, régénéré, et élevé jusqu'au royaume céleste qui est au dedans de lui, où — étant un avec l'Esprit — il prend sa place pour toujours « à la droite du Père ».

9. Bien que la résurrection de l'homme régénéré ait une double signification, en ce qu'elle affecte aussi quelquefois le corps, elle n'est cependant pas la Résurrection du corps dans le sens où cela est généralement entendu, et le corps n'est en aucune façon l'objet de ce processus. L'Homme, il est vrai, s'est levé de parmi les morts. Mais il est entendu ici la condition de mort par rapport aux choses spirituelles et par rapport à ceux qui, étant dans cette condition, sont dits être « morts dans leurs transgressions et leurs péchés. » Sous ces deux rapports, et spécialement en ce qui regarde son moi passé et le monde en général, on peut dire de cet homme qu'il s'est « levé de parmi les morts ; » et « la mort » de cette espèce « n'a plus pouvoir sur lui ». Et même s'il a racheté son corps en le transformant en un corps *élevé* cela ne signifie en aucune manière la résurrection d'un cadavre. Dans ce sens il n'y a pas eu pour lui de mort, et il n'y a pas de résurrection. C'est par suite de la fausse compréhension de la doctrine véritable, et de l'attente où l'on était de la résurrection du cadavre que la pratique — à l'origine symbolique et spéciale — d'embaumer les corps sous forme de momies se généralisa, et que l'enterrement fut substitué à l'usage classique et bien plus sain de la crémation. Dans les deux cas l'objet poursuivi était le but illusoire de faciliter une résurrection à la fois impossible et non désirable,

puisque, si la réincarnation est nécessaire, une âme peut toujours se procurer pour elle-même un nouveau corps.

10. Ce qui constitue le *Grand Œuvre* ce n'est pas de ressusciter le corps mort, mais de racheter l'Esprit de la Matière. A moins que l'homme ne commette ce qui est mystiquement appelé idolâtrie il n'a pas besoin de cette rédemption. Tant qu'il préfère l'intérieur à l'extérieur et que, par conséquent, il se *polarise* vers Dieu, la volonté de son âme est pareille à la Volonté Divine et, en vertu de cela, elle a pouvoir sur son corps comme Dieu a pouvoir sur l'univers. Mais si elle commet l'idolâtrie, parce que sa volonté perverse se dirige vers l'extérieur, — parce qu'elle regarde en arrière et en bas, c'est-à-dire qu'elle préfère la forme à la substance, l'apparence à la réalité, le phénomène à l'idée, « la cité de la Plaine » au « Mont du Seigneur », — l'âme perd son pouvoir, elle se transforme en un « pilier de sel », elle devient matérielle et palpable pour les sens, et, par conséquent, « nue ». Le « corps de la résurrection » est absolument sublime ; l'âme ascendante le tisse pour elle-même dans des éléments transcendants qui dépassent tout ce que le corps physique peut donner; dans sa propre substance « non déchue ». Ce n'est pas un corps *ressuscité*, mais un *corps sublimé*.

## II

11. Afin de pouvoir nous former une juste idée de la distance qui existe entre les conditions de « l'homme tombé » et celles de « l'homme sauvé », il est nécessaire de parler plus spécialement de l'homme perfectionné qui possède le pouvoir. Ce contraste fera apparaître les hauteurs et les bassesses de l'humanité dans leurs véritables proportions. Nous ne pouvons qu'indiquer ici ce que doivent supporter ceux qui, par amour pour Dieu désirent Dieu, et par amour de Dieu, arrivent finalement à Dieu et deviennent Dieu; et qui, en devenant Dieu sans cesser d'être hommes sont l'Homme-Dieu, — Dieu manifesté dans la chair, — à la fois Dieu et Homme. La voie qui conduit à ce but est une, et la même pour tous, quand que ce soit, où que ce soit, et qui que ce soit qui la suive. Car

la perfection est une, et tous ceux qui la cherchent doivent suivre la même route. La récompense est également une, ainsi que les moyens qui la procurent. Car « le don de Dieu est la vie éternelle ». L'homme atteint à la divinité par le moyen de Dieu, — l'Esprit divin qui travaille au dedans de lui, pour le construire à l'image divine, — mais lui coopérant avec l'esprit. L'objet suprême de toute recherche est indiqué sous les termes familiers, mais rarement compris, de « pierre philosophale, » « élixir de la vie », « médecine universelle », « saint Graal ». Car ces mots ne sont que des termes qui dénotent l'esprit pur et son corollaire essentiel, une volonté absolument ferme et inaccessible, aussi bien à la faiblesse du dedans qu'aux assauts du dehors. Sans une mesure de cet esprit il n'y a point de compréhension — et par conséquent point d'interprétation — des mystères sacrés de l'existence. Etant eux-mêmes spirituels, ils ne peuvent être saisis que par ceux qui possèdent l'Esprit, ou plutôt qui sont Esprit; car Dieu est esprit, et ceux qui l'adorent doivent l'adorer en esprit.

12. Atteindre au pur et divin Esprit en soi est par conséquent le premier but et l'accomplissement dernier de celui qui cherche à réaliser l'idéal le plus élevé dont l'humanité soit capable. Il est alors plus qu'un « adepte ». L'adepte ne convoite le pouvoir que pour se sauver lui-même; et pour lui la connaissance est séparée de l'amour. L'amour sauve les autres aussi bien que soi-même. Et c'est l'amour qui distingue le Christ; — vérité expliquée, entre autres manières, dans le nom et le caractère que les légendes mystiques assignent au disciple favori des Christs.

Pour Krichna, c'est son *Ardjouna*; pour Bouddha, son *Ananda*; pour Jésus, son *Jean*; tous ces termes, dont la signification est identique, indiquent la moitié tendre et féminine de la Nature Divine. Par conséquent celui, et celui-là seul, qui possède cet esprit sans mesure, sous le rapport de la qualité et de la quantité, possède le Christ, ou est un « Christ ». Il est l'oint de Dieu, qui, parce qu'il est plein de l'esprit jusqu'à déborder, possède le pouvoir du « Dissolvant » et de la « Transmutation » par rapport à l'homme tout entier. C'est là que se trouve le grand secret de cette philosophie qui fit considérer « Hermès » comme l'éducateur des Christs. Cette philosophie connue sous le nom de Kabbalistique était une philosophie — ou plutôt une science — basée sur la reconnaissance, dans la nature, d'une Substance Universelle que l'homme peut découvrir, et sur laquelle il peut agir ; et en vertu de laquelle il contient au dedans de lui la semence de sa propre régénération, semence qui, si elle est bien cultivée, porte un fruit qui est Dieu, parce que la semence elle-même est aussi Dieu. Par conséquent la « Science Hermétique » est la science de Dieu.

13. En premier lieu, « le Christ » n'est donc pas une personne, mais un principe, un processus, un système de vie et de pensée, par l'observation duquel l'homme est purifié de la Matière et transmuté en Esprit. Et il est *un* Christ celui qui, en vertu de l'observance de ce procédé, dans sa plus large étendue, et lors qu'il est encore dans le corps, devient une manifestation complète des qualités de l'Esprit. Sous cette manifestation on peut dire de lui qu'il « détruit les œuvres du démon », car il détruit ce qui donne la prééminence à la Matière, et il rétablit ainsi le royaume de l'Esprit, c'est-à-dire le royaume de Dieu.

14. Cette partie intérieure du processus du Christ est la partie essentielle. Que ce soit au début ou à la fin il faut que l'être spirituel se perfectionne. Sans cette perfection intérieure, rien de ce que le corps, ou l'homme extérieur, accomplit n'a d'utilité, sauf dans la mesure où cela peut être utile au but essentiel. Le corps n'est qu'un instrument qui existe pour l'usage et l'avantage de l'âme, et non en vue de lui-même. Et c'est pour l'âme, et non pas pour lui, qu'il doit être perfectionné. N'étant qu'un instrument, le corps ne peut pas être un but. Ce qui fait du corps un but finit avec le corps ; et la fin du corps est la corruption. Tout ce qui est donné au corps est enlevé à l'Esprit. Ceci nous montre quelle est la véritable importance de l'ascétisme.

Indépendamment de son but rationnel et spirituel le renoncement à soi est inutile. Nous disons même qu'il est pire qu'inutile ; c'est une chose matérielle et idolâtre. Car, sous cet aspect, étant un brutal refus des dons de Dieu, il combat la libéralité de la nature divine. Tout l'effort devrait tendre à assujettir le corps et à le mettre en harmonie avec l'esprit, en le raffinant, le sublimant, et en intensifiant ainsi son pouvoir, de façon à le rendre sensitif et capable de répondre à tous les mouvements de l'esprit. Ceci ne peut être fait que lorsque le corps, tirant sa nourriture des substances les plus pures et les plus hautement *solarisées* — comme celles que le règne végétal seul procure, — force toutes ses molécules à se polariser dans une seule et même direction qui est celle de la volonté centrale du système, le « Seigneur Dieu » de l'Homme microcosmique, — dont le nom mystique est *Adonai*.

15. La raison de ceci devient évidente lorsqu'on a compris que les Christs sont par-dessus tout *Mediums*. Mais non point à la façon dont le croient généralement plusieurs des plus sérieux étudiants en science spiritualiste. Car bien loin de laisser s'éloigner son esprit vivifiant afin de permettre à un autre d'entrer en lui, le Christ développe, purifie, et de toute façon, perfectionne si bien son esprit qu'il l'assimile, et n'en fait qu'un, avec l'esprit universel, le Dieu du macrocosme ; en sorte que le Dieu extérieur et le Dieu intérieur se mélangent et se combinent librement en faisant de l'universel l'individuel, et de l'individuel l'universel. Ainsi inspirée et remplie de Dieu, l'âme s'allume et devient flamme ; et Dieu identifié avec l'homme parle par lui, et le fait s'exprimer au nom de Dieu.

16. C'est dans sa fonction et dans son caractère de Christ, et non pas au nom de sa propre individualité humaine, que l'Homme Régénéré se proclame lui-même « le chemin, la vérité et la vie », « la porte », ou autres expressions semblables. Car en étant, comme on l'a dit, le lien qui relie la créature à Dieu, le Christ représente véritablement la porte par laquelle toutes les âmes en train de monter doivent passer pour arriver à s'unir au divin, et « nul ne vient au Père » sans la franchir. Ce n'est donc pas en vertu d'un esprit extérieur et obsédant que l'on peut appeler le Christ « un Medium », mais en vertu de l'esprit lui-même dans l'homme, devenu Divin au moyen de cette purification intérieure par la vie, ou « le sang » de Dieu

ce qui est le secret des Christs, et « doublé » par l'union avec l'esprit parent du tout, — le « père » de tous les esprits. C'est là cet esprit que l'Homme typique Régénéré appelle dans l'Evangile, « père ». C'est le Dieu non manifesté dont le Christ est la manifestation complète.

17. Aussi nie-t-il être l'auteur des paroles qu'il prononce. « Les paroles que je vous dis ne viennent pas de moi. C'est le Père qui habite en moi, qui fait les œuvres que je fais. » Le Christ est donc un verre pur à travers lequel reluit la gloire divine. Comme il est dit de Jésus : « Et nous contemplons sa gloire, la gloire du fils unique du Père plein de grâce et de vérité. » Or, ce « fils unique » n'est nullement un homme mortel, mais Celui qui a été de toute éternité dans le sein du Père, savoir la parole ou le *Logos* ; Celui qui parle, qui agit, qui manifeste. Celui dont le nom mystique, comme nous l'avons déjà dit, est *Adonai* et dont le Christ est la contre partie.

18. Atteindre à la perfection du Christ, — c'est à dire polariser sans mesure l'Esprit Divin et devenir un « homme de pouvoir, et un médium du Très Haut, n'est chose possible à présent que pour le petit nombre, bien que cela soit proposé à tous. Et naturellement les seuls qui arriveront sont ceux qui, après avoir passé par plusieurs transmigrations, et s'être beaucoup avancés vers la maturité auront persévéré et fait de leur vie ce qu'ils pouvaient faire de mieux en développant constamment les facultés et les qualités les plus élevées de l'homme : ceux qui, sans mépriser les expériences du corps, ont pris l'esprit et non le corps pour objet de leurs efforts. Aspirant à racheter en lui chaque plan de la quadruple nature de l'homme, celui qui veut se faire le disciple du Christ se soumet à une discipline et à un entraînement des plus sévères, à la fois physique, intellectuel, moral, spirituel, et il repousse, comme sans valeur, ou même pernicieux, tout ce qui ne tendrait pas à ce seul but. Pour lui aucune tâche n'est trop onéreuse, aucun sacrifice trop pénible s'ils contribuent à son avancement spirituel.

Et quelque variés que soient les moyens qu'il emploie, il y a une règle à laquelle il demeure constamment fidèle, celle de l'amour. Le Christ qu'il cherche est le chemin qui conduit à

Dieu ; et manquer le moins du monde à l'amour serait pour lui retourner en arrière. Aussi les sacrifices dont l'encens fait monter son âme sont ceux que sa propre nature inférieure fait à sa nature supérieure, et lui-même aux autres. Et la vie elle-même lui semblerait trop chèrement payée s'il l'achetait, quelque peu que ce fut, aux dépens d'un autre, à moins qu'il ne s'agisse de quelque chose d'absolument nuisible, et dont la disparition serait un bien pour le monde. Car, il ne faut pas l'oublier, s'il est toujours un Sauveur, le Christ est aussi quelques fois un Purificateur, comme l'ont été tous ses types, — les Héros, — ou Hommes Régénérés — de l'histoire classique.

19. Ils sont nombreux ceux qui, dans le passé, ont suivi ce chemin, et leurs actions forment le sujet d'innombrables légendes mystiques. Si nous les résumons, nous trouverons que les principales qualifications sont les suivantes : Pour gagner la « Puissance et la Résurrection », il faut, en premier lieu, qu'un homme soit un *Hiérarque*. C'est-à-dire qu'il ait atteint l'âge *magique* de trente-trois ans, et qu'il ait été, au sens mystique du terme, conçu d'une façon immaculée, et soit né de la fille d'un roi, baptisé d'eau et de feu, tenté dans le désert, crucifié, enseveli enfin qu'il ait reçu cinq blessures sur la croix. En outre, il doit avoir résolu l'énigme du Sphinx. Pour atteindre l'âge requis, il faut qu'il ait accompli les Douze Travaux symbolisés par ceux d'Hercule et dans les signes du Zodiaque, passé par les Douze Portes de la Cité Sainte de sa nature régénérée, dominé les cinq sens et obtenu pouvoir sur les Quatre Eléments. L'accomplissement de tout cela est sous-entendu sous ces termes : « Sa lutte est finie », il est émancipé de la Matière et n'aura plus jamais un corps phénoménal.

20. Celui qui désire arriver à cette perfection doit être un homme sans crainte et sans désir, sauf à l'égard de Dieu ; qui ait le courage d'être absolument pauvre et chaste ; à qui il soit indifférent d'avoir de l'argent ou de n'en point avoir, de posséder des maisons et des terres ou d'être sans foyer, de jouir d'une réputation mondaine ou d'être un paria. Il se fait donc volontairement pauvre, et il devient, en esprit, semblable à ceux dont il est dit qu'ils hériteront le royaume des cieux. Il n'est pas

nécessaire qu'il ne possède rien, mais il est nécessaire qu'il ne soucie de rien. Il doit se raidir absolument contre toutes les attaques, ou les influences, qui viennent de n'importe quel domaine extérieur au royaume de son âme. Si l'infortune le frappe il doit en faire sa fortune ; si la pauvreté l'atteint il doit la considérer comme sa richesse ; s'il subit une perte il y verra son gain ; s'il est malade la maladie sera pour lui la santé, et de la douleur il fera son plaisir. La mauvaise réputation doit lui sembler une bonne réputation, et il faut qu'il sache se réjouir lorsque tous diront du mal de lui. La mort même doit être pour lui la vie. C'est seulement lorsqu'il sera arrivé à cet équilibre qu'il sera libre.

En attendant l'Abstinence, la Prière, la Méditation, la Surveillance et la Domination de soi seront les grains de son Rosaire. Et, sachant que rien ne s'acquiert sans travail ou ne se gagne sans souffrir, il agira constamment d'après ce principe que travailler c'est prier, demander c'est recevoir, frapper c'est voir la porte s'ouvrir, et il luttera en conséquence.

21. Pour acquérir pouvoir sur la mort, il faut qu'il y ait abnégation et direction. C'est là la « voie excellente » bien qu'elle soit la *via dolorosa*. Celui-là seul peut la suivre qui estime que la Résurrection vaut la Passion, que le Royaume vaut l'Obéissance, et que le Pouvoir vaut la Souffrance. Celui-là, et celui-là seul n'hésitera pas, dont le temps est venu.

22. Le dernier des « douze travaux d'Hercule » est la conquête de Cerbère, le chien à trois têtes. Ceci indique la victoire finale sur le corps avec ses trois (véritables) sens. Lorsque ceci est accompli, le processus de l'épreuve n'est plus nécessaire. L'initié est soumis à un vœu. Le Hiérarque est libre. Il a subi toutes ses épreuves, il a affranchi sa volonté. Car le but de l'épreuve et du vœu, c'est la polarisation. Lorsque le fixe est volatilisé le MAGE est libre. Jusqu'alors il est « sujet. »

23. L'homme qui désire devenir un Hiérarque ne doit pas demeurer dans les villes. Il peut commencer son initiation dans une ville mais non pas la compléter là. Car il ne doit pas respirer de l'air mort, ou brûlé, — c'est-à-dire de l'air

dont la vitalité est épuisée. Il faut qu'il soit un voyageur, un habitant de la plaine, des jardins et des montagnes.

Il doit communiquer avec les cieux étoilés et se tenir en contact direct avec les grands courants électriques de l'air vivant et avec la terre et l'herbe de la planète qui n'ont pas été foulées. Il est bon qu'il marche les pieds nus et les lave souvent. L'homme qui cherche le pouvoir et qui veut accomplir le « grand œuvre » doit passer son initiation dans les lieux non fréquentés, dans les pays qui sont mystiquement appelés « l'Orient », où les abominations de « Babylone » sont inconnues, et où la chaine magnétique qui relie la terre au ciel est puissante.

### III

24. Pour donner aux Evangiles leur sens exact il est nécessaire de se souvenir que, étant des écritures mystiques, ils traitent en premier lieu, non point de choses matérielles, mais de significations spirituelles. Aussi, pareils aux « livres de Moïse », et à d'autres qui, étant mystiques, sont au sens le plus strict du mot prophétiques, les Evangiles ne s'adressent pas aux sens et à la raison extérieure mais à l'âme. Et, cela étant, leur but n'est pas de faire le récit historique de la vie matérielle d'un homme quelconque, mais de manifester les possibilités spirituelles de l'humanité en général, illustrées par un exemple spécial et typique. Le plan est donc dicté par la nature même de la Religion. Car la Religion n'est pas historique par essence et dépendante d'événements actuels et sensibles, mais elle consiste en processus comme la Foi et la Rédemption, et qui, étant intérieurs pour tous les hommes, existent indépendamment de ce qu'un homme spécial peut avoir souffert ou fait à une époque quelconque. La seule chose qui ait de l'importance est ce que Dieu a révélé.

Par conséquent, les récits qui concernent Jésus sont plutôt des paraboles fondées sur une collection d'histoires, qu'une histoire réelle, et ils ont une portée spirituelle dont l'application peut être universelle. Les Evangiles s'occupent de cette portée spirituelle et non point des faits physiques.

25. C'est d'après ces principes que, longtemps avant l'ère Chrétienne et sous une direction divine, les mystiques de l'Egypte, de la Perse, de l'Inde furent conduits à choisir Osiris, Mithras et Bouddha comme des noms, ou des personnes, représentant l'homme régénéré, et constituant une manifestation complète des qualités de l'Esprit. Et ce fut dans le même but, et sous la même impulsion, que les Mystiques de l'Occident, dont le quartier général était à Alexandrie, choisirent Jésus pour en faire un type qui représenterait l'histoire de toutes les âmes parvenues à la perfection. Ils se servaient des événements physiques comme de symboles et les racontaient sous forme de paraboles. Mais les interpréter littéralement serait falsifier le sens qu'on a voulu leur donner. Leur méthode était donc de rendre universel ce qui était particulier, et de spiritualiser ce qui était matériel. Et, comme ils connaissaient les descriptions mystiques primitives s'appliquant à l'Homme Régénéré, à son intérieur, à son histoire et à sa relation avec le monde, — la plus remarquable est contenue dans le cinquante-troisième chapitre des prophéties diverses et fragmentaires réunies sous le nom typique d'Esaïe, — ils n'eurent pas de peine à présenter un caractère compatible avec l'idée générale que se faisaient ceux qui connaissaient la signification du terme de « Christ » et même sans qu'il fût besoin d'un exemple réel.

26. Si l'on échoua en négligeant d'interpréter les Ecritures mystiques selon la méthode mystique, c'est parce que l'Eglise avait perdu la faculté mystique, ou la vision intérieure et spirituelle, par le moyen de laquelle ces Ecritures étaient écrites. Ayant passé sous une direction exclusivement sacerdotale et traditionnelle, qui lui fit perdre l'intuition des choses spirituelles, l'Eglise tomba, comme une proie facile, victime de ce péché qui menace toujours les clergés, — l'Idolâtrie ; et au lieu du simple Evangile, véritable et raisonnable, que l'histoire de Jésus était spécialement destinée à illustrer, elle fabriqua la superstition étrange et irrationnelle qui a usurpé son nom.

Par l'exaltation de la lettre et du Symbole à la place de l'Esprit et de la Signification, le Christianisme, transformé en une idolâtrie en tous points aussi grossière que celles qui avaient précédé, n'a pas réussi à sauver le monde.

Le Christianisme a échoué, non pas pas parce qu'il était faux, mais parce qu'il avait été falsifié. Cette falsification a consisté spécialement dans le fait de dépouiller le caractère décrit sous le nom de Jésus de sa véritable fonction comme peinture des potentialités qui existent dans chaque homme, et de l'appliquer exclusivement à un ordre d'êtres imaginaires qui, si même ils pouvaient exister, n'auraient aucun rapport possible avec l'homme. Au lieu de voir dans les Evangiles un hiéroglyphe écrit qui, au moyen de termes dérivés d'objets et de personnes naturels, exprimait un processus purement spirituel et impersonnel, toutes les Eglises sont tombées dans ce mode inférieur de fétichisme qui consiste à adorer uniquement le symbole sans se soucier de sa véritable signification. A l'objection inévitable qui sera faite contre cette exposition de la nature réelle de l'histoire Evangélique, — c'est-à-dire qu'elle « enlève le Seigneur, » — il y a une réponse aussi satisfaisante qu'évidente. Car il a été seulement enlevé de la place où l'Eglise l'a si longtemps retenu, — *le sépulcre*. C'est là, en effet, que les chrétiens ont couché leur Christ, parmi les morts, dans un suaire, où il n'est plus qu'une figure du passé. Mais à la fin la « pierre » de la superstition a été levée et roulée de côté par la main de l'ange de la Connaissance, et l'on a trouvé que la tombe qu'elle cachait était vide. L'âme n'a plus besoin de chercher son maitre vivant parmi les morts. Le Christ s'est levé, il est monté dans le ciel comme idéal vivant, et il peut en descendre dans les cœurs de tous ceux qui le désirent, non moins réel et puissant parce qu'il est un principe universel au lieu d'un simple personnage historique ; non moins capable de sauver parce que, au lieu d'être un Homme Régénéré Unique, il est chaque homme régénéré et dix mille fois dix mille le « Fils de l'Homme » lui-même »

27. Le nom de Jésus, ou Libérateur, n'appartient pas à l'homme physique — les Evangiles n'ont que faire de ce nom

et de sa parenté — mais à l'homme spirituel ; et c'est un nom d'initiation qui indique la re-naissance à la vie spirituelle. Sous ce rapport l'homme physique n'a aucun titre au nom du Libérateur, puisque les limitations dont l'homme a besoin d'être délivré ne peuvent être détruites que par ce qui dépasse le physique. Par conséquent, le nom de Jésus appartient à ce dans quoi et par quoi la libération se produit, c'est-à-dire le moi régénéré de l'homme lui-même ; et puisque c'est dans et par le moyen de ce moi qu'il a émergé d'une condition de mort spirituelle à une condition de vie spirituelle, cela signifie pour lui la résurrection de parmi les morts. Jésus n'est donc pas le nom d'un seul, mais de plusieurs ; non pas d'une personne, mais d'un Ordre, l'Ordre du Moi régénéré dont chacun est « Christ-Jésus », en ce qu'il est le Sauveur, par le Christ, de celui chez qui il se crée. Cependant tous ceux-ci ne sont pas des Christs dans le sens de manifestations du Christ dans le monde. Paul est le seul des Apôtres qui enseigna clairement la doctrine de la nature subjective de l'agent du Salut. L'expression dont il se sert : « Christ en vous, l'espoir de la gloire », ne peut s'appliquer à aucune personnalité physique ou extérieure. En tant que Kabbaliste et mystique, Paul était un Evolutionniste ; il savait que la semence de la régénération de tout homme est au dedans de lui. C'est pour cela qu'il exaltait le Christ comme principe intérieur, et qu'il savait reconnaître cette méthode des Ecritures mystiques qui consiste à regarder l'homme comme une personnalité distincte à chaque étape successive de son développement, et lui donnait un nom correspondant. Adam, David, Jésus étaient ainsi respectivement l'homme « naturel » qui est seulement généré ; l'homme « sous la grâce », ou partiellement régénéré, et par conséquent sujet à beaucoup d'erreurs, et l'homme pleinement régénéré et incapable de pécher.

De là cette déclaration de Paul que, à l'étape Adamique de notre développement nous mourons tous parce que nous n'avons pas réalisé en nous notre principe sauveur ; mais à l'étape de notre développement de Christ, nous avons tous la vie éternelle. Ce ne fut cependant pas autant le mysticisme de

Paul que la façon sacerdotale avec laquelle il le présentait qui l'amena à être en conflit avec les disciples.

28. Bien que les Évangiles décrivent toujours de la même façon les miracles accomplis par l'Homme Régénéré en employant des termes dérivés du plan physique, Lui, comme maître des esprits de tous les éléments fait des miracles sur tous les plans. Mais ceux-là seuls qui peuvent se rapporter au plan spirituel ont une signification et une valeur pour l'Ame. Par conséquent pour l'âme une résurrection comme celle de Lazare suppose la résurrection de la condition de mort spirituelle ; le fait de rendre la vue implique l'ouverture de la vision spirituelle ; et nourrir les multitudes affamées représente la satisfaction donnée aux désirs de l'homme d'une nourriture spirituelle.

Les termes employés pour décrire ce dernier miracle sont une des nombreuses indications de l'influence que les idées grecques exercèrent sur la composition des Évangiles, car les « pains » représentent la doctrine des petits mystères dont le « grain » est de la terre, le royaume de Déméter et de l'extérieur. Et les « poissons » qui sont distribués après les pains — indiquent les grands mystères, ceux d'Aphrodite — les poissons symbolisant l'élément de la Reine d'Amour « née de la mer » dont le domaine est le Royaume intérieur de l'Ame (1). De même la conversion de l'eau en vin représente les mystères de Iacchos, nom mystique de la Planète-Dieu. Pour l'Homme régénéré « le commencement des miracles » est toujours la transmutation de « l'eau » de son âme en « vin » de l'Esprit Divin. A ces mystères — qui étaient aussi Egyptiens et furent, on a lieu de le croire, représentés dans les « chambres du roi et de la reine » de la Grande Pyramide — se rattachent aussi les « Actes » ou « Couronnes » qui constituent pour l'Homme Régénéré la « Semaine de sa nouvelle création, chacun d'eux étant un jour de cette semaine. Ce sont : le Baptême aussi appelé les Fiançailles en vue du « Mariage » subséquent ; la Tentation ou l'Epreuve ; la Passion ; la Crucifixion ou la Mort ;

---

(1) Voir appendices XIII, p. 1.

l'Ensevelissement ; la Résurrection ; et l'Ascension, le Sabbat ou Nirvana de la perfection et du repos, lorsque « le voile du Temple » du moi extérieur ayant déjà été « déchiré du haut en bas » — il entre dans le Saint des Saints » de sa propre nature divine. Tous ces Actes ou Couronnes — indépendamment de toute correspondance sur le plan physique — dénotent des processus indispensables dans les expériences intérieures de tous ceux qui arrivent à la pleine régénération. De là résulte que le récit évangélique — tout en semblant avoir rapport, selon la mode des Ecritures, — à une personne réelle et spéciale, et en employant des termes dérivés du plan physique — est l'histoire mystique de qui que ce soit, et comprend les possibilités spirituelles de tous les individus. Et par conséquent, tout en se servant de termes qui sont dérivés de temps, de lieu, de personnes et d'événements réels, le récit évangélique ne fait pas *réellement* allusion à ceux-ci et ne prétend à aucune précision historique ; sa fonction et son but étant, non point de raconter des faits physiques qui ne peuvent avoir aucun rapport avec l'âme, mais de représenter et d'illustrer des processus et des principes qui sont purement spirituels. Ainsi considérés, les Evangiles — tout en ayant en vue une personnalité spéciale pour modèle — sont plutôt une parabole qu'une histoire.

29. On peut encore donner une autre explication à l'indifférence au sujet de l'identité et du détail qui caractérise tous ces récits. Les Evangiles étant au nombre de quatre, et disposés de façon à correspondre aux quatre divisions de la nature de l'homme, ils ont pour base, et sont en relation avec différents plans du Kosmos. Ainsi l'Evangile de Matthieu, qui représente le plan inférieur et physique, met plus spécialement en lumière le caractère attribué à Jésus de Nazareth, comme accomplissant les promesses du Messie de l'Ancien Testament ; et il est pénétré d'un principe : l'accomplissement de la Loi et des prophéties en lui. L'Evangile de Marc est adapté au plan qui vient immédiatement au-dessus de celui-ci, soit le plan rationnel ; son appel en faveur de la divinité et de la mission de Jésus étant fondé sur la nature de sa doctrine et de ses œuvres. L'Evangile de Luc représente l'ascension du plan

suivant, celui de l'âme et de l'intuition. En conséquence, il s'occupe spécialement de rendre compte de la parenté spirituelle de l'Homme Régénéré, et expose, sous forme de récit parabolique, sa genèse procédant de l'opération de Dieu dans une âme pure. C'est dans le même but que cet Evangile donne la première place aux conversations familières, avant les enseignements formels de Celui dont il parle, puisque c'est par ces conversations que la nature sentimentale de l'homme se manifeste le mieux. Dans le quatrième Evangile, la scène change et se transporte dans une sphère qui dépasse toutes les autres parce qu'elle est au plus haut degré intérieure, mystique, spirituelle. Par conséquent, cet Evangile correspond au Nucleolus, ou Esprit Divin, de l'entité microcosmique, et montre l'Homme Régénéré ayant surmonté tous les éléments extérieurs et inférieurs de son système, et frayé son chemin jusqu'aux retraites les plus intimes de son propre royaume céleste. Une fois arrivé à ce centre et à cette source, Lui et son Père sont Un ; et il sait positivement que Dieu est Amour, puisque c'est par l'Amour que lui-même a trouvé Dieu et est devenu Dieu. Telle étant l'idée dominante de cet Evangile, c'est avec raison qu'on a attribué sa composition à ce « Disciple bien-aimé » dont le nom même indique le principe féminin d'amour. Et c'est à « Jean », surnommé le Divin — à cause du caractère attribué à son ministère — qu'a toujours été donné l'emblème de l'Aigle qui représente l'élément le plus élevé du royaume humain. Lorsqu'on a compris l'intention qui a présidé à la division des Evangiles chrétiens, la distribution des trois autres symboles s'explique fort bien. Matthieu, qui correspond à la terre, ou au corps, est avec raison représenté par le Bœuf ; Marc, le ministre de l'astral, ou du feu, par le Lion ; et Luc, dont la plume traite spécialement des relations du Christ avec l'âme, par un Ange qui a le visage d'un homme, pour indiquer le dieu maritime Poséidon, « le père des âmes ». Ainsi chacun des Evangiles est dédié à l'un des esprits élémentaux, Dêmêtêr, Hephaistos, Poséidon et Pallas. Par suite du fait que l'Eglise a perdu la doctrine qui a donné lieu à cette distribution des emblèmes élémentaux une grande confusion et des différences d'opinion existent parmi les autorités ecclésiastiques sur ce sujet. Tous les Pères sont d'accord pour attribuer l'Aigle à l'auteur du quatrième Evangile, et il n'y a guère d'hésitation par rapport au droit de Marc sur le Lion ; mais on a, en général, déplacé l'ordre du Bœuf et de l'Ange.

## IV.

30. Maintenant que nous avons défini la Nature de l'Homme Régénéré et les relations qui, d'après les Evangiles, existent entre lui et l'Ame personnifiée par la Vierge Marie, il nous reste à « déclarer sa génération » en montrant les fonctions que l'Intellect personnifié par Joseph, l'Epoux de la Vierge et le Père nourricier de son Fils, remplit auprès de lui et de l'Ame. Ce n'est pas la première fois que Joseph apparaît sur la scène biblique du drame de l'Ame. Lorsqu'il nous est présenté en premier lieu, il est dans la vigueur de la jeunesse mais cependant suffisamment développé au point de vue intellectuel et moral pour être jugé digne d'occuper les plus hauts postes de responsabilité, et pour avoir la force de résister aux sophismes séducteurs de la philosophie matérialiste — représentée par la femme de Putiphar — qui réside toujours en « Egypte » le symbole de la nature inférieure. Ainsi que lors de sa seconde apparition il était éminemment « un homme juste » car — est-il écrit — le roi lui donna tout pouvoir sur le pays et ordonna à tous d'aller vers lui et de faire comme il dirait. Sous sa direction Israël — qui l'avait suivi en Egypte et qu'il devait servir pour remplir sa fonction divine — prospérait beaucoup. Mais une fois qu'ils le perdirent ils tombèrent dans la plus extrême misère, les Egyptiens les maltraitèrent et les tinrent en esclavage (1). Lorsque Joseph apparaît pour la seconde fois dans les Livres sacrés (2) il est toujours « le fils de Jacob » et « un homme juste » mais d'une maturité avancée, qui possède assez

---

(1) Voyez Appendice n° XII (6).
(2) Comme il n'est pas question ici de personnes mais de principes il n'y a aucune allusion faite à la réincarnation d'un individu.

d'énergie et de sagesse pour être en état d'accomplir la tâche la plus difficile et la plus délicate, celle de garder et de guider une âme pure et tendre vers la réalisation de ses aspirations les plus élevées — la production dans son rejeton d'un caractère divinement parfait. En réalité sa tâche correspondait à celle qui avait été assignée au premier Joseph comme protecteur des élus de Dieu ; mais le mode était changé, le niveau plus élevé, et l'étape plus avancée. La légende du choix de Joseph pour être l'époux de la Vierge et le père nourricier de son fils annoncé montre quelle est la qualité mentale requise pour remplir un pareil office. Car en représentant sa baguette comme la seule parmi celles des autres candidats qui ait fleuri, et le Saint-Esprit, sous forme d'une colombe, se posant dessus, la légende suppose que cet Intellect — symbolisé ainsi que ses connaissances par la baguette — est capable de percevoir les choses divines, de subir la suggestion qui le pousse aux actes divins, et se trouve par conséquent dominé par la Volonté Divine. Ce n'est que lorsqu'elle est sous la protection d'un Intellect ainsi conditionné que l'âme peut devenir la mère de l'Homme régénéré — c'est-à-dire la Mère de Dieu dans l'homme. L'Église catholique, pour bien montrer l'importance suprême qu'elle attache à la fonction de l'Intellect sous ce rapport, parle de saint Joseph comme ayant « reçu toute la puissance nécessaire pour sauver les âmes ; » l'appelle un « Ange sur la terre, » « Roi des Saints et des Anges, » « troisième personne de la Trinité terrestre, » et déclare que « après la dignité de Mère de Dieu vient celle de père nourricier de Dieu ; » « après Marie Joseph ; » — expressions qui sont intelligibles et correctes si on les applique à l'Intellect comme l'un des facteurs de l'évolution supérieure de l'homme, c'est-à-dire sa rédemption des éléments inférieurs ; mais non pas si on les applique à une personne quelle qu'elle puisse être. Néanmoins l'Intellect est le père supposé et non pas effectif de l'homme régénéré. Ses parents exclusifs sont l'Ame et l'Esprit, indifféremment appelés « l'Eau et l'Esprit, » « la Vierge Marie et le Saint-Esprit. » Comme il est une Entité purement spirituelle sa parenté doit être aussi purement spirituelle, et l'Intellect n'a pas plus de part dans sa génération que le corps. Par conséquent Joseph, qui n'est pas le constructeur de la maison, mais celui qui l'arrange et la meuble, n'est pas maçon mais charpentier.

31. Ce n'est pas seulement en vertu de sa fonction de protecteur contre Hérode — qui comme génie du régime matérialiste du monde est toujours le destructeur de l'innocence — que Joseph prend le jeune enfant et s'enfuit avec sa mère et lui en Egypte, mais aussi en vertu de sa fonction d'éducateur, car en indiquant le monde et le corps, l'Egypte signifie les leçons à tirer de tous les deux, leçons qu'il est indispensable d'apprendre pour que l'âme se développe. « Il y a du blé en Egypte. Descends-y, ô mon âme et réjouis-toi, » dit l'homme qui revient dans de nouvelles conditions terrestres pour chercher la régénération « car dans le Royaume du corps tu mangeras le pain de ton initiation. » Il revient à l'école avec l'empressement d'un écolier. Il faut monter péniblement l'échelle de l'évolution en recommençant incessamment depuis l'échelon le plus bas pour passer par chaque nouvelle branche d'expérience nécessaire au plein développement de l'âme. Car « il n'y a pas de connaissance sans travail, ni d'intuition sans expérience ». Les choses célestes sont inintelligibles tant que les choses terrestres n'ont pas été dominées. L'aspirant ne pourra retourner sans danger dans le pays d'Israël que lorsqu'il aura reçu une instruction solide sur terre, et qu'il sera assez avancé pour n'avoir plus rien à craindre d'« Hérode » qui est virtuellement mort pour lui. Et même là l'Intellect doit encore le garder et le guider jusqu'à ce que, ayant atteint sa majorité spirituelle, il passe sous une direction plus élevée. Le parallèle entre les deux Josephs se poursuit jusqu'à la fin. Tous les deux, tandis qu'ils sont en Egypte, sont les conducteurs et les protecteurs de la famille choisie. Et le retrait de chacun est suivi de dangers et de désastres. La date assignée à la mort du second Joseph a une profonde signification. D'après la tradition chrétienne il reste avec la Vierge et son Fils, en exerçant consciencieusement ses fonctions auprès d'eux, jusqu'à ce que ce dernier ait vingt-neuf ans. Comme nous l'avons déjà expliqué, l'âge de la perfection complète et finale pour l'homme régénéré est trente-trois ans, en calcu-

lant mystiquement, ce qui implique l'accomplissement des trente-trois étapes d'initiation dont la dernière et la plus élevée, est « son ascension » par la transmutation jusqu'à l'union Divine finale. Mais l'accomplissement des trente premières étapes le prépare à sa mission, en l'élevant au-dessus de la sphère dans laquelle l'Intellect lui est encore nécessaire — la sphère d'acquisition, de réflexion et de délibération — jusqu'à celle où il est indépendant du procédé de raisonnement — la sphère de la perception et de la connaissance directes, en ce sens qu'il est désormais sous un contrôle exclusivement divin, étant « né de l'Esprit ». Aussi à ce moment-là, — lorsque Jésus « a près de trente ans », — Joseph meurt, le laissant entrer dans sa carrière, qui doit finir par sa crucifixion, sans qu'il soit entravé par les considérations de prudence que l'Intellect est chargé de lui suggérer. En considérant Joseph comme le patron d'une mort heureuse, l'Eglise indique la satisfaction d'un Intellect qui a conscience d'avoir fait des intérêts de l'âme et de sa vie divine son but suprême.

32. Outre l'état dans lequel l'âme, s'immergeant comme Ève dans la matérialité, devient la mère de l'homme dégénéré, et celui où, comme Vierge Marie et affranchie de la matière, elle devient la mère de l'homme régénéré, il y a un troisième état intermédiaire qu'il est nécessaire d'exposer si on veut bien comprendre les Evangiles. C'est l'état de l'âme pendant la période de son progrès entre Ève et la Vierge Marie, pendant qu'elle subit les expériences indispensables à cette évolution. Car l'âme, aussi bien que l'homme qui est re-né d'elle, doit être rendue parfaite par la souffrance, — la souffrance impliquée dans des expériences profondément senties et sagement appliquées. De là son nom de « Mer de l'Amertume ». Ce n'est que lorsqu'elle a échangé l'innocence, qui vient de l'ignorance, pour l'impeccabilité qui résulte d'une pleine connaissance, qu'elle n'est plus en danger de retomber. Désormais il n'y a « plus de mer » pour son Fils.

Ainsi, le « péché », qui est impliqué dans le fait d'acquérir des expériences peut être lui-même un moyen de rédemption. L'agent de ces expériences est toujours la matière, car elle est à la fois la cause et la conséquence de la limitation de l'esprit. Et comme la seule véritable affinité de l'âme et sa seule affection légitime est l'esprit, — sa propre nature étant spirituelle, — sa relation avec la matière est mystiquement considérée comme un adultère, et pendant qu'elle y est engagée, elle est appelée « une courtisane. » Néanmoins, dans cet état de « chute, » elle peut conserver et chérir le sentiment de sa véritable nature et de sa destinée, et attendre avec impatience le moment où, affranchie de son association avec la matérialité, et purifiée de sa souillure, elle émergera blanche et sans tache, pour réclamer le rang qui lui est dû. Le moyen par lequel elle accomplira cela, sera toujours l'Amour, — son amour pour l'idéal qu'elle a gardé vivant, quoique latent, dans son cœur, même pendant qu'elle est descendue dans une condition aussi basse. A cause de cet amour, ses péchés — quelques nombreux et graves qu'ils puissent avoir été — lui seront pardonnés et, à son tour, elle sera tendrement aimée de Lui — L'Homme régénéré — puisqu'il reconnaîtra dans son passé à elle le prélude indispensable de son présent à lui. Ainsi, elle lui communiquera de sa substance, — et lui acceptera sans hésiter la manière par laquelle cette substance a été acquise ; tandis que le caractère passionné de la nature de l'âme, qui a été la cause de sa faiblesse dans le passé, la rendra encore plus chère à ses yeux, comme étant un signe de sa capacité de s'abandonner dans la direction opposée. Et lui seul ne trouvera pas ses actes de dévouement à son égard extravagants, parce que lui, et lui seul, comprend leur source et leur signification. Le nom qui est donné dans l'Evangile à la représentation de l'Ame dans cet état est Marie-Madeleine, que la tradition identifie avec Marie de Béthanie. Dans l'Ancien Testament où elle aide Israël à entrer dans la terre promise, elle est appelée Rahab. Ce nom, qui signifie large et étendu, lui a peut-être été donné pour indiquer l'Ame qui, par faiblesse ou crainte, repousse les expériences, reste bornée, naine et fait au bout du compte un mauvais calcul.

33. Là se trouve le secret de la douceur et même de la tendresse, que l'Homme Régénéré typique a manifestées à l'égard

des femmes de cette classe. Lui-même qui est le représentant d'une perfection acquise par l'expérience sait que l'Ame, dont la Femme est le type, doit faire des expériences. Lui-même, l'enfant de l'âme, ne s'occupe que de l'état de l'âme, et considère chaque acte du point de vue de l'âme, ne se souciant que de l'esprit dans lequel l'acte a été accompli. La conduite de Jésus dans le cas de la femme qui fut amenée devant lui, alors qu'il réserva tout son blâme pour ses accusateurs, ne fut que la mise en pratique de ses dénonciations contre les principaux prêtres et les anciens. « En vérité, je vous dis que les péagers et les gens de mauvaise vie vous devanceront dans le Royaume des cieux ». Il ne se montre impitoyable que pour l'impureté indélébile et la dureté de cœur. Qu'une âme soit seulement sur le chemin qui monte, n'importe à quel point inférieur, et pour Lui elle prend rang parmi les plus élevées. Il l'a déjà marquée comme une des siennes. Elle est un de ses élus.

34. Ce sont, d'après le sens principal, les divers états de l'âme que l'Apocalypse décrit sous le symbole des sept Eglises de l'Asie Mineure. C'est l'âme désespérément dégradée qui est dénoncée, sous des termes empruntés à la Rome de l'époque, comme « l'amante des rois de la terre » — c'est-à-dire les tendances dominantes de l'homme — et condamnée à la destruction avec cette « grande Cité » qui est bâtie sur les « sept péchés mortels » comme Rome sur ses sept collines — le système matérialiste du monde.

35. Le procédé de croissance d'éducation et de purification de l'âme est non seulement si lent et si graduel qu'il nécessite pour son accomplissement de nombreuses Vies terrestres, mais il est aussi inégal ; quelques fois il est très avancé sur certains points, mais très retardé sur d'autres. Ces inégalités peuvent trouver leur expression dans des anomalies et des inconséquences de caractère qui sont extrêmement embarrassantes et affligeantes. On voit parfois, combinés dans la même personnalité, les extrêmes opposés d'un sage et d'un simple, d'un saint et d'un pécheur, d'un caractère d'une haute moralité uni à des facultés intellectuelles inférieures, ou, au

contraire, des facultés intellectuelles très remarquables avec une absence totale de sens moral ; ou encore une nature intellectuelle et morale très élevée et une absence complète de perception spirituelle. Ainsi irrégulièrement développée, la même âme peut être à la fois, à toutes les étapes que nous avons énumérées, simultanément Ève, Madeleine et la Sainte-Vierge, et manifester tour à tour les caractéristiques de chacune. Ce n'est que lorsqu'elle est entièrement Vierge Marie qu'elle peut devenir la mère de l'homme totalement régénéré. Comme dit le poète mystique que nous avons déjà cité :

« Il faut que je devienne la Reine Marie et que je donne naissance à Dieu si je veux vivre pour toujours bénie. » (1)

36. Il nous reste à identifier les personnages qui, dans l'Evangile, remplissent l'importante fonction de reconnaître le Christ, au moment de la Nativité. Ce sont les Mages, ou les « Sages de l'Orient, » qui se hâtèrent d'apporter leurs hommages et leurs offrandes devant la crèche du Divin Enfant. Selon la tradition catholique c'était trois personnages royaux qui, d'après la description qui en est faite, pourraient être identifiés aux « Rois de l'Orient » de la Vision Apocalyptique. Leur demeure se trouve au-delà de la « grande rivière l'Euphrate, » et le chemin pour leur venue doit être spécialement préparé en créant un gué à travers la rivière. Or l'Euphrate est une des « quatre rivières » de la Genèse qui, comme cela a déjà été expliqué (Leçon VI, 6), indiquent les quatre principes constituants du Kosmos humain. L'Euphrate est la volonté ; dans l'homme non déchu la volonté Divine, dans l'homme déchu la volonté humaine. L'Orient est le terme mystique qui désigne la source de la lumière céleste. « La gloire de Dieu vient par le chemin de l'Orient, » dit Ezéchiel. Par conséquent, « les rois de l'Orient » sont ceux qui ont domination dans une région qui se trouve au-delà et au-dessus de la « rivière » de la volonté humaine; et c'est seulement lorsque cette rivière est « séchée » qu'ils peuvent s'approcher de l'homme comme les hérauts de la Gloire Divine. Leur fonction est d'annoncer l'Epiphanie de

(1) Scheffler.

la Vie Divine, d'être les répondants du Christ, les parrains du céleste Enfant. C'est eux qui ont la mission de le discerner de loin, et de se hâter pour l'affirmer et pour le déclarer pendant qu'il est encore dans son berceau. Leurs offrandes d'or, d'encens et de myrrhe indiquent la reconnaissance de la divinité intérieure par les attributs prophétiques, sacerdotaux et royaux de l'homme. Parce qu'ils représentent respectivement l'esprit, l'âme et l'intellect, ils sont symbolisés par un ange, une reine et un roi ; et ils sont, en réalité, la Juste Aspiration, la Juste Perception et le Juste Jugement. La première implique l'enthousiasme pour la gloire de Dieu et l'avancement des âmes, sans aucun mélange de but égoïste. La seconde suppose une vision des choses spirituelles non obscurcie ni faussée par l'introduction d'éléments matériels ou astraux ; et la troisième implique la capacité de « comparer les semblables avec les semblables, » en sorte que les choses spirituelles ne soient pas confondues avec les choses physiques, mais que l'on « rende à Dieu ce qui appartient à Dieu et à César ce qui appartient à César. »

37. Mais pourquoi, lorsque les sages cherchent le lieu de naissance du Christ, l'Etoile de la Compréhension dirige-t-elle leurs pas vers une caverne et une étable ? Parce qu'il « est emprisonné dans les éléments du corps, endormi dans les cavernes de Iacchus, dans la mangeoire du Bœuf de Déméter » (1). C'est-à-dire parce que comme il constitue le point culminant du courant d'émanation retournant et montant, le Christ est touché par l'évolution depuis l'étape la plus basse ; — « De la poussière de la terre jusqu'au trône du Très Haut. »

38. Un des facteurs importants de l'éducation de l'homme régénéré est celui qui est décrit sous la figure de Jean le Baptiste. Car lui aussi est intérieur et mystique, en ce qu'il représente ces injonctions pressantes de la conscience qui ordonnent la repentance, le renoncement et la purification, ces précurseurs indispensables du succès dans la recherche de la perfection intérieure.

(1) Voyez appendice n° XIII. Part. I.

39. L'histoire de la Vierge Marie et de ses fonctions par rapport à son Fils, telle qu'elle est présentée dans les Evangiles ainsi que dans la tradition et le rituel Catholiques, est, dans tous ses détails, l'histoire de l'âme à qui il est donné d'être la « Mère de Dieu » dans l'homme. Ses actes et ses grâces, aussi bien que sa vie et sa passion, appartiennent à l'expérience de chaque homme racheté. De même que le Christ en lui le délivre de la malédiction d'Adam, ainsi la Vierge Marie en lui le délivre de la malédiction d'Ève, et assure l'accomplissement de la promesse de la victoire sur le Serpent de la Matière. Et de même que, comme pécheur, il a vu s'accomplir, dans sa propre expérience intérieure le drame de la Chute, ainsi, comme Saint, il traverse les mystères représentés dans le Rosaire de la Vierge ; son âme passant tour à tour à travers chaque étape de ses joies, de ses douleurs, de ses gloires. Par conséquent, le rôle assigné à Marie dans l'Evangile Chrétien est celui que l'âme subit dans toute expérience mystique. Ce qui commence à séduire l'âme et à l'entraîner d'un mauvais côté c'est l'attraction du monde illusoire du pur phénomène, qui est avec raison représentée sous la figure du Serpent avec ses replis brillants, ses mouvements insinuants et ses yeux pleins de fascination. Cédant à son attraction, en dirigeant son regard extérieurement et en bas plutôt qu'intérieurement et en haut, l'âme, — comme Ève — a abandonné les réalités célestes pour les ombres mondaines, et elle a entraîné dans sa chute l'intellect, ou Adam. Ainsi l'intellect et l'âme tombent ensemble et perdent la puissance et le désir de saisir les choses divines, qui seules tendent à donner la vie ; et, ainsi, ils sont rejetés hors des conditions divines, ils n'ont plus conscience que de leurs environnements matériels et sont assujettis aux limitations de la matière. Cette substitution de l'illusoire au réel, du matériel au spirituel, du phénoménal au substantiel est ce qui constitue le péché et la perte occasionnée par la Chute. La Rédemption consiste dans le fait de retrouver le pouvoir de comprendre, d'aimer et de saisir le réel. « Le péché originel » dont Marie est exempte, est précisément la condition de cécité qui — par suite de l'immergence de l'âme dans la matérialité — empêche de

percevoir des choses divines. Il n'y a pas moyen que la Vie Divine soit générée dans une âme affligée de cette cécité.

Le Christ ne peut être conçu que dans une âme immaculée, Vierge par rapport à la matière, et apte à devenir l'Épouse de l'Esprit Divin. Par conséquent, comme l'âme en qualité d'Eve donne son consentement à l'annonciation du Serpent, ainsi devenue Vierge, comme Marie, elle donne son consentement à l'annonciation de l'Ange, et elle comprend le Mystère de la Maternité de l'homme régénéré. Aucun de ses actes ne lui est propre ; tous les actes de son Fils sont aussi les siens. Elle participe à sa Nativité, à sa manifestation, à sa passion, à sa résurrection, à son ascension, à son don de la Pentecôte. Lui même est le don qu'elle fait au monde. Mais c'est toujours Lui qui agit ; elle qui demande, qui acquiesce, qui consent, qui répond. A travers elle il pénètre dans l'intellect et l'homme extérieur et, ainsi, dans la vie et la conduite, comme le dit saint Augustin : « Toutes les grâces nous arrivent par les mains de Marie. » Car, l'Ame purifiée est la médiatrice, comme elle est aussi la génératrice de la présence Divine.

49. L'Eglise parle de l'Ascension du Christ et de l'Assomption de Marie. Le Christ étant divin par nature et d'origine céleste, monte par son propre pouvoir et sa propre volonté.

L'âme est « élevée », ou entraînée en haut par le pouvoir et la volonté de son Fils. Elle n'est rien par elle-même ; il est son tout en tout. Il faut qu'elle soit élevée là où il demeure par la force de l'union divine qui fait qu'elle est un avec lui. Désormais elle habite dans le réel et les illusions des sens sont pour toujours sous ses pieds. Ce n'est pas par elle-même que Marie devient la Mère de Dieu dans l'homme. Le récit de l'Incarnation implique une conjonction des potentialités humaines — quoique pas physiques — et Divines. Marie conçoit son enfant par un acte de l'énergie céleste qui l'adombre et la vitalise dans la Vie Divine. Il en est ainsi parce que l'âme pure est semblable à une lentille qui reçoit les rayons Divins, les polarise et en fait sortir du feu. Par cette attitude à l'égard de Dieu elle a allumé en elle cette sainte flamme qui devient la lumière qui éclaire le monde.

41. L'état final de l'âme de l'Homme Régénéré est décrit dans l'Apocalypse sous la figure d'un mariage dont les parties contractantes sont l'Ame elle-même et l'Esprit, maintenant divin, de l'homme, qui est appelé l'Agneau. La description de cet Agneau, qui a été « immolé dès la fondation du monde, » indique l'acte originel et éternel de l'immolation du moi — symbolisé dans l'Eucharistie — par lequel la Divinité descend dans un état conditionné et se distribue elle-même pour être la vie et la substance de l'Univers, pour sa création, sa sustention et sa rédemption. Dans l'acte dominant de ce drame immense — l'acte qui est mystiquement appelé « la consommation du mariage du Fils du Roi » — l'Esprit et l'Epouse (πνεῦμα et νύμφη.) sont indissolublement unis en qualité de Roi et de Reine de l'individualité devenue parfaite ; et l'humain est introduit dans le Divin, parce qu'il a reçu le « don de Dieu » qui est la vie éternelle. Il ne s'agit pas seulement ici d'un don fait par Dieu, bien que Dieu soit le donateur ; mais du don du propre moi substantiel de Dieu, le JE SUIS infini et éternel qui est individualisé en lui. Comme cela a déjà été démontré, les étapes première et dernière de l'évolution spirituelle de l'homme sont indiquées par Paul, pourvu qu'on lise ces mots avec le sens mystique et qu'on les traduise dans l'éternel *maintenant :* « Il est d'abord Adam, une âme vivante » — une âme dont la vie est dérivée ; « Il est à la fin le Christ, un Esprit qui donne la Vie », ou un Esprit qui est lui-même la vie Divine. « Dans le premier tous meurent. Dans le dernier tous ont la vie. » De ceci il résulte que la Bible exprime l'évolution la plus élevée de l'homme — c'est-à-dire la rédemption, aussi appelée la nouvelle création — comme étant un double processus qui se passe simultanément dans ses deux constituants, lui-même et son âme ; et tandis que pour la première moitié masculine le premier et le dernier terme sont respectivement Adam et le Christ, pour la seconde moitié féminine ils sont Ève et Marie, aussi appelée l'Epouse.

## V

42. Il n'entrait point dans le plan des Evangiles de représenter soit la course d'un homme parfait dès le début, soit toute la course, depuis le début, d'un homme devenu parfait. S'ils avaient eu en vue la première de ces choses ils n'auraient contenu aucun récit de la crucifixion. Car pour l'homme parfait aucune crucifixion, au sens mystique, n'est possible, puisqu'il n'a aucun moi supérieur à vaincre, aucune volonté perverse, aucune faiblesse à sacrifier ; l'*anima divina* en lui étant devenu tout en tout. En conséquence, ce que les Evangiles exposent est un processus qui consiste en plusieurs degrés de régénération, et c'est en atteignant le dernier seulement que l'homme devient « parfait ». Mais tous ces degrés successifs ne sont pas indiqués. Car les Evangiles ne traitent pas de celui dont la nature n'est aucunement régénérée au début, mais de celui qui, déjà, en vertu de l'usage qu'il a fait de ses existences terrestres précédentes est assez avancé pour que, dans une seule nouvelle existence, la pleine régénération soit à sa portée.

43. Car, vu la nature multiple et complexe de l'existence, chaque sphère, ou plan de l'être dans l'homme, réclame pour elle-même un processus rédempteur ; et, pour chacune ce processus consiste en trois degrés. Les premiers trois ont rapport au Corps, les seconds trois au Mental, les troisièmes trois au Cœur, et les quatrièmes trois à l'Esprit. Il y a donc ainsi, en tout, douze degrés ou « Maisons » de l'Homme Parfait ou Microcosme, de même qu'il y a douze signes Zodiacaux, ou Maisons du Soleil, dans la course du Macroscosme à travers les Cieux. Les Evangiles exposent principalement les six qui correspondent au Cœur et à l'Esprit. La couronne des douze degrés, comme aussi des six actes — ce qui constitue à la fois le « Sabbat des Hébreux, le « Nirvâna » des Bouddhistes et la « Transmutation » des Alchimistes — est ce qui est « le Mariage Divin ». C'est pourquoi dans toutes les Ecritures Hermétiques on trouve continuellement des types ou des Paraboles de ce mariage. Le dernier livre de la Bible, l'Apocalypse

de saint Jean en donne, à la fin, une allégorie descriptive. Dans cette allégorie, l'Epouse elle-même est décrite comme Salem, la Paix, ou le repos de Dieu, une « ville bâtie en carré » qui a Douze Fondements et quatre Côtés tous égaux, et sur chaque côté trois Portes. Ce Salem céleste est par conséquent le Microscome accompli dans lequel est perçue l'Unité des quatre phases, physique, intellectuelle, morale et spirituelle ; les Portes de chaque côté, ou plans, symbolisant les trois degrés de Régénération qui lui sont propres. Et il est dit que ces douzes portes sont faites chacune d'une seule perle parce que, comme pour les perles, l'excellence qu'elles indiquent ne peut être obtenue que par l'habileté, le courage et le dévouement même jusqu'à la mort, et exige de ceux qui veulent y arriver un détachement complet de toutes les entraves terrestres.

44. L'idée de ce céleste Salem est aussi exprimée dans le Tabernacle de Moïse. Car celui-ci était quadruple. La Cour extérieure, qui était ouverte, indiquait le corps ou l'Homme physique et visible; la Tente couverte ou le Saint Lieu l'Homme intellectuel et invisible, et le lieu Très Saint derrière le voile le Cœur ou l'Ame, qui est lui-même la châsse de l'Esprit de l'homme et de la Gloire Divine, lesquels sont à leur tour symbolisés par l'Arche et le Shekinah. Et dans chacun des quatre Dépositaires il y avait trois ustensiles qui représentaient les degrés de Régénération appartenant à chaque division. Le souper des noces ne peut donc être célébré dans le royaume du Père que lorsque les « Douze Apôtres » ou les éléments qui correspondent aux douze degrés, sont arrivés à être en parfaite harmonie et qu'aucun élément défectueux n'existe plus parmi eux. A cette fête Divine, le Treizième personnage, le Maître du Système ou Adonaï, le Fondateur et Président du banquet occupe la place centrale. C'est lui qui plus tard eut un représentant dans cet Arthur pur et né du ciel — Ar-Thor — le « Brillant Seigneur » de la Table Ronde. Car, comme cela a déjà été dit, le nombre du Microcosme est Treize, le treizième était celui qui occupe la quatrième place et la place intérieure qu'il personnifie ainsi en constituant le quatrième et dernier élément, le Nucleolus de toute la cellule, ou « Table Ronde ». « Et la forme de ce qua-

trième est pareille au Fils de Dieu ». Ainsi le nombre treize qui, sur le plan terrestre et avant la « Crucifixion, » se trouve être par la trahison de « Judas » le symbole de l'imperfection et de la mauvaise fortune, devient, dans le royaume du Père, le symbole de la perfection. Comme le nombre des mois lunaires, il est aussi le symbole de la Femme, et il indique l'Ame et sa réflexion de Dieu, — le nombre solaire douze étant celui de l'Esprit. Ces deux nombres combinés forment l'année parfaite de cette double humanité qui seule est faite à l'image de Dieu, — la véritable « Année Chrétienne, » dans laquelle l'intérieur et l'extérieur, l'Esprit et la Matière — sont un. Treize représente donc cette complète union de l'homme avec Dieu par laquelle le Christ devient Christ.

45. En représentant l'homme régénéré comme descendant, par ses parents, de la Maison de David et de la tribu de Lévi, les Evangiles veulent indiquer que, lorsque l'homme est régénéré, il possède toujours l'intuition du véritable prophète et la pureté du véritable prêtre dont « David » et « Lévi » sont les synonimes mystiques. Ainsi le sang spirituel du prophète, du prêtre et du roi, est mêlé dans les veines du Messie, ou du Christ, dont la lignée est la lignée spirituelle de chaque homme régénéré et peut être obtenue par tous les hommes.

46. Car nous ne saurions l'affirmer assez clairement et positivement. Il n'y a aucune différence, comme espèce, entre l'homme qui devient un Christ et les autres hommes. La différence n'est que dans la condition et le degré, c'est une différence dans le degré de développement de la nature spirituelle que tous possèdent en vertu de leur commune origine. Cela a été dit constamment ; « toutes choses sont faites de la Substance divine. » Et l'humanité représente un courant qui, prenant naissance dans le mode de différentiation le plus extérieur et le plus bas, de cette Substance, coule intérieurement et en haut, vers le plus élevé qui est Dieu. Et le point où il atteint le céleste et se jette lui-même dans la Divinité, est « le Christ. » Toute autre doctrine que celle-ci, — toute doctrine qui fait du Christ une nature autre et non humaine, — est anti-chrétienne et sous-humaine. Et l effet direct de cette doc-

trine serait d'ôter à l'homme toute possibilité d'accès vers Dieu, et à Dieu d'accès vers l'homme.

47. Cette doctrine, en représentant le Messie comme un Dieu incarné ou un Ange qui, par un sacrifice volontaire de lui-même, sauve l'humanité de la pénalité méritée par ses péchés, a dénaturé et obscurci la véritable doctrine de la rédemption et en a fait une chose à la fois indigne de Dieu et pernicieuse pour l'homme.

Ce n'est pas de la pénalité méritée par le péché, dont l'homme a besoin d'être racheté mais de la tendance au péché. C'est le péché et non pas la souffrance qui est sa ruine. La souffrance n'est que le remède. Et il ne peut être sauvé de la tendance au péché, et de la souffrance, qui en est la conséquence, qu'en étant élevé jusqu'à une condition dans laquelle le péché est impossible pour lui, et aucun Ange, ni une troisième personne, mais seulement l'homme lui-même, co-opérant avec le Dieu qui est au dedans de lui pourra accomplir cela. L'Homme est lui-même le laboratoire dans lequel Dieu, comme Esprit, travaille à le sauver en le re-créant à l'image de Dieu. Mais, — ainsi que cela arrive toujours sous un contrôle exclusivement sacerdotal, — la religion a été présentée comme un moyen d'échapper, non pas au péché, mais à la punition.

Sous l'empire de cette idée, qui dégradait la Rédemption jusqu'à proposer une fin indigne et malfaisante, le monde devait, inévitablement, pécher de plus en plus. Par la grossièreté croissante de sa vie et de ses pensées, s'enfonçant toujours plus profondément dans la matière, violant avec persistance, sur tous les plans de l'existence, la loi divine de la vie, jusqu'à perdre la notion même de l'humanité, et totalement dégénéré dans le corps, l'intellect, le cœur et l'Esprit, il finit par atteindre le degré le plus bas de dégradation compatible avec l'existence. Ainsi on peut dire de la société moderne — comme d'Israël, lorsque par sa propre méchanceté et sa folie il fut réduit à la même fâcheuse condition: « de la plante du pied jusqu'à la tête, rien n'est en bon état. Ce ne sont que blessures, contusions, plaies vives ». Et même, quoique « la tête entière soit malade et tout le cœur souffrant », en face de sa théorie désespérée de l'existence, il « multiplie ses révoltes » en devenant de plus en plus affirmatif dans sa négation de l'Être comme réalité divine, et il fait tout ce qu'il peut pour « s'attirer une rapide destruction. » Pour celui qui est tant soit peu clairvoyant, tel est le spectacle que présente le monde en « l'an de grâce » 1881.

48. De même qu'il n'entrait pas dans le plan des Évangiles de représenter la course totale de l'Homme Régénéré, ils ne se proposaient pas davantage de fournir sur la vie et à la doctrine religieuse un système complet, et indépendant de tous ceux qui l'avaient précédé. Comme il se rapportait spécialement au cœur et à l'Esprit de l'Homme, et par là au Nucleus de la cellule et au lieu très Saint du Tabernacle, le Christianisme dans sa conception originelle laissait la régénération de l'Intellect et du Corps — l'Arche couverte et le parvis ouvert du Tabernacle, ou le dualisme extérieur du microcosme — à des systèmes déjà existants et qui étaient largement connus et pratiqués. Il existait deux de ces systèmes, ou plutôt deux modes ou expressions du système unique dont l'établissement constituait « le message » qui précéda le Christianisme d'une période Cyclique de six cents ans. Ce message était celui dont « les Anges » furent représentés en Gautama Bouddha et Pythagore. Le système de ces deux Prophètes et Rédempteurs presque contemporains l'un de l'autre était essentiellement un et le même, soit pour la doctrine, soit pour la pratique. Et sa relation avec le système de Jésus, dont ils étaient les pionniers et les avant-coureurs nécessaires, est reconnue dans les Évangiles sous l'allégorie de la *Transfiguration*. Car les formes de Moïse et d'Elie, qui y apparaissent, sont les correspondances hébraïques de Bouddha et de Pythagore. Et il est dit qu'elles furent contemplées par les trois Apôtres en qui sont typifiés respectivement les fonctions remplies par Pythagore, Bouddha et Jésus, savoir, les Œuvres, la Compréhension et l'Amour, ou le Corps, l'Intellect et le cœur. Et par leur réunion sur la montagne est indiquée la réunion de ces trois éléments et l'accomplissement du système entier qui les renfermait, en Jésus, comme le représentant du Cœur ou du plus

Intime, et comme étant, dans un sens spécial, le « Fils bien-aimé de Dieu ».

49. Le christianisme fut donc introduit dans le monde ayant une relation spéciale avec les grandes Religions de l'Orient et sous la même direction divine. Et bien loin qu'il fut entendu qu'il serait un rival du Bouddhisme et le supplanterait, il devait être la suite directe et nécessaire de ce système ; et tous deux ne sont que des parties d'un tout harmonieux et continu dont la dernière division n'est que le supplément et le complément indispensable de la première. Bouddha et Jésus sont, par conséquent, nécessaires l'un à l'autre ; et dans le système ainsi complété, Bouddha est l'Intellect et Jésus le cœur ; Bouddha est le général et Jésus le particulier ; Bouddha est le frère de l'Univers, Jésus est le frère des hommes ; Bouddha est la Philosophie, Jésus est la Religion ; Bouddha est la Circonférence, Jésus est l'Intérieur ; Bouddha est le Système, Jésus est le point de Radiation ; Bouddha est la Manifestation, Jésus est l'Esprit ; en un mot Bouddha est « l'Homme », Jésus est la « Femme. » Sans Bouddha Jésus n'aurait pas pu être et il n'aurait pas pu suffire à l'homme complet ; car il faut que l'Homme ait son intellect illuminé avant que les affections ne puissent être allumées. Et Bouddha non plus n'aurait pas été complet sans Jésus. Bouddha commença par accomplir la régénération de l'Intellect ; et par sa doctrine et sa pratique les hommes furent préparés à la grâce qui vient par Jésus. Conséquemment, aucun homme ne peut être réellement Chrétien s'il n'est pas aussi et d'abord Bouddhiste. Ainsi ces deux religions constituent respectivement l'extérieur et l'intérieur du même Evangile. Le fondement est dans le Bouddhisme — ce terme comprenant le Pythagorisme — et l'illumination est dans le Christianisme. Et de même que sans le Christianisme le Bouddhisme est incomplet, sans le Bouddhisme le Christianisme est inintelligible. L'Homme Régénéré des Evangiles se tient sur le fondement représenté par Bouddha, c'est-à-dire sur les premiers degrés du même processus de régénération, et sans cela il ne pourrait pas exister. De là vient la signification déjà expliquée du rôle du Baptiste.

50. Le terme de Bouddha signifie en outre la *Parole*. Et le Bouddha et le Christ représentent, quoique sur des plans différents, le même Logos Divin, ou Raison divine. Ils sont les expressions réunies du « Message » qui dans les cycles précédents avait été prêché par « Zoroastre » — l'*Etoile-Soleil* — ainsi que par Moïse, et typifiés par Mithras, Osiris et Krishna. Pour eux tous la doctrine était une et la même, la doctrine de l'Homme Régénéré et par là « l'Evangile du Christ ». C'était le trésor sans prix dont Israël, en s'enfuyant, avait « dépouillé les Egyptiens »; c'est-à-dire dont l'âme garde la possession lorsqu'elle échappe à la puissance du corps, car elle l'a acquis par ses expériences dans le corps. Si Bouddha, quelque grande que fut sa « Renonciation », n'eut pas à subir une épreuve pareille à celle qui est attribuée à sa contre-partie des Evangiles, cela vient de la différence de leurs rôles et des étapes qu'ils avaient atteintes. La souffrance n'appartient pas à l'Intellect, mais au Cœur. Et puisque dans le système uni Bouddha représente l'Intellect et Jésus les affections ; — en Jésus, comme expression typique la plus élevée de l'élément amour, l'humanité accomplit cette injonction : « Mon fils, donne-moi ton cœur ». (1)

51. Puisque de l'Union Spirituelle en une seule foi de Bouddha et du Christ, résultera la rédemption future du monde, les relations entre les deux peuples à travers lesquels cette union doit s'effectuer sur le plan physique sont un sujet d'une grande importance et d'un intérêt spécial. Considéré sous cet aspect le rapport qui existe entre la Grande Bretagne et les Indes s'élève de la sphère politique à la sphère spirituelle. En tant que peuples typiques de l'Occident et de l'Orient, races blanches et noires, et comme représentant l'Homme et la Femme de l'Humanité, ils constitueront lorsque le temps sera venu l'Homme un, créé à l'image de Dieu, régénéré et possé-

(1) La relation qui existe entre les deux systèmes et la nécessité de l'un par rapport à l'autre, ont été reconnues par les Bouddhistes eux-mêmes. On peut citer à ce sujet l'exemple de ce chef Cingalais qui avait envoyé son fils à une école chrétienne et qui, entendant un chrétien blâmer son inconséquence, répliqua que les deux religions étaient l'une par rapport à l'autre comme la pirogue de son pays et le mécanisme — appelé un *outrigger* — au moyen duquel, lorsqu'il flotte, il est tenu d'aplomb, « J'ajoute votre religion à la mienne » dit-il, « parce que je trouve que le christianisme est un très bon *outrigger* pour le Bouddhisme ». — Tennant's Ceylan.

dant la puissance. Et ainsi, « l'éclair de l'Orient, » après avoir « illuminé l'Occident » sera réfléchi en arrière, purifié et augmenté, « une lumière pour éclairer les nations et pour être la gloire de l'Israël spirituel. » Ainsi donc en Christ Jésus les systèmes sacrés du passé sont mûris et perfectionnés. Le don de l'Esprit Divin, — « le Paraclet » — qui ne pouvait pas venir à travers Pythagore ou Bouddha, parceque ceux-ci représentent les éléments extérieurs du microcosme, est devenu possible par Jésus, et le Nucleolus, ou Esprit, ne peut être manifesté que dans l'élément intérieur, ou Nucleus dont Jésus est le représentant. Et ainsi s'accomplira cette parole de la Genèse XV. 16, à la quatrième génération, « la semence spirituelle d'Abraham, ou Brahma, — car ces deux mots n'en sont qu'un et indiquent une seule et même doctrine — « reviendra ici » dans le pays promis de leur héritage ; et comme l'a dit Jésus : « plusieurs viendront de l'Orient et de l'Occident et seront assis avec Abraham, Isaac et Jacob, dans le royaume des Cieux. »

52. Car, comme ces « trois : Noé, Daniel et Job » étaient pour les Hébreux, des types de la justice, ainsi « Abraham, Isaac et Jacob » étaient des types de la Vérité, des ancêtres de l'Israël spirituel et des représentants des divers mystères sacrés, de « ce royaume » dont l'Homme Régénéré est l'héritier, et qui appartiendra finalement au monde régénéré par l'adoption et la grâce. Les mystères spécialement indiqués par « Abraham » sont également ceux de l'Inde : ce sont les mystères de l'Esprit ou du centre le plus Intime, qui sont consacrés à l'être Suprême Brahma, qui représente la Divinité dans le processus de manifestation et par conséquent en activité. Dans ce processus l'Être originel, *Brahm*, devient *Brahma;* Dieu devient le Seigneur, celui qui manifeste. Et c'est pour reconnaître ce changement qu'*Abram* se change en *Abraham*.

L'histoire de ce personnage, sa fuite — élément invariable des histoires semblables, — ainsi que celle de Bacchus et d'Israël, de la Sainte Famille, de Mahomet, etc. — ses aventures et ses pérégrinations, est l'histoire de la migration des mystères de l'Inde, par le chemin de la Chaldée, et jusqu'à ce centre divinement choisi, ce pivot de toutes les Religions véritables — l'Egypte, — terme indiquant le corps qui est lui-même la résidence divinement donnée à l'âme durant le temps de son épreuve. (1).

Le grand ordre des mystères qui vient ensuite, a rapport à l'âme, et est consacré à Isis, la déesse de l'intuition et la « Mère » du Christ. Pour les Israélites ces mystères étaient représentés par *Isaac*, un nom qui est en rapport occulte avec celui d'Isis et de Jésus, comme aussi avec le nom d'un personnage important dans la généalogie de ce dernier, Jessé, le « père de David, » un « gardien de moutons. » Le troisième et dernier grand ordre des mystères — celui qui se rapporte au corps et qui de bonne heure passa en Grèce — est consacré à Bacchus, dont le nom mystique *Iacchos* est identique à celui de *Jacob*. Ces trois ordres combinés des mystères comprenant les trois grandes divisions de l'existence, et par induction la quatrième aussi formaient, dans la conception originelle du christianisme, un système de doctrine et de vie à la fois complet, harmonieux et suffisant pour répondre à tous les besoins et à toutes les aspirations de l'humanité soit ici, soit au-delà. C'est à cela que se rapportent les paroles attribuées à Jésus dans sa réponse aux questions qui lui sont faites touchant la résurrection des morts. Car laissant de côté la question réelle pour ne voir que le sens mystique, il fit une réponse qui se rapportait, au moins en premier lieu, non pas aux individus qui avaient été nommés, mais aux systèmes compris sous leurs noms ; et affirmant que ces systèmes étaient aussi vivants et aussi essentiels au salut que lorsqu'ils furent divinement communiqués à Moïse dans ces paroles : « Je suis le Dieu d'Abraham, le Dieu d'Isaac et

(1) D'après l'usage Hindou qui fait du masculin le principe passif de l'existence, et du féminin le principe actif, les mystères sont représentés par les *épouses* des personnes divines. Ainsi le principe actif de Brahma est son épouse *Saraswati* : d'après laquelle l'épouse d'Abraham, qui est aussi son principe actif, est appelée Sara « la dame, » sous-entendant « du ciel. » L'histoire de la longue attente et des deux femmes de Jacob, est une parabole de l'initiation aux petits et aux grands mystères. Et le fait de trouver la femme d'Isaac près d'une source, de même que Moïse trouvé dans une rivière par la fille du roi — indique la femme, ou l'âme, comme agent de l'intuition, et par là de l'initiation et de la rédemption, Le « Haran » et « l'Ur » d'où vient Abram indique la place de la lumière spirituelle, et la généalogie signifiait primitivement non pas des personnes, mais des états spirituels.

de Jacob, » il ajouta que « Dieu n'est pas le Dieu des morts mais des vivants. » Par conséquent, d'après cela et d'après la prophétie concordante citée plus haut, ces mystères — qui sont à la fois Hindous, Chaldéens, Persans, Egyptiens, Hébreux, Grecs et Chrétiens — une fois restaurés dans leur pureté primitive, constitueront la doctrine dominante des siècles futurs.

53. C'est en prévoyant un avenir maintenant imminent que nous trouverons la clef de la politique spirituelle du monde. Transportés du plan mystique sur le plan terrestre, ce sont les « rois de l'Orient » qui ont la souveraineté politique des provinces de l'Indoustan. Sur le plan personnel ce titre implique ceux qui possèdent la connaissance « magique » ou les clefs du Royaume de l'Esprit, car les posséder c'est être Mage. Dans les deux sens, ce titre nous appartient désormais. Notre pays (1) a été depuis longtemps le premier gardien et le champion de l'un des principaux dépositaires de cette connaissance magique — c'est-à-dire de la Bible. Pendant trois siècles et demi — période qui doit rappeler au mystique « un temps, des temps et la moitié d'un temps », et aussi « l'année des années » du héros solaire Enoch — la Grande-Bretagne a chéri avec tendresse et fidélité, quoique sans beaucoup d'intelligence, la Lettre qui, aujourd'hui, par l'interprétation retrouvée est — comme son prototype — « traduite » sur le plan de l'Esprit. Et parce qu'elle possède la Gnose, aussi bien en substance qu'en forme, notre nation sera prête à exercer la souveraineté la plus élevée, — en tant qu'elle est spirituelle, — à laquelle elle est destinée; et une souveraineté qui durera plus que son empire matériel. Car, trouvant alors qu'ils sont essentiellement un quant à la foi et à l'espérance, bien que différents par rapport à ce qui est accidentel, l'Orient et l'Occident seront un par le cœur et le but, et ils engendreront comme leur rejeton à tous deux la philosophie, la moralité et la religion, en un mot l'humanité de l'Avenir. Par conséquent tout ce qui tend à unir la Grande Bretagne à l'Orient est du Christ, et tout ce qui tend à les séparer est de l'Antechrist. Ceux qui cherchent à unir Bouddha à Jésus

---

(1) La Grande Bretagne.

appartiennent à la sphère céleste et supérieure ; et ceux qui s'interposent pour empêcher de célébrer les bans sont de la sphère astrale et inférieure. Entre les deux hémisphères se trouve le domaine et la foi de l'Islam, non point pour les diviser, mais, semblable au cordon ombilical, pour les unir. Et il n'y a rien dans l'Islamisme qui puisse l'empêcher d'accomplir sa haute fonction ou le priver de participer aux bénédictions qui en résulteront. Car non seulement c'est la seule religion monothéiste et non idolâtre qui existe maintenant, mais son Etoile et son Croissant symboliques font essentiellement un avec la Croix du Christ en ce qu'ils symbolisent aussi les éléments masculins et féminins de l'existence divine et la relation de l'âme avec Dieu. En sorte que l'Islamisme n'a qu'à accomplir cette autre étape de son évolution naturelle qui lui permettra de réclamer une place égale dans la fraternité de l'Elu. Cette évolution sera la reconnaissance pratique en « Allah » de la Mère aussi bien que du Père, par l'élévation de la femme à la place qui lui est justement due sur tous les plans de la nature multiple de l'homme. Une fois cela accompli, Esaü et Ismaël seront réunis ensemble à Abraham, Isaac et Jacob dans le Christ.

54. Cette reconnaissance de l'idée divine de l'humanité et ses résultats postérieurs seront ce qui est appelé le « Second Avènement et le règne millénaire du Christ, » Bien que cet avènement soit décrit comme la venue d'un voleur dans la nuit, son approche n'aura cependant pas lieu sans attirer l'attention. Car, dans les nuits spirituelles les plus obscures quelques-uns sont toujours en l'alerte qui, pareils à des bergers fidèles, gardent et surveillent constamment les troupeaux de leurs cœurs purs et qui, « vivant la vie, connaissent la doctrine. » Et ceux-là, « Vivant auprès de la source de la claire vision, » « et discernant les signes des temps, » perçoivent déjà l'appel des armées célestes et les brillants rayons de l'Aurore de ce Jour meilleur depuis si longtemps désiré. (1)

---

(1) Voyez Appendice nos V, VI et VII.

# NEUVIÈME LEÇON

DIEU COMME LE SEIGNEUR ; OU L'IMAGE DIVINE

## I

1. Tous les livres sacrés de n'importe quels peuples sont d'accord pour adopter, par rapport à la Divinité, deux modes d'expression qui, en apparence, semblent être opposés et en antagonisme. Selon l'un de ces modes, l'Être Divin est extérieur, universel, diffusé, non formulé, indéfinissable sous tous les rapports, inaccessible et au-delà de la perception. Selon l'autre de ces modes, l'Être Divin est proche, particulier, défini, formulé, personnifié, capable d'être discerné et facilement accessible. Ainsi, d'un côté, il est dit que Dieu est Celui qui est très haut et élevé, qui habite dans l'éternité et qui ne peut se trouver; aucun homme n'a jamais vu Dieu ni entendu sa voix; on ne peut voir Dieu et vivre. Et d'un autre côté, il est déclaré que Dieu a été entendu et contemplé face à face, et qu'il est près de tous ceux qui l'appellent puisqu'il habite au-dedans de leurs cœurs ; et que non-seulement la connaissance de Dieu est la seule qu'il soit désirable d'avoir, mais qu'elle est ouverte pour tous ceux qui la cherchent; et la suprême récompense promise à ceux qui ont le cœur pur, c'est qu'ils « verront Dieu ».

2. En outre, plusieurs exemples de visions réelles et sensibles sur Dieu nous sont rapportées parmi les prophètes hébreux. Esaïe dit qu'il vit « le Seigneur sur un trône haut et élevé »; Ezéchiel, qu'il contempla « la gloire du Dieu d'Israël » semblable à une figure de feu ; Daniel qu'il a contemplé Dieu sous une forme humaine et sur un trône de flammes ; et Jean dans l'Apoca-

lypse rapporte une vision semblable. Les auteurs de l'Exode marquent la connaissance qu'ils avaient de ces expériences en attribuant la faculté de la Vision non-seulement à Moïse, mais à tous les anciens et conducteurs d'Israël, en tout soixante-quatorze personnes. Et parmi ceux-là plusieurs sont représentés comme étant compétents pour la recevoir en vertu de leurs facultés naturelles. L'affirmation que « Moïse ne posait pas ses mains sur les nobles » implique que leur condition spirituelle était telle qu'ils n'avaient pas besoin d'être aidés par le magnétisme du grand hiérarque leur chef. Dans cette occasion, la vue du Dieu d'Israël « est décrite comme semblable à celle d'un feu dévorant. »

3. Entre autres expériences de ce genre rapportées par les Écritures nous avons celle qui est contenue dans le *Bhagavat Gita* où le « Seigneur Krishna montre aux regards d'Ardjouna sa forme suprême et éternelle » « brillant de tous côtés d'une lumière incommensurable comme mille soleils, » et « contenant dans son sein tous les Dieux, ou Puissances, masculine et féminine de l'Univers. »

4. Néanmoins, malgré la différence des deux natures que nous venons de décrire, les Écritures considèrent que toutes les deux appartiennent à un même et unique Être Divin. Elles combinent les noms qui les caractérisent, déclarent que le Seigneur est Dieu et que Dieu est le Seigneur et prennent le terme composé de « Seigneur Dieu » pour une désignation convenable de la Divinité.

5. Plusieurs noms, outre celui du Seigneur, sont appliqués à la Divinité en tant que subsistant sous ce mode. Dans les Écritures juives et chrétiennes ces noms sont Jehovah, El Shaddai, le Logos, l'Ancien des Jours, Alpha et Omega, fils de Dieu, Seul Engendré, Adonaï. Les Hindous ont Brahma et aussi Ardha-Nari, — qui est identique à Adonaï. Les Persans, Ormuzd; les Égyptiens Râ, ou le Soleil; les Grecs, le Démiurge; la Kabbale Adam-Kadmon; et quelques mystiques modernes emploient le terme de « Grand Homme. »

6. Parmi ces derniers, le plus remarquable, Emmanuel Swedenborg, affirme que les anges — de qui il prétend recevoir

ses informations — le voient ainsi. Il dit que le Seigneur est Dieu manifesté dans l'Univers comme homme et qu'il est perçu intérieurement de cette façon par les anges (1).

7. Cependant Swedenborg identifie le Seigneur, ainsi discerné, avec le Jésus historique, et prétend que ce dernier est la Divinité même, Jehovah en personne qui a revêtu un corps de chair et s'est manifesté comme homme afin de sauver les hommes de l'enfer ; et il ordonne à ses disciples de l'appeler le Seigneur (2). Par là, Swedenborg tombe dans l'erreur commune, qui consiste à confondre « Notre Seigneur » avec « le Seigneur ; » le Christ dans l'homme avec Adonaï dans les cieux dont le premier est la contre-partie. Cette erreur vient du fait qu'il n'a pas su faire la distinction entre le manifesté et le non manifesté, ni entre la Divinité microscomique et macrocosmique (3).

8. Dans « le Seigneur » le Sans-forme revêt une forme, le Sans-nom reçoit un nom ; l'Infini devient le défini, et tout ceci dans l'humain. Mais quoique le Seigneur soit Dieu manifesté

---

(1) Amour et Sagesse divine, 97 etc.
(2) La vraie religion chrétienne, 270. Amour et sagesse divine, 282 etc.
(3) Par la manière dont il présente l'Incarnation, Swedenborg est non seulement en divergence avec la Gnose mais avec lui-même. Car en cela il met de côté le canon de l'interprétation qu'il a lui-même formulé, et dont le recouvrement et l'application générale qu'il en fait, joints à sa théorie des correspondances, constituent son principal mérite. Ainsi pour citer ses propres paroles : « Dans le sens intérieur il n'y a aucune allusion faite d'une personne quelconque ni à quoi que ce soit qui se rapporte à une personne. Mais il y a trois choses qui disparaissent du sens de la lettre de la Parole lorsque le sens intérieur est développé ; ce qui est du temps, ce qui est de l'espace et ce qui est des personnes. » « La Parole est écrite uniquement par correspondance, et par conséquent tout ce qu'elle contient jusqu'aux moindres détails signifie des choses célestes et spirituelles. » (Arcana Cœlestia 5253 et 1401) Il déclare aussi à plusieurs reprises que le sens littéral de la Parole est rarement la Vérité mais n'est que l'apparence de la Vérité, et que si on prend le sens littéral pour le sens véritable on détruit la Vérité elle-même parce que tout en elle se rapporte à ce qui est céleste et spirituel et se trouve falsifié lorsqu'on le transfère sur un plan inférieur en le prenant à la lettre (1). D'après cette règle et d'après la Gnose, ce qui est impliqué par le terme d'Incarnation est un événement d'une nature purement spirituelle, en puissance dans tous les hommes, et se produisant perpétuellement en tant qu'il se passe dans tout homme régénéré étant à la fois la cause et l'effet de sa régénération

L'autorité deux fois citée par Swedenborg (2) à l'appui de sa doctrine, — c'est à dire une apparition qui prétendait être l'esprit de la mère de Jésus — est de celles qu'un occultiste instruit aurait au moins hésité à regarder comme étant quelque chose de plus qu'une projection de sa propre aura magnétique, et par conséquent simplement

comme homme, dans les âmes de ceux à qui la vision est accordée, ce n'est pas comme homme dans le sens exclusif du terme et seulement masculin, mais comme homme à la fois masculin et féminin, homme et femme comme l'Humanité elle-même. Le Seigneur est Dieu manifesté dans la substance et il est double en forme parce que la Divinité, quoique une en essence et statiquement, est double en opération, ou dynamiquement. Et la vision de la Divinité sous une forme définie, double et humaine — ou androgyne, mais non pas comme on l'entend généralement, — a été universelle et persistante depuis le commencement ; et ceci non pas seulement comme une conception purement mentale et « subjective » mais comme une perception objective pour une faculté intérieure, en ce sens qu'elle est positivement vue. Voilà pourquoi dans les termes employés pour désigner la Divinité les deux sexes sont exprimés ou impliqués ; et là où un seul sexe est désigné, ce n'est pas parce que l'autre fait défaut mais parce qu'il est latent. Et voilà pourquoi aussi, pour être fait à l'image de Dieu, l'individu doit avoir au dedans de lui les qualités masculines et féminines de l'existence, et être spirituellement, à la fois, homme et femme. L'Homme n'est parfait que lorsque toute l'humanité est manifestée en lui ; et ceci se produit seulement lorsque l'Esprit total de l'Humanité — c'est à dire Dieu — est manifesté à travers lui. Se manifestant ainsi Lui-même, Dieu, comme dit le livre de la Genèse, a créé l'homme « à sa propre image, mâle et femelle. »

---

un reflet mécanique de sa propre pensée. Sur ces sujets Swedenborg avait peu, ou presque rien, appris dans les livres ; il ignorait tout autre système que le système chrétien et n'en savait pas davantage sur l'origine et la signification de la symbologie chrétienne ; de fait, pour ses informations, il s'en rapportait entièrement à sa propre faculté ; et celle-ci, quelque extraordinaire qu'elle fût, était alliée à un tempérament trop froid et peu sensible pour produire l'enthousiasme qui seul peut porter l'esprit jusqu'aux sommets les plus élevés de la perception, ou le faire pénétrer dans les replis les plus intimes de la conscience. Néanmoins, et en dépit de ses étroitesses, il est hors de doute que Swedenborg a été le principal héraut, et initiateur de l'ère nouvelle qui s'est ouverte dans la vie spirituelle du Christianisme, et aucun étudiant des religions ne peut se dispenser de le connaître. Mais il demande à être lu avec beaucoup de discernement et de patience.

(1) La vraie religion chrétienne 251, 258, etc.
(2) Idem. 169, 827.

9. Telle est la doctrine de toutes les Ecritures Hermétiques. Et lorsqu'il est dit — comme à propos de la Kabbale — que ces Ecritures furent données par Dieu, en premier lieu à Adam dans le Paradis, et puis à Moïse sur le Sinaï, il est entendu par là que la doctrine qui y est contenue est celle que l'homme discerne toujours lorsqu'il réussit à atteindre à cette région intérieure et céleste de sa nature où il reçoit l'instruction directement de son propre Esprit Divin, et connaît comme il est connu. L'acquisition de cette connaissance divine fait de l'existence un paradis. Et elle est symbolisée par l'ascension de la montagne désignée sous les différents noms de Nyssa, Sinaï, Sion, Mont des Oliviers. La capacité de recevoir cette connaissance ne dépend ni du temps ni du lieu, mais entièrement de la condition. Et la condition est celle de la compréhension. L'Homme atteint à l'image de Dieu dans la proportion où il comprend la nature de Dieu. Une telle connaissance constitue par elle-même la transformation. Car l'homme *est* ce qu'il *sait*. Et il ne *sait* que ce qu'il *est*. En conséquence la reconnaissance, d'abord de Dieu comme le Seigneur, et ensuite du Seigneur comme l'Humanité Divine, constitue à la fois les moyens du salut et le salut lui-même. C'est là la vérité qui affranchit, — le mystère suprême appelé par Paul le « le mystère de Dieu en nous ». Et c'est en reléguant ce mystère dans la catégorie de l'incompréhensible que les clergés ont barré à l'homme le chemin de la rédemption. Ils l'ont dirigé, il est vrai, vers un Dieu macrocosmique qui existe en dehors de l'homme et dont la nature est en tout différente de lui, et vers un ciel lointain et inaccessible. Mais ils ont supprimé entièrement le Dieu microcosmique et le royaume du dedans, et ont si bien effacé le Seigneur et sa véritable image, qu'il est impossible de le reconnaître. La distinction principale qui existe entre le non-initié et l'initié, entre l'homme qui ne sait pas, et celui qui sait, est la suivante : — Pour le premier, Dieu, s'il existe le moins du monde, est entièrement en dehors. Pour le second, Dieu est à la fois au dedans et au dehors ; et le Dieu du dedans est tout ce qu'est le Dieu du dehors.

10. On ne saurait assez répéter que la définition qui repré-

sente le Mystère comme quelque chose d'incompatible avec, ou de contraire au bon sens et à la raison, est une définition fausse et au plus degré pernicieuse. Dans son vrai sens, le Mystère signifie ce qui appartient à une région dont les sens et la raison *extérieurs* ne peuvent pas prendre connaissance. C'est donc la doctrine de l'Esprit et des expériences qui sont en rapport avec lui. Or, puisque le spirituel est le *dedans* et la Source du phénoménal, bien loin qu'aucune doctrine de l'Esprit contredise ou prouve la nullité des expériences et des conclusions des facultés extérieures, elle les corrige et les interprète ; — précisément comme la raison corrige et interprète l'impression sensible que nous avons de l'immobilité de la terre et de la révolution diurne des cieux. Par conséquent la dégradation du terme de Mystère qui en est venu à signifier quelque chose d'incompréhensible, représente réellement la perte de la faculté de compréhension faite par les clergés. Etant tombés, par suite de l'idolâtrie, du niveau qu'ils avaient une fois atteint, et ayant perdu la puissance de discerner ou d'interpréter la Substance, les Églises renoncèrent à la véritable définition du Mystère, — celle qui le renvoie aux choses qui dépassent le sens et la raison extérieurs, — et adoptèrent une définition qui implique quelque chose qui contredit tout sens et toute raison. Désormais, au lieu de remplir leur véritable fonction, qui est de fournir à l'homme le « pain » bienfaisant d'un système parfait de pensée, ils lui donnent les « pierres » indigestes des dogmes qui ne peuvent être assimilées ; et au lieu du « poisson », — les mystères intérieurs de l'âme, — les « serpents », ou les reflets illusoires de la sphère astrale. Par ce fait, le monde réduit à choisir entre le suicide de la raison qui s'abandonne complètement, ou la révolte ouverte, adopta le moindre de ces deux maux. Et il fit ce choix par justice et par nécessité. Car l'homme le pût-il, ne devrait pas, et le voulût-il, ne pourrait pas supprimer sa raison. Et maintenant, les Églises — ayant perdu la connaissance de l'Esprit et supprimé la faculté par laquelle seule cette connaissance peut être obtenue — sont absolument dépourvues d'un système de pensée qui leur permette de s'opposer au progrès de ce système fatal de non-pensée qui est entrain de submerger le monde. Et si profond est le désespoir qui règne, même dans les rangs les plus élevés des pouvoirs ecclésiastiques, qu'il a récemment arraché à l'un de ses membres les plus distingués cet aveu : qu'il ne voyait aucun espoir pour la Religion, sauf dans une nouvelle révélation (1).

## II

11. Il est nécessaire de consacrer un court espace à l'exposition de l'ancienne et véritable doctrine en ce qui concerne le rôle et la valeur de la compréhension dans les choses religieuses. En faisant cela nous travaillerons à la réhabilitation de cette suprême faculté, et nous montrerons jusqu'à quel point le sacerdotalisme s'est éloigné de sa voie juste. Il a déjà été question d'Hermès comme d'un « instructeur de Christs ». Cette expression est de la même nature que ces phrases plus familières qui décrivent le Christ comme le « Fils de David » et la « semence de la femme », en un mot de la même nature que toutes les affirmations qui se rapportent à la généalogie du Christ, y compris la déclaration que le rocher sur lequel l'Église du Christ est bâtie est la compréhension. Car la signification de toutes ces affirmations est que la doctrine représentée par le terme Christ — bien loin d'être un mystère au sens sacerdotal — est une vérité nécessaire et évidente et qui ne demande pour être discernée comme telle que le plein et libre exercice de la pensée. Or ce terme *Pensée* n'est pas autre chose que le nom de l'équivalent égyptien de Hermès, le Dieu *Thaut*, fréquemment orthographié *Thoth* ; ces deux termes signifiaient pour les Grecs et les Égyptiens, l'Intelligence divine dans sa condition dynamique. Il a déjà été dit que dans le Céleste toutes les propriétés et les qualités sont des personnes ; car c'est toujours sous la forme d'une personne que le monde céleste s'entretient avec l'homme ; le mode adopté pour l'occasion correspondant à la fonction qui doit être

(1) Propos attribué au Cardinal Newman lors de son Investiture à Rome.

exercée. Thoth et Hermès sont donc des noms qui expriment la personnalité assumée par le suprême *Nous* du microcosme lorsqu'il agit spécialement en tant qu'intelligence ou compréhension. Chez différentes nations, bien que la fonction soit la même, le nom et la forme varient selon le génie du peuple. Ainsi pour un Hébreu le même esprit se manifeste sous le nom de *Raphaël*. Dans le *Bhagavat Gita* l'Être suprême parlant en qualité du Seigneur (Krishna) déclare qu'il est lui-même l'esprit de compréhension. De même que l'esprit parent — le *Nous*, ou Esprit divin — est Dieu, ainsi le produit, la pensée, ou la *Parole*, comme fils de Dieu est aussi Dieu. Et cette descendance divine ne s'arrête pas à la première génération, car en tant que le Christ est la manifestation de cette Parole divine dans sa plus haute expression, le Christ aussi est fils de Dieu et par conséquent Dieu.

12. Mais le « Christ » n'en est pas moins le « Fils de David » non point par descendance physique — sa lignée était depuis longtemps éteinte — mais dans un sens spirituel. Comme les patriarches — dont il est dit pour cette raison qu'ils vivaient en concubinage — David n'était pas « marié à l'Esprit », mais ne communiait que par occasion avec lui; il ne recevait qu'une part d'illumination. Le terme « Christ » signifie la pleine régénération et illumination. Arriver à cet état est le but suprême de la science appelée hermétique et alchimique, dont la première expression formulée est attribuée au dieu Thoth, — l'équivalent égyptien de Pensée Divine. En remontant jusqu'à cette source pour suivre l'idée-Christ nous trouvons une nouvelle signification, bien que secondaire, de l'expression « tu as appelé ton Fils hors de l'Égypte. »

13. Un des symboles le plus généralement employé pour indiquer la compréhension et son importance dans l'œuvre de la Régénération, a toujours été le Bélier. C'est pourquoi Hermès et Thoth sont souvent représentés avec une tête de bélier. Par là était indiqué le pouvoir de la faculté dont la tête est le siège; l'acte de heurter avec les cornes signifiait l'emploi de l'intelligence soit pour l'attaque soit pour la défense. Le commandement de couvrir le lieu saint du Tabernacle avec les toisons des béliers si-

gnifiait que les mystères de l'Esprit ne sont accessibles qu'à la compréhension. Il est dit des murs puissants du « Jéricho » du Doute qu'ils tombèrent au bruit des cornes des béliers après avoir été assiégés et entourés pendant la période mystique de sept jours. Le récit de la première entrée des « espions » dans cette place forte, grâce à l'intervention d'une femme, a aussi pour but d'exalter la compréhension par l'allusion qui est ainsi faite à ce que l'intuition est indispensable à la compréhension, et par conséquent pour faire cesser le doute. Le fait d'attribuer à cette femme la vocation de Madeleine s'accorde avec l'usage mystique de regarder l'âme comme impure pendant le temps — nécessaire à son éducation — où elle est associée à la matière. Une fois ceci accompli elle devient « Vierge ». Une des principales gloires de Hermès — la conquête de l'Argus aux cent yeux, indique la victoire de la compréhension sur le destin. Car Argus représente la puissance des étoiles sur l'âme non affranchie. C'est pourquoi il est dit de Héra, la reine des sphères astrales et la persécutrice de l'âme ainsi assujettie, qu'elle a mis les yeux d'Argus dans la queue de l'oiseau qui lui sert de véhicule — le paon.

14. L'histoire de la mort de Goliath est une parabole qui a une signification pareille. Car Goliath est l'expression du système représenté par les « Philistins » — ce système de doute et de négation dont le résultat inévitable est le matérialisme. Le fait de tuer Goliath signifie donc la défaite du matérialisme par la compréhension. En outre, lorsque David se prépare à la lutte, il est dit qu'il refuse « les armes du roi », ou les armes de la raison extérieure, et qu'il choisit « dans un ruisseau un caillou bien uni ; » ce qui veut dire la pierre philosophale d'un esprit pur, d'une ferme volonté et d'une claire perception qui ne peut être obtenue que par l'opération secrète de l'âme, dont le ruisseau est l'emblème. Une telle pierre est aussi celle qui, « coupée sans mains, » met en pièces, — comme cela a déjà été expliqué — l'image géante de Nébuchadnezzar. La récompense de l'exploit de David — la possession de de la fille du roi, ce qui est la fin habituelle de ces aventures héroïques — signifie que le conquérant a obtenu les dons et les

grâces les plus élevés ; — la fille de Saül, ou de la Raison extérieure étant la Raison intérieure, ou la faculté psychique qui se développe dans « l'Homme » et constitue « la femme » en lui. En conséquence l'histoire subséquente de David par rapport à Michal implique l'idée d'une rétrogression spirituelle de la part de l'âme.

15. Des raisons du même genre dictèrent le choix d'un chien pour être spécialement consacré à Hermès, et de sa représentation comme l'Anubis à tête de chien ; l'intelligence et la fidélité de cet animal faisant de lui un beau type de la compréhension comme l'ami particulier de l'homme. Raphaël — l'équivalent Hébreux de Hermès, et appelé comme lui, « le médecin des âmes » — est aussi représenté accompagné d'un chien lorsqu'il voyage avec Tobie. Et le nom de l'associé spécial de Josué, — un nom identique à celui de *Jésus,* — le dernier conducteur du peuple choisi dans la terre promise de leur perfection spirituelle, — savoir, *Caleb,* signifie un chien, indiquant par là la nécessité de l'intelligence pour réussir à obtenir le salut. C'est pour la même raison que « les béliers » et « la graisse des béliers » étaient des termes symboliques employés pour indiquer l'offrande la plus agréable à Dieu. Leur signification avait pour but d'enseigner à l'homme qu'il devait consacrer au service de Dieu toutes les puissances de son intelligence élevées jusqu'à leur perfection suprême, et en aucune manière ne les ignorer ou les supprimer.

16. Le même rang élevé est accordé à la compréhension dans toutes les Écritures hermétiques. Car — comme dans Ésaïe XI, 2, — elle est toujours placée au second rang parmi les sept Elohim de Dieu, la première place étant assignée à la Sagesse qui est considérée comme faisant un avec l'Amour. Le même ordre est observé dans la disposition du système solaire. Car Mercure est Hermès, et sa planète est celle qui vient après le Soleil. Le fait d'attribuer à cette divinité dans la mythologie une disposition au vol, et les légendes qui le représentent comme le patron des voleurs et des aventuriers, qui volent tour à tour les Dieux, sont des façons d'indiquer la facilité avec laquelle la compréhension s'approprie toutes

choses. Car Hermès indique cette faculté de la partie divine de l'homme qui cherche et qui obtient des renseignements sur tous les départements de l'existence, pénétrant dans le domaine de chaque « Dieu » et s'appropriant une partie des biens de chacun. Ainsi la compréhension a un doigt sur toutes choses, et les adapte à son propre usage, que ce soient « les flèches » d'Apollon, la « ceinture » d'Aphrodite, le « troupeau » d'Admète, le « trident » de Poséidon, ou les « tenailles » de Héphaïstos Non seulement, — comme cela a déjà été dit, — Hermès est le roc sur lequel la véritable église est construite, mais il est aussi la divinité sous le contrôle immédiat de laquelle toutes les révélations divines sont faites et tous les exploits divins accomplis. C'est à lui qu'appartient le bâton de la connaissance, avec lequel toutes choses sont mesurées, les ailes du courage, l'épée de la volonté invincible et le casque du secret ou de la discrétion. Il est tour à tour l'Etoile de l'Orient, qui conduit les Mages ; le Nuage d'où sort la Voix Sainte qui parle ; de jour la colonne de Nuée ; de nuit la Flamme qui brille et qui conduit l'âme élue sur son chemin périlleux à travers le désert bruyant du monde, tandis qu'elle s'enfuit hors de l'Egypte de la Chair ; et qui la guide sûrement jusqu'au ciel promis. C'est lui aussi qui est le bouclier des saints dans la fournaise de la persécution ou de l'application et dont la « forme est semblable au Fils de Dieu. » Et par lui le candidat à la connaissance spirituelle arrive à la complète initiation. Il est aussi Celui qui communique, et sans lui il n'y a point de salut. Car bien que ce soit la foi qui sauve, ce n'est point la foi sans la compréhension. Heureusement pour ceux qui sont appelés « les simples », cette compréhension n'est pas nécessaire à l'homme extérieur ; il suffit pour le salut que l'homme intérieur la possède (1).

17. « Hermès, comme le messager de Dieu, » dit le Néo-platonicien Proclus, « nous révèle sa volonté paternelle, et — développant en nous l'intuition — nous communique la connaissance. La connaissance qui descend d'en haut dans l'âme est plus excellente que toutes celles qui peuvent être obtenues par

(1) Voyez Appendice XII (6) et XIV.

le seul exercice de l'intelligence. L'intuition est l'opération de l'âme. La connaissance qui, par son intermédiaire vient d'en haut en descendant dans l'âme la remplit de la perception des causes intérieures des choses. Les Dieux l'annoncent par leur présence, et par l'illumination, et nous rendent capables de discerner l'ordre universel. » En commentant ces paroles d'un philosophe, qui, à cause de sa sagesse et de ses pouvoirs miraculeux, fut regardé par ses contemporains avec une vénération approchant de l'adoration; un des récents « maîtres » de l'école dominante s'écrie : « Ainsi nous voyons que Proclus est logique dans l'absurde ! » (1) Si ce critique avait pu se rendre compte de la réalité, de la personnalité et de l'accessibilité du monde céleste, bien loin de qualifier Proclus « d'absurde » il l'aurait envié au plus haut point et se serait empressé de rechercher le secret et la méthode des Néo-Platoniciens. « Pour savoir plus », dit l'écrivain en question, « nous devons être plus ». Et pourtant lorsque le Mystique — qui en vertu du sentiment suprême qu'il a de la dignité et du sérieux de la nature de l'homme, n'affirme rien à la légère ou trop vite — déclare solennellement que *nous sommes plus*, et indique une règle toute simple, qu'il a amplement vérifiée, par laquelle on peut s'assurer du fait, cet écrivain se détourne avec dédain et procède à sa propre manière à se faire infiniment *moins*, en devenant un des chefs de cette terrible école de biologie, qui ne se fait aucun scrupule d'outrager le nom de la science et de satisfaire sa passion de savoir au détriment de toute humanité et de toute moralité en infligeant les tortures les plus longues et les plus atroces à des créatures impuissantes et innocentes. Il n'y a pas lieu de s'étonner si le gouffre qui sépare le mystique du matérialiste est infranchissable et leur animosité irréconciliable, puisque tandis que l'un cherche par le sacrifice de sa nature inférieure à sa nature supérieure, et de lui-même aux autres à prouver que l'homme est potentiellement Dieu, l'autre en devenant un vivisecteur le fait réellement un démon (1).

18. Nous allons résumer notre exposition du « mystère de la

---

(1) G. H. Lewes, *Biog., Hist., Phil.*
(1) Ce paragraphe avait été écrit pour être publié du vivant de M. Lewes. Mal-

## LES QUALITÉS MASCULINES ET FÉMININES DE L'EXISTENCE 243

divinité, » ou la doctrine de Dieu comme Seigneur, et de la dualité de l'image Divine. Selon le *Zohar*, — le principal livre de la Kabbale, — la parole Divine par laquelle toutes choses sont créées est l'archétype de l'Humanité céleste qui — subsistant éternellement dans l'Intellect Divin, — fait l'Univers à sa propre image. Dieu étant l'Être Absolu qui n'a ni forme ni nom, ne doit pas, et ne peut pas être représenté par aucune image ou appellation quelconque. L'Intellect divin, porté à se manifester ou à créer, conçoit l'Humanité idéale comme un véhicule qui peut le faire passer de l'Être à l'Existence. C'est la *Merkaba*, ou *Car* auquel il a déjà été fait allusion ; et ce qu'il indique, c'est la Nature Humaine dans sa perfection, à la fois double en opération, quadruple en constitution, et sextuple en manifestation et qui, pareille à un cube — kaabeh — « se dresse avec ses quatre côtés à tous les vents du ciel. » Par le fait qu'il est double, ce « véhicule » exprime les opposés correspondants, la Volonté et l'Amour ; la Justice et la Miséricorde, l'Énergie et l'Espace ; la Vie et la Substance ; le Positif et le Négatif ; en un mot le Mâle et la Femelle qui tous les deux existent dans la Nature Divine dans une absolue plénitude et un équilibre parfait. Exprimées dans l'Idée Divine. — *Adam Kadmon* — les qualités masculines et féminines de l'existence sont, par leur union et leur coopération, la vie et le salut du monde, et, par leur division et leur antagonisme, sa mort et sa destruction. Une dans l'absolue, mais deux dans le relatif, cette Humanité idéale, — mais cependant réelle, — résume ces deux termes en elle-même. Elle est donc roi et reine de l'Univers, et comme telle se trouve projetée à travers chaque sphère de la création vers le matériel et le phénoménal. Elle est la cause qui fait que le monde extérieur, inférieur et sensible, est partout fait à l'image du monde intérieur, supérieur et spirituel ; en sorte que tout ce qui existe dans ce dernier nous appartient ici-bas et est à notre image ; et les deux régions unies constituent une exis-

heureusement la nécessité de dire ces choses n'a pas cessé avec sa vie, c'est pourquoi nous le reproduisons ici. Dans les écoles, aussi bien que dans les laboratoires, son influence lui a survécu. L'ouvrage cité est un livre d'Université ; et une Fondation a été créée sous son nom pour encourager les recherches par la vivisection.

tence uniforme qui est un grand Homme, lequel, comme l'Homme individuel, est quadruple dans sa constitution, mais double dans son opération.

19. Cette doctrine des correspondances a été exprimée par Paul en premier lieu lorsqu'il déclare que « les perfections invisibles de Dieu se voient comme à l'œil nu depuis la création du monde quand on considère ses ouvrages ; » et ailleurs lorsque — l'appliquant dans sa double relation aux sexes de l'humanité — il dit : « l'homme n'est pas sans la femme, ni la femme sans l'homme devant le Seigneur. » La pureté de la doctrine de la Kabbale, sous ce rapport, constitue une preuve en faveur de sa divinité. Car cela prouve que ce célèbre abrégé appartient à une époque antérieure à la destruction, par les clergés, de l'équilibre des sexes, destruction qui a, en un sens, constitué la « chute ». La Kabbale qui appelle la femme la maison et le mur de l'homme, dont l'influence en l'entourant et le rachetant l'empêche de se dissiper et de se perdre dans l'abime, la décrit comme constituant l'élément centripète et aspirant dans l'humanité, élément qui a une affinité naturelle pour ce qui est pur et noble et vers lequel la femme essaye de s'élever en entraînant l'homme après elle : car elle est son guide et son initiatrice dans les choses spirituelles. En reconnaissant ainsi, dans les sexes de l'humanité, la manifestation des qualités masculine et féminine de la nature divine, sa puissance et son amour, la Kabbale inculque avec raison l'adoration de ce véritable Seigneur Dieu des Armées dont la connaissance fait de celui qui la possède « l'Israël de Dieu. » « Tous ceux qui disent Seigneur, Seigneur, n'entreront point dans le royaume des cieux, mais ceux-là seulement qui font la volonté de mon père qui est au ciel, » et qui par conséquent rendent honneur à ses « deux — témoins » sur la terre — l'homme et la femme — sur tous les plans de la nature quadruple de l'homme. C'est seulement en raison de la dualité du Christ que l'humanité contemple en lui son représentant. Et c'est seulement chez ceux qui cherchent à lui ressembler en cela que le Christ peut réellement naître.

20. Quelque intime que soit l'entente qui existe entre Paul

et la Kabbale par rapport — entre autres doctrines — à la double nature de la Divinité, cette entente s'arrête à la conséquence de cette doctrine. Et c'est principalement par l'intermédiaire de Paul que l'influence que nous avons décrite comme étant à la fois astrale, rabinique et sacerdotale, s'introduisit dans l'Eglise, car, à en juger par les textes que nous possédons, lorsque Paul arrivait à une question d'enseignement pratique, — il échangeait l'esprit de la Kabbale contre celui du Talmud, et transportait dans le Christianisme — aggravé et renforcé — le mépris traditionnel de sa race pour la femme. Le Talmud recommande à tout Juif pieux de prononcer dans sa prière journalière les mots suivants : — « Je te rends grâce, ô Seigneur, de ce que tu ne m'as pas fait naître un gentil, un idiot ou une femme » et tandis qu'il ordonne que les fils soient instruits dans la Loi il le défend pour les filles, sous prétexte que les femmes sont maudites. Paul, bien loin de condamner, comme erronée, cette réprobation de toute une moitié de la nature divine, l'adopte pour base de ses enseignements sur la position de la femme dans la société chrétienne. Car après avoir défini avec justesse la doctrine de l'égalité des sexes « dans le Seigneur », nous voyons qu'il écrit aux Corinthiens et à Timothée de la façon suivante : « Mais je veux que vous sachiez que Christ est le chef de tout homme, et que l'homme est le chef de la femme, et que Dieu est le chef de Christ. Pour ce qui est de l'homme il ne doit pas se couvrir la tête puisqu'il est l'image et la gloire de Dieu ; mais la femme est la gloire de l'homme. En effet, l'homme n'a pas été pris de la femme, mais la femme a été prise de l'homme ; et l'homme n'a pas été créé pour la femme, mais la femme a été créée pour l'homme ; c'est pourquoi la femme, à cause des anges, doit avoir sur sa tête une marque de la puissance sous laquelle elle est. » « Que la femme écoute l'instruction avec silence et une entière soumission. Car je ne permets pas à la femme d'enseigner ni de prendre aucune autorité sur moi, mais il faut qu'elle demeure dans le silence. » « Que vos femmes se taisent dans les Eglises, parce qu'il ne leur est pas permis d'y parler, mais elles doivent être en sujétion comme le dit la Loi. Il n'est pas bienséant aux femmes de parler dans l'Eglise. » « Car Adam fut formé le premier, et Ève ensuite ; et ce ne fut pas Adam qui fut séduit, mais la femme ayant été séduite fut cause de la transgression. »

Pierre écrit aussi dans le même sens, et, comme il ne pouvait pas tenir sa doctrine de son maitre, elle devait certainement lui avoir été inspirée par Paul (1). La doctrine de l'assujétissement de la femme ainsi renforcée fut acceptée comme partie intégrale du système chrétien et constitua en lui un élément fatal de destruction.

21. La dernière parole de Paul que nous avons citée nous donne la clef de la source et du motif de sa doctrine au sujet de la femme. C'est une perversion due à l'influence que nous avons déjà indiquée de la parabole de la Chute. Lorsqu'il parle selon l'Esprit, Paul déclare que l'homme et la femme sont tous les deux « dans le Seigneur ». Puis, tombant de ce niveau, et parlant en son nom — il avoue qu'il le faisait quelquefois « étant hors de sens » c'est-à-dire d'après sa raison inférieure, — il contredit sa première affirmation et déclare que l'homme seul est fait à l'image de Dieu — l'Idée Divine de l'humanité comprenant seulement l'élément mâle — et il admet par là que la femme n'est qu'une pensée venue après, qui a pour but de répondre à une situation inattendue, et qu'elle est créée, par conséquent, non pas à l'image de Dieu, mais à celle de l'homme. En substituant ainsi la lettre à l'esprit, et en perdant de vue ce dernier, Paul fait tomber les Écritures mystiques du plan qui est le leur, et de leur signification universelle à un niveau uniquement historique et local.

En ne faisant plus d'Adam et d'Ève les types de l'humanité substantielle sous ses deux modes essentiels, la personnalité

---

(1) Dans la première épître de Pierre, ch. III, il est dit que « Sara obéissait à Abraham et l'appelait son Seigneur; » tandis que selon la Genèse c'est plutôt Abraham qui obéissait à Sara en l'appelant *dame*; et le changement qu'il fit à son nom de — de Sarai en Sara — implique une ascension en dignité. Par là de « ma dame » elle devint « la dame » représentant l'élément féminin de la Divinité. En outre il est dit que la Divinité enjoint à Abraham ce qui suit : « En tout ce que Sara t'a dit, écoute sa voix. » La faute d'Adam n'est pas — comme on pourrait l'inférer du passage tel qu'il se trouve dans la Genèse — d'avoir « écouté la voix de sa femme » mais de l'avoir fait lorsqu'elle était sous l'influence « du diable » ; et le motif pour lequel ce qualificatif a été supprimé est évident.

extérieure et intérieure, mais en voyant en eux un couple réel et matériel, les premiers ancêtres de la race, il accepte dans toute sa crudité grossière et impossible la fable de la pomme et du serpent, et déclare que parce que la première femme a été séduite, ses filles — mais non pas ses fils, — doivent à l'avenir et pour toujours, subir la pénalité du silence et de la servitude!

22. Ce que Paul aurait enseigné, si ses perceptions avaient toujours été illuminées au même degré, c'est cette vérité que, bien loin que la femme soit une partie inférieure de l'humanité, ce n'est que lorsqu'elle sera exaltée, couronnée et glorifiée sur tous les plans humains, que l'humanité, soit dans l'individu, soit dans la race, pourra atteindre au Christ, puisque c'est elle et non pas l'homme qui écrase la tête du serpent et qui, étant la dernière à se manifester, est par conséquent la première en dignité. C'est pour cette raison que par la restauration de la femme sur tous les plans de sa manifestation, et seulement par cela, l'équilibre de la nature de l'homme détruit par la « chute », pourra être rétabli. Mais les choses étant comme elles sont, l'effet direct de l'enseignement de Paul sur ce point, ainsi que sur quelques autres, notamment la doctrine de l'expiation par sacrifice sanglant et par substitution a été de perpétuer la fausse balance introduite par la chute, et par là de confirmer la malédiction que le Christ en tant que « semence de la femme » a la mission suprême de détourner. Jésus lui-même s'était exprimé d'une façon très catégorique sur ce sujet, mais ce qu'il en dit n'a été rapporté que dans des écrits qualifiés « d'Apocryphes ». Dans l'un d'eux cité par Clément, il déclare nettement que le royaume de Dieu ne pourra venir que « lorsque deux seront *Un* et l'homme comme la femme. »

Dans un autre — rapporté dans l'Evangile égyptien — Jésus parlant mystiquement, dit : « Le Royaume des Cieux viendra lorsque vous femmes vous aurez renoncé au vêtement de votre sexe; » ce qui veut dire : lorsque les représentantes de l'âme, — les femmes — ne se soumettront plus à des ordonnances qui créent ou impliquent leur infériorité ou celle de ce qu'elles représentent; mais, lorsque avec l'âme, elles seront remises à leur place légitime. Mais faisons abstraction des déclarations expresses de Jésus, tant son caractère et ses enseignements sont en désaccord avec la doctrine et les usages qui ont prévalu. Car ce caractère et ces enseignements se trouvaient complétement d'accord avec la course, marquée dès le commencement sur la planisphère du Zodiaque, où le lever de la constellation de la *Vierge* est suivi par *Libra*, la Balance, emblème de la Justice Divine — comme signe du rétablissement du Royaume de la Justice qui suivra immédiatement la réhabilitation de la « Femme. » Paul, au contraire — dans ses moments non lucides, et lorsque, comme il avoue lui-même que cela lui arrive, il parle en imprudent et « comme un homme », — renforce la malédiction que Jésus voulait détruire ; en appelle à la Loi que d'autres fois il répudie et dénonce ; et forge de nouvelles chaînes qu'il jette autour du cou de ceux qui — il le dit lui-même — « ne devraient plus être sous la Loi mais sous la Grâce (1). »

23. Ainsi Paul dont les écrits sont la source principale des divers systèmes doctrinaires du Christianisme, divise les Eglises et rabaisse la Raison en se rejetant dans la convention et la tradition. Mais la Raison n'est pas « l'Intellect. » Nous avons plusieurs fois dit que celui-ci ne représente qu'une moitié du Mental. La Raison est l'humanité tout entière, elle comprend l'intuition aussi bien que l'intellect, et est faite à l'image de Dieu mâle et femelle. C'est cette raison suprême qui trouve sa pleine expression dans le Logos ou le Seigneur. Par conséquent en refusant à la femme sa véritable place dans l'organisme social, Paul refuse au Seigneur sa pleine manifestation sur la terre, et propose à l'adoration une autre image que l'image divine. C'est parce qu'ils reconnaissent la Raison pour l'héritière de toutes choses que le diable et ses agents s'inquiètent en premier lieu de la rejeter et de la tuer.. « Voici l'héritier, » — la Raison, le Logos, le Seigneur, — Venez, tuons-le et l'hé-

---

(1) Selon les Epîtres Apocryphes et la tradition ecclésiastique, Paul, néanmoins fit prêcher en public son associée féminine Theckla, et lui permit de porter des vêtements d'homme. Mais l'Apôtre, suivant en cela le code Lévitique (Lev. XXI, 13) établit une distinction entre les femmes mariées et les Vierges, disant qu'au sujet de celles-là il n'a pas reçu de commandement.

ritage sera à nous —disent ces ministres de la Non-raison, les orthodoxies matérialistes des Eglises et du Monde. Et aussitôt que la Raison est supprimée, ou rejetée, l'insanité, la folie et les maux de toutes sortes s'avancent, s'emparent du terrain et gouvernent, de telle sorte que le dernier état, — que ce soit celui de la communauté ou de l'individu — est pire que le premier; car alors, à la place du Christ et de son image divine on a l'Anté-Christ et « l'homme du péché, » et la règle devient celle du mensonge, de la superstition et de toutes sortes d'esprits impurs qui n'ont ni connaissance, ni puissance, ni sagesse, ni rien qui, sous aucun rapport, corresponde à Dieu. L'état actuel, soit de l'Eglise, soit du monde, est la conséquence inévitable de la mutilation et de l'effacement de la Raison Divine par l'Eglise, sous l'impulsion de Paul.

24. A côté de Paul il y a deux autres hommes associés à la doctrine du Logos, dont les noms sont si importants que nous ne pouvons manquer de les citer ici. Ce sont Platon et Philon appelé aussi Judaeus. Ils reconnaissent aussi le Seigneur comme Logos et la Raison Divine des choses. Mais ils ne surent pas reconnaître le Dualisme de la nature divine en lui, et par cette lacune ils contribuèrent à confirmer plutôt qu'à détruire l'idée courante sur la chute et la malédiction. Il y a beaucoup de ressemblances très frappantes entre Philon et Paul; la principale est la dépréciation de la femme et l'idée du sacrifice sanglant comme moyen de se rendre la Divinité favorable. Philon qui, sous ces deux rapports, est un vrai Sacerdotaliste prétend avoir été directement initié aux mystères spirituels par l'esprit de Moïse. D'après ce qui a été dit précédemment ceci est une preuve positive, si même il n'y en avait pas d'autre, du caractère astral de la plupart des inspirations de Philon. Lui aussi, comme beaucoup de personnes de nos jours, était possédé par un esprit de la sphère astrale, qui personnifiait le grand prophète mort depuis si longtemps, et insistait au nom de Moïse sur la dégradation sacerdotale de ses enseignements. Comme Paul — mais sans atteindre à son élévation — Philon oscillait continuellement entre le Talmud et la Kabbale, l'Astral et le Céleste, en sorte qu'il mélangeait l'erreur avec la vérité et ignorait totale-

ment l'exposé contraire de la divine *Sophia* dans le « Livre de la Sagesse », ce livre inspiré que quelques-uns ont cependant attribué à Philon lui-même !

25. Platon et Aristote aussi voyaient dans une humanité parfaite le but et la fin de la création, et dans l'Univers un prélude et une préparation de l'homme parfait. Cependant comme il ne reconnaissait que l'élément masculin de l'existence, Aristote regardait toute production de la nature autre qu'un mâle de l'espèce humaine comme un échec dans la tentative de produire l'homme; et pour lui la femme était quelque chose d'imparfait, ou de contrefait, qui ne pouvait s'expliquer que par l'hypothèse que la Nature, toute artiste qu'elle soit, est aveugle. De même Platon, — en dépit de l'intuition qui lui permettait de reconnaître l'intelligence et l'émotion comme les deux ailes indispensables pour porter l'homme jusqu'à l'altitude qui lui est propre, — était incapable de voir la correspondance en vertu de laquelle l'homme trouve dans la femme son expression la plus élevée; car la manière amère et méprisante avec laquelle il la traitait ne pouvait que contribuer à faire de son pays un véritable rival de ces « cités de la plaine », au lieu de l'Eden, qui ne peut exister que là où la femme est honorée et non déchue. Selon lui, ceux-là seuls qui se sont dégradés comme hommes se réincarnent comme animaux ou comme femmes. Le Logos de Platon n'est certainement pas un prototype du Logos de ce christianisme qui est basé sur la dualité de l'être divin et demande que le Christ représente toute l'humanité.

26. Les Pères de l'Eglise, qui n'étaient pas de vrais pères pour la chrétienté, rivalisaient les uns avec les autres dans leur dépréciation de la femme, et la qualifiant des épithètes les plus viles, estimaient qu'un saint se dégradait s'il touchait seulement de la main sa mère âgée pour soutenir ses pas chancelants. Et l'Eglise tombée sous une domination exclusivement sacerdotale, tout en exaltant la fémininité au point de vue doctrinal à une hauteur qui la mettait à côté de la divinité, mais non pas à la place qu'elle devrait occuper en elle, substitua, dans la pratique, l'exclusivisme clérical à la compréhension chrétienne. Car elle déclara que la femme, à cause de son impureté

inhérente, était indigne de poser le pied dans les sanctuaires de ses temples ; elle ne lui permettait d'exercer ses fonctions d'épouse et de mère que sous l'action d'un triple exorcisme, et, après sa mort, lui refusait la sépulture au-dedans de ses limites les plus sacrées, fût-ce même une abbesse dont la sainteté ne pouvait pas être mise en doute.

27. La Réformation changea mais n'améliora pas la condition de la femme. Au point de vue social elle l'arracha au prêtre pour en faire la propriété de son mari ; et au point de vue doctrinal elle la supprima complètement. En reconnaissant la volonté et la force comme les qualités essentielles de l'Etre Divin ou humain, de préférence à l'amour et à la bonté, le Calvinisme répudie la femme en faveur de l'homme sur tous les plans. Et le protestantisme en général, qu'il soit unitaire ou trinitaire, n'a place que pour l'élément masculin dans sa définition de la substance de l'existence. Le grand barde des non conformistes lui-même, John Milton, — qui trouva la femme assez indispensable pour se marier trois fois, — a défiguré ses vers et menti à son inspiration de poète par ses dépréciations amères et incessantes de la femme, sans laquelle la poésie elle-même n'existerait pas; car la poésie est la fonction du génie, et le génie, qui est le produit de la sympathie, n'est pas de l'homme mais de la femme dans l'homme ; et elle-même ainsi, que l'implique son nom typique de *Vénus*, est le « doux chant de Dieu » (1).

C'est dans le même esprit que le principal promoteur de la Réformation, Martin Luther, disait des deux livres sacrés qui parlent spécialement de la femme comme devant être l'agent final de la rédemption de l'homme — les livres d'Esther et de l'Apocalypse — que « quant à l'estime qu'il professait pour eux ce ne serait pas une perte si on les jetaient à la rivière. »

28. L'influence en question ne c'est pas limitée à la sphère de la chrétienté. Elle a dicté la forme qu'a pris l'Islamisme. Cette

---

(1) Telle est aussi la signification de *Anael*, le nom hébreu de « l'Ange » de sa planète ; quelques-uns disent que Vénus était originairement *Phœnus*, ayant pour racine φημι. Comme exemple de la nature des véritables mystères de cette divinité, voyez : appendice 46, XIII.

religion qui devait son origine à des impulsions dérivées du monde céleste, tomba sous la domination du monde astral dès que son fondateur fit un riche mariage et vécut dans le luxe, occupé de lui même et de choses mondaines. Il est vrai que le Sacerdotalisme ne trouva pas dans l'Islamisme son mode ordinaire d'expression. Mais le principe de la doctrine du sacrifice expiatoire pour se rendre la Divinité favorable s'y retrouvait sous une autre forme en acceptant le sang répandu comme moyen de prosélytisme. Dans cette religion les femmes étaient reléguées à une position tout à fait inférieure, elles étaient regardées comme différant de l'homme non seulement en degré mais en espèce. Car on leur refusait une âme ; et leur place dans le monde futur était occupée par des équivalents astraux sous le nom à peine déguisé de *Houris*. Le Koran lui-même n'est guère autre chose qu'une imitation de l'Ancien Testament conçue sous une suggestion astrale. Mais une forme encore moins mitigée de ce que l'on peut appeler l'*Astralisme* c'est la religion appelée Mormonisme dont les livres sacrés ne sont, d'un bout à l'autre, qu'un travestissement astral des Ecritures ; sa doctrine au sujet des « femmes spirituelles » et de la position de la femme en général a la même origine. Nous avons là un exemple de plus des tentatives incessantes que font les esprits sous-humains pour établir leur royaume à la place de celui du Seigneur et de l'Idée Divine de l'Humanité. Mais les Soufis mahométans possédaient toute la vérité.

### III

29. Avant d'arriver à notre conclusion il ne sera pas inutile de répondre aux objections par lesquelles on cherche habituellement à discréditer — sous le nom de Mysticisme — le système exposé ici. Ces objections sont comprises sous deux chefs qui sont intitulés respectivement *Plagiarisme* et *Enthousiasme*. Par le premier de ces termes il est entendu que les professeurs du Mysticisme, au lieu d'avoir fait eux-même les expériences qu'ils racontent, les ont empruntées à une source commune mais trompeuse. Et le second terme implique que le mieux que l'on

puisse dire c'est que les expériences et la doctrine édifiée sur elles sont le résultat de conditions morbides de l'esprit. Pour parler clairement, ceci revient à dire que les adversaires du mysticisme, incapables de rivaliser avec lui, ou de le confondre, cherchent à s'en débarrasser en accusant ceux qui le professent de malhonnêteté ou de folie.

Et cette manière de faire, loin d'être exceptionnelle, se répète constamment dans toute la littérature caractéristique de notre époque, dans toutes les classes, depuis la plus basse jusqu'à la plus élevée, et dans chaque branche de l'activité intellectuelle. Au lieu de soumettre à un examen, même superficiel, le système entier compris sous le terme de *Mysticisme*, avec ses témoins, ses faits et ses doctrines, la littérature en question l'a rejeté sans cérémonie et sans enquête par le simple procédé d'une contradiction violente, en accusant ses représentants, et cela sans mesure, de prétention, d'imposture, de charlatanisme, de vanterie, d'hallucination et de folie, termes qui sont du plus haut ridicule si on les met en regard du rang moral et intellectuel qu'occupent les personnes ainsi diffamées. Car le caractère et l'élévation de ces personnes sont tels que cela a suffi pour attirer sur leurs affirmations l'attention la plus respectueuse; et l'ordre auquel elles ont appartenu comprend les intelligences les plus rares, les jugements les plus sûrs, les dispositions les plus nobles, les caractères les plus mûrs, les savants les plus profonds, les bienfaiteurs les plus grands; en un mot, comme cela a déjà été dit, tous ces sages, ces saints, ces voyants, ces prophètes et ces christs, ont arraché, par leur influence, l'humanité à l'abîme sans fond de sa nature inférieure et l'ont préservée du gouffre de la négation absolue. Le témoignage en faveur de la réalité des expériences mystiques et de la vérité de la doctrine mystique que ces personnes et bien d'autres ont fourni, a été concordant, continu, positif et maintenu au prix de la liberté, de la réputation, de la propriété, des liens de famille, de la position sociale, de tous les biens terrestres et même de la vie, et cela pendant une période qui s'étend depuis le commencement de l'histoire jusqu'à nos jours. En sorte que l'on peut avancer, avec une confiance absolue, que si les déclarations des mystiques doivent être rejetées comme insuffisantes pour établir leurs prétentions, n'importe quel témoignage humain sera sans valeur comme critérium de fait, et toute l'intelligence humaine comme critérium de vérité.

30. — L'accusation de plagiarisme sera vite écartée. Il est vrai que la correspondance sur laquelle cette accusation se fonde existe, mais il est vrai aussi que cette correspondance n'est autre que celle qui ne peut pas manquer d'exister entre les récits de phénomènes identiques faits par différents témoins. Les grands mystiques ont été des explorateurs sérieux qui, en des temps divers, et souvent dans l'ignorance la plus complète des résultats obtenus par leurs prédécesseurs, ont fait l'ascension de la même chaîne gigantesque de montagnes et, à leur retour, ont rapporté aux habitants des vallées — trop faibles ou trop indifférents pour tenter eux-mêmes l'ascension — les mêmes comptes-rendus sur son caractère, ses produits et sur les régions contemplées de diverses altitudes, montrant par là une parfaite concordance de facultés et de témoignages. Telle est la coïncidence qui a servi de prétexte pour accuser les mystiques de plagiat ; uniquement parce que la région qu'ils ont visitée et dont ils ont rapporté des informations, est une région spirituelle et non pas matérielle ; et les matérialistes ne veulent pas que rien existe en dehors de la matière. La concordance qui, dans d'autres cas, est justement considérée comme indispensable à la preuve de confiance est, dans ce cas, interprétée comme une preuve de connivence.

31. Venons-en à l'accusation plus plausible d'enthousiasme. On prétend que les Mystiques ont conçu leur système, non pas dans cette disposition d'esprit calme et philosophique qui est seule favorable à la découverte de la vérité, mais dans un état d'excitation et d'enthousiasme dont le résultat inévitable est l'hallucination. Or, cette allégation est non seulement contraire aux faits, mais elle est en elle-même absurde, qu'on l'applique aux phénomènes ou à la philosophie du mysticisme. Pour celui qui, par le développement de ses facultés spirituelles, arrive à voir le monde spirituel ouvert devant lui,

l'accusation que les expériences qu'il fait sont le résultat d'hallucinations semble aussi présomptueuse que la même accusation portée par un aveugle contre celui qui voit le monde physique avec ses yeux. Car, comme nous l'avons déjà observé, telle est la nature des expériences en question, que s'il faut les considérer comme insuffisantes pour démontrer la réalité du monde spirituel, il ne reste plus de raison pour croire à celle du monde matériel. Il est vrai que, comme règle, le matérialiste ne peut pas participer aux preuves en question, mais l'aveugle ne peut pas davantage avoir une preuve oculaire de l'existence du monde physique. Pour lui le soleil n'existe pas s'il refuse d'ajouter foi à ceux qui seuls possèdent la faculté de le contempler, et s'il persiste à croire qu'il est le représentant de l'homme normal.

32. Les résultats intellectuels obtenus par le Mystique ne sont pas une preuve moins forte en faveur de sa doctrine. Le système mystique de pensée est à tel point logique et complet que toutes les écoles de penseurs ont été unanimes à le déclarer inexpugnable et le seul qui, *s'il était prouvé*, constituerait une explication complètement satisfaisante du phénomène de l'existence. Là où ce système a été compris dans toute son intégrité, la Raison a cherché en vain à y trouver un défaut, et ceux qui l'ont rejeté ne l'ont fait que par suite de leur propre impuissance à obtenir cette preuve *sensible* de la réalité du monde spirituel. Or la faculté de le percevoir et de l'interpréter constitue précisément le Mystique.

33. Néanmoins on ne peut nier que le Mystique ne soit enthousiaste. Mais son enthousiasme n'est ni son instrument d'observation ni son moyen de déduction. L'accuser de concevoir son système par l'exercice d'une imagination stimulée par l'enthousiasme serait tout aussi injuste que d'en accuser celui qui ne croit qu'à un monde exclusivement matériel. Car comme ce dernier, il a une preuve sensible des faits qui lui servent de base, et il apporte toute la délibération et la circonspection possible dans les déductions qu'il en tire. La seule différence qui existe entre eux, sous ce rapport, c'est que les sens auxquels les faits du Mysticisme font principalement appel,

ne sont pas ceux de l'homme physique mais de l'homme spirituel, ou de l'âme qui, parce qu'elle est la substance, est nécessairement seule compétente pour apprécier les phénomènes de la substance. L'homme, tel qu'il est constitué tandis qu'il est dans le corps, c'est à dire composé de matière et d'esprit, ne devient un être complet et par conséquent l'Homme, que lorsqu'il a développé en lui les facultés requises pour discerner les deux éléments de sa nature.

34. L'enthousiasme est un des premiers facteurs qui favorise ce développement. Grâce à lui l'homme s'élève jusqu'à cette région intérieure et supérieure, la seule où règne la sérénité, où la perception n'est pas entravée, où il trouve le commencement des fils conducteurs qui le guideront vers l'objet de ses recherches, et où ses facultés seront le plus à l'aise puisque cette sphère est leur pays natal et que là elles sont exemptes des limitations de l'organisme matériel. Alors, ayant atteint l'altitude la plus haute à laquelle il puisse parvenir, l'homme n'a plus besoin de raisonner ni de comparer. Car il voit, il sait, son esprit est content. Pour lui, dans l'ordre divin de son système spirituel, « la femme est portée sur le trône de Dieu. » Le Zeus et l'Héra de son royaume céleste sont unis. L'Adam accompli a trouvé une Ève infaillible. L'existence est pour lui un jardin de délices qui produit « les pommes d'or » de la connaissance et de la bonté. Car l'intellect et l'intuition — l'homme divin et la femme divine de son humanité perfectionnée — sont unis dans la demeure bienheureuse de son père, l'Esprit, le Dedans ou la quatrième dimension de l'espace, d'où procèdent toutes choses et où seulement, par conséquent, elles peuvent être comprises.

On pourrait aussi bien refuser crédit aux recherches du météorologiste sous prétexte des mouvements ascendants du véhicule par lequel il arrive à atteindre une couche d'air plus élevée, ou de la pureté extrême du milieu dans lequel il opère, qu'à celles du mystique sous prétexte de l'enthousiasme par le moyen duquel il opère son ascension. Car l'enthousiasme est simplement la force impulsive, sans laquelle il n'aurait jamais pu quitter l'extérieur, l'inférieur et l'apparent, et gagner l'intérieur, le supérieur et le réel ; par conséquent, alors même que l'abstraction du monde extérieur irait jusqu'à l'intensité de l'Extase, il n'y aurait rien dans cette condition de nature à invalider les perceptions sensibles ou mentales du voyant. Ses facultés sont tout simplement surélevées et perfectionnées par l'exclusion de toute influence limitante ou troublante, et par l'affranchissement de la conscience libérée de tout obstacle et de tout entraînement matériel.

Comme cela a déjà été dit, il n'y a pas réellement de « monde invisible. » Ce que fait l'extase, c'est d'ouvrir la vision à un monde imperceptible aux sens extérieurs — ce monde de la substance qui, se trouvant derrière le phénomène, exige nécessairement, pour être reconnu, des facultés qui n'appartiennent pas à l'homme phénoménal mais à l'homme substantiel. Un écrivain bien connu a dit à propos des Mystiques néo-platoniciens : « Leur enseignement était un saut désespéré par-dessus, et une destruction de la philosophie. » (1). Et un autre : « Dans l'élan désespéré pris à Alexandrie, la raison fut abandonnée pour l'extase. » (2). C'est là une vue fausse. Le seul sens dans lequel on puisse dire que le Mystique abandonne la raison c'est qu'il cesse de *raisonner*, lorsque, après avoir épuisé les conjectures que peut faire un aveugle, il ouvre les yeux et voit; il n'a plus besoin alors de raisonnement. Car l'extase ne fait que vérifier par la vision positive les résultats les plus élevés de la raison; bien que parfois, et même souvent, cette vision dépasse la force de raisonnement que le voyant possède à ce moment-là. En outre, bien loin de pouvoir se passer de l'exercice de la raison, il est aussi impossible, sans une culture mentale antérieure, d'apprécier les résultats obtenus par l'extase que s'il s'agissait de la vision ordinaire. Car toute compréhension part du mental, et ni la vision des choses terrestres, ni la vision des choses célestes ne peut se passer de l'exercice de la raison. Il est vrai que l'avènement de la connaissance met fin à la nécessité de raisonner, et dans ce sens il est permis de dire que le Mystique « détruit la philosophie en y mettant fin par la Religion. »

(1) Schwegler. *Histoire de la Philosophie.*
(2) G. H. Lewes. *Biog. Hist. Phil.*

Mais dans ce sens-là seulement. Car pour le Mystique, ce que fait la philosophie, c'est tout simplement, sous la pression de la raison, de reconnaitre la religion comme son terme inévitable et légitime, lorsque par la limitation de la raison elle n'est pas elle-même arbitrairement retenue loin de la religion. Et, dans un monde qui procède de Dieu, aucune raison ne serait saine, aucune philosophie complète dont la religion ne serait pas la conclusion aussi bien que le commencement. Cette philosophie religieuse, bien loin d'impliquer, comme on l'en accuse constamment, l'abdication de la conscience personnelle, comprend au contraire et implique la perfection de cette conscience par la reconnaissance de sa véritable nature et de sa véritable source. Ainsi, au lieu de « se perdre », le Mystique se *trouve* lui-même par ce moyen ; car il trouve en Dieu le véritable et le seul Moi de tout. Et si, reconnaissant dans ces pages une bonté, une vérité ou une beauté qui dépassent l'ordinaire, quelqu'un demande d'où elles procèdent, nous répondrons qu'elles n'ont pas d'autre source que celle qui vient d'être décrite, savoir l'Esprit opérant dans des conditions qu'une science matérialiste, décidée à supprimer la nature spirituelle de l'homme et à détruire ses instincts religieux, qualifie de « morbide » en sorte qu'elle serait prête à enfermer celui qui la possède en prétextant sa folie (1).

35. En faisant un rapide examen de la position prise par les deux partis nous allons essayer d'exposer la genèse et la nature de l'enthousiasme mystique. Le matérialiste — qui regarde la matière comme l'unique constituant de l'existence, et lui-même comme étant dérivé de cette chose que, par absence de conscience il traite de méprisable et d'inférieure — n'a pour la sour-

(1) Dans le *Nineteenth Century* (1879) le D<sup>r</sup> Maudsley déclare qu'il aurait été prêt à donner un certificat de folie à plusieurs des saints, des voyants et des prophètes les plus remarquables. Et la faculté médicale, en général, suivant en cela l'exemple de la France, considère la prétention d'être en relations avec le monde spirituel comme une preuve absolue de folie. Dans une occasion récente, un membre de cette école disait pour justifier l'acte de l'un de ses confrères à ce propos : « Si nous admettons les Esprits, nous sommes forcés d'admettre le Spiritualisme, et alors que deviennent les enseignements du Matérialisme ? » Ainsi, à une époque qui se vante d'être une époque de libre-pensée et de philosophie expérimentale, il est extrêmement dangereux d'exprimer sa pensée et de rendre compte des expériences que l'on a faites lorsqu'elles se trouvent en conflit avec les enseignements de l'école dominante.

ce supposée et la substance de son être ni respect ni affection. Pas plus que d'autres, il ne pourrait aimer ou honorer ce qui est uniquement chimique et mécanique. En conséquence, comme ceux qui étant de basse extraction se sont élevés par eux-mêmes, la dernière chose qu'il désire, c'est de retourner là d'où il vient. Comment se fait-il qu'étant uniquement matière il ait en lui des impulsions ou des facultés, grâce auxquelles il dépasse même par son désir son niveau originel ; d'où viennent les qualités et les propriétés morales et intellectuelles, qui existent dans l'humanité mais dont la trace ne se révèle pas à l'analyse la plus complète de la matière ; d'où procède la tendance de l'évolution dans la direction de la beauté, de l'utilité et de la bonté? D'où vient l'évolution elle-même? Ces problèmes sont insolubles d'après l'hypothèse du matérialiste, et — puisqu'il repousse la solution donnée par le Mystique — resteront toujours insolubles pour lui.

36. D'un autre côté, le Mystique, qui discerne par l'intuition la nature spirituelle de la substance de l'existence, se reconnaît non pas comme supérieur à ce d'où il est sorti, mais comme étant une limitation et une individuation de ce qui est illimité et universel, c'est à dire de l'Esprit absolument pur et parfait qui n'est autre que Dieu. Il sait qu'il est dérivé de là, qu'il est soutenu par cela, et que temporairement seulement, et dans un but conçu par l'Amour infini et exécuté dans une infinie sagesse, il est assujetti à des conditions inférieures ; aussi aspire-t-il au tout dont il est une partie, comme un enfant qui se tourne vers ses parents, et en s'arrachant aux influences tenaces de la matière, il cherche à atteindre à une plus grande ressemblance avec son Original divin et à se mettre en contact avec lui.

37. Le matérialiste, au contraire, qui regarde la matière comme tout et ses limitations comme inhérentes à l'Etre, ne voit dans les efforts que l'on fait pour dépasser ces limites qu'une tentative de suicide qui a pour but d'échapper à l'Etre. Par conséquent il lutte pour s'attacher de plus en plus à la matière, non point qu'il l'estime beaucoup, mais il est content lorsqu'il a pu trouver parmi les choses matérielles de quoi satisfaire les besoins et les désirs de son corps. Et il ne peut

pas comprendre qu'un esprit sain cherche plus que cela.

38. Mais celui qui aux sensations du corps ajoute les perceptions et les ressouvenirs de l'âme, ne peut commettre l'erreur qui consiste à prendre le phénoménal pour le substantiel et l'apparent pour le réel. Celui-là sait par un instinct divin et infaillible, confirmé par chaque nouvelle expérience, que l'humanité peut réellement arriver à une perfection et à un bonheur qui dépassent tout ce que le matérialisme peut imaginer et la matière réaliser. Et par conséquent l'enthousiasme qui l'inspire n'est pas l'enthousiasme d'une humanité terrestre, non mûrie, rudimentaire, et se doutant à peine de ses puissances latentes; non pas l'enthousiasme d'une humanité qui est extérieure, passagère, qui n'est que dans la forme et l'apparence, mais l'enthousiasme d'une humanité mûrie, développée, permanente et capable de réaliser ses meilleures promesses et ses aspirations les plus élevées; une humanité intérieure, substantielle et qui existe par l'esprit; une humanité qui est divine quoique humaine en ce qu'elle est digne de celui qui l'a créée — Dieu — et dans sa condition suprême est Dieu. Le matérialiste ne connaît pas la perfection, ni la réalité, ni l'Esprit, ni Dieu; et ne les connaissant pas il ne connaît pas l'enthousiasme. Or, ne pas connaître l'enthousiasme, c'est ne pas connaître l'amour.

Et celui qui ne connaît pas l'amour n'est pas encore un homme. Car il a encore à développer en lui ce qui seul complète l'homme et le fait, savoir la femme. C'est en cela que se trouve la solution complète du mystère de l'enthousiasme du Mystique et de l'incapacité du matérialiste à le comprendre. Le premier est déjà homme, et sachant ce qu'est l'Être, il aime. L'autre n'est pas encore homme et, incapable d'aimer, il a encore tout à apprendre.

39. Les matérialistes n'ont pas toujours méprisé l'enthousiasme et rejeté ses produits. L'histoire nous parle de l'un d'eux qui avec enthousiasme chanta l'enthousiasme comme étant la force vivifiante du génie. Ce n'est pas autre chose que l'envolée du mystique ravi en extase que Lucrèce attribuait à l'inspiré Épicure lorsqu'il célébrait son *vivida vis animi;* car c'était en vertu de son enthousiasme pour une perfection qui dépasse ce

qui est animal qu'Epicure arrivait à pouvoir franchir les limitations des sens corporels, à « surmonter les murs flamboyants du monde » matériel, à « traverser en esprit toute l'immensité » de l'existence, et — au retour — « à rapporter aux hommes la connaissance du possible et de l'impossible. » Il a été réservé à l'époque actuelle de produire le matérialiste d'une humanité si bornée et si pauvre qu'il ne connait ni la signification ni la valeur de l'enthousiasme, et dans son ignorance en fait un sujet de raillerie.

## IV

40. Le mystique acceptant sans réserve la maxime déjà citée que « rien d'imperceptible n'est réel, » l'applique au plus profond de tous les sujets sur lesquels la pensée puisse s'arrêter, savoir Dieu, et dans les deux modes de perception, le mental et le sensible. En faisant cela, il réclame, et cherche sa justification dans sa propre expérience personnelle. Car non-seulement le mystique peut *penser* Dieu, mais il peut aussi *voir* Dieu ; le mental avec lequel il peut faire la première de ces choses étant un mental purifié de l'obscurcissement de la matière ; et les yeux, avec lesquels il peut accomplir la seconde, étant ceux d'un moi plus ou moins régénéré. L'expérience béatifique supérieure des voyants de tous les âges, celle qui a été pour eux la confirmation suprême de leur doctrine au sujet non-seulement de l'être, mais de la nature de la divinité, a été la vision de Dieu comme le Seigneur. Pour ceux à qui cette vision a été accordée, l'espoir le plus ardent a été consommé par la réalisation la plus complète ; la croyance la plus implicite s'est transformée en une vue absolument nette ; et la connaissance la plus absolue a été acquise, prouvant que le « royaume des cieux » est, en vérité, « au dedans » et que son roi se trouve — là seulement où un roi devrait être, — au milieu de son royaume.

41. Et plus encore. Par la vision de Dieu comme Seigneur, le voyant sait également que le Roi de ce royaume céleste du dedans est aussi la Reine ; que par rapport à la forme, aussi

bien qu'à la substance, l'homme est créé à la propre image de Dieu « mâle et femelle » ; et que en montant vers le Père et en étant « un avec le Père », l'homme monte vers la Mère et devient un avec la Mère. Car dans la forme contemplée, dans la vision d'*Adonaï*, LUI et ELLE sont manifestés. Qui est donc Adonaï? La réponse à cette question comprend le mystère de la Trinité.

42. Il a été déjà dit que la manifestation se produit par la génération. Or la génération ne procède pas d'un seul mais de deux. Et, en tant que ce qui est généré participe de la nature des procréateurs cela doit être aussi double. Donc, ce qui est appelé le Père et la première personne de la divinité, selon la manière ordinaire de présenter la doctrine de la Trinité, est réellement le Père-Mère. Ce qui est engendré d'eux, la seconde personne ou le Fils, en langage théologique, est aussi forcément double, non pas seulement le « Fils » mais le prototype des deux sexes appelé à cause de cela Io, Jehovah, El Shaddaï, Adonaï, tous noms qui impliquent la dualité.

43. Ayant pour p' l'Esprit qui est la vie, et pour mère « la grande profondeur » qui est la substance, Adonaï possède la puissance de tous les deux et manie le pouvoir double de toutes choses. Et de la Divinité ainsi constituée procède à travers Adonaï l'Esprit créateur non créé, celui qui enseigne et qui façonne toutes choses. C'est cet Esprit qui est appelé, en langage théologique, le Saint Esprit et la troisième personne; un clergé désireux de conserver une conception de la Divinité purement masculine ayant ignoré ou supprimé l'aspect de Dieu sous son côté maternel. Selon l'exposition qui précède les églises orientales aussi bien qu'occidentales, ont raison dans ce qu'elles affirment par rapport à la procession du Saint-Esprit, et tort par ce qu'elles nient.

44. Cette méthode, qui est la méthode nécessaire de l'évolution et de la procession divines, pour le macrocosme aussi bien que pour le microcosme, est clairement énoncée au commencement même du livre de la Genèse dans ces mots : *Et l'Esprit de Dieu se mouvait sur la face des Eaux; et Dieu DIT que la Lumière soit et la Lumière fut.* Car toujours et

partout où la création — ou la manifestation par génération — se produit, Dieu le Père coopère avec Dieu la Mère — comme la force se mouvant dans la substance — et produit l'expression, la parole, le logos ou Adonaï — à la fois Dieu et l'expression de Dieu. Et le Saint-Esprit est à tour de rôle l'expression ou le médium créateur de ce Logos. Car, comme Adonaï est la parole ou l'expression par laquelle Dieu est manifesté, ainsi le Saint-Esprit, ou la Lumière primitive — qui est elle-même septuple, — est le rayonnement au moyen duquel le Seigneur est révélé et manifesté. Or la manifestation du Seigneur — qui est aussi la manifestation de Dieu — se produit par le travail des Elohim, ou des sept Esprits de Dieu — dans la substance — ceux que nous avons énuméré dans notre seconde leçon — et c'est de leur nombre que le nombre sept tire d'abord sa sainteté. Ce sont les puissances, sous la surveillance immédiate desquelles la création grande ou petite se produit. Et toute la substance divine — la substance de tout ce qui est — est pénétrée par elles.

« *Ce sont les Feux divins qui brûlent en la présence de Dieu; qui procèdent de l'Esprit et qui sont un avec l'Esprit.*

« *Dieu est divisé mais cependant pas diminué; Dieu est tout et Dieu est un.*

« *Car l'Esprit de Dieu est une Flamme de Feu que la parole de Dieu divise en plusieurs; cependant la Flamme Originelle ne faiblit pas, et sa puissance et son éclat ne sont pas amoindris.*

« *Tu peux allumer plusieurs lampes à la flamme d'une seule, mais en le faisant, tu ne diminues en rien cette première flamme.*

« *Or l'Esprit de Dieu est exprimé par la parole de Dieu qui est Adonaï* ».

45. Voici donc quel est l'ordre de la procession divine : D'abord l'Unité, ou « l'Obscurité » de la « Lumière invisible ». Secondement la Dualité, l'Esprit et l'Abîme, ou l'Energie et l'Espace. Troisièmement la Trinité, le Père, la Mère et leur expression réunie ou « la Parole ». En dernier lieu, la Pluralité, la Lumière septuple ou les sept Elohim de Dieu. Telle est

la « génération » des Cieux ou de la région céleste, soit dans l'universel, soit dans l'individuel. Et la possibilité de leur vérification se trouve à portée de l'expérience de chaque individu. Car au temps marqué, à chacun de ceux qui le désirent, « *le Saint-Esprit enseigne toutes choses et ramène toutes choses dans le souvenir* ».

46. Le Logos, ou Adonaï, est donc l'idée de Dieu, du Moi de Dieu, la pensée de l'Intellect divin, formulée et personnifiée. Et parce que Dieu ne fait rien que par son Idée il est dit d'Adonaï :

« *Par Lui toutes choses sont faites, et sans Lui rien n'est fait de ce qui est fait.*

« *Il est la Lumière véritable qui éclaire tout homme qui vient au monde.*

« *Il est dans le monde, et le monde est fait par Lui, et le monde ne le connaît pas.*

« *Mais à tous ceux qui Le reçoivent Il donne le pouvoir de devenir des Fils de Dieu, même à ceux qui croient en Son Nom.*

« *Il est au commencement avec Dieu et Il est Dieu. Il est Celui qui manifeste, par qui toutes choses sont découvertes.*

« *Et sans Lui aucune chose visible n'est faite.*

« *Le Dieu qui est sans nom ne révèle pas Dieu ; mais Adonaï révèle Dieu depuis le commencement.*

« *Adonaï dissout et reprend. Dans ses deux mains sont les pouvoirs doubles de toutes choses.*

« *Il a la puissance des deux en Lui-Même ; et Il est lui-même invisible, car Il est la cause et non pas l'effet. Il est celui qui manifeste et non pas ce qui est manifesté.*

« *Ce qui est manifesté est la substance divine.*

« *Chacune de ses monades a la puissance de deux ; de même que Dieu est deux en un.*

« *Et chaque monade qui est manifestée est manifestée par l'évolution de sa Trinité.*

« *Car c'est seulement ainsi qu'elle peut rendre témoignage d'elle-même et devenir connaissable comme une entité* (1) ».

(1) Comme l'homme fait à « l'image » d'Adonaï est l'expression de Dieu, ainsi l'expression ou la figure de l'homme est l'imago expresse de la nature de Dieu et

## V

**47.** Nous en venons maintenant à ce qui par sa nature et par son importance est le fait le plus prodigieux de la vie mystique et le couronnement de l'expérience des voyants de toutes les époques, depuis l'antiquité la plus reculée jusqu'à nos jours. Il s'agit de la vision d'Adonaï, une vision qui prouve que non seulement subjectivement, mais objectivement, non seulement mentalement et théoriquement, mais d'une façon sensible et réelle, Dieu, comme le Seigneur, est présent et connaissable dans chaque individu, agissant constamment en lui pour le créer à l'Image divine, et y parvenant dans la mesure où l'individu, en faisant de la volonté divine sa propre volonté, consent à co-opérer avec Dieu.

**48.** Par rapport à cette vision, il importe peu que le voyant ait fait une expérience précédente ou qu'il ait déjà connaissance du sujet, car le résultat est indépendant de l'anticipation. Il se produit lorsqu'il a pensé intérieurement, désiré avec intensité, imaginé dans le centre de son être, et qu'il est résolu à ce que rien ne vienne entraver son ascension jusqu'à son moi le plus élevé, ou son entrée dans son intérieur le plus intime. Agissant ainsi et faisant abstraction du monde exté-

---

porte sur ses traits l'empreinte céleste qui indique qu'il vient d'en haut. Ainsi, dans le visage humain, la ligne droite, centrale, saillante et verticale de l'organe de la respiration, marque l'individualité, le divin Ego, le JE SUIS, de l'homme. Quoique simple à l'extérieur et ne formant qu'un seul organe, en signe de l'unité divine, au dedans il est doublé, et a une double fonction, et deux narines dans lesquelles réside le pouvoir du souffle, ou esprit, et qui représentent la dualité divine. Cette dualité trouve son symbolisme spécial dans les deux sphères des yeux qui — placés sur le même niveau que le sommet du nez, — indiquent respectivement l'intelligence et l'amour, ou le père et la mère, comme étant les éléments suprêmes de l'être. Bien qu'extérieurement deux, ils sont intérieurement un, puisque la vision est une. Et de la coopération harmonieuse des deux personnalités qu'ils représentent, procède, en qualité d'enfant, une troisième personnalité qui est leur expression réunie, ou « la parole ». La bouche est à la fois son organe et son symbole, étant en elle-même une dualité, — lorsqu'elle est fermée une ligne, lorsqu'elle est ouverte un cercle; et elle est double aussi, étant composée de la ligne et du cercle par la langue et les lèvres. Et en tant que la place qui sert d'issue au souffle créateur, elle est au-dessous des autres traits, puisque la création, venant du plus haut, doit nécessairement se diriger en bas. Ainsi dans la physionomie de « l'Image de Dieu » se trouve exprimée la nature de Dieu — et même la Sainte Trinité car « ces trois sont un » étant les modes essentiels du même être.

rieur et phénoménal, il entre d'abord dans le monde astral où il discerne plus ou moins clairement, selon le degré de sa perception, les différentes sphères de sa quadruple zone, ainsi que leurs habitants. Au cours de ce processus, il lui semble que tout en conservant son individualité, il a dépassé les limites du fini et qu'il s'est répandu dans l'universel. Car, tandis qu'il traverse les différentes sphères concentriques successives de son propre être, et qu'il monte, comme par les degrés d'une échelle, de l'une à l'autre, il lui semble qu'il traverse non seulement celles du système solaire, mais aussi celles de tout l'univers de l'être ; et ce qu'il atteint enfin est manifestement le centre de chacune, le point initial de radiation de lui-même et de toutes choses.

49. Pendant ce temps, sous l'impulsion du puissant enthousiasme que l'esprit a engendré en lui, les consciences qui composent son système se polarisent de plus en plus complètement vers leur centre divin ; et l'esprit divin animateur de l'homme, de diffus, latent et sans forme qu'il était, devient concentré, manifeste et défini. Car comme il tend à ce qui est le plus élevé il n'est pas retenu longtemps dans la sphère astrale mais dépasse bientôt les Keroub — gardiens de la porte céleste — et entre dans le lieu très saint qui est derrière le voile. Là il se trouve au milieu d'une société d'êtres innombrables, tous divins, car ce sont les anges, les archanges, les principautés et les puissances de toute la hiérarchie des « Cieux ». Passant au travers d'eux en se dirigeant vers le centre, il se trouve alors en face d'une lumière dont l'éclat est si intolérable pour lui qu'il est sur le point de se rejeter en arrière et de renoncer à son enquête. Plusieurs de ceux qui arrivent jusque là ne s'aventurent pas plus loin mais se retirent effrayés, quoique satisfaits d'avoir eu le privilége de s'approcher assez pour contempler le « grand trône blanc » du « Tout Puissant ».

50. Au milieu de cette lumière qui l'enveloppe apparait une forme dont la gloire et la radiance ne se peuvent exprimer, car elle est faite de la substance de la lumière, et cette forme est celle du « seul engendré », le Logos, l'Idée, celui qui manifeste Dieu, la Raison personnelle de toute existence,

## LA RÉALISATION D'ADONAÏ EST LA BÉATITUDE DE L'AME 267

le Seigneur Dieu des armées, le Seigneur Adonaï. De sa main droite levée, dans une attitude qui indique la volonté et le commandement, sortent, semblables à un fleuve de force vivante, la vie et la substance saintes qui constituent la création. Avec la main gauche ouverte et tendue, comme pour attirer, le fleuve est ramené et la création est soutenue et rachetée. Ainsi projetant et rappelant, épandant et contractant, Adonaï remplit les fonctions exprimées dans la formule mystique *Solve et Coagula*. Dans sa constitution et sa forme, Adonai est également une dualité qui comprend les deux modes de l'humanité et apparait tour à tour devant celui qui le contemple comme masculin et féminin, selon que la fonction exercée appartient à l'homme ou à la femme, qu'elle est centrifuge ou centripète. Et comme, à mesure qu'il regarde, celui qui contemple acquiert une plus claire vision, il découvre que, tandis que l'une de ces images ainsi combinées se manifeste plus complètement à l'extérieur, l'autre appartient plutôt à l'intérieur et reluit dans une certaine mesure à travers sa compagne, tandis qu'elle-même reste tout près du cœur et de l'esprit. Et puisque c'est la forme intérieure qui est féminine, celui qui contemple apprend ainsi que des deux modes de l'humanité, c'est le mode féminin qui est le plus près de Dieu.

51. Telle est la « vision d'Adonaï ». Et de quelque nom qu'on le nomme, aussi bien pour les mortels que pour les immortels, il ne peut pas y avoir d'autre source, d'autre centre, d'autre soutien, d'autre véritable moi que Dieu comme le Seigneur, qui est vu de cette façon. Et celui qui l'a une fois contemplé — fût-ce même obscurément ou de loin — ne peut pas en désirer un autre. Car lorsqu'elle a trouvé Adonaï, l'âme est contente ; le sommet et le centre de l'être sont atteints ; tout idéal de vérité, de bonté, de beauté et de puissance est réalisé ; il n'y a pas d'au-delà auquel aspirer. Car tout est dans Adonaï, puisque, en Adonaï se trouve la mer infinie de puissance et de sagesse qui est Dieu. Et tout ce qui peut être révélé de Dieu, tout ce que l'âme est capable de saisir, aussi étendus que puissent être ses pouvoirs, est révélé en Adonaï.

52. L'équivalent hindou du terme Adonaï, « Ardha-Nari », est représenté — nous l'avons déjà dit — sous une forme androgyne. Mais la personnalité indiquée est celle de Brahm, ou de l'Être pur, devenu Brahma, le Seigneur. Et dans la « Trimurti » des Hindous, la main droite qui symbolise l'énergie créatrice est Vishnou ; la gauche qui représente le pouvoir de dissolution et de retour est Siva, Adonaï lui-même étant Brahma. Le saint « Krishna » expose ainsi à son « bien-aimé disciple » Ardjouna, les conditions dans lesquelles cette vision est accordée : « Tu l'as contemplée, ma forme étonnante, si difficile à saisir que les anges eux-mêmes peuvent désirer en vain de me voir. Mais ce n'est pas par le moyen des mortifications, des sacrifices, des dons, des aumônes, que je puis être vu comme tu m'as vu. C'est par un culte qui est offert à Moi seul que je puis être vu et vraiment connu et possédé. Celui dont les œuvres sont faites pour Moi seul, qui ne sert que Moi, qui ne se soucie pas des conséquences et qui demeure parmi les hommes sans haine, — lui seul arrive à Moi ».

## VI

53. Il nous semble opportun de terminer cette leçon et la série de ces leçons par une exposition des relations qui existent entre Adonaï, le Christ et l'Homme. Comme Adonaï le Seigneur est la manifestation de Dieu dans la substance, le Christ est la manifestation du Seigneur dans l'humanité. La première se produit par la Génération, la seconde par la Régénération. La première va du dedans à l'extérieur, la seconde part d'en bas pour aller en haut. L'homme, en montant par l'évolution, part de la couche matérielle la plus basse de l'existence et trouve son développement le plus élevé dans le Christ. C'est le point où le courant humain culmine en montant à Dieu. Une fois que, par la Régénération, il a atteint ce point, l'homme est à la fois fils de l'homme et fils de Dieu ; il est parfait et reçoit en conséquence le baptême du Logos ou de la Parole, Adonaï. Étant alors « Vierge » par rapport à la matière, et vivifié par la « Vie une », celle de l'esprit, l'homme devient

semblable à Dieu, en ce qu'il possède le « don de Dieu », ou la vie éternelle par la puissance de se perpétuer soi-même. Le Logos est céleste ; l'homme est terrestre ; le Christ est leur point de jonction, sans lequel ils ne pourraient pas se toucher l'un l'autre. Étant arrivé à ce point, par le moyen de cette purification intérieure qui est le secret et la méthode des Christs, l'homme « reçoit l'onction » de l'Esprit, et désormais il a le Christ, ou il est « Christ ». La réception du Logos dans son propre esprit élève l'homme à l'état de Christ. Une fois ceci accompli, les deux natures divine et humaine se combinent ; les deux courants montant et descendant se rencontrent ; et l'homme connait et comprend Dieu. Et il est dit que ceci se produit à travers le Christ, parce que chez tout homme cela se passe d'après la même méthode, le Christ étant pour tous le seul chemin. Lorsqu'il a reçu le Logos, qui est le fils de Dieu, l'homme devient lui aussi le fils de Dieu aussi bien que le fils de l'homme, — ce dernier titre lui appartenant en vertu de ce qu'il représente une régénération ou une nouvelle naissance qui sort de l'humanité. Et le Fils de Dieu en lui lui révèle le « Père », terme qui comprend celui de « Mère ». Connaissant ces deux, il connait la Vie et la Substance par lesquelles il est constitué, — il connait par conséquent sa propre nature et ses potentialités. Ainsi étant devenu à travers le Fils « un avec le Père », l'homme « en Christ » peut véritablement dire « Moi et le Père nous sommes un ». Telle est la portée de la confession de St-Étienne. « Voyez », criait-il dans son extase, « je vois les cieux ouverts, et le Fils de l'homme debout à la droite de Dieu ». Car à cette heure suprême, l'Esprit lui révéla, sous une image visible, l'union, par le Christ, de l'humain et du divin. Une fois qu'il a réalisé cette union, l'homme devient « Christ-Jésus », « il demeure en Dieu et Dieu demeure en lui » ; il est « un avec Dieu et Dieu est un avec lui ». C'est à ce point — Christ — que Dieu et l'homme se saisissent définitivement et sont entraînés ensemble. Désormais ils coulent, comme deux rivières réunies en un seul fleuve. L'homme est enfin façonné à l'image de Dieu ; et Dieu, comme le Seigneur, est éternellement manifesté en lui, faisant de lui une portion individuée de la divinité elle-même. Par là étant rendu incapable de retomber dans les conditions matérielles il est appelé un « Dieu fixe », état qu'Hermès décrit dans le Divin Pymandre comme « la gloire la plus parfaite de l'âme ».

54. Reconnaissant ainsi la vérité divine comme une vérité éternelle constamment en train de se réaliser par l'âme individuelle, et les mots *maintenant* et *au-dedans* pour les clefs de tous les mystères sacrés, les Elus traduisent les symboles de leur foi au temps présent et récitent par conséquent leur *Credo* en ces termes :

« Je crois en Dieu, le Père-Mère Tout Puissant ; de la substance duquel procèdent les génératio. du Ciel et de la Terre ; et en Christ-Jésus, le Fils de Dieu, notre Seigneur, qui est conçu du Saint-Esprit ; né de la Vierge Marie ; qui souffre sous les dominateurs de ce monde ; qui est crucifié, mort et enseveli ; qui descend aux enfers ; qui se lève d'entre les morts ; qui monte au ciel et s'assied à la droite de Dieu ; par les lois duquel les vivants et les morts sont jugés Je crois aux sept Esprits de Dieu ; au Royaume du ciel ; à la Communion des élus ; au Passage des âmes ; à la Rédemption du corps ; à la Vie éternelle, et à l'Amen ».

# APPENDICE

# APPENDICE

## I

### CONCERNANT L'INTERPRÉTATION DE L'ÉCRITURE

#### FRAGMENTS

(I)

« Si, donc, ce sont des livres mystiques, ils devraient aussi être considérés d'une façon mystique. Car la faute de presque tous les écrivains consiste en ceci, — qu'ils ne distinguent pas entre les livres de Moïse le Prophète et les livres qui sont d'une nature historique. Et ceci est d'autant plus surprenant que plusieurs critiques ont bien discerné le caractère ésotérique, sinon la véritable interprétation, de l'histoire de l'Eden, mais ils n'ont pas appliqué à la fin de l'allégorie la même méthode qui leur avait paru bonne pour le commencement; ils interprètent les premières stances du poème d'une façon et voudraient que le reste fût d'une autre nature.

« Il est donc suffisamment établi, et accepté par le plus grand nombre des auteurs, que la légende d'Adam et d'Ève, de l'Arbre miraculeux, et du Fruit qui occasionna la mort est comme l'histoire d'Éros et de Psyché et tant d'autres qui se trouvent dans toutes les religions, une parabole qui a un sens caché, c'est-à-dire une signification mystique. Il en est de même de la légende qui suit et qui a rapport aux fils de ces parents mystiques; de l'histoire de Caïn et d'Abel son frère, de l'histoire du Déluge, de l'Arche, du sauvetage des animaux purs et impurs, de l'Arc-en-Ciel, des douze fils de Jacob et aussi de tout le récit qui traite de la fuite hors d'Égypte. Car on ne doit pas supposer que les deux sacrifices offerts à Dieu par les fils d'Adam étaient de véritables sacrifices, pas plus que la pomme qui causa le destin de l'humanité ne fut une pomme réelle. En vérité il est nécessaire, pour bien comprendre les livres mystiques, de savoir que dans leur signification ésotérique ils ne traitent pas de choses matérielles mais de réalités spirituelles ; et que, de même qu'Adam n'est pas un homme ni Ève une femme, ni l'Arbre une plante, au sens exact de ces mots, ainsi les bêtes nommées dans ces livres ne sont pas des bêtes réelles mais sous-entendent une idée mystique. Par conséquent, lorsqu'il est écrit qu'Abel prit les premiers nés de son troupeau pour les offrir au Seigneur, cela veut dire qu'il offrit ce que l'Agneau symbolise, c'est-à-dire les dons spirituels les plus saints et les plus élevés. Et Abel lui-même n'est pas un personnage réel, mais le Type et la Représentation spirituelle de la race des prophètes, dont Moïse était aussi un membre, de même que les patriarches. Les prophètes étaient-ils donc des verseurs de sang ? A Dieu ne plaise ; ils ne traitaient pas de choses matérielles mais de significations spirituelles. Leurs agneaux sans taches, leurs blanches colombes, leurs chèvres, leurs béliers et autres bêtes sacrées sont autant de signes et de symboles des diverses grâces et des différents dons qu'un peuple mystique devrait offrir au ciel. Sans des sacrifices semblables il n'y a pas de rémission des péchés. Mais lorsque le sens mystique fut perdu, le carnage suivit ; il n'y eut plus de prophètes dans le pays, et les prêtres dominèrent le peuple. Alors, lorsque la voix des prophètes se fit de nouveau entendre, ils furent forcés de parler nettement, et déclarèrent dans une langue étrangère à leur méthode, que les sacrifices que Dieu réclame ne sont pas la chair des taureaux et le sang des chèvres, mais des vœux saints et des actions de grâce qui sont leur contre-partie mystique. Comme Dieu est Esprit, on ne lui doit que des sacrifices spirituels. Quelle folie, quelle ignorance d'offrir de la chair et une boisson matérielles au Pouvoir pur et à l'Être essentiel ! En vérité, c'est en vain que les prophètes ont parlé, et c'est en vain que les Christs se sont manifestés !

« Pourquoi voulez-vous qu'Adam soit esprit et Ève matière, puisque les livres mystiques ne traitent que d'entités spirituelles ? Le Tentateur lui-même n'est pas matière mais ce qui donne à la matière la préséance. Adam est plutôt la force intellectuelle ; il est de la terre. Ève est la conscience morale ; elle est la mère des vivants. Par conséquent l'intellect est le principe mâle, et l'intuition le principe féminin. Et les fils de l'intuition, qui est elle-même tombée, finiront par recouvrer la vérité et par racheter toutes choses. Et c'est par sa faute, en vérité, que la conscience morale de l'humanité a été assujettie à la force intellectuelle, ce qui a occasionné toutes sortes de maux et de confusions, parce que son désir est allé à lui et il règne maintenant sur elle. Mais la fin prédite par le voyant n'est pas éloignée. Alors la femme sera exaltée, vêtue du soleil, et portée sur le trône de Dieu. Et ses fils feront la guerre au

Dragon et remporteront la victoire sur lui. En sorte que l'intuition, pure et vierge, sera la mère et la rédemptrice de ses fils tombés, qu'elle a enfantés lorsqu'elle vivait en esclavage sous le joug de son mari, la force intellectuelle. »

(2)

« Moïse qui connaissait les mystères de la religion des Égyptiens et qui avait appris de leurs occultistes la valeur et la signification de tous les oiseaux et de tous les animaux sacrés, donna des mystères semblables à son peuple. Mais il ne conserva pas de vénération pour certains animaux sacrés de l'Égypte, pour des raisons également d'origine mystique. Et il enseigna à ses initiés l'esprit des hiéroglyphes célestes et leur dit, lorsqu'ils célébraient une fête devant Dieu, de porter avec eux en procession, avec la musique et la danse, ceux des animaux sacrés qui, par leur signification intérieure, se rapportaient à la solennité. Or parmi ces animaux il choisit de préférence les mâles de la première année, sans taches et sans défauts, pour indiquer qu'il est, par dessus tout, nécessaire que l'homme consacre au Seigneur son intellect et sa raison et cela dès le commencement et sans la moindre réserve.

« Et la sagesse de son enseignement ressort clairement de l'histoire du monde à toutes les époques et spécialement en ces derniers jours. Car qu'est-ce qui a entraîné les hommes à renoncer aux réalités de l'Esprit et à propager de fausses théories et des sciences corrompues, à nier toutes choses sauf l'apparence qui peut être saisie par les sens extérieurs, se faisant ainsi un avec la poussière de la terre ? C'est leur intellect, qui n'étant pas sanctifié, les a égarés ; c'est la force de leur intelligence qui, étant corrompue, est la cause de leur propre ruine et de celle de leurs disciples. Comme donc l'intellect est capable d'être le grand traître envers le ciel, il est aussi la force au moyen de laquelle les hommes, en suivant leur propre intuition, peuvent saisir et appréhender la vérité. C'est pour cette raison qu'il est écrit que les Christs sont soumis à leurs mères. Ce n'est pas que l'intellect doive, en aucune façon, être déshonoré ; car il est l'héritier de toutes choses, si seulement il est vraiment engendré et n'est pas un bâtard.

« Et entre tous ces symboles, Moïse enseignait au peuple d'avoir par dessus toutes choses l'horreur de l'idolâtrie. Qu'est-ce donc que l'idolâtrie et que sont les faux dieux ?

« Faire une idole, c'est matérialiser les mystères spirituels. Ils sont donc des idolâtres les prêtres qui, venus après Moïse, confièrent à l'écriture les choses qu'il avait communiquées à

Israël par la parole de sa bouche, qui remplacèrent les véritables choses signifiées par leurs symboles matériels et qui versèrent le sang innocent sur les autels purs du Seigneur.

« Ils sont aussi des idolâtres ceux qui comprennent les choses des sens là où les choses de l'esprit sont seules impliquées, et qui cachent la vraie image de Dieu sous des représentations falsifiées. L'idolâtrie est le matérialisme, le péché commun et originel des hommes qui remplace l'esprit par l'apparence, la substance par l'illusion, et entraîne l'être moral et l'être intellectuel dans l'erreur, en sorte qu'il substitue l'inférieur au supérieur et la profondeur à la hauteur. C'est ce fruit mauvais qui attire les sens extérieurs, l'amorce du serpent depuis le commencement du monde. Jusqu'à ce que l'homme et la femme mystiques eussent mangé de ce fruit, ils ne connaissaient que les choses de l'esprit et les trouvaient suffisantes. Mais, après la chute, ils commencèrent à comprendre aussi la matière et lui donnèrent la préférence, se rendant ainsi idolâtres. Et leur péché ainsi que la souillure engendrée par ce mauvais fruit, a corrompu le sang de toute la race des hommes, corruption dont les fils de Dieu les auraient rachetés.

## II

## PAR RAPPORT A L'AU-DELA

Lorsque, à la mort, un homme se sépare de son corps matériel, ce qui survit de lui peut se diviser en trois parties ; l'*anima divina* appelée en hébreu *Neshamah* ; l'*anima bruta*, ou *Ruach* qui est la *persona* de l'homme ; et l'ombre, ou *Nephesh*, qui est le mode le plus inférieur de la substance âme. Chez la plus grande majorité des gens la conscience est recueillie et centralisée dans l'*anima bruta* ou *Ruach* ; chez le petit nombre des sages elle est polarisée dans l'*anima divina*. Or cette partie de l'homme qui passe à travers ou transmigre, — processus appelé par les Hébreux *Gilgal Neshamoth*, — est l'*anima divina*, qui est le réceptacle immédiat de l'Esprit Divin. Et puisqu'il n'y a rien autre en ce monde que l'humain, actuel ou potentiel, le *Neshamah* existe aussi dans les animaux quoique comme une simple étincelle, en sorte que leur conscience n'est que rudimentaire et diffuse. C'est le *Neshamah* qui finalement s'échappe du monde et est racheté pour la vie éternelle. L'*anima bruta*, ou l'intellect terrestre est cette partie de l'homme qui retient toute la mémoire terrestre et locale, le souvenir des affections, des soucis et des personnalités du monde, ou de la sphère planétaire, et qui porte son nom de famille, ou nom terrestre. Après la mort cette *anima bruta*, ou *Ruach*, reste dans « l'Eden » inférieur, à portée de la vue et de l'appel de la sphère terrestre magnétique. Mais l'*anima divina*, le *Neshamah*, — dont le nom est connu de Dieu seul, — passe en haut et continue son évolution, en n'emportant avec lui qu'une petite partie, et la plus pure de l'âme extérieure ou de l'intellect. Cette *anima divina* est le véritable homme. Elle n'est pas à la portée de l'atmosphère magnétique ; et c'est seulement dans les occasions les plus rares et les plus solennelles qu'elle revient voir vêtue à la planète. L'ombre astrale, le *Nephesh*, est muette ; l'âme terrestre, l'*anima bruta* ou *Ruach*, parle et se souvient ; l'âme divine, le Neshamah, qui contient la lumière divine, ne revient ni ne se communique, du moins de la manière ordinaire. L'*anima bruta* ne peut se souvenir que de l'histoire d'une seule incarnation parce qu'elle est une partie de l'homme astral, et l'homme astral est renouvelé à chaque incarnation du *Neshamah*.

Les hommes très avancés ne sont pas ré-incarnés sur cette planète, mais sur quelque autre plus près du Soleil. L'*anima bruta* n'a vécu qu'une seule fois et ne sera jamais réincarnée. Elle continue à exister dans « l'Eden inférieur » comme une personnalité en relation avec la terre et qui conserve les souvenirs bons et mauvais de son unique vie passée. Si elle a fait le mal elle souffre, il est vrai, mais elle n'est pas condamnée ; si elle a fait le bien elle est heureuse mais n'est pas béatifiée. Elle continue en pensée ses occupations favorites de la terre et se crée pour elle-même, au moyen de la lumière astrale, des maisons, des jardins, des fleurs, des livres, etc. Elle demeure dans cet état d'une façon plus ou moins définie selon le degré de personnalité qu'elle a acquis, et jusqu'à ce que l'*anima divina*, dont elle a été un des temples, ait accompli tous ses Avatars. Alors, avec toutes les autres âmes terrestres qui appartiennent à cette âme Divine, elle est entraînée dans l'Eden céleste, ou le ciel supérieur, et retourne dans l'essence du *Neshamah*. Mais tout ce qui leur appartient n'y rentre pas ; les bons souvenirs seuls demeurent ; les mauvais tombent dans les couches les plus basses de la lumière astrale où ils se dissipent. Car si, dans son état de perfection, l'âme divine devait constamment garder le souvenir de tout ce qu'elle a fait de mal, de ses malheurs, de ses chagrins terrestres, de ses amours terrestres, elle ne serait pas parfaitement heureuse.

Par conséquent ce ne sont que les souvenirs et les amours qui ont pénétré assez profondément dans l'âme terrestre pour atteindre l'âme divine et pour devenir partie de l'homme, qui retournent au *Neshamah*. On dit que tous les Mariages sont faits dans le Ciel. Cela signifie que toutes les véritables unions d'amour s'accomplissent dans la sphère céleste qui est au dedans de l'homme.

Les affections de l'*anima bruta* sont fugitives et ne relèvent que d'elle. Lorsqu'on interroge celle-ci; — le *Ruach* — elle ne peut parler que d'une vie, car elle n'a vécu qu'une fois. Elle retient tous les souvenirs et toutes les affections de cette vie-là. Si ces dernières ont été fortes l'*anima bruta* restera près des personnes qu'elle a aimées spécialement et les adombrera. Un seul *Neshamah* peut avoir, dans la lumière astrale, autant de ces anciens moi qu'un homme peut avoir changé de fois de vêtements. Mais lorsque l'*âme divine* est arrivée à la perfection et qu'elle est près d'être reçue dans « le Soleil » ou le *Nirvana*, elle attire en elle tous les moi passés et entre en possession de la partie de leurs souvenirs qui sont dignes d'être conservés, c'est-à-dire de ceux qui ne sont pas de nature à troubler son calme éternel. Dans « les planètes », l'âme oublie; dans « les Soleils », elle se souvient. Car *in memoriâ æternâ erit justus* (1). L'homme ne peut pas posséder ces souvenirs de ses vies passées avant d'avoir accompli sa régénération et d'être devenu un Fils de Dieu, un Christ. Ce n'est que par réflexion que l'homme, qui est sur sa voie ascendante, peut retrouver le souvenir de ses incarnations passées; et ces souvenirs ne sont pas ceux d'événements usuels, mais de principes, de vérités et d'habitudes antérieurement acquises.

Lorsque ces souvenirs se rapportent à des événements ils sont vagues et viennent par soubresauts parce qu'ils sont des réflexions de ses précédents moi qui l'adombrent du fond de la lumière astrale. Car ces anciens moi, les temples abandonnés de l'*anima divina*, fréquentent sa sphère, et sont attirés vers elle surtout dans certaines conditions. C'est d'eux qu'elle apprend, par l'intermédiaire du génie, ou de la « Lune », qui éclaire la *chambre obscure* du mental, et réfléchit sur ses tablettes les souvenirs projetés par le passé adombrant. L'*anima bruta* croit qu'elle progresse, parce qu'elle a un vague sentiment que, plus tôt ou plus tard, elle sera élevée jusqu'à des sphères supérieures. Mais elle ignore de quelle façon cela se produira, car elle ne peut connaître le céleste qu'en s'unissant à lui. La connaissance qui lui fait croire qu'elle progresse est acquise au moyen de la réflexion des rayons d'âme qui viennent du terrestre. Les hommes avancés sur la terre aident et instruisent l'âme astrale et c'est pour cela qu'elle aime leur sphère. Elle s'instruit par des images intellectuelles ou des pensées réfléchies. Le *Ruach* a raison de dire qu'il est immortel; car la meilleure partie de lui finira par être absorbée dans le *Neshamah*. Mais si on interroge un *Ruach* qui a même deux ou trois cents ans, il en sait rarement davantage que lors de sa vie terrestre, à moins cependant,

---

(1) Ps. A. V. CXII, D. V, CXI, 6.

qu'il n'obtienne de nouvelles connaissances de celui qui l'interroge. La raison pour laquelle certaines communications sont astrales et d'autres célestes est simplement que quelques personnes — le plus grand nombre — communiquent par le moyen de leur *anima bruta* et d'autres — le petit nombre qui sont purifiées — par le moyen de leur *anima divina*. Car les semblables s'attirent. Les âmes terrestres des animaux se rencontrent rarement; elles entrent en communion avec les animaux plutôt qu'avec l'homme, à moins qu'une affection très forte n'ait existé entre un homme et un animal.

Si un homme veut rencontrer et reconnaitre sa bien-aimée dans le Nirvana, il faut qu'il l'aime de telle sorte que son affection soit une avec le Neshamah et non pas avec le *Ruach*. Il y a beaucoup de degrés dans l'Amour. Le véritable Amour est plus fort que mille morts. Car bien qu'on meure des milliers de fois, un seul amour peut cependant se perpétuer au-delà de chaque mort, de naissance en naissance, et croître toujours en intensité et en puissance.

Le Nephesh, le Ruach et le Neshamah sont tous les trois des modes distincts d'un seul et même Etre universel qui est à la fois Vie et Substance et qui est l'instinct avec la Conscience puisqu'il est, sous n'importe quel mode, le Saint-Esprit. Par conséquent, dans tous les trois se trouve une potentialité Divine inhérente. L'Evolution, qui est la manifestation de ce qui est inhérent, est donc la manifestation de cette potentialité. La première formulation de cette inhérence, au-dessus du plan matériel, est le Nephesh ou l'âme qui donne l'impulsion aux formes de vie inférieures et primitives. C'est l'âme « mouvante » qui respire et s'éveille. Celle qui vient après — le Ruach — est le « vent » qui se précipite pour vivifier l'intellect. Plus haut, parce qu'il est plus intérieur et plus central, se trouve le Neshamah qui, porté sur le sein du Ruach, est le réceptacle immédiat de l'Etincelle Divine, et sans lequel celle-ci ne peut pas être individuée et devenir une personnalité *indiffusible*. Le « Vent » et la « Flamme » sont Esprit; mais le Vent est général, la Flamme est spéciale; le Vent remplit la maison; la Flamme désigne la personne. Le Vent est la Voix Divine qui résonne à l'oreille de l'Apôtre et qui passe là où il s'engage; la Flamme est la Langue Divine qui s'exprime dans la parole de l'Apôtre. Ainsi, donc, dans l'Ame impersonnelle, le souffle et l'inspiration de Dieu sont perçus; mais dans l'Ame personnelle le langage expresse de Dieu est formulé. Or ce qui est recueilli du Nephesh et du Ruach et qui dure *est* le Neshamah.

## III

## PAR RAPPORT AU PROPHÉTISME. — UNE PROPHÉTIE

(1)

### PAR RAPPORT AU PROPHÉTISME

Vous demandez la méthode et la nature de l'inspiration et les moyens par lesquels Dieu révèle la vérité.

2. Sachez qu'il n'y a aucune illumination qui vienne du dehors ; le secret des choses se révèle au dedans.

3. Aucune Révélation Divine ne vient de l'extérieur; mais l'esprit intérieur porte témoignage.

4. Ne pensez pas que je vais dire ce que vous ne savez pas; car si vous ne le savez pas cela ne peut pas vous être donné.

5. A celui qui a il sera donné, et il a encore plus abondamment.

6. Nul n'est prophète, hormis celui qui sait. L'instructeur du peuple est un homme de beaucoup de vies.

7. La connaissance innée et la perception des choses, telles sont les sources de la révélation : l'âme de l'homme l'instruit, parce qu'elle a déjà appris par l'expérience.

8. L'intuition est l'expérience innée ; ce que l'âme connaît d'après son passé.

9. Et l'illumination est la lumière de la sagesse par laquelle un homme perçoit les secrets célestes.

10. Laquelle lumière est l'esprit de Dieu au dedans de l'homme, qui lui montre les choses de Dieu.

11. Ne croyez pas que je vais dire quoi que ce soit que vous ne sachiez pas; tout vient du dedans; l'esprit qui informe est l'esprit de Dieu dans le prophète.

12. Ce que vous demandez donc c'est quel est le *médium*, et comment il faut considérer ce que dit celui qui parle en extase?

13. Dieu ne parle à travers aucun homme de la façon que vous supposez; car l'esprit du prophète contemple Dieu avec ses yeux ouverts. S'il tombe dans un état d'extase, ses yeux sont ouverts, et l'homme intérieur sait ce qui lui est dit.

14. Mais lorsqu'un homme dit ce qu'il ne connait pas, il est obsédé; un esprit impur, ou un esprit qui est lié, est entré en lui.

15. Il y en a beaucoup de cette sorte, mais leurs paroles sont comme les paroles des hommes qui ne savent pas; ceux-ci ne sont ni prophètes ni inspirés.

16. Dieu n'obsède aucun homme; Dieu est révélé; et celui à qui Dieu est révélé parle de ce qu'il connaît.

17. Christ-Jésus (1) comprend Dieu; il connaît celui dont il porte témoignage.

18. Mais ceux qui, étant des médiums, expriment, dans un état de transe, des choses dont ils n'ont aucune connaissance et dont leur esprit n'a pas été informé, sont obsédés par un esprit de divination, un esprit étranger qui n'est pas le leur.

19. Mettez-vous en garde contre eux, car ils disent beaucoup de mensonges, et ils sont trompeurs, travaillant souvent pour le gain ou pour le plaisir; et ils sont un chagrin et un piège pour le fidèle.

20. L'inspiration peut bien être une médiumnité mais alors elle est consciente: et la connaissance du prophète l'instruit.

21. Même s'il parle dans l'extase il n'exprime rien qu'il ne connaisse.

22. Toi qui es un Prophète tu as vécu beaucoup de vies; même tu as enseigné beaucoup de nations et tu as affronté des rois.

23. Et Dieu t'a instruit dans les années qui sont passées; et dans les temps d'autrefois de la terre.

24. C'est par la prière, par le jeûne, par la méditation, par une recherche douloureuse que tu as acquis ce que tu sais.

25. Il n'y a pas de connaissance sans travail; il n'y a pas d'intuition sans expérience.

26. Je t'ai vu sur les collines de l'Orient; j'ai suivi tes pas dans le désert; je t'ai contemplé alors que tu adorais au lever du soleil; j'ai observé tes nuits de veille dans les cavernes des montagnes.

27. Tu es arrivé par la patience, ô prophète! Dieu t'a révélé la vérité par le dedans.

(2)

UNE PROPHÉTIE

1. Et maintenant je vous montre un Mystère et une chose nouvelle qui est une partie du mystère du Quatrième Jour de la Création.

2. La parole qui viendra sauver le monde sera prononcée par une femme.

3. Une femme concevra et enfantera les nouvelles du Salut.

4. Car le règne d'Adam est arrivé à sa dernière heure; et Dieu couronnera toutes choses par la création d'Ève.

(1) Il est entendu ici le Christ-Jésus au dedans, c'est-à-dire la nature humaine régénérée chez n'importe qui elle se trouve.

5. Jusqu'à présent l'homme a été seul, et a dominé sur la terre.

6. Mais, lorsque la femme sera créée, Dieu lui donnera le royaume; et elle sera la première dans le gouvernement et la plus élevée en dignité.

7. Oui, le dernier sera le premier et l'aîné servira le plus jeune.

8. En sorte que les femmes ne se lamenteront plus à cause de leur sexe; mais les hommes diront plutôt : « Oh! pourquoi ne sommes-nous pas nés femmes!

9. Car les forts seront renversés de leurs sièges; et les doux seront exaltés à leur place.

10. Les jours de l'Alliance de la manifestation passent : l'Evangile de l'Interprétation arrive.

11. Il ne sera rien dit de nouveau; mais ce qui est ancien sera interprété.

12. En sorte que l'homme, le manifestateur, renoncera à sa fonction, et la femme, l'interprétatrice, donnera la Lumière au monde.

13. Sa fonction est la quatrième : elle révèle ce que le Seigneur a manifesté.

14. Sa lumière est celle des cieux, et la plus brillante des Planètes des sept Esprits Sacrés.

15. Elle est la quatrième dimension; les yeux qui éclairent; la puissance qui tire intérieurement à Dieu.

16. Et son royaume vient; le jour de l'exaltation de la femme.

17. Et son règne sera plus grand que le règne de l'homme; car Adam sera enlevé de sa place; et elle aura domination pour toujours.

18. Et celle qui est seule donnera plus d'enfants à Dieu que celle qui a un mari.

19. Il n'y aura plus de reproche fait à la femme; mais le reproche sera fait aux hommes.

20. Car la femme est la couronne de l'homme et la manifestation dernière de l'humanité.

21. Elle est la plus proche du Trône de Dieu lorsqu'elle sera révélée.

22. Mais la création de la femme n'est pas encore achevée; mais elle sera achevée au temps qui est proche.

23. Toutes choses t'appartiennent, ô Mère de Dieu; toutes choses sont à toi, ô toi qui t'élèves de la mer; et tu auras domination sur tous les mondes.

## IV

## CONCERNANT LA NATURE DU PÉCHÉ

1. Comme au dehors, ainsi au dedans; Celui qui travaille est Un.

2. Comme est le petit, ainsi est le grand; il n'y a qu'une seule loi.

3. Rien n'est petit et rien n'est grand dans l'économie divine.

4. Si tu veux comprendre la méthode de la corruption du monde, et la condition à laquelle le péché a réduit l'œuvre de Dieu;

5. Médite sur l'aspect d'un cadavre; et considère la méthode de la putréfaction de ses tissus et de ses humeurs.

6. Car le secret de la mort est le même, pour l'extérieur que pour l'intérieur.

7. Le corps meurt lorsque la volonté centrale de son système ne tient plus unis dans l'obéissance les éléments de sa substance.

8. Chaque cellule est une entité vivante, qu'elle ait une puissance végétale ou animale.

9. Dans le corps sain chaque cellule est polarisée en étant soumise à la volonté centrale, l'Adonaï du système physique.

10. La santé est donc l'ordre, l'obéissance et le gouvernement.

11. Mais partout où est la maladie, il y a désunion, rebellion et insubordination.

12. Et plus profond est le siège de la confusion, plus dangereuse et plus difficile à guérir est la maladie.

13. Ce qui est superficiel peut être guéri plus facilement ou, si c'est nécessaire, les éléments désordonnés peuvent être arrachés, et le corps sera de nouveau un tout et une unité.

14. Mais si les molécules désobéissantes se corrompent continuellement l'une l'autre, en sorte que la perversité se répand et que la révolte multiplie ses éléments, le corps tout entier tombera en dissolution, ce qui est la mort.

15. Car la volonté centrale qui devrait dominer sur tout le royaume du corps n'est plus respectée; et chaque élément est devenu son propre directeur, et a une volonté propre et divergente.

16. En sorte que les pôles des cellules inclinent dans diverses directions, et le pouvoir liant, qui est la vie du corps, est dissous et détruit.

17. Et lorsque la dissolution est complète, la corruption et la putréfaction suivent.

18. Or ce qui est vrai du physique est également vrai de son prototype.

19. Le monde entier est plein de révolte; et chaque élément a une volonté différente de celle de Dieu.

20. Tandis qu'il ne devrait y avoir qu'une seule volonté qui attire et qui gouverne tout l'Homme.

21. Mais il n'y a plus de fraternité parmi vous, ni d'ordre, ni de soutien mutuel.

22. Chaque cellule est son propre arbitre; et chaque membre est devenu une secte.

23. Vous n'êtes pas liés l'un à l'autre; vous avez confondu vos charges et abandonné vos fonctions.

24. Vous avez renversé la direction de vos courants magnétiques; vous êtes tombés dans la confusion et vous avez cédé la place à l'esprit de désordre.

25. Vos volontés sont plusieurs et diverses; et chacun de vous est une anarchie.

26. Une maison qui est divisée contre elle-même tombe.

27. O misérable homme; qui te délivreras de ce corps de mort ?

## V

## CONCERNANT LE « GRAND ŒUVRE » LA RÉDEMPTION ET LA PART QU'Y PREND LE CHRIST JÉSUS

« C'est pour cela que le Christ est venu, afin qu'il détruise les œuvres de Satan. »

2. Dans ce texte des Saintes Ecritures se trouve contenue l'explication de la mission du Christ et de la nature du Grand Œuvre.

3. Or le diable, ou l'ancien serpent, l'ennemi de Dieu, est ce qui donne la prééminence à la matière.

4. Il est le désordre, la confusion, la contorsion, la falsification, l'erreur. Il n'est pas personnel, il n'est pas positif, il n'est pas formulé. Tout ce que Dieu est, le diable ne l'est pas.

5. Dieu est la lumière, la vérité, l'ordre, l'harmonie, la raison; et les œuvres de Dieu sont l'illumination, la connaissance, la compréhension, l'amour et la santé.

6. Par conséquent le diable est l'obscurité, la pauvreté, le désordre, la discorde, l'ignorance; et ses œuvres sont la confusion, la folie, la division, la haine, le délire.

7. Le diable est donc la négation du Positif de Dieu. Dieu est JE SUIS; le diable est NÉANT. Il n'est ni individualité ni existence; car il représente le non-être. Partout où n'est pas le royaume de Dieu, le diable règne.

8. Or le Grand Œuvre est la Rédemption de l'esprit hors de la matière; c'est-à-dire l'établissement du royaume de Dieu.

9. Lorsqu'on demanda à Jésus quand viendrait le royaume de Dieu, il répondit, « Lorsque Deux serait comme Un et ce qui est à l'extérieur comme ce qui est au dedans. »

10. En disant cela il exprime la nature du Grand Œuvre. Ces deux sont l'esprit et la matière ; le dedans est le réel invisible ; le dehors est l'illusoire visible.

11. Le royaume de Dieu viendra lorsque l'esprit et la matière seront une seule substance et que le phénoménal sera absorbé dans le réel.

12. Le plan du Christ était donc de détruire la domination de la matière et de dissiper le diable et ses œuvres.

13. Et il comptait accomplir cela en proclamant la connaissance du dissolvant universel, et en donnant aux hommes les clefs du royaume de Dieu.

14. Or le royaume de Dieu est au dedans de nous ; c'est-à-dire qu'il est intérieur, invisible, mystique, spirituel.

15. Il y a un pouvoir par le moyen duquel l'extérieur peut être absorbé dans l'intérieur.

16. Il y a un pouvoir par le moyen duquel la matière peut retourner à sa substance originelle.

17. Celui qui possède ce pouvoir est Christ et le diable est sous ses pieds.

18. Car il réduit le chaos à l'ordre, et il retire l'extérieur au centre.

19. Il a appris que la matière est illusion et que l'esprit seul est réel.

20. Il a trouvé son propre point central ; et tout pouvoir lui est donné dans les cieux et sur la terre.

21. Or le point central est le nombre treize ; c'est le nombre du mariage du Fils de Dieu.

22. Et tous les membres du microcosme sont appelés au festin de noce.

23. Mais s'il arrive qu'un seul parmi eux n'ait pas un habit de noce ;

24. Celui-là est un traître, et alors le microcosme est divisé contre lui-même.

25. Et pour qu'il soit complètement régénéré, il est nécessaire que Judas soit rejeté dehors.

26. Or, les membres du microcosme sont au nombre de douze ; trois qui sont des sens, trois de l'intellect, trois du cœur et trois de la conscience.

27. Pour le corps il y a quatre éléments ; et le signe de tous les quatre est le sens dans lequel se trouvent trois portes.

28. La porte de l'œil, la porte de l'oreille, et la porte du toucher.

29. Renonce à la vanité et sois pauvre ; renonce à la louange et sois humble ; renonce à la luxure et sois chaste.

30. Offre à Dieu une pure oblation ; laisse le feu de l'autel te chercher et prouve ta fermeté.

31. Nettoye ta vue, tes mains et tes pieds ; porte l'encensoir de ton culte dans les cours du Seigneur : et que tes vœux s'adressent au Plus Haut.

32. Et pour l'homme magnétique il y a quatre éléments ; et celui qui couvre les quatre est le mental dans lequel il y a trois portes.

33. La porte du désir, la porte du travail et la porte de l'illumination.

34. Renonce au monde et aspire au ciel ; ne travaille pas pour la nourriture qui périt, mais demande à Dieu ton pain quotidien ; garde-toi des doctrines errantes et que la parole du Seigneur soit ta lumière.

35. Et pour l'âme aussi il y a quatre éléments ; et le siège des quatre est le cœur, lequel également a trois portes ;

36. La porte de l'obéissance, la porte de la prière et la porte du discernement.

37. Renonce à ta volonté propre, que la loi de Dieu soit seule au dedans de toi ; renonce au doute ; prie toujours et ne défaille point ; sois aussi pur de cœur et tu verras Dieu.

38. Et au dedans de l'âme est l'esprit ; et l'esprit est Un, et cependant il a aussi trois éléments.

39. Et ce sont les portes de l'oracle de Dieu, qui est l'Arche de l'Alliance ;

40. La Verge, l'Hostie et la Loi ;

41. La force qui dissout, qui transmute et qui divinise : le pain du ciel qui est la substance de toutes choses et la nourriture des anges : la table de la loi, qui est la volonté de Dieu, écrite par le doigt du Seigneur.

42. Si ces trois sont au dedans de ton esprit, alors l'Esprit de Dieu sera au dedans de toi.

43. Et la gloire sera sur le propitiatoire, dans le lieu saint de ta prière.

44. Ce sont les douze portes de la régénération ; et si un homme entre par elles il aura droit à l'arbre de la vie.

45. Car le nombre de cet arbre est treize.

46. Le nombre d'un homme peut être trois, celui d'un autre cinq, celui d'un autre sept et celui d'un autre dix.

47. Mais jusqu'à ce qu'un homme soit arrivé à douze, il n'a pas vaincu son dernier ennemi.

48. C'est pour cela que Jésus fut trahi par Judas; parce qu'il n'était pas encore arrivé à la perfection.

49. Mais il y arriva par la souffrance; par la passion, par la croix, et par son ensevelissement.

50. Car il ne pouvait pas mourir complètement; et son corps ne pouvait pas sentir la corruption.

51. En sorte qu'il revécut; car les éléments de mort n'étaient pas dans sa chair; et ses molécules retinrent la polarité de la vie éternelle.

52. Il fut donc élevé et devint parfait : car il avait acquis le pouvoir du dissolvant et de la transmutation.

53. Et Dieu glorifia le fils de l'homme et celui-ci monta au ciel et s'assit à la droite de la majesté du Très-Haut.

54. De là aussi le Christ reviendra avec une puissance semblable à celle de son ascension.

55. Car jusqu'à présent le diable n'a pas encore été vaincu; la Vierge, il est vrai, a écrasé sa tête; mais il attend encore son talon.

56. En sorte que le Grand Œuvre est encore à accomplir.

57. Lorsque le levain aura levé toute la pâte; lorsque la semence sera devenue un arbre; lorsque le filet aura recueilli toutes choses en lui.

58. Car le Christ Jésus sera manifesté depuis le ciel devant les anges et les hommes avec la même puissance et la même gloire qu'il avait au moment de son ascension.

59. Car lorsque le cycle de la création est complété, qu'il s'agisse du macrocosme ou du microcosme, le Grand Œuvre est accompli.

60. Six pour la manifestation et six pour l'interprétation; six pour sortir et six pour ramener au dedans; six pour l'homme et six pour la femme.

61. Alors ce sera le sabbat du Seigneur Dieu.

## VI

### LE TEMPS DE LA FIN

Le signe qui fera reconnaître l'approche de la Fin sera le spectacle de « l'abomination de la désolation qui se trouvera dans le saint lieu ». Or le « saint lieu » est toujours — soit dans l'universel ou l'individuel, dans le macrocosme ou le microcosme — le lieu de Dieu et de l'âme. Et « l'abomination de la désolation » — ou « ce qui désole » est ce système de pensée qui, en mettant la matière à la première place, et en faisant d'elle la source, la substance et l'objet de l'existence, abolit Dieu dans l'univers et l'âme dans l'homme, et privant ainsi l'existence de sa lumière et de sa vie en fait quelque chose de vide, de désolé et de nu, une véritable « abomination de désolation. » Jésus en rappelant cette prophétie et en citant les paroles de l'ange de Daniel, prédit aussi ce même évé... ...ent qui devait marquer la fin de cette génération « adultère » (terme identique à celui d'idolâtre, comme indiquant une association illicite avec la matière,) et la venue du royaume de Dieu ; et il avertit les élus dans un langage mystique qui doit être interprété ainsi :

« Donc lorsque vous verrez la matière exaltée jusque sur le saint lieu de Dieu et de l'âme, et considérée comme le tout en tout de l'existence ;

« Alors que l'Israël spirituel s'enfuie sur les collines, là seulement où se trouve le salut, et même jusque sur les sommets et les places fortes de la vie divine.

« Et que celui qui a dominé le corps prenne garde, de crainte qu'il ne retourne à l'amour de la chair, ou qu'il ne recherche les choses du monde.

« Et que celui qui est affranchi du corps ne soit pas de nouveau réincarné.

« Et malheur à l'âme qui n'a pas encore accompli son travail, et qui ne s'est pas encore détachée du corps.

« Et priez Dieu afin que ces choses ne vous trouvent pas dans un moment de dépression et de faiblesse spirituelles ou de repos et d'insouciance spirituelles.

« Car la tribulation sera sans pareille.

« Et si ces jours n'étaient pas abrégés, il serait impossible d'échapper au corps.

« Mais à cause des élus ils seront abrégés.

« Et si quelqu'un dit que le Christ est ici ou là en personne, ne le croyez pas. Car il y aura des apparitions trompeuses et des manifestations ainsi que de grands signes et des prodiges tels que les élus eux-mêmes pourraient être séduits.

« Mais souvenez-vous bien, je vous ai tout prédit. Si donc on vous dit : Voici il est au désert, que ce soit à l'Orient ou à l'Occident, — n'allez pas vers lui. Ou : Voici, il est dans les chambres obscures et dans les assemblées secrètes — n'y faites pas attention.

« Car comme l'éclair vient de l'Orient et illumine l'Occident, ainsi sera le réveil spirituel du monde lorsqu'il reconnaîtra le Divin dans l'humanité.

« Mais partout où se trouve le corps mort de l'erreur, pareils à des vautours les trompeurs et les trompés s'assemblent autour.

« Et sur eux, les profanes, régnera l'obscurité ; l'esprit sera éteint et l'âme amortie ; et il n'y aura plus de lumière dans le ciel, plus de vérité ni de signification dans la science céleste. Et la puissance du ciel sur les hommes sera ébranlée.

« Alors apparaîtra le nouveau signe, l'Homme dans le Ciel, sur les nuées du dernier chrême et du dernier mystère, avec une grande puissance et une grande gloire.

« Et ses envoyés réuniront les élus avec une grande voix depuis les quatre vents et les limites le plus lointaines du ciel.

« Contemplez le Figuier et apprenez sa parabole.

« Quand la branche commence à être tendre, et qu'elle pousse des feuilles, sachez que le jour de Dieu est sur vous. »

Mais pourquoi le Seigneur a-t-il dit que la poussée des feuilles du Figuier annonce la fin ?

Parce que le Figuier est le symbole de la Femme Divine comme le Vin est celui de l'Homme Divin.

La figue ressemble à la matrice, elle contient des bourgeons intérieurs, une efflorescence sur son placenta, et elle produit son fruit dans l'obscurité. C'est la Coupe de la Vie, et sa chair est la semence des nouvelles naissances.

Les tiges du Figuier ruissellent de lait : ses feuilles sont semblables à des mains humaines, comme les feuilles de son frère la Vigne.

Et quand le Figuier portera des figues, alors ce sera le Second Avènement, le nouveau signe de l'Homme qui porte l'Eau, et la manifestation de la Vierge-Mère couronnée.

Car lorsque le Seigneur allait entrer dans la Cité Sainte pour célébrer son Dernier Souper avec ses disciples, il envoya devant lui le Pêcheur Pierre à la rencontre de l'Homme du Signe qui venait.

« Là tu rencontreras un Homme qui portera une cruche d'Eau. »

Parce que, comme le Seigneur se manifesta d'abord à un repas avec du vin, le matin, il doit consommer son heure à un repas, avec du vin, le soir.

C'est sa Pâques (1) ; car après cela le Soleil doit passer dans un Nouveau Signe.

Après les Poissons, le Verseau ; mais l'Agneau de Dieu demeure toujours sur le lieu de la Victoire, étant immolé dès la fondation du monde.

Car sa place est la place du triomphe du Soleil.

Après la Vigne le Figuier ; car Adam est d'abord formé, puis Eve.

---

(1) En anglais Pass-Over ; passer par-dessus.

Et parce que Notre-Dame n'est pas encore manifestée, Notre-Seigneur est crucifié.

C'est pourquoi il chercha en vain du fruit sur le Figuier, « car le temps des figues n'était pas encore venu. »

Et depuis ce jour, à cause de la malédiction d'Eve, aucun homme n'a mangé du fruit du Figuier.

Car la Compréhension intérieure s'est flétrie, il n'y a plus de discernement dans les hommes. Ils ont crucifié le Seigneur, dans leur ignorance, ne sachant pas ce qu'ils faisaient.

C'est pour cela, en vérité, que Notre-Seigneur dit à Notre-Dame : « Femme, qu'y a-t-il de commun entre moi et toi ? Car même mon heure n'est pas encore venue. »

Car tant que l'heure de l'Homme n'est pas venue et accomplie, l'heure de la Femme doit être différée. Jésus est la Vigne ; Marie est le Figuier. Et la vendange doit être finie et le vin pressé avant que la récolte des Figues puisse être faite.

Mais lorsque l'heure de notre Seigneur est accomplie, pendu à la Croix, il confie Notre-Dame au fidèle.

Le Calice est épuisé, les lies sont épreintes : alors il dit à son élu : « Voici ta mère ! »

Mais aussi longtemps que les raisins ne sont pas cueillis, la Vigne n'a rien à faire avec le Figuier, ni Jésus avec Marie. C'est Lui qui est révélé le premier, car il est la Parole ; après viendra l'heure de son Interprétation.

Et dans ce jour chaque homme se reposera sous la Vigne et sous le Figuier ; le printemps se lèvera à l'Orient, et le Figuier portera son fruit (1).

Car, depuis le commencement, la feuille de Figuier a couvert la honte de l'Incarnation, parce que l'énigme de l'existence ne peut être expliquée que par celui qui possède le secret de la Femme. C'est l'énigme du Sphinx.

Cherche l'Arbre qui seul parmi tous les arbres porte un fruit qui s'épanouit intérieurement dans le secret, et tu découvriras la Figue.

Cherche la signification complète de l'univers manifeste et de la Parole écrite, et tu trouveras leur sens mystique.

Couvre la nudité de la matière et de la nature avec la feuille du Figuier, et tu auras caché leur honte, car la Figue est l'Interprétatation. En sorte que lorsque viendra l'heure de l'Interprétation et que le Figuier poussera ses bourgeons, tu sauras que le temps de la fin et l'aurore du Jour Nouveau sont proches, — « même à la porte. »

(1) Zach. III, 10 ; Mich. IV, 4 ; Cant. II, 13.

## VII

### L'ALCHIMIE SUPÉRIEURE

Toutes les choses qui sont dans le Ciel et sur la Terre sont de Dieu, l'Invisible comme le Visible.

2. Tel qu'est l'Invisible ainsi est le Visible; car il n'y a pas de limite infranchissable entre l'Esprit et la Matière.

3. La Matière est l'Esprit rendu perceptible extérieurement par la Force de la Parole Divine.

4. Et lorsque Dieu résorbera toutes choses par l'Amour, le Matériel sera résolu dans le Spirituel, et il y aura de Nouveaux Cieux et une Nouvelle Terre.

5. Ce n'est pas que la Matière sera détruite ; car elle est sortie de Dieu et elle est Dieu, indestructible et éternelle.

6. Mais elle sera retirée à l'intérieur et résorbée dans son véritable Moi.

7. Elle rejettera la corruption et demeurera incorruptible.

8. Elle rejettera la mortalité et demeurera immortelle.

9. En sorte que rien ne soit perdu de la Substance Divine.

10. Elle était une Entité Matérielle ; elle sera une Entité Spirituelle.

11. Car rien ne peut sortir de la présence de Dieu.

12. C'est là la doctrine de la résurrection des Morts ; c'est-à-dire la Transfiguration du Corps.

13. Car le Corps, qui est matière, n'est que la manifestation de l'Esprit ; et la Parole de Dieu la transmutera en son être intérieur.

14. La Volonté de Dieu est le creuset alchimique ; et la scorie qui s'y dépose est la matière.

15. Et la scorie deviendra de l'or pur, sept fois raffiné, même l'Esprit parfait.

16. Elle ne laissera rien derrière elle, mais sera transformée en l'Image Divine.

17. Car ce n'est pas une nouvelle substance ; mais sa polarité alchimique est changée, et elle est convertie.

18. Mais si elle n'était pas de l'or par sa vraie nature, elle ne pourrait pas être transformée en or.

19. Et si la Matière n'était pas Esprit elle ne pourrait pas revenir à l'Esprit.

20. Pour faire de l'or, l'Alchimiste doit avoir de l'or.

21. Mais il sait que ce que d'autres prennent pour de la scorie est de l'or.

22. Jette-toi dans la Volonté de Dieu et tu deviendras comme Dieu.

23. Car tu es Dieu, si ta volonté est la Volonté Divine.

24. C'est là le Grand Secret ; le Mystère de la Rédemption.

## VIII

### PAR RAPPORT A LA RÉVÉLATION.

Toutes les illuminations véritables sont des Révélations, ou des *Revoilements*. Remarquez la signification de ce mot. Une Illumination ne peut pas être véritable si elle détruit les distances et expose tous les détails des choses.

Contemplez ce paysage. Voyez comme ces montagnes et ces forêts sont légèrement voilées par un brouillard doux et léger qui, cache ou révèle leurs formes et leurs teintes. Voyez comme ce brouillard, semblable à un voile délicat, dissimule les distances et confond l'étendue de la terre avec les nuages du ciel !

Que c'est beau, comme tout est proportionné et harmonieux et attire délicatement l'œil et le cœur ! Et qu'il serait faux le sentiment qui voudrait déchirer ce voile pour rapprocher les objets éloignés et ramener tout à un premier plan où tous les détails deviendraient apparents et les contours accentués !

La distance et le brouillard font la beauté de la Nature : et aucun Poète ne pourrait désirer la contempler autrement qu'à travers ce voile ravissant et modeste.

Et il en est de la Nature Ésotérique comme de la Nature Exotérique : les secrets de chaque ame humaine sont sacrés et connus d'elle seule ; l'Ego est inviolable, et sa personnalité lui appartient de droit pour toujours.

Donc, les règles mathématiques et les formules d'algèbre ne peuvent pas être appliquées à l'étude des vies humaines ; et l'on ne peut pas davantage traiter les personnalités comme si elles n'étaient que des chiffres ou des quantités arithmétiques.

L'Ame est trop subtile, douée de trop de vie et de volonté pour être traitée ainsi.

On peut disséquer un cadavre ; on peut analyser et classifier des éléments chimiques ; mais il est impossible de disséquer ou d'analyser une chose vivante.

Dès qu'on la traite ainsi elle échappe. La vie ne peut pas être soumise à la dissection.

Si vous ouvrez la châsse, vous la trouverez vide : le Dieu est parti.

Une âme peut connaître son propre passé, et peut voir dans sa propre lumière, mais personne ne peut voir pour elle si elle ne voit pas. C'est en cela que résident la beauté et la sainteté de la personnalité.

L'Ego est centralisé et non pas diffusé ; car toute évolution tend vers la centralisation et l'individualisme.

Et la vie est si variée, et si merveilleusement multiple dans son unité, qu'aucune loi mathématique rigide ne peut emprisonner sa divinité.

Tout est ordre : mais les éléments de cet ordre s'harmonisent au moyen de leurs diversités et de leurs gradations infinies.

Les véritables mystères se sont toujours contentés de l'harmonie de la Nature ; ils ne cherchaient pas à ramener les distances aux premiers plans, ou à dissiper la montagne nébuleuse dans le sein de laquelle le soleil est reflété.

Car ces brouillards sacrés sont le *medium* de la lumière, et les glorificateurs de la Nature.

Par conséquent, la doctrine des mystères est vraiment un *Revoilement* — un voilement et un revoilement de ce qu'il n'est pas possible à l'œil de contempler sans violer tout l'ordre et toutes les saintetés de la Nature.

Car la distance et les rayons visuels qui créent les différences du près et du loin, de la perspective et des teintes fondues, de l'horizon et du premier plan, sont des parties de l'ordre et de la série naturels ; et la loi exprimée dans leurs proportions ne peut pas être violée.

Car nulle loi ne peut jamais être enfreinte.

Les aspects et les teintes de la distance et du brouillard peuvent bien varier et se dissoudre selon la qualité et la quantité de lumière qui tombe sur eux ; mais elles sont toujours là et nul œil humain ne peut les annuler ou les annihiler.

Les paroles, les peintures sont des symboles et des voiles. La Vérité elle-même ne peut être exprimée sauf par Dieu à Dieu.

## IX

### PAR RAPPORT AU POÈTE

Vous pourrez plus facilement vous représenter le caractère de la Personnalité Céleste en considérant la qualité de ce type le plus élevé de la race humaine sur la terre, — le Poète.

Le Poète n'a pas de moi séparé de son plus grand moi. Les

autres hommes passent indifférents à travers la vie et le monde, parce que le moi de la terre et du ciel est une chose séparée d'eux, et ne les touche pas.

La beauté abondante de la terre, des cieux et du soleil, se trouve en dehors de leur être, et ne parle pas à leurs cœurs.

Leurs intérêts sont individuels et limités : leur demeure est près d'un seul foyer : quatre murs sont les limites de leur royaume, — tant il est petit!

Mais la personnalité du Poète est divine : et parce qu'elle est divine elle n'a pas de limites.

En lui la conscience est suprême et ubiquitaire ; son cœur bat dans chaque élément.

Les pulsations de l'infinie profondeur des cieux vibrent au fond de son être ; et comme il répond à leur force et à leur plénitude, il sent plus intensément que d'autres hommes.

Non seulement il voit et examine ces rochers et ces arbres ; ces eaux mouvantes et ces sommets brillants : non seulement il entend le vent plaintif, le tonnerre qui roule! Mais il *est* tout cela! et avec eux — oui *en* eux — il se réjouit et pleure, il rayonne et aspire, il soupire et gronde.

Et lorsqu'il chante, ce n'est pas lui — l'homme — dont la voix se fait entendre ; c'est la voix de la Nature multiple elle-même.

Dans ses vers la clarté du soleil se rit ; les montagnes renvoient leurs échos sonores ; le rapide éclair étincelle.

La grande et constante cadence de la vie universelle se meut et devient articulée dans le langage humain.

O joie profonde! O moi sans limite! O personnalité divine!

Tout l'or du soleil couchant est à toi : les piliers de chrysolite aussi et la voûte empourprée de l'immensité!

La mer et son langage solennel est à toi, ses distances vaporeuses, et ses ondes radieuses! Les filles de la terre t'aiment; les Nymphes des eaux te disent leurs secrets; tu connais l'esprit de toutes les choses silencieuses!

Les rayons de soleil sont tes éclats de rires, et les gouttes de pluie sont tes larmes; dans la fureur de l'orage ton cœur est ébranlé, et ta prière monte avec le vent jusqu'à Dieu.

Tu es multiplié dans la conscience de toutes les créatures vivantes ; tu es jeune avec la jeunesse de la nature; tu es tout voyant comme les cieux étoilés!

Semblable aux Dieux; tu es donc leur bien-aimé : oui, si tu le veux ils te disent toutes choses.

Parce que toi seul tu comprends parmi tous les fils des hommes!

## X

### PAR RAPPORT A LA VIE UNE

(1)

L'Esprit qui est absorbé dans l'Homme ou dans la Planète n'épuise pas la Divinité.

Et l'Ame qui évolue en haut à travers la matière n'épuise pas la substance.

Il reste donc toujours dans la quatrième dimension — le Principium — au-dessus du manifeste, Dieu et âme non manifeste.

L'homme et la planète arrivent à la perfection lorsque l'ame de l'un et de l'autre est de part en part illuminée par l'Esprit.

Mais l'esprit n'est jamais la même chose que l'âme. Il est toujours l'énergie céleste et l'âme est toujours la substance.

Ce qui crée est Esprit (Dieu).

Les consciences (esprits) immanentes de toutes les cellules de l'entité d'un homme produisent, par leur polarisation une unité centrale de conscience qui est plus que la somme totale de leurs consciences, parce qu'elle est sur un plan supérieur.

Car en science spirituelle tout dépend des niveaux, et l'évolution de l'homme travaille en spirale de même que l'évolution planétaire.

Sous ce rapport considérez les mondes de la Forme et les mondes sans Forme de la théosophie Hindoue.

De même l'âme de la planète est plus que les essences associées des âmes qui sont sur elle : parce que cette âme se trouve sur un plan plus élevé qu'elles.

De même aussi, la conscience du système solaire est plus que celle des consciences planétaires associées.

Et la conscience de l'univers manifeste est plus grande que celle de ses systèmes constituants.

Mais la conscience du non-manifeste est plus élevée et plus grande encore : comme (sauf en Substance) Dieu le Père est plus grand que Dieu le Fils.

(2)

Les royaumes élémentaires représentent l'esprit sur le chemin qui descend dans la matière.

Il y en a trois avant d'arriver au minéral.

Ce sont les mondes sans formes avant les mondes de la forme.

Ils sont dans la planète et aussi dans l'homme.

Toutes les planètes habitées par des formes manifestes sont elles-mêmes manifestes.

Après les mondes de la forme viennent d'autres mondes sans forme qui sont le résultat de l'arc supérieur de l'esprit ascendant; mais ceux-ci sont aussi dans la planète.

Ils sont aussi dans l'homme: et se sont les états de la pensée pure.

Par conséquent le penseur qui est fils d'Hermès, est autant au dessus du *médium* qui est dominé et inconscient, que les mondes sans forme de l'arc ascendant sont au delà des mondes sans forme de l'arc élémental ou descendant.

Dans la planète et dans l'homme ils semblent contigus parce que chaque ronde est en spirale.

Mais chaque ronde amène la Vie Une plus haut dans la spirale.

Ni l'âme-planète, ni l'âme-homme ne repassent jamais exactement sur le même terrain.

Mais une Volonté perverse et désobéissante peut renverser la direction de la spirale.

Les individus chez lesquels la Volonté agit ainsi sont finalement abandonnés par la planète et laissés dans la sphère extérieure.

(3)

La Vie Une est le point de conscience.

La Volonté est l'impulsion qui la fait mouvoir.

Dans le Céleste la Vie Une est Elohim; et la Volonté est le Père.

La Vie Une est manifeste par la Splendeur (le Fils).

Ainsi la Volonté engendre, dans la Substance, la Splendeur qui est la manifestation de la Vie Une.

Dans l'homme et dans la planète la Splendeur est atténuée et diffuse jusqu'à ce qu'elle se meuve dans l'âme. Alors seulement le Christ est né.

La Vie Une est invisible jusqu'à ce que le Christ la manifeste.

Le Christ dans l'Homme a pour contrepartie l'Adonaï dans les Cieux.

Ainsi la Vie Une est à l'état latent dans le Père-Mère jusqu'à ce qu'elle soit manifeste par le Fils (Splendeur).

C'est là que se trouve la réconciliation entre les Églises Grecques et Latines.

Le point de conscience brille de plus en plus jusqu'au jour parfait de la Splendeur (« la Nativité du Christ »).

(4)

Le but de la création est la production des « Anciens ».

Ils sont les premiers fruits des âmes des planètes; ou la « Première Résurrection ».

Ils ne sont pas eux-mêmes des créateurs ; mais ils sont les régénérateurs de ce qui est créé.

Étant les véhicules du Saint-Esprit, qui est le régénérateur par le Christ.

Parce que la Volonté ne peut créer que lorsqu'elle est dans l'abstrait : ce qui est dérivé ne crée pas.

Le Père crée à travers Adonaï par le moyen du Saint-Esprit.

La Volonté de l'Homme Parfait regénère à travers la Splendeur de la Vie Une.

Son Karma est répandu sur le Monde pour sauver l'humanité.

Il est le Sauveur par l'intermédiaire de sa Vie précieuse.

Il y a vingt-quatre Anciens parce qu'il y a douze Avatârs du Seigneur et chacun est double.

(5)

Lorsque la Volonté est dérivée de l'existence elle engendre le Karma.

Dieu n'a pas de Karma, Dieu n'existe pas : Dieu EST.

Le Karma est la voie de l'Initiation. Dieu n'est pas initié.

L'Homme Parfait se sauve lui-même et sauve les autres par sa Justice.

Les deux termes de l'existence sont la Création et la Rédemption.

La première est l'Œuvre de Dieu ; la seconde est l'Œuvre du Christ, — Dieu dans l'homme.

La raison pour laquelle l'Ancien ne peut pas créer est qu'il n'est pas infini.

Il est immortel, non pas éternel ; il est dérivé, non pas existant par lui-même.

Son point est celui de la Grâce ; non pas celui de la Projection.

Les trônes des Anciens sont autour du trône de Dieu et au-dessous de lui.

## XI

### PAR RAPPORT AUX MYSTÈRES

Par rapport aux Mystères il est nécessaire de distinguer entre le Non Manifeste et le Manifeste, aussi bien qu'entre le Macrocosme et le Microcosme. Ces deux cependant sont identiques, en ce que le processus de l'universel et le processus de l'individuel sont un.

Marie est l'Ame, et comme telle la Matrice du Principe Divin — Dieu — fait homme par Individuation, au moyen de la descente dans le « Sein de la Vierge ». Mais les Sept Principes de l'Esprit Universel sont en jeu dans cette conception ; puisque c'est par leur opération dans l'Ame qu'elle devient capable de polariser la Divinité.

[Ceci est le côté secret de la Semaine Mosaïque de la Création, chaque jour de cette semaine indique l'opération de l'un des Sept Elohim créateurs, ou Puissances Divines, qui sont en jeu dans l'élaboration du Microcosme spirituel.]

Il est dit que la Sainte Vierge Marie est la Fille, l'Epouse et la Mère de Dieu. Mais puisque l'Energie Spirituelle a deux conditions, l'une de Passivité et l'autre d'Activité, — cette dernière étant appelée le Saint-Esprit, — il est dit que l'Epoux de Marie n'est pas le Père, mais le Saint-Esprit, ces termes impliquant respectivement les modes statiques et dynamiques de la Divinité. Car le Père indique ce qui est sans Mouvement, la Force passive et potentielle : en Lui toutes choses *sont* subjectivement. Mais le Saint-Esprit représente la Volonté en action, — Energie Créatrice, Mouvement et Fonction génératrice. Le produit de cette Union de la Volonté en Action — le Saint-Esprit — avec l'Ame humaine est le Christ, le Dieu-Homme et *Notre* Seigneur. Et, à travers le Christ, l'Esprit Divin, par qui il est engendré, coule et agit.

Dans la Trinité du Non Manifeste, le Grand Abime, ou l'Océan de l'Infini — Sophia (Sagesse) correspond à Marie, et elle a pour Epoux l'Energie créatrice de qui est engendré le Manifestateur, Adonaï, *le* Seigneur.

Cette « Mère » est coégale au Père parce qu'elle est primaire et éternelle. Dans la manifestation la « Mère » est dérivée, étant née du temps (Anna) et elle a pour père la planète-Dieu, pour notre planète Iacchos (Joachim) (1), en sorte que la paternité de la première personne de la Trinité est seulement délégatoire. Par conséquent l'Eglise, étant une Eglise du manifeste, n'a à s'occuper de Marie (Substance) que sous cet aspect-là, et par conséquent ne la spécifie pas comme co-égale avec le Premier Principe. Dans le non-manifeste, n'étant pas dérivée, elle n'a aucune relation avec le temps.

(1) Et aussi Jacob, comme dans Ps XIV. 6, CXXXII. 2, 5, etc ; où il est spécialement invoqué comme le Dieu Puissant. Le nom est appliqué également à la Planète-Dieu et à son peuple élu. L'hébreu Iah ou Iach est le même que Iacchos.

## XII

### HYMNE A LA PLANÈTE-DIEU

(1)

O PÈRE Iacchos ; tu es le Seigneur du Corps, Dieu manifeste dans la chair ;

2. Deux fois né, baptisé par le feu, vivifié par l'Esprit, instruit sur les choses secrètes qui sont au dessous de la terre :

3. Qui porte les cornes du Bélier, qui monte un âne, dont le symbole est la vigne, et la nouvelle vigne ton sang.

4. Dont le Père est le Seigneur Dieu des armées ; dont la Mère est la Fille du Roi.

5. Evohé, Iacchos, Seigneur de l'Initiation ; car c'est par le moyen du Corps que l'Ame est initiée :

6. Par la naissance, par le mariage, par la virginité, par le sommeil, par la veille et par la mort :

7. Par le jeûne et la veille, par les rêves et la pénitence, par la joie et par la fatigue de la chair.

8. Le corps est la chambre d'épreuves : c'est là que l'âme de l'homme est éprouvée.

9. Tes initiés, O Maître, sont ceux qui viennent de la grande tribulation, dont les robes ont été lavées dans le sang de la Vigne.

10. Donne-moi à boire le vin de ta coupe, afin que je vive pour toujours.

11. Et à manger du pain dont le grain monte de la terre, comme le blé dans l'épi.

12. Oui ; car le corps dans lequel l'homme est racheté est de la terre ; il est brisé sur la croix, coupé avec la faux, écrasé entre les pierres de la meule.

13. Car c'est par la souffrance de l'Extérieur que l'Intérieur est libéré.

14. Par conséquent le corps que tu donnes est en vérité de la nourriture ; et la parole de ton Sang est en vérité un breuvage.

15. Car l'Homme vivra de la Parole de Dieu.

16. Evohé, Père Iacchos ! attache ton Eglise à la Vigne et ses élus à la Vigne choisie.

17. Et qu'ils lavent leurs vêtements dans le vin, et leur robe dans le sang des raisins.

(2)

18. Evohé, Iacchos ! Seigneur du corps ; et de la maison dont le symbole est le Figuier ;

19. Dont l'image est la figure de la matrice, et la feuille semblable à une main d'homme ; dont la tige donne du lait.

20. Car la Femme est la Mère des Vivants ; la couronne et la perfection de l'Humanité.

21. Son Corps est le degré le plus élevé de l'échelle de l'Incarnation,

22. Qui conduit de la Terre au Ciel ; sur laquelle les Esprits de Dieu montent et descendent.

23. Tu n'es pas accomplie, ô Ame, qui n'a pas été Femme.

24. Evohé, Iacchos ! car le jour vient où tes fils mangeront du fruit de la Figue, et même la Vigne donnera de nouveaux raisins : et le Figuier ne sera plus stérile.

25. Car l'Interprétation des choses cachées est proche ; et les hommes mangeront du fruit précieux de Dieu.

26. Ils mangeront la manne du ciel ; et boiront de la rivière de Salem.

27. Le Seigneur va faire toutes choses nouvelles : il enlève la Lettre pour établir l'Esprit.

28. Alors tu parlais la face voilée, en parabole et en langage obscur, car le temps des Figues n'était pas encore venu.

29. Et ceux qui s'approchaient de l'Arbre de la Vie y cherchaient du fruit et n'en trouvaient pas.

30. Et depuis lors jusqu'à maintenant, aucun homme n'a mangé du fruit de cet Arbre.

31. Mais maintenant l'Evangile de l'Interprétation est venu, et le Royaume de la Mère de Dieu.

32. Evohé, Iacchos, Seigneur du Corps ; qui es couronné avec la Vigne et la Figue.

33. Car comme la Figue contient plusieurs fruits parfaits en elle-même ; ainsi la Maison de l'Homme contient plusieurs esprits.

34. Au-dedans de toi, ô Homme, est l'Univers ; les Trônes de tous les Dieux sont dans ton Temple.

35. J'ai dit aux hommes, vous êtes des Dieux ; vous êtes tous à l'Image du Très-Haut.

36. Aucun homme ne peut connaître Dieu à moins qu'il ne se comprenne lui-même d'abord.

37. Dieu n'est rien que l'Homme ne soit.

38. Ce qu'est l'Homme, Dieu l'est également.

39. Comme est Dieu au cœur du monde extérieur, ainsi Il est au cœur du monde qui est au-dedans de toi.

40. Lorsque le Dieu qui est au dedans de toi sera complètement uni au Dieu qui est au dehors, alors tu seras un avec le Très-Haut.

41. Ta Volonté sera la Volonté de Dieu, et le Fils sera comme le Père.

42. Tu es le gouverneur d'un monde, ô Homme; ton nom est Légion; tu as une multitude au-dessous de toi.

43. Tu dis à celui-ci: Va, et il va; et à cet autre: Viens, et il vient; et à un autre: Fais ceci et il le fait.

44. Ce que tu sais t'est dit du dedans; ce que tu fais est fait du dedans.

45. Lorsque tu pries, tu invoques le Dieu qui est au-dedans de toi; et du Dieu qui est au-dedans tu reçois tes bonnes choses.

46. Tes manifestations sont intérieures; et les esprits qui parlent au-dedans de toi appartiennent à ton propre royaume.

47. Et l'Esprit qui est le plus grand dans ton royaume, c'est celui qui est ton Maître et ton Seigneur.

48. Que ton Maître soit le Christ de Dieu dont le Père est le Seigneur Iacchos.

49. Et Christ sera ton amant et le Sauveur de ton corps; oui, il sera ton Seigneur Dieu, et tu l'adoreras.

50. Mais si tu ne le veux pas, alors un plus fort que toi te liera, et fera du dégât dans ta maison et dans tes biens.

51. Tu seras un temple impur; un lieu de lutte et le repaire de toutes sortes de bêtes méchantes.

52. Car les ennemis d'un homme sont ceux de sa propre maison.

53. Mais chasses-en à coups de fouet les trafiquants d'argent et les marchands, de crainte que ta maison de prière ne devienne un repaire de voleurs.

(3)

54. Evohé, Père Iacchos! Seigneur du Thyrsos et de la Pomme de Pin.

55. Comme sont les involutions des feuilles de la Pomme de Pin ainsi est la spirale de la génération, le progrès et le passage de l'âme;

56. Du plus bas au plus élevé; du grossier au raffiné; de la base au sommet;

57. De l'extérieur à l'intérieur; même de la poussière de la terre jusqu'au trône du Très-Haut.

(4)

58. Evohé, de Nysa; Dieu du Jardin et de l'Arbre qui porte du fruit.

59. La terre sèche est à toi, et toute la beauté de la terre; la Vigne, la Guirlande et les Vallées de blé:

60. Les forêts, les secrets des sources, les puits cachés, et les trésors des cavernes:

61. La moisson, la danse et la fête ; les neiges de l'hiver et les vents glacés de la mort.

62. Oui, Seigneur Iacchos ; qui entoure la destruction de promesses, et qui greffe la beauté sur la ruine.

63. Comme le Lierre vert couvre l'arbre désséché et les lieux dévastés de la terre où aucune herbe ne pousse ;

64. Ainsi ton contact donne la vie, l'espérance, et une signification au déclin.

65. Celui qui comprend ainsi tes mystères, ô Seigneur du Lierre, a vaincu la mort et ses terreurs.

(5)

66. Evohé, Père Iacchos, Seigneur Dieu de l'Egypte ; initie tes serviteurs dans les salles de ton Temple ;

67. Sur les murs duquel sont les formes de toutes les créatures de chaque bête de la terre, et de tous les oiseaux de l'air :

68. Le lynx, et le lion et le taureau ; l'ibis et le serpent ; le scorpion et tout ce qui vole.

69. Et ses colonnes sont des formes humaines ; qui ont des têtes d'aigles et des sabots de bœufs.

70. Tous ceux-ci appartiennent à ton royaume ; ils sont les chambres d'épreuve et les maisons de l'initiation de l'Ame.

71. Car l'Ame passe de forme en forme ; et les demeures de son pélerinage sont nombreuses.

72. Tu l'appelles des profondeurs et des lieux secrets de la terre ; de la poussière de la terre et de l'herbe des champs.

73. Tu couvres sa nudité avec un tablier de feuilles de Figues ; tu la revêts de la peau des bêtes.

74. Tu viens de loin, O Ame de l'Homme ; oui tu viens de l'Eternité.

75. Tu rejettes tes corps, comme on le fait d'un vêtement ; et comme un manteau tu les replies.

76. Ils périssent, mais tu demeures ; le Vent les déchire et les éparpille ; et leur lieu ne les reconnaîtra plus.

77. Car le Vent est l'Esprit de Dieu dans l'Homme, qui souffle où il veut, et tu en entends le bruit, mais tu ne peux dire ni d'où il vient ni où il va.

78. Il en est de même de l'Esprit de l'Homme, qui vient de loin et qui ne s'arrête pas, mais passe et va dans un lieu que tu ne connais pas.

(6)

79. Evohé, Iacchos, Seigneur du Sphynx ; qui unit le plus bas au plus élevé ; les reins de la bête sauvage à la tête et aux seins de la femme.

80. Tu tiens le Calice de la Divination : toutes les formes de la Nature sont réfléchies dedans.

81. Tu mènes l'homme à la destruction : alors tu dis, Revenez, O vous enfants de ma main.

82. Oui, bénis et saint es-tu, O Maître de la Terre, Seigneur de la Croix et Arbre du Salut.

83. Vigne de Dieu, dont le sang rachète ; Pain du Ciel, rompu sur l'Autel de la Mort.

84. Il y a du blé en Egypte ; descends-y, O mon Ame, avec joie.

85. Car dans le Royaume du Corps tu mangeras le pain de ton Initiation.

86. Mais prends garde, que tu ne tombes sous la domination de la Chair, et que tu ne deviennes esclave dans le pays de ton séjour.

87. Ne sers pas les idoles de l'Egypte ; et que les sens ne soient pas tes exacteurs.

88. Car ils courberont ton cou sous leur joug ; ils opprimeront amèrement l'Israël de Dieu.

89. Les jours mauvais viendront sur toi ; et le Seigneur frappera l'Egypte de plaies à cause de toi.

90. Ton corps sera brisé sur la roue de Dieu ; ta chair verra la douleur et les vers.

91. Ta maison sera frappée de plaies accablantes ; le sang, la peste et une grande obscurité ; le feu dévorera tes biens ; tu seras la proie des sauterelles et des choses rampantes.

92. Ta gloire sera rabaissée jusque dans la poussière ; la grêle et l'orage détruiront ta moisson ; oui ton bien-aimé et ton premier né seront détruits par la main du Seigneur ;

93. Jusqu'à ce que le corps laisse aller l'Ame libre, afin qu'elle puisse servir le Seigneur Dieu.

94. Lève-toi la nuit, ô Ame, et fuis, de crainte que tu ne sois consumée en Egypte.

95. L'Ange de la Compréhension te reconnaîtra pour son Elu, si tu offres à Dieu une foi raisonnable.

96. Assaisonne ta Raison de savoir, de travail et d'obéissance.

97. Que le bâton de ton Désir soit dans ta main droite ; mets les sandales d'Hermès à tes pieds ; et ceins tes reins de puissance.

98. Alors tu passeras à travers les eaux de la purification, ce qui est la première mort dans le corps.

99. Les eaux seront un mur autour de toi, à ta droite et à ta gauche.

100. Et Hermès le Rédempteur ira devant toi ; car il est ta nuée d'obscurité le jour, et ta colonne de lumière la nuit.

101. Tous les cavaliers de l'Egypte, et ses chariots ; ses princes, ses conseillers et ses hommes vaillants :

102. Ceux-ci te poursuivront, ô Ame, qui t'enfuis ; et chercheront à te ramener en esclavage.

103. Fuis pour sauver ta vie ; ne crains pas la profondeur ; étends ta verge sur la mer ; et élève ton désir jusqu'à Dieu.

104. Tu as appris la sagesse en Egypte ; tu as dépouillé les Egyptiens ; tu as emporté leur or fin et leurs choses précieuses.

105. Tu t'es enrichie dans le corps ; mais le corps ne te retiendra pas ; et les eaux de l'abime ne t'engloutiront pas.

106. Tu laveras tes robes dans la mer de la régénération ; le sang de la réconciliation te rachètera pour Dieu.

107. Ceci est ton chrème et ton onction, ô Ame ; ceci est la première mort ; tu es l'Israël du Seigneur,

108. Qui t'a racheté de la domination du corps ; et t'a rappelé de la tombe, et de la maison de servitude,

109. Sur le chemin de la croix, et le sentier qui est au milieu du désert.

110. Où sont la vipère et le serpent, le mirage et le sable brûlant.

111. Car les pieds du saint sont dirigés du côté du désert.

112. Mais aie bon courage et ne défaille point ; alors tes vêtements dureront et tes sandales ne vieilliront pas sur tes pieds.

113. Et ton désir guérira tes maladies ; il fera couler pour toi des ruisseaux hors du rocher ; il te conduira au Paradis.

114. Evohé, père Iacchos, Jehovah-Nissi : Seigneur du jardin et de la vigne.

115. Initiateur et Législateur ; Dieu du nuage et de la montagne.

116. Evohé, Père Iacchos ; tu as appelé ton Fils hors d'Egypte.

## XIII

## FRAGMENTS DU « LIVRE D'OR DE VÉNUS »

### I

#### HYMNE D'APHRODITE

(I)

Je suis l'Aurore, Fille du Ciel et de l'Abime : le brouillard de la mer, comme un voile de lumière tremblante, couvre ma beauté.

2. Je suis Aphrodite, sœur de Phœbos, qui ouvre les portes du Ciel ; le commencement de la Sagesse, le hérault du Jour Parfait.

3. Longtemps l'obscurité avait couvert l'Abime. L'Ame de toutes

choses sommeillait : les vallées étaient remplies d'ombre ; seules les montagnes et les étoiles communiaient ensemble.

4. Aucune lumière sur les chemins de la terre : le monde roulant se mouvait en dehors sur son axe ; l'obscurité et le mystère enveloppaient les visages des Dieux.

5. Alors je sortis de l'abîme, vainqueur de la nuit ; le firmament du ciel s'allume de joie en me contemplant.

6. Les secrets des eaux furent révélés : les yeux des Zeus plongèrent dans leur sein.

7. Les profondeurs étaient rouges comme le vin ; le vêtement de la terre fut transfiguré ; comme quelqu'un qui émerge de la mort, elle s'éleva pleine de faveur et de grâce.

(2)

8. L'Amour est né de Dieu et de l'âme ; dans le silence du crépuscule ; dans le mystère du sommeil.

9. Dans la quatrième dimension de l'espace ; dans le sein du principe céleste ; dans le cœur de l'homme de Dieu ; — c'est là que l'amour est enchâssé.

10. Oui, je suis avant toutes choses ; le désir est né de moi ; je pousse les sources de la vie intérieurement vers Dieu : par moi la terre et le ciel sont attirés l'un vers l'autre.

11. Mais je suis caché jusqu'au temps où le jour apparaît : je demeure sous les eaux de la mer, dans les profondeurs de l'âme ; l'oiseau de la nuit ne me voit pas, ni les troupeaux dans les vallées, ni la chèvre sauvage dans la fente du rocher.

12. Je suis recouvert comme les poissons de la mer ; je suis caché et voilé à la vue comme les enfants de la profondeur.

13. Ce qui est occulte a pour symbole le poisson ; car le poisson est caché dans l'obscurité et le silence ; il connaît les lieux secrets de la terre, et les sources de la mer profonde.

14. Ainsi l'amour atteint jusqu'aux profondeurs : ainsi je trouve les secrets de toutes choses ; ayant mon commencement et ma fin dans la sagesse de Dieu.

15. L'Esprit de Conseil est engendré dans l'âme : de même que le poisson dans le sein des eaux.

16. L'amour s'élève du sanctuaire de l'abîme ; le salut est de la mer.

(3)

17. Je suis la couronne de nombreuses naissances et de morts ; je suis l'interprétateur des mystères et l'illuminateur des âmes.

18. L'amour est emprisonné dans les éléments du corps ; endormi dans les cavernes de Iacchos ; dans la mangeoire du Bœuf de Dèmètèr.

19. Mais lorsque l'étoile du jour de l'âme se lève sur la terre, alors c'est l'épiphanie de l'amour.

20. C'est pourquoi, jusqu'à ce que le travail du troisième jour soit accompli, la lumière de l'amour n'est pas manifeste.

21. Alors j'ouvrirai les portes de l'aurore ; et la gloire de Dieu montera devant les yeux des hommes.

(4)

22. Le secret de l'Ange Anael est au cœur du monde ; le chant de Dieu est le son des étoiles dans leur course.

23. Amour, tu es la chaleur latente de la terre ; la force du vin ; la joie du verger et des champs de blé ; tu es l'esprit du chant et du rire, et du désir de la vie !

24. Par toi, ô Déesse dorée aux yeux purs, le soleil et la lune sont révélés ; l'amour est le conseiller du ciel.

25. Le nuage et la vapeur se fondent devant toi ; tu dévoiles à la terre les gouverneurs des cieux immenses.

26. Tu fais toutes choses lumineuses ; tu découvres toutes les profondeurs ;

27. Depuis le sein de la mer jusqu'aux hauteurs des cieux ; depuis l'abîme sombre jusqu'au trône du Seigneur.

28. Ta Bien-aimée est semblable à un ramier qui porte les emblèmes de l'esprit et en connaît les secrets.

29. Vole, vole, ô Colombe ; le temps du printemps arrive ; au loin à l'orient l'aurore paraît ; elle a un message que tu devras porter de la terre au ciel !

## XIII
## FRAGMENTS DU « LIVRE D'OR DE VÉNUS »
### II
DISCOURS SUR LA COMMUNION DES ÂMES ET SUR LES AVANTAGES DE L'AMOUR ENTRE CRÉATURE ET CRÉATURE.

Voici le secret de l'Amour et le Mystère de la Communion des Saints.

2. L'amour rachète, l'amour élève, l'amour éclaire, l'amour fait avancer les âmes.

3. L'amour ne dissout pas et n'oublie pas ; car *elle* (1) est de l'âme et son souvenir est éternel.

4. En vérité l'amour est doublement béni, car *elle* enrichit celui qui donne et celui qui reçoit.

5. Toi qui aimes, donne de toi-même à ton bien-aimé, et par là tu le doueras.

---

(1) Dans le céleste toutes les choses sont des personnes et l'amour est le principe féminin de l'Être. De là, l'emploi de *elle* pour indiquer le réel comme distinct du genre nominal de amour.

6. Et si quelque créature que tu aimes souffre la mort et te quitte,

7. Certes tu lui donnerais volontiers le sang de ton cœur pour le faire vivre toujours ; afin d'adoucir pour lui le changement qu'il doit subir et de l'élever vers quelque lieu heureux.

8. Tu répands des larmes sur le corps brisé de ton bien-aimé; ton désir va à lui, et tu cries à son ombre, —

9. « O, Bien-Aimé, plût à Dieu que je puisse être avec toi là où tu es ; et savoir ce que tu fais maintenant !

10. « Plût à Dieu que je puisse encore te garder et te protéger ; que je puisse te défendre contre toute peine, tout mal et toute affliction !

11. « Mais je ne sais pas quelle sorte de changement t'attend; et mes yeux ne peuvent pas suivre tes pas.

12. « Nombreuses sont les vies qui sont devant toi : et les années qui devraient nous séparer, ô Bien-Aimé, sont longues et pénibles !

13. « Te reconnaîtrai-je lorsque je te reverrai ; et l'Esprit de Dieu te dira-t-il en ce jour : « Voici ton Bien-Aimé ? »

14. « O âme de mon âme ! Plût à Dieu que je fusse un avec toi, même dans la mort !

15. « Tu as tout mon amour, mon désir et ma tristesse; oui, ma vie est mélangée à la tienne, et elle est partie avec toi !

16. « Viens me visiter dans mes rêves : conforte-moi dans mes veilles ; que mon ombre rencontre la tienne dans le pays des ombres et du sommeil.

17. « Chaque nuit, d'un désir ardent je te chercherai : Perséphone et le sommeil me rendront le passé.

18. « Non, la mort ne t'arrachera pas entièrement à moi ; car une partie de moi est en toi, et là où tu vas, Bien-Aimé, mon cœur te sait ! »

19. C'est ainsi que tu pleures et que tu te lamentes, parce que l'âme que tu aimes a été enlevée de ta vue.

20. Et la vie te semble une chose amère ; même, tu maudis la destinée de toutes les créatures vivantes.

21. Et tu crois que ton amour ne sert à rien et que tes larmes sont chose vaine.

22. Comprends ! l'Amour est une rançon et ses larmes sont des prières.

23. Et si tu as vécu purement, ton désir fervent comptera comme une grâce pour l'âme de ton mort.

24. Car la prière brûlante et continuelle du juste sert beaucoup.

25. Oui, ton amour enveloppera l'âme que tu aimes ; *elle* sera pour lui — comme un vêtement de noce et une robe de félicité.

26. Le baptême de ta douleur baptisera ton mort et à cause de cela il se lèvera.

27. Tes prières l'élèveront, et tes larmes entoureront ses pas ; ton amour sera pour lui une lumière qui luit sur le chemin qui monte.

28. Et les Anges de Dieu lui diront : « O âme heureuse qui es tant aimée ; qui es si bien fortifiée par toutes ces larmes et tous ces soupirs.

29. « Loue pour cela le Père des Esprits ; car ce grand amour t'épargnera bien des incarnations.

30. « Par là tu es avancé ; tu es entraîné et attiré en haut par des cordes de grâce ».

31. Car c'est ainsi que les âmes s'aident les unes les autres et communient, reçoivent et donnent des bénédictions, celles qui sont parties reçoivent des vivants, et les vivants reçoivent de celles qui sont parties.

32. Et cela d'autant plus que leurs cœurs sont purs et leurs intentions innocentes aux yeux de Dieu.

33. En vérité, le saint est un puissant rédempteur ; l'Esprit de Dieu travaille au-dedans de lui.

34. Et Dieu ne résiste pas à Dieu ; car l'Amour et Dieu sont Un.

35. De même que l'amour du Christ est puissant pour les élus, l'amour d'un homme, selon sa force, est puissant pour son ami.

36. Et même lorsque l'âme aimée est petite et rudimentaire, — une créature qui n'est pas faite à l'image des hommes.

37. Car aux yeux de l'Amour il n'y a rien de petit ni de pauvre, ni d'indigne de la prière.

38. O, petite âme, tu es puissante si un enfant de Dieu t'aime ; oui, âme pauvre et simple, tu possèdes de grandes richesses !

39. Ton sort est meilleur que le sort des rois que poursuit la malédiction des opprimés.

40. Car comme l'amour est fort pour racheter et pour avancer une âme, ainsi la haine est forte pour la tourmenter et pour la retarder.

41. Bénie est l'âme que les justes commémorent devant Dieu ; pour qui le pauvre et l'orphelin et la créature muette pleurent.

42. Et toi, ô homme juste, qui avec un amour ardent te lamentes sur la mort de l'innocent, que tu ne peux pas sauver des mains de l'injuste ;

43. Toi qui donnerais volontiers ton propre sang pour racheter ton frère, et pour relâcher les liens de sa souffrance :

44. Sache qu'à l'heure de ton désir suprême, Dieu accepte ton oblation.

45. Et ton amour ne retournera pas à toi vide ; selon son degré elle accomplira ta volonté.

46. Et ton chagrin et tes larmes et le travail de ton esprit seront grâce et bénédiction pour l'âme que tu voudras racheter.

47. Ne compte pas comme perdues tes souffrances pour les autres âmes, car chaque cri est une prière, et toute prière est puissance.

48. Ce que tu veux faire est fait; ton intention est unie à la volonté de l'Amour Divin.

49. Rien n'est perdu de ce que tu dépenses pour Dieu et pour ton frère.

50. Et c'est l'amour seul qui rachète; et l'amour n'a rien qui soit à lui en propre.

## XIV

### HYMNE A HERMÈS

Comme une lumière mouvante entre ciel et terre; comme un nuage blanc qui prend plusieurs formes;

2. Il descend et il monte, il guide et il illumine, il se transforme de petit en grand, de brillant en ombre, d'une image opaque en un brouillard diaphane.

3. Etoile de l'Orient qui conduit les Mages; nuage du milieu duquel la voix sainte parle! de jour colonne de vapeur, de nuit flamme brillante.

4. Je te contemple, Hermès, Fils de Dieu, meurtrier d'Argus, Archange, qui porte le bâton de la connaissance, avec lequel toutes les choses du ciel et de la terre sont mesurées.

5. Deux serpents l'entourent, parce que ceux qui désirent Dieu doivent être sages comme les serpents.

6. Et sur tes pieds sont des ailes vivantes, qui te portent, audacieux, à travers l'espace et par-dessus l'abîme de l'obscurité, parce qu'il faut qu'ils soient sans crainte pour affronter le vide et l'abîme, ceux qui désirent atteindre et accomplir.

7. A ton côté tu portes une épée faite d'une seule pierre, qui a deux tranchants et dont la trempe résiste à toutes choses.

8. Car ceux qui veulent tuer ou sauver doivent être armés d'une volonté forte et parfaite, qui défie et pénètre avec une force qui ne manque jamais.

9. C'est Herpé, l'épée qui détruit les démons; avec l'aide de laquelle le héros remporte la victoire, et le Sauveur peut délivrer.

10. Si tu ne la lies pas sur ta cuisse tu seras vaincu, et des lames faites par des mortels prévaudront contre toi.

11. Mais ceci n'est pas tout ton équipement, Fils de Dieu; la couverture de l'obscurité est sur ta tête, et personne n'a le pouvoir de te frapper.

12. C'est le chapeau magique, apporté du Hadès, la région du silence, où sont ceux qui ne parlent pas.

13. Celui qui porte le monde sur ses épaules te le donnera, de crainte que le monde ne tombe sur toi et que tu ne sois moulu en poudre.

14. Car celui qui possède la sagesse et la connaissance parfaites, celui dont les pas sont sans crainte et dont la volonté est unique et pénètre partout ;

15. Même il doit aussi savoir comment garder le secret divin, et ne pas exposer les saints mystères de Dieu aux sens des méchants.

16. Garde une bride sur tes lèvres, et couvre ta tête au jour de la bataille.

17. Telles sont les quatre choses excellentes, — le bâton, les ailes, l'épée et le chapeau.

18. La connaissance que tu dois acquérir par le travail ; l'esprit de sainte hardiesse, qui vient par la foi en Dieu ; une volonté puissante et une complète discrétion.

19. Celui qui découvre (1) les saints mystères est perdu.

20. Poursuis ton chemin en silence et prends garde que tu ne dises rien à aucun homme.

## XV
## LE SECRET DE SATAN

(1)

Et le septième jour un puissant ange, plein de colère et d'un feu consumant, s'éloigna de la présence de Dieu, et Dieu lui donna domination sur la sphère extérieure.

2. L'Eternité engendra le temps ; le Sans limite donna naissance au limité ; l'Être descendit dans la génération.

3. Semblable à un éclair je vis Satan tomber du ciel, splendide dans sa force et sa fureur.

4. Parmi les Dieux aucun n'est semblable à lui, dans les mains de qui sont confiés les royaumes, la puissance et la gloire des mondes ;

5. Les trônes et les empires, les dynasties de rois, la chute des nations, la naissance des églises, les triomphes du temps.

6. Ils s'élèvent et passent, ils furent et ne sont pas ; la mer et la poussière et le mystère immense de l'espace les dévorent.

7. Le bruit des armées, les voix de la joie et de la douleur, la plainte de l'enfant qui vient de naître, le cri du guerrier mortellement frappé ;

8. Mariage, divorce, division, morts violentes, martyres, ignorance tyrannique, l'impuissance des protestations passionnées, et le désir fou de l'oubli ;

(1) C'est-à-dire dévoilé aux yeux profanes.

9. Les yeux du tigre dans la jungle, la dent du serpent, l'odeur des maisons de tuerie, les gémissements des animaux qui souffrent ;

10. Les incarnations innombrables de l'esprit, la lutte pour arriver à être homme ; le pouls qui bat incessamment et le courant du désir ;

11. Tout cela est à celui qui porte tous les Dieux sur ses épaules ; qui établit les piliers de la nécessité et du destin.

12. Dieu lui a donné plusieurs noms ; des noms de mystère, secrets et terribles.

13. Dieu l'a appelé Satan l'Adversaire, parce que la matière s'oppose à l'esprit, et le temps accuse même les saints du Seigneur.

14. Et le Destructeur, car son bras brise et broie en pièces ; aussi la crainte et la terreur qu'il inspire sont sur toute chair.

15. Et le Vengeur, car il est la colère de Dieu ; son souffle brûlera toutes les âmes des méchants.

16. Et le Cribleur, car il passe toutes choses au travers de son tamis, séparant la cosse du grain ; découvrant les pensées du cœur, éprouvant et purifiant l'esprit de l'homme.

17. Et le Trompeur, car il fait paraître le faux vrai et cache le réel sous le masque de l'illusion.

18. Et le Tentateur, car il met des pièges sous les pieds des élus ; il séduit par de vaines apparences et avec des enchantements.

19. Heureux sont ceux qui résistent à sa subtilité : ils seront appelés les Fils de Dieu et entreront par les belles portes.

20. Car Satan est le gardien de la porte du temple du Roi ; il se tient sous le porche de Salomon ; il tient les portes du sanctuaire,

21. Afin qu'aucun homme ne puisse y entrer, sauf celui qui a été oint, parce qu'il possède les arcanes d'Hermès.

22. Car Satan est l'Esprit de la crainte du Seigneur, qui est le commencement de la sagesse (1).

23. Il est le dévoreur des fous et des méchants ; ils seront tous de la nourriture et de la boisson pour lui.

24. Quoi que ce soit qu'il dévore, cela ne reviendra plus à l'être.

25. Crains-le, car après qu'il a tué, il a le pouvoir de jeter dans l'enfer.

26. Mais il est le serviteur des Fils de Dieu et des enfants de la lumière.

27. Ils iront devant lui, et il suivra les pas des sages.

28. Crains-le et ne pèche pas ; prononce son nom en tremblant ; et prie Dieu chaque jour de te délivrer.

---

(1) Ps. A. V. CXI., D. V. CX, 10 ; Es. XI, 2, 3. Le premier et le « plus âgé des dieux » dans l'ordre de l'évolution microcosmique, Saturne (Satan), est le septième et le dernier dans l'ordre de l'émanation macrocosmique, étant la circonférence du royaume dont Phoibos (sagesse) est le centre.

29. Car Satan est le magistrat de la Justice de Dieu ; il porte la balance et l'épée,

30. Pour exécuter le jugement et la vengeance sur tous ceux qui n'obéissent pas aux commandements de Dieu, pour peser leurs œuvres, pour mesurer leur désir, et pour compter leurs jours.

31. Car à lui est confié le poids et la mesure et le nombre.

32. Et toutes choses doivent passer sous le bâton et par la balance, et être approfondies avec la sonde.

33. Par conséquent, Satan est le ministre de Dieu, le Seigneur des sept demeures du Hadès, l'ange des mondes manifestes.

34. Et Dieu a mis une ceinture autour de ses reins, et le nom de cette ceinture est la Mort.

35. Les replis de cette ceinture sont triples, car triple est le pouvoir de la mort ; elle dissout le corps, le fantôme et l'âme.

36. Et cette ceinture est noire au dedans, mais là où frappe Phoibos elle est d'argent.

37. Aucun des Dieux n'est ceint, sauf Satan, car c'est sur lui seul qu'est la honte de la génération.

38. Il a perdu son état virginal ; parce qu'il a découvert les secrets célestes, il est entré en esclavage.

39. Il entoure de liens et de limites toutes les choses qui sont faites ; il met des chaînes tout autour des mondes et détermine leurs orbites.

40. Par lui, sont la création et l'apparence ; par lui, la naissance et la transmutation ; le jour de l'engendrement et la nuit de la mort.

41. La gloire de Satan est l'ombre du Seigneur ; le trône de Satan est le marche-pied d'Adonaï.

42. Doubles sont les armées de Dieu ; dans le ciel, les armées de Michael ; dans l'abîme, les légions de Satan.

43. Ce sont le non-manifeste et le manifeste ; le libre et le lié ; le virginal et le tombé.

44. Et tous deux sont les ministres du Père accomplissant la parole divine.

45. Les légions de Satan sont les émanations créatrices, qui ont des formes de dragons, de titans et de dieux élémentaires,

46. Qui abandonnent le monde intelligible, qui cherchent la manifestation, qui renoncent à leur premier état ;

47. Qui furent jetés dans le chaos, et leur place ne se retrouva plus dans le ciel.

(2)

48. Le mal est le résultat de la limitation, et Satan est le Seigneur de la limite.

49. Il est le père du mensonge, parce que la matière est la cause de l'illusion.

50. Comprendre le secret du Royaume de Dieu, et lire l'énigme de *Maïa*, (1) c'est avoir Satan sous son pied.

51. Celui-là seul qui est affranchi par la Pensée des liens du désir peut mettre Satan sous son pied.

52. La Nature est l'allégorie de l'esprit ; tout ce qui apparaît aux sens est trompeur ; connaître la vérité, cela seul rend les hommes libres.

53. Car le royaume de Satan est la maison de la matière ; même sa demeure est le sépulcre de Golgotha, où le septième jour le Seigneur est endormi, gardant le Sabbat du non manifeste.

54. Car le jour de Satan est la nuit de l'esprit; béni et sanctifié est le nom de l'ange du Hadès :

56. Celui que l'oint vaincra, en se levant d'entre les morts le premier jour de la semaine.

57. Car le lieu de Satan est la limite de l'impulsion divine; là est le point d'arrêt de la force centrifuge; Luza, la station de repos et de sommeil.

58. Où Jacob s'est couché et a rêvé, en contemplant l'échelle qui montait de la terre au ciel.

59. Car Jacob est l'ange planétaire Iacchos, le Seigneur du corps,

60. Qui a quitté la maison de son Père, et qui est parti pour un pays lointain.

61. Cependant Luza n'est pas autre que Béthel; le royaume de Satan est devenu le royaume de Dieu et de son Christ.

62. Car c'est là que Celui qui est oint s'éveille, qu'il sort du sommeil et qu'il suit son chemin en se réjouissant.

63. Ayant vu la vision de Dieu et contemplé le secret de Satan ;

64. De même que le Seigneur s'est levé de la mort et a brisé le sceau du Sépulcre ;

65. Qui est le portail du ciel, Luza, la maison de séparation, le lieu du sommeil de pierre ;

66. Où est née la force centripète, qui entraîne l'âme en haut et en dedans vers Dieu !

67. Rappelant à l'Être l'Existence, re-absorbant les royaumes de la matière dans l'esprit ;

68. Jusqu'à ce que Satan retourne à son premier état et rentre de nouveau dans l'obéissance céleste ;

---

(1) Terme employé dans le Mysticisme hindou pour indiquer ce qui est apparent et le distinguer du réel.

69. Ayant fait la volonté du Père et accompli son saint ministère ;

70. Ce qui avait été ordonné par Dieu avant les mondes, pour la splendeur du manifeste et pour la génération du Christ, notre Seigneur ;

71. Qui jugera les vivants et les morts en mettant toutes choses sous ses pieds ; et de qui vient la domination, la puissance, la gloire et l'Amen.

# INDEX

DES SUJETS ET DES PRINCIPAUX MOTS

# INDEX
### DES SUJETS ET DES PRINCIPAUX MOTS

*Les chiffres romains se rapportent aux leçons.*
*Les chiffres arabes aux paragraphes.*
*Préf., veut dire Préface, et n., note au bas de la page.*

Abomination de la Désolation, App. VI.
Abraham, Brahma, VIII. 51.
    Enfants de, I, 33 ; VI. 1, 2.
Actes de l'âme, VI. 2 ; VIII. 28.
Adam, IV. 31 ; V. 10 ; VI. 1, 2, 15, 19, 20, 22, 25, 32 ; VII. 20, 21, 32 ; VIII. 27, 41 ; IX. 9, 20 ; App. I, 1 ; III. Pt. 2.
Adam Kadmon, IX. 5, 18.
Adam, Ancien, IV. 24 ; VIII. 7.
Adepte, IV. 30 ; V. 39 ; VIII. 12.
Admetus, son bœuf, IX. 16.
Adonai, VI. 4, 5, 36 ; VIII. 14 ; IX. 5, 8, 41, 42, 46, 50, 51, 52, 53, App. IV. 9 ; X. (3) ; XI.
Affinité céleste, III. 40.
Age d'or, II. 18 ; VI. 14, 16, 24, 38 ; VII. 40, 50, 55.
Agneau, App. I, 1.
    de Dieu, VI. 30 ; VIII. 41.
Agnostic, II. 39 ; V. 27 ; VI. 29.
Aigle, VI. 4 ; VIII. 29.
Alchimique, Science, IX. 12.
Alchimiste, VIII. 43.

Alchimie supérieure, App. VII.
Allah, VIII. 53.
Alpha et Oméga, Préf. ; V. 18 ;
Ambrose, VI. 8.
Ame, Préf. ; I. 26 ; II. ; III. 1 ; IV. 4 ; V. 5, 7, 10, 11 ; VI. 4, 6 ; VII. 1, 6, 23, 27 ; VIII. 1, 3 ; App. VIII.
    et Esprit, V. 6-11. App. X. (1)
    Astral, V. 39. 41.
    Souffle de, III. 27.
    Condamnation de, I. 36.
    Évolution de, I. 40 ; II, 13, 23.
    Maisons d'initiation de, App. XII. (5).
    Immortalité de, I. 36 ; II. 13
    Incarnation de, VIII. 6.
    Dans les plantes, dans les animaux, II. 23.
    Perte de, III. 22.
    Médiation de, I, 18.
    Mémoire de, I. 6 ; III. 30 ; App. II.
    Migration de, I. 36, 37 ; II. 15 ; V. 41.
    Monade de la substance divine, I. 30.

Nephesh, mode le plus bas de, I, 40, n.
Perceptions et souvenirs de, Préf.; III. 50; IX. 38.
Perfectibilité de, I. 8.
Personnelle et impersonnelle, App. II.
Préexistence de, I. 8.
Incarnations précédentes, I. 37, 38; II. 24; VI. 10.
Progression de, I. 37.
Rationnelle, III. 55.
Réalité de, Préf.
Renaissances de, Préf.; I. 7.
Redescente de, III. 21.
Son pouvoir réflecteur, II. 45.
Son retour à de nouveaux corps, I. 39.
Substance de, I. 8.
Universelle, I. 40; II. 44.
Ames, communion des, App., XIII, Pt. 2.
passage des, à travers X. 54, XIII (3).
Amertume, mer de, II, 36; VIII. 32.
Amœba, V. 2.
Amour divin, IV. 25, 34; VII. 13.
Amour libre, III. 30.
Amun-Ra, VI. 15.
Anaël, IX. 27, n; App. XIII. Pt. I (4).
Anciens, App. X. (4).
Anges gardiens, III. 29, 37, 46-58. Voyez Chérubin.
Angleterre et Orient, VIII. 51, 53.

Anima Bruta, II. 21, 24; V. 25, 26, 35; VII. 14; App. II.
Divina, II. 24; VII. 14, VIII. 42; App. II.
Mundi, V. 39.
Animaux, III. 21; VIII 53.
Première apparition des, I. 40.
Anna, V. 43; App. XI.
Annihilation, II. 17; VII. 17.
Année 1881, VIII. 47.
Antechrist, VI. 28; VIII. 53; IX. 23.
Anubis, IX. 15.
Aphrodite, II. 35; V. 40; VIII. 28.
Hymne d', App. XIII. Pt. I.
Ceinture de, IX. 16.
Apocalypse, VI. 3; VII. 27; VII. 34, 36, 41, 43; IX. 2.
Apollon, flèches de, IX. 16.
Apollonius, I. 38.
Apollos, IV. 9.
Aquarius, (Le Verseau) App. VI.
Arbre de la divinité du bien et du mal, VII. 33.
De la vie et de la connaissance, VI. 8, 21, 25, 27, 35, 39; VII. 18; App. I. 1.
Des Hespérides, VI. 36.
Arc Céleste, VI. 36.
Arche, II. 34, 37; V. 4, 14; VI. 31; VIII. 44; App. I. 1;
Ardha-Nari, IX. 5, 52.
Argus, IX. 13; App. XIV.
Aristote, IX. 25.
Arjun, VIII. 12; IX. 3, 52.
Armées, Dieu des, II. 41.
Arnold Edwin, IV. 15.

Arnold Mathew, Pref.
Artemis, II. 35. *Voir aussi Diana.*
Arthur ou Ar-thor, VIII. 44.
Ascension, Pref.; VIII. 8, 28, 40; et descension, III. 53; IV. 31, VI. 2.
Ascétisme, VIII. 14.
Assomption de la Vierge, V. 44. 45; VIII. 40.
Assyrie, VI. 6.
Astræa, VI. 36; VII. 55.
Ame, V. 35, 41;
Astral, Corps, II. 13; III. 2, 4;
    Fluide, I. 26; II. 21;
    Médium, VI. 16;
    Fantômes, III. 28;
    Plan, II. 14;
    Sphère, V. 37;
Athéisme, I. 55*; II. 24; VI. 29.
Atman, I. 7.
Au dedans et au dehors, VII. 8, 44; VIII. 3, 15, 49; IX. 9; App. III. 2; V. IX, X.
Au dedans et Maintenant, IX. 54.
Au delà, III. 3.
Augustin, I. 45; VIII. 39.
Autel, App. I(2); V. 30; XII. (6).
Avatâr, II. 24; V. 41; App. II; X. (4)
Avènement, VI. 39. App. VI
Azote, Heb. Azoth, II. 20.
Baalzebub, II. 18.
Bacchus, V. 16; VIII. 52.
Baptême, III. 53; VI. 2; VIII. 19, 28;
    pour les morts, App. XIII. Pt. ', 26;
    ou fiançailles, VIII. 28;
    de feu et d'eau, I. 7.

Baptiste, VIII. 38, 49.
Bath-Kol, I. 26.
Béatifique, Vision V. 19.
Bélier IX. 13, 15; App. I (1) XII (3)
Béthel, VI, 1; App. XV (2).
Bhagavat Gita, IX. 3, 11.
Bible, II. 46, VI. 9; VII. 18; VIII. 53
Biblique, Interprétation, VII. 33.
    Conditions pour, I. 47.
Biologiste, V. 33.
Biologie, IX. 17.
Blavatsky, Isis Unveiled, IV. 12, n.
Boehme, III. 33.
Bœuf, taureau, VI. 4; VIII. 29, 37; App. XIII. Pt. I. (3).
Brahma, VI. 2; VIII. 51, 52, IX. 52.
    Sein de, III. 16.
Bouddha, I. 44; II. 46; VIII. 12, 25, 49, 50, 51.
Bouddhisme, V. 43, n.
Butler, S., V. 2, n.
Caïphe, VI. 9.
Caïn, III. 21; VII. 52; App. I, 1.
Caleb, IX. 15.
Calvinistes, VI. 21; IX. 27.
Cana, III. 50; VI. 25.
Caractère comme destinée, VI. 25.
Carpocrates, I. 39.
Causes et effets, Monde des, V. 8.
Caverne, VIII. 37.
Cellule Physiologique, I. 27; V. 15, 34; VIII. 44, 48; App. IV.

Centurion, III. 35.
Cerberus, VIII. 22.
Cérébration, Inconsciente, V. 33.
Cérémonial, Rites, IV. 7.
César, VIII. 36.
Ceylan, VIII. 50, n. 1.
Chair, régime de la, III. 60; V. 18; VI. 24.
Chaldœa, VIII. 52.
Calice, IV. 25.
    doré, VI. 42; VII. 3.
Chambre du Roi, V. 22; VIII. 28.
Chambre de la Reine, VIII. 28.
Chaos, VII. 13; App. XV. (1).
Chasteté, VIII. 20.
Chaucer, V. 35, n.
Chavah, VI. 15, 23, 31.
Chérubique, III. 4.
Chérubin, III. 36; VI. 2, 4, 13; IX. 49.
Chrétienté, Pref. VII. 19; VIII. 49.
    Dégradation de, III. 30.
    Dogmes et symboles de la, Pref.
    Historique, I. 50, 55b.
    Identique aux autres systèmes, Pref. I. 43-45.
    Insuccès de la, I. 55; VIII. 26.
Chrême, App. VI; XII 107.
Christ I. 42, 50; IV. 8, 27; VIII. 27, 51.
    Comme personne, App. VI.

Christ Jésus, sa part dans la rédemption, App. V.
Christ, le, Pref. III. 14, 53; IV. 26, 27; VI. 15, 39; VII. 18, 26; VIII. 4, 13; IX. 11, 53. App. X. 3.
    Comme médium pour le plus élevé, VIII. 15, 16, 18.
    L'avènement du règne du, VIII. 54.
    Le sang du, IV. 25.
    L'idée du, I. 55ª; VIII. 4, 45, 51.
Christs, les, IV. 30; VII. 49; VIII. 12, 15, 16, 27, 45; IX. 11. 29.
Chute, Pref.; I. 52; IV. 31; VI. 7, 10, 13, 29, 31; VII. 1, 51; VIII. 1; App. I. 2.
    Récits Mosaïques, allégoriques, VI. 8.
    des Anges, VIII. 5, App. XV. (2).
Ciel, I. 8; IV. 16; VI. 19.
    et Terre, nouvelle; App. VII. 4.
Civilisation, Présente, VII. 55.
Clefs du Royaume, I. 21; VIII. 53.
    du sanctuaire, App. XV. 20.
Clémens, Alex. VI. 8; IX. 22; App. V.)

Clergés, erreurs des, I. 22 ; IV. 5 ; VI. 28 ; VII. 19.
Clifford, le Professeur, I. 35, n.
Cloches du grand-prêtre, IV. 13.
Collèges des mystères, I. 44 ; VII. 41.
Communion sainte, IV. 36, 37.
— des Ames, App. XIII ; Pt. 2.
Communauté ancienne, mystique, VII. 43, 44.
Compréhension, IX. II. 13, 16.
Conjonctions, planétaires, II 25.
Connaissance, Moi, II. 3 ; VII. 10.
Conscience, I. 33 ; V. 2, 3, 7, 12, 23, 25, 31 ; VI. 17, 19 ; VII. 10, 14, 37 ; VIII. 5 ; IX. 34.
App. II. ; X (1).
Point de, V. 30.
religieuse, I. 52 ; VI. 27 ; App. I. 1.
Constantine, I. 55ᵇ.
Consommation, V. 34 ; VIII. 41.
Contrôle, III. 20, 48, 59.
Corps, VI. 20 ; VIII. 1, 3, 13, 14.
quadruple, III. 4.
Rédemption du, IX. 54 ;
Transfiguration de, App. VII. 12.
App. XII. (4).
Correspondances, I. 10, 14 ; VII. 2, 7 ; IX. 19.
Contre-partie Astrale, III. 7.
Création, I. 29 ; II. 9, 10 ; III. 3 ; V. 41 ; VI. 2, 8 ; VII. 4, 44 ; VIII. 5, 41 ; IX. 44.

Créatrice Semaine, VII. 50 ; VIII. 28 ; App. XI.
Credo des élus, IX. 54.
Crémation, VIII. 9.
Creuset, alchimique, App. VII. 14.
Croix, I. 56 ; IV. 9 ; VI. 15 ; VIII. 53 ; App. V. 49.
Quadruple signification de, IV. 21.
Préhistorique, sur les monuments, IV. 20.
Signe dans le ciel, IV. 30.
Passage du soleil à l'équinoxe, écliptique, IV. 20.
Arbre de vie, IV. 20.
Pourquoi quadruple, IV. 21.
Croyance chrétienne, I. 44.
transition de, Pref.
Crucifixion, I. 49 ; IV. 29, 31 ; VII. 43 ; VIII. 7, 8, 28, 37, 41. 42 ; App. VI.
Mystère de la, IV. 22.
de Dieu, IV. 35.
Crustacea, III. 21.
Dœmon. *Voyez Genii*.
Daniel, VIII. 52 ; IX. 2.
Son ange, App. VI.
David, VIII. 27, 45 ; IX. 14.
Fils de, IX. 12.
Decan, VI. 37.
Déité, deux modes de, I. 28, 29 ; V. 18 ; IX. 9 ; App. XI.
Delphi, II. 3.
Démêter, VI. 4 ; VIII. 28, 29, 37 ; App., XIII. (3)

Dépolarisation, VI. 20.
Destinée, II. 25.
    Morale, des Planètes, V. 41.
Deucalion et Pyrrha, I. 33.
Deux fois né, App. XII. (1).
Développement, I. 32.
Dharmasâstra sutras, V. 41, n.
Diable, I. 46; II. 6, 11; III. 9-15, 21; IV. 31; VII. 29; VIII. 3, 13; App. V. 3.
    Pas personnel, III. 9.
Diana, IV. 14. *Voir aussi Artemis.*
Dieu, II. 16, 29-34; V. 25, 31; IX. 1, 8, 40, 41; App. V. 6; XII. (2).
    androgyne, IX. 8, 41.
    comme Seigneur, IX. 2-9.
    sang de, VIII. 16.
    dualité de, II. 31; IX. 45. 50.
    conscience de, V. 16, 28, 32.
    immolation de, VIII. 41.
    royaume de, Pref. II 32.
    des armées, II. 41.
    personnel et impersonnel, V. 9.
    Vision de, *voyez Vue.*
    Œuvres de, II. 32; App. 5.
Dieu-Homme, VIII. 11.
Dieux et déesses, II. 43.
    pas limité en nombre, V. 19.
    personnalité indéfaisable, V. 42.
Dimension, quatrième, II. 34; App. III. Pt, 2, 41; X.; XIII. Pt, 1. (2).
Dionysos, I. 56; V. 16.

Dissolution, V. 35.
Dissolvant, VIII. 12; App. V. 52.
Divination, Calice de App. XII. (6).
Divin Impersonnel, V. 23.
Doctrine catholique, V. 43.
Doctrine positive, II. 5.
Douze, apôtres, VIII. 44.
    portes, VIII. 19. 43.
    maisons, VIII. 43.
Dragon, Pref. VII. 42; App. I. 1.
    de l'Apocalypse, VI. 37.
Dryades, III. 34.
Dualisme, I. 31; III. 29; VII. 2, 11, 12; VIII. 3; IX. 42, 45.
    de la nature, II. 42; VII. 1; IX. 24.
    *Voyez Dieu-Homme.*
Dyaus, Deus, Théos, II. 42.
Dynamite, I. 55e. n.
Eau, V. 14, 16; VII. 23; n.; VIII. 28.
    et esprit, V. 45; VIII. 4 30.
Ecclésiasticisme, désespoir de l', IX. 10.
Echelle, céleste, III, 60.
    de l'Incarnation, App. XII. (2).
Eden, VI. 6, 19. 38; VII. 5, 18, 30, 36; IX. 25; App. I, 1.
    Rivières de l', I. 10; VI. 6, 7, 14.
Eglise, VI. 2, 27, 28, 29, 30; VII. 34, 35, 36, 37, 38, 39, 50; IX. 10.

Église, pères de, IX. 26,
　　logo ou communauté mystique, VI. 14.
　　du Christ, V. 46.
　　repose sur la coutume, I. 50.
Eglises, d'Orient et d'Occident, IX. 43; App. X. (3).
Ego, le, Pref, V. 3, 12, 30, 31; App. VIII.
　　Noumenal, V. 28.
Egypte, VIII. 30, 31, 52; IX. 12.
Egyptiens, Preuves; Thèbes, Elephantine, Edfou, Karnak, VI. 13, 18.
　　Evangile des, IX. 22.
　　Mystères, VI. 12, 13; App. I. 2.
Eidolon, I. 54; IV. 15; V. 35.
Eirenicon, Pref.
Ejective, V. 31, 33.
Elu, App. VI; XI. n; XIII. Pt. 2.
　　Credo des, IX. 54.
Electricité, courants, III. 24.
Elémentaux, royaumes, App. X. (2).
Elémentaires, III. 5, 17, 20, 34; VI. 4, 26.
　　et les Evangiles, VIII. 29.
Elie, VIII. 48.
Eliphas Lévi, Pref, IV. 12 n; VI. 32.
Elixir de la vie, VIII. 11.
Elohim, II. 21, 32; III. 37; VI. 5; IX. 16, 44, 45; App. XI.
El-Shaddai, II. 42; IX. 5, 42.
Elves, III. 34.

Emanation, App. XV. 22, n.
Emanations, III. 6; IV. 16, 17.
Embaumer, VIII. 9.
Embryonnaire, Développement, 18. V.
Emmanuel, IV 32.
Emotion et Intellect, IX. 25.
Emprunt aux Egyptiens, VI. 12.
Enfant prodigue, II. 9.
Enfer, III. 9; VI. 21; IX. 7; App. XV.
Enoch, VIII. 53.
Ensevelissement, VI. 2; VIII. 8, 28; App. V. 49.
Enthousiasme, IX. 29, 31, 33, 39.
Environnement, V. 29.
Epicure, IX. 39.
Epiphanius, IV. 13.
Epiphanie de l'Amour, App. XIII. Pt. 1. (3)
Epopt, I. 35.
Epouse, l'âme comme. V. 14; VIII, 41, 43.
Esaü, II. 39.
Esprits directeurs, III. 34.
Esther, VI. 31.
Étable, VIII, 37.
Etat de Christ, VIII. 18, 43, 45; IX 22, 53.
Eternelle, vie, IV. 31; VI. 21; VIII. 41; IX. 53.
Ethiopie, VI. 6.
Eucharistie, Pain, VI. 34, VIII, 41.
Euphrate, VI. 6; VIII. 36, 53.
Evangile de l'Interprétation,

VII. 53 ; App. III. Pt. 2
36.
Evangiles, VIII. 24, 28, 29, 32
42.
   d'Amour et de Force,
      I. 55e.
Eve, Pref, V. 10 ; VI 15, 16, 17,
19, 20, 22, 23, 31;VII. 20, 21;
VIII. 32, 35, 39, 41 ; IX. 20 ;
App. I, Pt 1.
Everard, Dr., Pref.
Evolution, I. 32, 40 ; V. 1, 10,
     32, 45 ; VI. 14 ;
     VII. 37 ; VIII. 27;
     32, 37, 41 ; IX.53.
     App. II.
   Occulte, Loi de l', V.
     32.
   Post-mortem, III,
     19.
   Spirituelle, I. 8.
Exil, Pref. IV. 31.
Existence, Pref.; II. 29 ; VI. 31 ;
     VII. 7, 17, 37, 49 ;
     VIII. 5, 43 ; IX.
     9, 18 ; App. II.
   Précédente et, Ezra,
     VI. 10.
Exode, IX. 2 ; App. XII. (6).
Expérience, II. 10;VIII.4.App.
   III, 7, 8, 25.
Expiation par le sang répandu,
   IX. 24.
   Rédemption, VIII. 2.
   Sacrifice, III. 30 ; XI.
     22,28.
Extase, IX. 34. App. III. 13.
Ezekiel, III. 5 ; VI. 3, 34 ; VIII.
   36 ; IX. 2.
Fantômes, III.19;V.27,35,36,37

Fantômes, dissolution des, V.
   35-38.
   Des événements, I.
     16 ; III. 7. V.39.
Fées, III, 31.
Femme, II. 34, 48 ; III, 23 ; VI.
     18, 38 ; VII. 12, 19,
     30, 51, 53 ; VIII.
     44, 49, 51 ; IX. 20,
     25, 38 ; App. I. 1 ;
     III. Pt. 2 ; XII. (2).
   de l'Apocalypse, VI, 37.
   âme ou essentielle, II.
     44.
   Sa tentation par le Ser-
     pent et celle de l'Hom-
     me par la Femme, VI.
     13.
Feu et mouvement, II. 22.
   Esprits du, III. 17.
Figuier (Parabole du), App. VI ;
   XII. (2.)
Fils, IX. 42.
   et parole, I. 30.
   de Dieu, VIII. 44 ; IX. 5,
     42, 53.
   de l'Homme, VIII. 4, 26 ;
     IX. 53.
Fils de Dieu, VI, 14 ; VII 48.
Fin, Temps de la, App. VI.
Fixation du volatile, IV. 31 ;
   VI. 20 ; VII. 39 ; VIII. 22.
Flot, App. I. 1.
Foi, I. 51 ; VI. 27.
Foi qui sauve, sa nature, I. 19.
Force, V. 4 ; VII. 13. 40 ; IX. 44.
   centripète et centrifuge,
     V. 5.
Fruit défendu, VIII. 10 ; App.
   I. 1.

Fuite mystique, VIII. 52; App.
I. 1; XII. (6.)
Gadarene, Demoniaque, III, 15.
Gautama, Buddha, I. 38; IV.
15; VI. 42; VIII. 48.
Gehenna, VI. 6.
Gehon, VI. 6.
Généalogie, IX. 11.
Genèse, VI. 6, 7; VII, 32.
  par Ezra, pas Moïse, VI. 10.
Génie, III. 37, 44, 45, 46, 47, 48, 49, 55.
  Loci, III. 34.
Gilgal Neshamoth, App. II.
Globe, Igné, V. 24. 26.
Gnose, Préf.; VI. 9, 25, 26; VII. 48; VIII. 53; IX. 7. n.
Goliath, IX. 14.
Grand homme, IX. 5.
Gravitation, Spirituelle, VII. 18.
Grand œuvre (le), VIII. 23; App. V. 56.
Grégoire de Naziance, VI. 8.
Grégoire de Nyssa, VI. 8.
Guides, III, 20.
Golfe, Grand, III. 16.
Hadès (Sept demeures de), App. XV.
Hayman (Dr), V. 35, n.
Hegel, Préf.
Hephaistos (tenailles d'), VIII. 20; IX. 16.
Hera, VII. 42.
Heracles, V. 35; VII. 42; VIII. 19, 22.
  Ascension de, I. 49.
Hérédité, VII. 17.
Héritage, des élus, IV, 25.
Hermès, V. 20, 41; VIII. 12; IX. 11, 13, 15, 16, 17.
 App. XII. (5); XIV.
 Hymne à, App. XIV.
Hermès Trismegiste, I. 36; V. 16, n.
Hermétique, Philosophie, Préf.; VII. 3.
Hérode, VIII. 31.
Héros, VIII. 18.
Herpö, App. XVI.
Hestia, II. 13; VI. 31.
Hétérisation, (aliénation), Préf.
Hiddekel, VI. 6.
Hiérarch, VIII. 19, 22, 23..
Hiérarchie du ciel, III. 37, 60; IX. 49.
Hiéroglyphe, Préf.; II. 46; VIII. 26; App. I. 2.
Hiérophante, III. 53.
Hindou, Mythes, VI. 12.
Hindoustan, VIII. 53.
Homme, II. 38; VII. 51; VIII. 49, 51; IX. 38, 53; App. XII. (2).
 comme Microcosme, IV. 31.
 astral, App. II.
 dématérialisation de, I. 24.
 quadruple nature de, I. 9, 10; VII. 7, 9-14.
 sa Partie Divine, I. 13.
 son propre Créateur, II. 25.
 Naturel, III. 3.
 du péché, I. 55°; IX. 23.
 Régénéré, II. 46; IV. 24; V. 44; VIII. 25, 26, 27, 28, 30, 31, 33,

38, 41, 45, 48 49;
IX. 12.
  Spirituel, III. 3.
  Maturité de, II. 38;
     VII. 39.
  Parfait, IV. 27, 29.
Horus, I. 49.
Hostie, VI. 34; App. V. 40.
  Sacramentelle, V. 34.
Houris, IX. 28.
Humain, Royaume, VI. 4.
Humanité, II. 32; VI. 24; VII.
     11, 13, 20, 50; VIII.
     6, 47, 51, 54; IX.
     8, 18, 22; App. II.
Hydrogène, II. 20.
Hygieia, VII. 55.
Hymne d'Aphrodite, App. XIII.
     Pt. 1.
  à Hermès, App. XIV.
  à la planète Dieu, App.
     XII.
Iacchos, I. 44; V. 40; VIII. 28,
     37; App. XI; XV.
  Hymne à, App. XII.
Idées, II. 19; IV. 16; V. 20;
     VIII. 3, 5; IX. 50.
  Archetypes, V. 21.
  Divin, II. 14.
  Religieux, I, 54.
Idolâtrie, 2, 8: IV. 3; VI. 25,
     26; VII. 6, 52; VIII. 10,
     26; IX. 10; App. I.
Illumination, Pref.; I. 7, 35;
     III. 52, 53; App. III. 9.
Image de Dieu, I. 53; II. 11, 44;
     V. 18; VI. 2, 14, 24; VII. 5,
     26, 39, 51; VIII. 4, 11; IX.
     8, 9, 46, n., 53.
Imitation de Dieu, II. 11

Immaculée conception, V. 44, 45.
  mère de Dieu, Pref.
Immortalité, II. 26; VI. 8.
Incantation, III. 9; IV. 7.
Incarnation, Pref.; IV. 31; VI.
     31; VIII. 40; IX. 7, n.; App.
     XII. (2); XIII. Pt 2; II. 28.
Inde, VIII, 51, 52.
Individuel. II. 15; VII. 7; VIII,
     3; IX. 46, n.
Individualisme, V. 2.
Individualité, V. 5, 32, 43.
Influx divin, I. 8.
Initié, Initiation, III 18; VIII.
     31.
Inspiration, I. 5-8; App. III.,
     Pt. 1.
Intellect, IX. 25; App. I. 1.
Interprétation, Jour de; Proche;
     App. III. Pt. 2; XII. (2);
     XIII. Pt. 1. (4).
Intuition, Pref.; . 5-7; III. 38, 41;
     V. 33; VII. 13, 30;
     IX. 17; App. I. 1;
     III. 7, 8, 25.
  Un mode de l'esprit, I.
     5.
  Méthode de, I. 12, 15.
Irenœus, VI. 8.
Isaac, VIII, 52.
Isaïe, VIII. 25; IX. 2.
Isha, VI. 15, 23.
Isis, II. 35; III. 42, 51; IV. 27;
     VI. 18; VIII. 52.
Islam, VIII. 53; IX. 28.
Israël, VII. 48, 55; VIII. 30, 47,
     50, 52. App. XII. 88.
Issa, IV. 27.
Jacob, VIII. 52. *Voyez aussi
     Iacchos.*

Jacob, douze fils de, App. I. 1.
Jakshas, IV. 12.
Janus Bifrons, I. 21.
Jasper, VI. 4.
Jean, VIII. 12. Le Divin, 29. Baptiste, VIII. 38, 49.
Jehovah, II. 42; III. 28; V. 31; IX. 5, 7, 42.
Jéricho, IX. 13.
Jérôme, VI. 3, n., 8.
Jérusalem, nouvelle, VII. 30; VIII. 43.
Jessé, VIII. 52.
Jésus, Pref.; II. 46; VI. 3, 42; VIII. 12, 17, 24, 49, 52; App. V. VI.
    Bouddha, et Pythagore, VIII. 48-51.
    Chrestos, IV. 30.
    Libérateur, VIII. 27.
    Versus Paul, IX. 22.
Joachim, App. XI.
Job, VIII. 52.
Jourdain, VIII. 39.
Joseph, comme intellect, VIII. 30, 31.
Josué, IX. 15.
Judaïsme, I. 55 b.
Judas, IV. 9; VIII. 44; App. V. 25.
Julien l'Apostat, IV. 14.
Justice Divine, VIII. 2.
Justin Martyr, VI. 8.
Kaabah, VI. 1, 2, 3; IX. 18.
Kabbala, Pref; V. 20; IX. 9, 18, 19, 20, 24.
Kabbalistique, Philosophie, Pref.; V. 21.
Kalpa, I. 29; IV. 35; V. 41; VI. 31, 34.

Kant, Pref.
Karma, V. 14, 41; App. X. (1).
Karoub, Arbre, I. 25.
Kelpis, III. 34.
Koran, VI. 1; IX. 28.
Krishna, I. 38, 44, 49, 56; II. 46; VIII. 12, 50; IX. 3, 11, 52.
Kronia, VI. 35.
Lares et Penatès, III. 8, 20.
Larvœ, III. 20.
Lazare, III. 16; VIII. 28.
Leibnitz sur la réincarnation, I. 38.
Léon, VI. 39.
Léon XIII. V. 44 n.; VI. 39.
Lethé, III. 20.
Levi, tribu de, VIII. 45.
    *Voyez Eliphas.*
Lewes, G. H., IX. 17, n.; 34, n.;
Libra, VI. 37; IX. 22.
Limbe, Limbic, III. 4, 8.
Lion, VI. 4; VIII. 29.
Livre, adoration du, I. 24.
    de la Révélation, VII. 19.
    *Voyez aussi Apocalypse.*
Logos, V. 20; VIII. 17, 50; IX. 23, 24, 44, 46, 50, 53.
Lot, sa femme, VI. 20.
Lucréce, IX. 39.
Luc, VIII. 29.
Lumière, latente, III. 24.
    Invisible, II. 30; IX. 45.
    de l'Asie, IV. 15.
Lunaire, mois, VIII. 44.
Lune, le génie comme, III. 39-47, 51, 52; App. II.
    Apocalyptique, VII. 27.
Luza, App. XV.
Maccabées, VI. 2.

Macrocosme et Microcosme, I,
10; II. 19, 22, 36, 37; III. 3,
38, 51; IV. 15, 31; V. 25;
VI. 21; VII. 5; VIII. 5, 36,
43, 51; IX. 9, 44; App. V.
59.
Madeleine, VIII. 32, 35; IX.
13.
Mage, Magie, VII. 48; VIII. 22,
36, 53.
Magique, nombre, III. 4.
Magique, Age, VI. 3; VIII. 19,
31.
Magie, la Haute. El. Levi, IV.
12, n; V. 39.
Magnétique, Atmosphère, I. 54;
    II. 18; III. 18;
    App. II.
    Corps, III. 5.
    Facteur, II. 21.
    Force, II. 13.
    Homme, App. V.
    32.
Mahomet, VI. 1; VIII. 52.
Maimonides, I. 25; VI. 8.
Maintenant, VII. 4; et au dedans, IX. 51.
Mal, II. 9; VII. 17.
    Esprits du, III. 15.
Malédiction d'Eve, VI. 16, 39;
    VII. 55.
Mânes, ou ombres, III. 7, 8.
Manetho, VI. 13.
Manifestation, VIII. 5; IX. 42,
    44.
    de Dieu, V. 17,
    18.
Marc, VIII. 29.
Mariage, III. 55; VII. 12.
    Divin, VI. 39; VII. 50;
    VIII. 41, 43; App.
    V. 21-23.
Marie ou Maria, Prof.; II. 34,
    35; VI. 19,
    23, 37; VIII.
    30, 32, 35,
    39, 40; App.
    VI. XI.
    Annonciation de,
    VIII. 39.
    Assomption de,
    V. 43-6.
Matérialisme, II. 7; IX. 14, 30,
31, 35, 37, 38, 39; App. I. 2.
Matérialistes et Mystiques, IX.
35, 39.
Matière, I. 28; V. 8, 11, 12; VII.
15, 16, 25; VIII. 5;
IX. 35; App. VII.
    Antithèse de l'Esprit,
    II. 4.
    Dynamique et statique,
    I. 29.
    Dynamique, condition
    de la substance, I.
    28, 29.
    Manifestation de l'Esprit, II. 9.
    pas mal, est esprit, II. 8.
    pas âme, II. 2.
Mathieu, VIII. 29.
Maudsley, Dr., IX. 34, n.
Maut, VI. 15.
Maya, VI. 25, 26, 31, 33; App.
    XV. 50.
Mecca, VI. 1.
Médecine Universelle, VIII. 11.
Médiateur, L'Ame comme, I. 18,
21; VII. 13.

Médium, III. 23; VIII. 15, 16, 18; App. III. 11, 17; X. 2.
  Le Christ comme, VIII. 15, 16, 18.
Mémoire, Intuitive, I. 7, 8; VI. 10; VII. 40; App. II.
  Deux espèces de, III. 50; V. 2, 31.
  Retrouvement de, III. 52.
Mental, V. 8, 9, 20.
Mère, VIII. 30, 32, 35, 39, 40; IX. 53; App. XI.
  de douleurs, joies, II 36.
Merkaba, VI. 2; XI. 18.
Mer d'amertume, VIII. 32.
Meru, Mont, VI 5.
Messie, IV. 8; VIII. 45, 47.
Métallique, Région de la Planète, II. 18.
Metempsycose, III. 20.
Microscosme, *voyez Macroscosme.*
Migration des âmes cosmiques, V. 42.
Milton, III. 33; IX. 27.
Miracles, I. 24, 25; VIII. 28.
Miroir, Protoplasmique, III. 7; VII. 7.
Mithras, I. 44, 49, 56; II. 46; VI. 37; VIII. 25, 50.
Moi, VIII. 8; IX. 34, 51.
  Conscience du, V. 28.
  Personnalité du, Préf. V. 18, 43, n. 44; VIII. 27; App. IX.
  Propagation du, III. 32.
Moïse, III. 49; IV. 7; VI. 10, 11, 12, 13, 15; VIII. 48, 50; IX. 2, 9, 24.

Moïse, Livres de App. I. (*voyez Pentateuque*).
Moloch, IV. 14.
Molécules, I. 28; V. 2, 3, 32; App. IV. 14.
Monade, V. 32.
  Dualisme de, II. 29.
Monde, archétype, V. 21.
Mondes, une Loi pour tous, V. 15.
  De la forme et sans forme, App. X. XV.
Mont céleste (le), VII. 43-49.
Mormonisme, IX. 28.
Mort, V. 21; App. II; IV.; XII. (6), 107; XIII. Pt. 2.
  Première; App. XII. (6), 98, 107.
  Aiguillon de, V. 34.
Mosheim, VI. 8.
Mouvement, II. 22; V. 3; VI. 31, 33.
Mystères, I. 44; IV. 31; V. 22, 46; VI. 2; VII. 41; VIII. 28, 52; App. XI.
  Secret des, III. 28.
  pas incompréhensible, IX. 10.
  Enseignent la transmigration, I. 35, 41.
Mystère de la Divinité, IX. 9, 18.
Mysticisme, II. 4; VII. 10; IX. 29, 36.
Mystiques, V. 28, 29; VIII. 25.
  et matérialistes, IX. 35, 39.
Mythes, paraboliques des écritures hébraïques, VI. 12.
Naiades, III. 34.

Naissance, seconde ou nouvelle, V. 45; App. XII. (1).
Naros, VI. 35.
Nature, III. 21; VII. 51; VIII. 3; App. IX.
Nébuchadnetzar, Rêve de, VII. 55.
    Image de, IX. 14.
Nécessité, la volonté de Dieu, V. 12.
Négation, II. 7, IV. 28; VI. 22.
Néoplatonistes, I. 7; IX. 34.
Nephesh, I. 40, n.; V. 35; App. II.
Neshamah, X. 35, 41; App. II.
Newman, Cardinal, IV. 10, n.
Nicodème, V. 45.
Nuit, la, de l'âme, III. 31.
Nirvana, Pref.; I. 29; II. 16; III. 29; V. 37, 43, n.; VI. 31; VIII. 28, 43; App. II.
Noë, Daniel et Job, VIII. 52.
Non Dieu, (le), II. 9; III. 10; VII. 17.
Non-entité, II. 6; III. 14; V. 28.
Non Être, III. 11.
Non-chose et Néant, VIII. 11.
Nous, III. 55; V. 16; IX. 11.
Nucléolus, III. 57; V. 44; VIII. 29, 44, 51.
Nucléus, III. 57; V. 4, 44; VIII. 48.
Nysa-Nissi, IX. 9; App. XII. (4); (6).
Obélisque, III. 37.
Objective, Pref.; V. 33.
Oblation de Dieu, IV. 22, 35, 36.
Occulte, science, V. 1.

Océan d'infini, II. 34.
Odique ou astral, II. 19, 21.
Odyssée, V. 35.
Olivet, IX. 9.
Olympe, Pref.; IV. 35; VI. 5.
Ombres, III. 5, 19, 25.
Ordéal, III. 8; VIII. 22; App. XII. (5).
Organisme, V. 8.
Orient, VIII. 23, 36.
    Rois de l', VIII. 36, 53.
Original, Divin, IX, 36.
Orthodoxies, IX. 23.
Osiris, I. 44, 56; II. 46; VIII. 25, 50.
Oui, Jésus comme le divin, IV. 27.
Ovaire, VII. 3.
Ovide, VI. 14, 24.
Oxygène, II. 20.
Pains et poissons, VIII. 28.
Pallas ou Minerve, II. 35.
Pape, voyez Léon.
    Sceau du, V. 16, n.
Papias, VI. 8.
Pâques, VI. 31.
Paracelse, IV. 12.
Paraclète, I. 7; VIII. 51.
Paradis, IV. 2, 6; VII. 51; IX. 9.
    Perdu et regagné, VI, 24.
Parenchyma, V. 39.
Parole, V. 4; VII. 9.
Particule divine, App. II.
Passion, IV. 31; VI. 2; VIII, 7, 8, 28, 39, 41; App. V. 49.
Passion, semaine, six jours de la création, IV. 35.
Paul, Pref.; III. 33; IV. 9; VI.

19, 20; VIII. 27; IX. 9, 19-24.
Pauvreté, VIII. 20.
Péché, V. 44; VI. 19, 20; VII. 4, 22, 24, 51; VIII. 1, 47.
   Nature du, App. IV.
Perle, VIII. 43.
Pénitence, III. 8; VI. 31.
Pentateuque, sur le sacrifice, IV. 6.
   pas par Moïse, IV. 7; VI. 11.
Perception, point de, V. 30, 33.
Perfection, III. 54; VI. 6; VII. 5, 45; VIII. 4, 7, 8, 11, 38; App. X.
   Mont de la, VII. 45, 47; IX. 9.
   Originelle, VIII. 1.
   Système de, I. 2; II. 5, 7.
   *Voyez les Christs.*
Périsprit, ou corps astral, I. 9; II 13, 18; III. 4, 5.
Personne du microcosme, VI. 4; IX. 11.
   dans la divinité, II. 29; V. 17.
   dans la trinité, V. 4; IX. 42.
Persona, la, V. 9; App. II.
Personnalité, I. 32; III. 32; V. 9, 11, 12, 17, 42, 43, n.; App. VIII. IX.
Personnification par les Esprits, III. 25.
Pierre, VII. 32.
   Tradition catholique sur I., 21.
   Confession de, I. 20.

Phantasmagorie, III. 28.
Pharaon, VI. 6.
Pharisiens, VI. 11.
Phénomènes et substance, II. 5.
   incapable de se connaître, V. 31.
Philistins, IX. 14.
Philon, III. 33; IX. 24.
Philosophale, pierre, VIII. 11. IX. 14.
Phison, VI. 6, 14.
Pilier de nuée et de feu, IX. 16; App. XII. (6).
Pindar, II. 22; V. 35, n.
Plagiariste, le mystique pas un, IX. 29, 30.
Plans, Pref.; I. 30; III. 56, 57.
Planète, mémoire de la, I. 16; II. 18; V. 16, 17; VII. 7.
   contre-partie astrale, de la, V. 39.
   conscience de la, V. 17; 39; App. X.
   Ame de la, V. 17, 39; App. X.
Planète Dieu, V. 16; App. VII.
Planisphère, Zodiacale, VI. 36.
Platon, I. 38; III. 33; VI. 24; VII. 41; IV. 24, 25.
Pluralité de Dieu, IX. 45.
Poète, Ame du, II. 27; App. IX.
Point de la conscience, radiant, V. 23-26, 30.
Poisson, signification occulte du, VIII. 28; IX. 10; App. VIII Pt. I, (2).
Polarisation, V. 11; VIII. 10, 18, 22; IX. 49.
Polarités, V. 33.

Pomme de pin, App. XII. (3).
Ponce Pilate, IV, 9.
Portes de la régénération, VIII. 43. App. V. 33-44.
Poseidon, III, 16; IX, 16.
Possession. III, 15.
Postel, Pref.
Potentialité de l'homme, II. 1. 28, 29; IV. 31; VII. 10, 39; VIII. 18; App. XII. 2.
Pouvoirs guérissants, III. 18.
Pralaya, V. 40.
Prière, III. 49; App. XIII. II, 46.
Prérogative de l'homme, Révélation, I. 17.
Prêtre et prophète, IV, 7, 10.
Principes, séparabilités des, V. 35.
Prisme, III. 60; IV. 25.
Procession de l'Esprit, III. 37; IX. 45.
        du Saint-Esprit, IX. 43.
Proclus, IX. 17.
Procuste, Pref.
Prométhée, VI. 19.
Prophétie, A. App. III. Pt. 2.
Prophétiser sur, App. III. Pt. 1.
Prophète, II. 43; III. 53; IV. 7, 10; VII. 49; App. III.
Propitiation, IV. 9. *Voyez Réconciliation*.
Protestantisme et la femme, IX. 27.
Protoplasme, V. 19.
Psyché, V. 4, 6, 13, 25, 31.
        Détachement de, V. 34.
Puissance divine, IX, 46; App. XI.

Purgation, V. 13, 37, 38.
Purgatoire, III. 4, 8, 20.
Purification, III. 16; IX. 53.
Pureté, condition de, comme moyen de salut, VII. 18.
Pymander, I. 36; IX. 53.
Pyramide, III. 37; VI. 2; VII. 55; VIII. 28.
Pythagore, I. 38; II. 46; VIII. 48, 51.
Python, II. 12; VI. 36.
Qualification des écrivains, I. 4.
Rabbi Eliezer, I. 25.
Rabbinicales, Interprétations, VI. 12.
Race, correspondance de la, avec l'individu, VII. 7.
Radiant, Point, Dieu comme, V. 25.
Rahab, VIII. 32; IX. 13.
Raison, Pure, I. 23; VI. 27.
Raphael, IX. 11.
Réalité, spirituelle seulement, Pref. VII. 10; App. 1.
Réconciliation, III. 3; IV. 1, 16, 24; VI. 39; VIII. 4, 6, 47; IX. 22.
        doctrine courante de la, IV. 3.
        quadruple, IV. 2.
Reconstruction, I. 56.
Rédempteurs, VII. 49.
Rédemption, Pref.; II. 10; IV. 31; VI. 20, 31, 38; VII. 26; VIII. 2, 5, 6, 7, 41; App. VII. 24.
Reflection, III. 33.

Reflectifs, Etats, III. 31.
Reflets, III. 25; IX. 7, n.
Réformation, la, IX. 27.
Réfraction, III. 33.
Régénération, III. 50, 53; V. 30; VI 24; VIII. 12, 31, 43; IX. 7, n. 53.
Réincarnation, *voyez Ame.*
Religion, Pref.; VII. 49; VIII. 24.
    Dégénération de la, I. 55 *f*; VI. 25.
    Historique, I. 43.
    Note tonique de la, IV. 4.
    Réelle, I. 48 ; II 12.
Renonciation, VIII. 28, 50.
Représentatifs, Hommes, II. 5.
Réservation de Jésus, I. 55 *d*.
Repos, ou condition statique, I 29.
Résurrection, Pref.; VI. 2; VIII. 8, 9, 10, 40, 52; App. VII. 12.
Ressuscitation, VIII. 9.
Révélateur, I. 7.
Révélation, App. VIII.
Révélation, Livre de, VII. 19. *Voir aussi: Apocalypse.*
    Prérogative de l'homme, I; 17; II. 12. App. VIII.
Rois de l'Orient, VIII. 36, 53.
Rosaire, VIII. 20, 39.
Rose-croix, III. 34.
Royaume du ciel, III. 3; IV. 31; VI. 26 ; IX. 22, 40.
    de Dieu, Pref. App. V.

Ruach, ou anima bruta, V. 35, 37, 38, 40 ; App. II.
Rudimentaires, Hommes, VI. 14; VII. 10.
Sabbat, III. 54; VI. 2, 14, 16, 31; VII. 55 ; VIII. 28; App. V. 61; XV. (2).
Sacerdotal Interpolation, VI. 12.
Sacerdotalisme, I. 55 *b*; VII. 34, 41; VIII. 26.
Sacramentale, Hostie, V. 34 ; App. V. 40.
Sacrés, Livres, I. 43.
Sacrement de l'Eucharistie, IV. 36, 37.
Sacrifice dans le Pentateuque, Isaïe, Jérémie, IV. 6.
    Doctrine du, IV. 16 ; App. I. 1.
Saisons, dans la vie spirituelle, VII. 50.
Sacrifice sanglant, IV. 6, 11 ; App. I. 1.
Saint-Lieu, App. VI.
Saint des Saints, VIII. 28, 48 ; IX. 49.
Saint-Esprit, Pref.; XI. 42, 43, 44; App. XI.
Sainte cité, VI. 24; VIII. 19.
Sainte famille, VIII. 52.
Salamandres, III. 34.
Salut, Pref.; I. 42 ; II. 12; III. 11, 22; VII. 4, 5, 6, 18, 28; VIII. 27.
    Capitaine de, VIII. 11.
Sang, IV. 12; VI. 32, 42; VII. 29, 52 ; VIII. 16.
    du Christ, mystique, IV. 19, 23.

participants du, IV. 6, 11 ; App. I. 1.
Sangréal, IV. 19; VI. 11.
Sapphère, V. 4.
Sara, VIII. 52, n.; X. 20, n.
Satan, III. 13 ; Secret de, App. XV.
Saturne, V. 37 ; App. XV. n.
Saturnale, VI. 35.
Sauveur, II. 46 ; IV. 27 ; VII. 18; VIII. 18; App. XII. (2).
    Personnel, IV. 27.
Scandinavie, Théologie, V. 41.
Scheffler, I. 56; VIII. 35.
Schelling, Pref.
Schwegler, IX. 34.
Science, I. 51.
Sectes de la Perse, IV. 12.
Ségrégation, V. 2.
Seigneur, Notre et le Seigneur, IX. 7, 8;
Sel, IV. 20; VIII. 10.
Sens mystique des Écritures, Pref.; VII. 3-8; IX. 7. n.; App. I. V.
Sens commun, I. 23.
Sensation et connaissance, I. 54; II. 6; IX. 38.
Sensitive, III. 19.
Sensitivité, V. 29.
Séparabilité des principes, V. 33, 35.
Sept collines, VII. 31 ; Esprits de Dieu, II. 32; IX. 44.
Septimianus, VI. 35.
Sépulcre, VIII. 26; App. XV. (2).
Séraphin, VI. 15, 31, 34.
Serpent, II, 42 ; IV. 17, 28 ; VI. 13, 15, 22, 25, 34 ; VII. 5, 26 ; VIII. 39.
    d'airain, VI. 15.
Serpents, IX. 10.
Sesha, I. 29.
Seul engendré, VIII. 17; IX. 5.
Sexe, II. 41 ; VII. 11, 13; IX. 8.
Shechina, VIII. 44.
Shiloh, VI. 39.
Sidéral, Corps, II. 21.
Sinaï, IX. 9.
Sion, VI. 5; IX. 9.
Siva, IX. 52.
Six couronnes, VIII. 28, 43.
Socrate, Dæmon de, III. 44.
    et re-incarnation, I. 38.
Sodium, II. 35.
Sodome et Gomorrhe, VI. 30.
Solennisation, VIII. 34, 40.
Sophie, II. 34; VI. 15; IX. 24.
Sorcellerie, IV. 12.
Sorcières, IV. 12.
Spectral, compagnon, IV. 12.
Spectrum, II 35.
Sphères, III. 1, 5; VI. 34; IX. 48.
Sphinx, I. 41; IX. 19 ; App. VI; XII. (6).
Spinoza, VI. 11.
Spirales, I. 34; App. XII. 3.
Spiritualisme, astral et céleste, III. 24; VII. 54.
    et matérialisme, II. 4-12.
Splendeur, App. X. (3).
Stephen, IX. 53.
Stigmates, cinq blessures, IV. 24; VIII. 19
Subjectif, Pref.; V. 31, 33.
Substance, I. 26, 28; II. 2, 29;

VII. 5, 10, 37; IX.
   10, 43; App. X.
  céleste, II. 17.
  divine, I. 30; VIII. 5,
    46; IX. 46.
  de l'âme et de la
    Déité, I. 30.
  Monades de, I. 30;
    II. 29; IX. 46.
Souffrance, VIII. 4.
Sufi, I. 7; IX. 28.
Soleil, II. 46; III. 52; VI. 2, 4·
  15, 34, 37; App. 2.
  Hiéroglyphe de Dieu, IV.
    27.
  de l'âme, IV. 27.
  Adoration du, I. 55 b.
Solaires, Dieux, II. 46.
Superstition, VI. 27.
Swedenborg, IX. 6, 7, n.
Synagogue, VI. 11.
Synthèse, V. 32.
Système solaire, l'homme un,
  IX. 48.
Tabernacle, VI. 5; VIII. 44, 48;
  IX. 13.
Table ronde, VIII. 44.
Talents, Parabole des, II. 26.
Talmude, I. 25; VI. 10; IX. 20,
  24.
Témoins, les deux de l'Apoca
  lypse, IV. 23; VII. 55; IX.
  19.
Temple, VII. 30.
  Services de, IV. 8.
  Voile du, VIII. 28.
Temps présent, Nouvelle Ère, I.
  55.
Tentation, VI. 2, 13; VIII. 28.
Terre, VI. 19; VII. 12. n. I.

Vie, inégalité de, I. 41.
  Esprits de, III. 17.
Testament, ancien et nouveau,
  IV. 8; VII. 6.
Theckla, IX. 22. n.
Théocratie, V. 23.
Théologie, I. 47.
Théosophie, V. 22; App. X.
  (1).
Thoth, V. 20; IX. 11, 12, 13, *voir
  aussi Hermès.*
Temps de la fin. App. VI.
Temps, deux temps et un demi
  temps, VIII. 53.
Tradition, I. 55 b.
Transfiguration, V.III 48.
Transmigration, des Ames, I.
  36; V. 41. *Voir aussi Ame.*
Transmigration, plusieurs, VIII.
  18.
Transmutation, IV. 25, 27; VI.
  21; VIII. 12, 43; App. V. 52;
  VII, 13.
Treize, III. 4; VIII. 44; App. V.
  21.
Treizième, Personnage, VIII.
  44.
Trimurti, IX. 52.
Trinité, I. 30; V. 4; IX. 41, 42,
  43, 45, 46, n; App. XI.
Trismégiste, I. 36.
  Table, de, pour-
    quoi Emeraude,
    V. 16, n.
Trithème, Pref.
Trouver le Christ, I. 11; II. 47;
  VI. 19.
Typhon, VI. 22.
Unité et chiffre, II. 41; IX. 42.
Unité, V. 32.

de l'Ame et de l'Esprit, VIII. 3.
Universaux, Pref.
Univers, conscience de l', V. 17·
  Principe de, I. 11; II. 29; IX. 48.
  Procession de, VIII. 5.
  Ame de, VI. 16.
Utopie, VII. 40.
Vagues spirituelles, VII. 50.
Vampires, III. 28.
Végétarisme III. 28, 30; IV. 15-19; V. 24; V. 14.
Véhicules, Pref.; III. 32, 56; V. 22; VI. 2.
Vent et flamme, Esprit comme, App. 2.
Vénus, II. 35; VI. 1, 2; IX. 27, n.
  Livre d'or de, App. XIII.
Verge, VI. 30; X. 16; App. V. 40; XII. 97; XIV.
Vestales Vierges, VI. 31.
Via Dolorosa, IV. 23; VIII. 21.
Vibration, Universalité de, V. 3.
Victoires, Notre-Dame des, II. 35.
Vie, V. 10; IX. 43.
  Processus de la, V. 18.
  future (la), App. II.
Vie, une, concernant la, App. X.

Virgile, VII. 55
Vierge céleste, VI. 36, 39.
  Culte, de, V. 45.
  Marie, II. 35.
  Ame, VII. 26; IX. 13, 53.
Virgo, V. 45; IX. 22.
Vishnu, IX. 52.
Vision d'Adonaï, IX. 47, 52.
  des Astraux, IV. 14.
  des Trois voiles, VII. 42.
Vitaux, Esprits, IV. 12.
Vivisection, III, 21; VII. 54; IX. 17.
Voie parfaite, Pref. I. 7; II. 47; VI. 24.
Voile, II. 34; VIII. 23; App. XIII; Pt. 1.
Volonté, V. 12; VII. 40.
  Centrale, VIII. 1, 3, 4; App. IV. 15.
Vue de Dieu, I. 18; IX. 1, 40, 41, 48, 51.
Weigelius, Pref.
Yakuts, IV. 12.
Yezidis, IV. 12.
Zacharie, IV. 13.
Zeus, II. 21, 42; VI. 19; VII. 42.
Zodiaque, II. 46; VI. 40, 41; VII. 26; VIII. 19, 43.
  Nouveau signe, App. IV.
Zoroastre, 44; II. 46; VIII. 50.

# TABLE DES MATIÈRES
ET
# RÉSUMÉ DE L'ARGUMENTATION

## PREMIÈRE LEÇON

### INTRODUCTION

Pages

I. — But de ce livre : répondre au besoin actuel d'un système parfait de pensée et de vie en le fondant sur la nature de l'existence. Ce n'est pas une nouvelle invention mais la restauration du système original qui était la base de toutes les religions. Cette doctrine découle de la même source que les anciennes doctrines religieuses, savoir : l'Intuition, qui représente les connaissances acquises par l'âme dans ses existences passées et sert de complément à l'Intellect, — elle-même étant vivifiée et rehaussée par l'illumination de l'Esprit. La révélation, prérogative propre de l'homme, lui appartient en vertu de sa nature et de sa constitution et couronne la raison. Dieu la raison suprême. La Compréhension, « Rocher » de la véritable église. Illustrations de la méthode classique et rabbinique. Esquisse de doctrine. Esprit et matière ; leur nature, relations et identité essentielles. Existence et Etre. Le Kalpa, Sabbat et Nirvâna. Divinité de la substance : son unité, sa trinité, son mode d'individuation et de développement. La véritable doctrine de la création par évolution se trouve dans toutes les religions, comme aussi celle de la progression et de la migration des Ames ; témoignage personnel et historique de sa vérité ; reconnu dans l'Ancien et le Nouveau Testament. L'homme rudimentaire. Le Sphinx.................................... 1-22

II. — Relation du système retrouvé avec celui que l'on possédait. Le véritable héritier. La religion étant fondée sur la nature même de l'existence est nécessairement non-historique, indépendante des temps, des lieux, des personnes, et fait perpétuellement appel à l'intellect et à la conscience. Objections prévues. La persistance des idées religieuses due à leur réalité. Ce qui paraît nouveau n'est pas nécessairement nouveau. La chrétienté n'est pas exempte des influences qui ont amené la détérioration du Judaïsme. Son développement futur par le moyen d'une nouvelle révélation prédite par son fondateur. Nécessité de cette nouvelle révélation pour préserver non seulement la religion, mais l'humanité de l'extinction. « L'homme de péché » et l'abomination qui cause la désolation. » Substitution de l'Évangile de la Force à l'Évangile de l'Amour. Un seul nom par lequel on est sauvé. Mais plusieurs l'ont porté. Les Christs............ 22-33

## SECONDE LEÇON

### L'AME ET LA SUBSTANCE DE L'EXISTENCE

I. — L'Ame universelle ou individuelle, sujet et objet suprême de culture : le moi essentiel : le connaître est la seule sagesse qui suppose la connaissance de Dieu. Mysticisme, ou spiritualisme, et matérialisme ; doctrines respectives de la substance ou Esprit, et du phénomène. La matière, un mode ou une condition de l'Esprit, indispensable à sa manifestation. L'objet de toute religion et le sujet de toute révélation est la rédemption de l'esprit et de la matière. L'idée d'un non-Dieu, nécessaire à la création. L'ascension de la nature apparente jusqu'à l'Être-Dieu. Le système retrouvé est au matérialisme, ce que Phoïbos Apollon est à Python.. 34-40

II. — L'Ame, en tant qu'individuelle, sa genèse et sa nature ; comme idée divine, éternelle par sa nature, cependant périssable si elle n'est pas informée par l'Esprit. Le « Feu du foyer » ; le Souffle Divin. Convergence et divergence ; le Nirvâna céleste et celui de l'annihilation. La fin de ce qui persiste dans le mal. La planète et son rejeton. La quadruple nature de l'existence soit dans le macrocosme soit dans le microcosme, due aux différentiations de la polarisation de la substance originelle............................. 40-45

III. — L'Ame en tant qu'individuelle, son histoire et son progrès : commençant dans les organismes les plus simples elle se développe en montant, se façonnant elle-même selon les tendances qui sont encouragées par elle ; son but final

Pages

est d'échapper aux besoins d'un corps et de retourner à la condition de pur Esprit. Les âmes de qualités variées. La parabole des Talents.................................... 45-47

IV. — De la nature de Dieu ; comme Substance vivante, Un ; comme Vie et Substance, Deux ; la Potentialité de toutes choses ; le Bien absolu qui, limité par la Matière, devient le Mal. Il subsiste antérieurement à la Création comme Lumière Invisible. Comme Vie, Dieu est *Il* ; comme Substance, *Elle* ; respectivement l'Esprit et l'Ame universelle et individuelle ; l'Ame, l'élément féminin dans l'homme a sa représentation dans la femme. Dieu est l'Humanité originelle abstraite. Les Sept Esprits de Dieu. « La Nature ». La Marie Céleste, ses caractéristiques et ses symboles. Comme Ame et Intuition, elle est « la femme » par laquelle l'homme arrive à sa véritable dignité masculine. Les fautes de l'époque sous ce rapport. Sans intuition, aucun organe de connaissance. L'Ame seule est un tel organe............... 47-53

V. — Les noms divins indiquent les caractéristiques. La fonction de la religion est de rendre l'homme capable de manifester l'Esprit divin au dedans de lui. L'homme comme une expression de Dieu. Les Christs ; pourquoi ils sont appelés Soleils-dieux. La Planisphère zodiacale. Bible ou hiéroglyphe de l'histoire de l'Ame. Les Bibles, par qui elles sont écrites. Le « Don de Dieu »............................................ 53-57

## TROISIÈME LEÇON

### LES DIVERS ORDRES D'ESPRITS. — MOYEN DE LES DISCERNER

I. — La sphère de l'Astral, ses quatre cercles et leurs habitants respectifs. Les ombres ; purgatoire ; « enfer »; « diables »; « le Diable »; possession par les diables; « les âmes en prison »; « sous les éléments »; esprits des éléments assujettis à la volonté humaine; âmes des morts; *l'anima bruta* et *l'anima divina*. Métempsychose et réincarnation; conditions de cette dernière; descente vers des degrés inférieurs; la cause de la perte de l'Ame........................ 58-69

II. — Les esprits astraux ou magnétiques par lesquels les « médiums » sont ordinairement « dominés »; des reflets plutôt que des esprits; difficultés de les distinguer des âmes; éléments d'erreur et de déception ; caractère trompeur des influences astrales; leurs caractéristiques; danger d'une attitude négative de l'esprit; nécessité d'une attitude positive pour la communication divine; esprits élémentaux et élémentaires; *genii loci;* cherubim .................. 69-78

III. — La sphère du céleste; la procession de l'Esprit; le triangle de la vie; le Génie, ou l'Ange gardien, sa genèse, sa nature et ses fonctions; les Dieux, ou Archanges....... 78-84

## QUATRIÈME LEÇON

### LE SACRIFICE EXPIATOIRE

I. — Cette doctrine est la doctrine centrale de la religion, et, comme le Kosmos, d'une nature quadruple. Ce que cette doctrine n'est pas; sa corruption par le matérialisme; dégradation par les prêtres du caractère de la Divinité. La Bible représente le conflit entre le prophète et le prêtre, le premier en tant que ministre de l'intuition et le second en tant que ministre des sens......................... 85-90

II. — Le côté occulte du système du sacrifice. L'effusion du sang efficace pour l'évocation des esprits sous-humains; prouvé par divers exemples. Ces esprits visibles dans les fumées des sacrifices. Les esprits astraux personnifient les esprits célestes. Horreur du vrai prophète pour le sang répandu, illustrée par la réprimande de Bouddha aux prêtres. La doctrine orthodoxe du sacrifice expiatoire, travestissement de la véritable doctrine dû aux esprits astraux. Effets pernicieux de l'usage du sang (ou de la chair) pour nourriture; impossibilité lorsqu'on suit ce régime d'arriver à une complète perception de la vérité divine................ 90-95

III. — Antiquité et universalité de la Croix comme symbole de la vie physique et spirituelle. Son application à la doctrine de l'Expiation est quadruple, ayant une signification séparée pour chaque sphère de la nature de l'homme. La première de ces significations est celle du physique et de l'extérieur indiquant la crucifixion ou le rejet de l'Homme de Dieu par le monde. La seconde est intellectuelle, et indique la crucifixion, ou la conquête par l'homme de sa nature inférieure. La troisième, qui a rapport à l'Ame, implique la passion ou l'oblation de lui-même au moyen de laquelle l'homme régénéré obtient le pouvoir — par la démonstra-

|  | Pages |
|---|---|
| tion de la suprématie de l'Esprit sur la matière, — de devenir un Rédempteur pour les autres. La quatrième signification appartient au Céleste et au plus intime, et indique le sacrifice perpétuel de la Vie et de la Substance de Dieu pour la création et le salut de Ses propres créatures. Nature panthéiste de la véritable doctrine.................................. | 95-106 |

## CINQUIÈME LEÇON

### NATURE ET CONSTITUTION DU MOI

| | |
|---|---|
| I. — Psyché, comme âme et véritable Ego est le résultat de l'Evolution, étant individualisée à travers la matière....... | 107-111 |
| II. — Les deux personnalités de l'homme, *Karma*, ou les résultats de la conduite passée et la destinée qui en est la conséquence. L'âme est essentiellement immaculée........... | 111-113 |
| III. — L'Ego est plus que la somme totale des consciences qui composent le système, en tant qu'il représente celles-ci combinées et polarisées vers un plan plus élevé La Psyché seule est subjective et capable de connaissance................ | 113-123 |
| IV. — L'ombre, le fantôme et l'âme, leurs natures et leurs destinées respectives...................................... | 123-126 |
| V. — L'*Anima Mundi*, ou la mémoire du monde. L'âme de la planète, comme celle de l'individu, transmigre et passe en avant........................................... | 126-128 |
| VI. — L'Evolution de l'Ego, et par là de l'Eglise du Christ, comprise dans les dogmes de l'Immaculée Conception et de l'Assomption ....................................... | 128-130 |

## SIXIÈME LEÇON

### LA CHUTE (N° 1)

| | |
|---|---|
| I. — La première église; son type, le Kaabeh, ou cube, qui indique le sextuple; elle date du « Paradis ». Le Merkaba, ou véhicule de Dieu, tiré par les quatre éléments. Les quatre rivières de l'Eden. Caractère allégorique des Ecritures mystiques; comment elles ont été retrouvées par Esdras; leur origine et leur dégénérescence............................ | 131-138 |
| II. — La parabole de la chute; sa quadruple signification, une | |

|   |   |
|---|---|
| pour chaque sphère de l'existence; la première, physique et sociale................................................... | Pages 138-145 |
| III. La seconde signification rationnelle et philosophique; la troisième psychique et personnelle................... | 145-149 |
| IV. — La quatrième signification spirituelle et cosmique. La Restauration impliquée dans le Sabbat et prophétisée dans le Zodiaque, et dans les armes du pape Léon XIII......... | 149-154 |
| V. — Une nouvelle annonciation............................. | 154-157 |

## SEPTIÈME LEÇON

### LA CHUTE (N° II).

|   |   |
|---|---|
| I. — Interprétation de l'Ecriture double, intellectuelle et intuitive, ou extérieure et intérieure; l'Ame en tant que Femme; par l'aspiration de l'Ame vers Dieu l'homme devient Homme au sens mystique, et est fait à l'image de Dieu; par l'inclination de l'Ame vers la Matière il s'éloigne de cette image. Comme la chute se produit par la perte de la pureté, ainsi la Rédemption se produit par la restauration de la pureté........................................... | 158-168 |
| II. — L'histoire de l'Ame allégoriquement représentée dans les livres de la Genèse et de la Révélation.............. | 168-174 |
| III. — Source des erreurs de l'interprétation Biblique. La base historique de la chute. L'Eglise en tant que Femme. Elévation et chute de l'Eglise originelle. Une communauté mystique primitive. La source de la doctrine, intérieure et supérieure aux clergés................................... | 174-183 |
| IV. — La nature et la méthode de la chute historique. Les trois pas qui doivent être faits pour amener la restauration. Signes de son approche................................. | 184-188 |

## HUITIÈME LEÇON

### LA RÉDEMPTION

I. — Le « Grand Œuvre ». La Rédemption de l'Esprit par rapport à la Matière; en premier lieu dans l'individu, en second lieu dans l'universel. Définition des termes mystiques employés

Pages

pour indiquer le processus : « Passion », « Crucifixion », « Mort », « Ensevelissement », « Résurrection », « Ascension »............................................................ 189-195

II. — L'Homme accompli et possédant le Pouvoir; la « pierre philosophale » et les termes semblables ; l'Adepte et le Christ ; sens dans lequel ce dernier peut être appelé un médium pour ce qu'il y a de plus élevé ; pas comme on l'entend ordinairement ; le Hiérarque ou Mage, ses qualifications et ses conditions....................... ............ 195-202

III. — Le plan des Évangiles pour présenter un caractère parfait de l'homme régénéré ; choix de Jésus pour ce sujet ; le manque de compréhension de l'Église par suite de la perte de la vision spirituelle due au matérialisme. Réponse aux objections. Jésus comme libérateur nécessairement spirituel; le point de vue de Paul. Méthode du symbolisme de l'Évangile ; les miracles ; ordre cosmique des Évangiles......... 202-209

IV. — Parenté de l'homme régénéré. Joseph et la V. Marie comme représentants de l'Intellect et de l'Ame. Les deux Josèphes. Tradition catholique et hagiologie. Marie-Madeleine comme type de l'Ame; les sept Églises Apocalyptiques. Identification du Mage ; l'Étable et la Caverne de la Nativité. Saint Jean-Baptiste au dedans. Les actes de la Sainte Vierge Marie, Ascension et Assomption. État final de l'Ame...... 209-219

V. — Les douze portes du Salem céleste ; le Tabernacle ; la Table ronde et son « brillant Seigneur ; » le Nombre de la Perfection ; la généalogie de l'homme régénéré; « Le Christ » n'est pas un Dieu incarné ou un ange, mais l'humain le plus élevé. La condition présente du monde due à la dégradation de la vérité par le sacerdoce. Les Évangiles chrétiens ne représentent que des étapes postérieures de la régénération ; les premières ayant été représentées dans les systèmes de Pythagore et de Bouddha. Le Christianisme a été construit en rapport direct avec celles-ci, non pour les remplacer mais pour les compléter ; Bouddha et Jésus sont nécessairement l'un par rapport à l'autre, comme la tête et le cœur d'un même système. De leur combinaison renaîtront la Religion et l'Humanité de l'avenir ; de là l'importance du lien entre l'Angleterre et l'Orient. La transfiguration, une prophétie. « Abraham, Isaac et Jacob », leur relation avec les mystères de Brahma, d'Isis et de Iacchos. Les « Rois de l'Orient. » La « question de l'Orient » ; sa signification intérieure ; la destinée de l'Islamisme................. 220-230

## NEUVIÈME LEÇON

#### DIEU COMME LE SEIGNEUR ; OU L'IMAGE DIVINE

                                                                                       Pages

I. — Les deux modes de la Déité ; Dieu comme le Seigneur, dans la Bible, la Kabbale, et le Bhagavat Gita. Swedenborg et sa doctrine ; ses limitations et leurs causes. La doctrine Hermétique. Le « Mont du Seigneur ». Véritables significations des « Mystères » ; dégradation sacerdotale du terme et ses fâcheux résultats.......... .............. 231 237

II. — Fonction de la Compréhension par rapport aux choses spirituelles. Sa place dans les systèmes humains et divins. « L'Esprit de Compréhension, » ses divers noms et symboles, et sa relation avec le Christ. Mythes semblables ou illustration. Hermès tel qu'il est considéré par les néoplatoniciens et par les matérialistes modernes. Le mystique et le matérialiste, la lutte entre eux. L'Ecole des bourreaux. Le « Mystère de la Divinité » selon la Kabbale et Paul. La doctrine Paulinienne par rapport à la Femme ; son contraste avec la doctrine de Jésus. La femme selon Platon, Aristote, Philon, les Pères, l'Eglise, la Réformation, Milton, l Islamisme et le Mormonisme ............... (.................. 237-252

III. — Accusations au moyen desquelles on cherche à discréditer le système des Mystiques ; Plagiarisme et Enthousiasme ; la signification et la valeur de ce dernier. Extase ; sa nature et sa fonction. Mystiques et Matérialistes, leurs points de vue respectifs. Conspiration de la Science moderne contre l'Ame. Parallèle entre les matérialistes anciens et modernes................................. ..... 252-261

IV. — La perception que l'Homme peut avoir de Dieu, sensible aussi bien que mentale. Unité, Dualité, la Trinité et la Pluralité divines. Le Logos ou le Manifestateur. Le mystère du visage humain................................. 261-264

V. — La Vision d'Adonaï..................... 265-268

VI. — « Le Christ » comme point culminant de l'Humanité et point de jonction avec la Divinité. Le *credo* des Elus.... 268-27

## APPENDICE

|  |  | Pages |
|---|---|---|
| I | — Concernant l'Interprétation de l'Ecriture.......... | 273 |
| II. | — Par rapport à l'Au-delà...................... | 276 |
| III. | — Par rapport au Prophétisme — Une Prophétie ... | 280 |
| IV. | — Concernant la nature du péché ................. | 288 |
| V. | — Concernant le « Grand Œuvre », La rédemption et la part qu'y prend le Christ Jésus ............. | 284 |
| VI. | — Le temps de la fin ......................... | 287 |
| VII. | — L'alchimie supérieure........ ................ | 291 |
| VIII. | — Par rapport à la Révélation ................... | 292 |
| IX. | — Par rapport au poète. ........ ................ | 293 |
| X. | — Par rapport à la Vie Une................. ...... | 295 |
| XI. | — Par rapport aux mystères...................... | 297 |
| XII. | — Hymne à la Planète-Dieu ..................... | 299 |
| XIII. | — Fragments du « Livre d'or de Vénus » ........ .. I Hymne d'Aphrodite. II Discours sur la communion des Ames et sur les avantages de l'amour entre créature et créature. | 304 |
| XIV. | — Hymne à Hermès............ ................ | 309 |
| XV. | — Le secret de Satan........................... | 310 |

« Et l'Eternel Dieu dit au Serpent..... Je mettrai de l'inimitié entre toi et la Femme ; entre ta postérité et la postérité de la Femme ; elle t'écrasera la tête et tu la blesseras au talon ». Genèse III, 14, 15.

« Il parut aussi un grand signe dans le ciel; savoir, une femme revêtue du Soleil, et qui avait la lune sous ses pieds, et sur la tête une couronne de douze étoiles ». Apoc. XII, 1.

# LES GRANDS INITIÉS

ESQUISSE DE L'HISTOIRE SECRÈTE DES RELIGIONS

par Edouard SCHURÉ

Chez PERRIN, librairie académique. 1889

---

Cet ouvrage, d'une conception nouvelle et hardie, raconte l'histoire religieuse de l'humanité depuis les temps védiques jusqu'au christianisme. Religions et philosophies pivotent, suivant l'auteur, autour de cette fameuse science occulte connue en Grèce sous le nom de doctrine des Mystères, chez les premiers chrétiens sous le nom de Gnose, chez tous les peuples sous des formes diverses et dont l'origine remonte aux temps préhistoriques de l'Inde et de l'Egypte. Ce livre qui a la forme de récits vivants et poétiques, se divise en huit parties dont chacune correspond à l'une des grandes initiations religieuses ou philosophiques du passé et porte le nom d'un des grands maitres de la tradition ésotérique: *Rama, Krishna, Hermès, Moïse, Orphée, Pythagore, Platon, Jésus.* Leur cycle joint l'Orient à l'Occident.

---

INTRODUCTION. — Etat présent de l'esprit humain. — Conflit de la Religion et de la Science. — Fausse idée de la Vérité et du Progrès. — La Théosophie antique et la Science moderne. — Antiquité, continuité, unité de la doctrine des Mystères. — Ses principes essentiels. — Marche inconsciente des sciences modernes vers la Théosophie. — Possibilité et nécessité d'une réconciliation de la Science et de la Religion sur le terrain ésotérique. — But de ce livre.

## LIVRE I
### RAMA
### *Le cycle aryen*

I. Les races humaines et les origines de la religion. — II. La mission de Rama. — III. L'exode et la conquête. — IV. Le testament du grand Ancêtre. — V. La religion védique.

## LIVRE II
### KRISHNA
### *L'Inde et l'initiation brahmanique*

I. L'Inde héroïque. Les fils du soleil et les fils de la lune. — II. Le roi de Madoura. — III. La vierge Dévaki. — IV. La jeunesse de Krishna. — V. Révélation. — VI. La doctrine des initiés. — VII. Le triomphe et la mort. — VIII. Rayonnement du verbe solaire.

## LIVRE III
### HERMÈS
#### Les mystères d'Egypte

I. Le sphinx. — II. Hermès. — III. Isis. L'initiation. Les épreuves. — IV. Osiris. La mort et la résurrection. — V. La vision d'Hermès.

## LIVRE IV
### MOÏSE
#### La mission d'Israël

I. La tradition monothéiste et les patriarches. — II. Initiation de Moïse en Egypte. Sa fuite chez Jétro. — III. Le Sépher Béreschit. — IV. La vision du Sinaï. — V. L'exode. Le désert. Magie et théurgie. — VI. La mort de Moïse.

## LIVRE V
### ORPHÉE
#### Les mystères de Dionysos

I. La Grèce préhistorique. Les Bacchantes. Apparition d'Orphée. — II. Le Temple de Jupiter. — III. Fête dionysiaque dans la vallée de Tempé. — IV. Évocation des Dieux. — V. La mort d'Orphée.

## LIVRE VI
### PYTHAGORE
#### Les mystères de Delphes

I. La Grèce au sixième siècle avant Jésus-Christ. — II. Les années de voyage. Samos. Memphis. Babylone. — III. Le temple de Delphes La science apollinienne. Théorie de la divination. La Pythonisse Théocléa. — IV. L'ordre et la doctrine. L'institut pythagoricien. Entraînement de la jeunesse à la vie meilleure. La théogonie et la science des Nombres sacrés. La cosmogonie et la Science de l'Ame. Histoire terrestre et céleste de Psyché. Vue d'en haut. Le mage accompli. — V. Mariage de Pythagore. Révolution à Crotone. La fin du maître. La dispersion de l'Ecole. Sa destinée.

## LIVRE VII
### PLATON
#### Les mystères d'Eleusis

I. La jeunesse de Platon et la mort de Socrate. — II L'initiation de Platon et la philosophie platonicienne. — III. Les fêtes d'Eleusis.

## LIVRE VIII
### JÉSUS
#### La Mission du Christ

I. Etat du monde à la naissance du Christ. — II. Marie. Premier développement de Jésus. — III. Les Esséniens. Jean-Baptiste. La tentation. — IV. La carrière publique et l'enseignement intime. — V. Lutte avec les pharisiens. La fuite à Césarée. La transfiguration. — VI. Dernier voyage à Jérusalem. La Cène. Le procès. La mort et la résurrection. — VII. L'accomplissement de la promesse. Le temple.

---

Alençon. — Imprimerie F. GUY, 11, rue de la Halle-aux-Toiles.

www.ingramcontent.com/pod-product-compliance
Lightning Source LLC
Chambersburg PA
CBHW050308170426
43202CB00011B/1824